파산법연구 4

林 治 龍 著

博 英 社

머 리 말

2004년 처음 파산법연구를 발간한 지 10년의 세월이 흘러 파산법연구 제 4 권을 발간하게 되었다. 첫 권을 발간할 당시에는 저자가 법관의 신분이었고 업무분담의 변경 등으로 계속하여 파산법을 연구할 자신이 없어 파산법연구에 호수를 붙이지 않았다. 그러나 운이 좋게도 2005년부터 서울중앙지방법원의 파산부에서 근무하게 되었고 변호사가 된 이후에도 기업회생사건과 파산관재인의 업무를 맡다보니 파산법과 씨름하게 되어 책의 권수가 늘었다.

저자가 처음 파산법을 공부할 때만 해도 기업과 개인의 도산사건의 수가 적어 실무상 부딪히는 쟁점이 간단한 편이었다. 그러나 1997년 금융위기와 2008년 리만브라더스의 파산 이후 세계적인 불경기와 그로 인한 기업구조조정 및 사회적 안전망이 아직 제대로 갖추어지지 못한 상태에서 급속하게 나타난 고령화 현상 때문에 개인파산 및 기업의 회생사건이 급증하고 또한 상시화되었다.

건설회사, 해운회사, 조선회사, 지주회사 등의 도산은 기존에 배웠던 파산법 총론으로는 해결하기 어려운 산업 특유의 문제를 야기하였고, 이것은 실무가들이 특정 산업과 도산이라는 각론적인 쟁점을 연구하는 계기가 되었다. 또한 도산기업의 규모가 커지고 해외투자자의 직접투자와 국내기업의 해외진출이 증가함에 따라 국제도산법 역시 중요한 영역으로 부각되었다. 여기에 더하여 도산절차가 국민경제에 미치는 중요성이 널리 인식되고 국제적인 기준에 맞는 도산법제의 수립이라는 목표를 달성하기 위하여 외국 파산 제도에 대한 연구 역시 게을리할 수 없게 되었다.

이 책은 이러한 시각을 반영하여 저자가 2010년 이후부터 2013년까지 발표한 글 13편을 모은 것이다. 발표 이후 소개된 논문이나 판례 등을 이 책에 반영하고 종전에 발표된 글의 오류를 일부 수정하였음에도 불구하고 곳곳에 미흡한 점이 눈에 띈다. 하지만 이 시점에서 연구 성과를 매듭짓자는 뜻에서 상재하게 되었다.

이 책을 발간할 수 있도록 저자를 도와주신 가족과 직장 동료 분들께 고마움을 전한다. 도산법연구회 회원님들의 수준 높은 토론이 이 책에 반영되었다. 감사할 따름이다. 특히 첫 번째 책이 출간된 이래 지금까지 저자를 성원하여 주시는 박영사의 안종만 회장님께 다시 감사드린다. 아울러 꼼꼼하게 교정을 보아준 편집부의 배우리 님, 초고에 대하여 유익한 수정 의견을 준 이화여대 김효선 박사에게도 감사의 뜻을 표한다. 두 분의 도움 덕분에 글의 오류를 줄일 수 있었다.

2015. 1.
저 자　林 治 龍

차　　례

회사정리절차에서 상계와 채권의 신고 요부

共益債權의 代位辨濟者가 破産財團에 대하여 갖는 채권의 성질

건설회사에 대하여 회생절차가 개시된 경우의 법률관계

채권양도 및 상계의 준거법―외국파산절차의 국내적 효력과 관련하여

국제도산사건의 실무상 문제

信用協同組合의 破産과 法律關係

미국 연방파산법의 연방관리관 제도에 대한 연구

미국 연방파산법 제15장의 국제파산제도－한국과의 비교를 중심으로

保證人의 事後求償權과 後順位整理債權에 의한 相計

한국의 워크아웃제도 — 회생절차와의 비교

외부에서 본 법원도산실무

중소기업에 대한 회생절차의 개선점

INSOLVENCY REVIEW OF KOREA

회사정리절차에서 상계와 채권의 신고 요부

[사건의 표시]

대법원 2005. 2. 17. 선고 2004다39597 판결(미공간)

[사안의 개요]

원고(대동조선)에 대한 회사정리사건에서 피고(세양선박)가 정리채권으로 81억 원을 신고하여 원고의 정리채권자표에 기재되었다. 원고는 피고에 대하여 59억 원의 대여금 채권을 보유하고 있으므로 이를 자동채권으로 하여 정리채권 81억 원과 상계하였으므로 원고의 정리채권자표 중 59억 원 부분의 무효확인의 소를 제기하였다. 이에 대하여 피고는 당시 피고도 회사정리절차 중에 있었고 원고가 주장하는 51억 원의 채권에 대하여 원고가 피고에 대한 회사정리절차에서 정리채권으로 신고하지 아니하였으므로 위 채권은 실권되었으므로 원고의 상계는 허용되지 아니한다고 다투었다.

[원심판결 이유의 요지]

원고는 그가 59억 원의 채권을 피고의 회사정리절차에서 그 신고기간 만료 전에 정리채권으로 신고하지 아니한 채 피고에 대한 정리계획의 인가결정이 내려진 사실을 자인하고 있다. 회사정리법 제241조에서 말하는 면책이라 함은 채무 자체는 존속하지만 회사에 대하여 이행을 강제할 수 없다는 의미라고 봄이 상당하므로, 위와 같이 면책된 채무는 이른바 자연채무라 할 것이다. 원고의 59억 원의 채권은 자연채권으로 존속한다고 할 것인데 자연채권을 상계의 자동채권으로 삼을 수 없다.

[대법원판결의 요지]

정리채권자가 정리절차개시 당시 회사에 대하여 채무를 부담하는 경우에 채권과 채무의 쌍방이 정리채권의 신고기간 만료 전에 상계할 수 있게 되었을 때에는 그 기간 내에 한하여 정리절차에 의하지 아니하고 상계할 수 있다고 규정되어 있지만(회사정리법 제162조 제1항),[1] 정리채권자가 회사정리법이 정하는 소정 기간 내에 위 채권에 관하여 정리채권 신고를 한 바 없다면 위 채권이 있음을 내세워 상계 주장을 할 수는 없다.

[평　　석]

Ⅰ. 문제의 제기

민법 교과서는 상계의 기능에 관하여 상계의 담보적 기능과 간이한 변제수단으로서의 기능을 설명하고 있다. 그러나 상계의 담보적 기능이 인정된다고 하여 즉 반대채무를 부담하여 상계를 할 수 있는 일반채권자가 담보권자가 되는 것은 아니다. 그리하여 한국과 일본은 파산절차에서 상계를 할 수 있는 채권자를 일반채권자로서 취급하지만 미국은 그 기능을 중시하여 담보채권자로 취급한다. 우리나라는 상계금지에 관한 별도의 규정(제163조)을 두고 파산절차에서는 시기적 제한없이 상계를 허용하고, 회사정리절차에서는 상계의 시기적 제한을 두고 있다. 이에 반하여 미국은 제 7 장(청산절차), 제11장(재건절차)에서 상계권의 행사를 자동중지의 대상으로 삼아 파산신청과 동시에 상계권의 행사가 제한되지만 예외적으로 자동중지를 해제함으로써 상계를 허용하는 접근방법을 취하고 있다.[2]

이 글에서는 회사정리절차에서 상계권을 행사하기 위하여 정리채권의 신고가 필요한 것인지 여부에 관하여 이 점을 판시한 대법원 판결을 소개하고 그 오류를 지적하고자 한다. 필요한 범위 내에서 파산절차와 비교하여 설명하되, 상계권의 행사 일반에 관한 논의는 지면관계상 생략한다. 대상판결이 구 회사정리법에 관하

---

1) 이하 조문은 회사정리법을 가리킨다.

2) 미국 연방파산법 §362(a)(7)는 상계권 행사도 자동중지의 대상임을 명시하고 있다.

여 판시한 것이므로 회사정리절차를 전제로 기술한다.

Ⅱ. 상계권의 행사

정리채권은 정리절차에 의하지 아니하고 변제하거나, 변제받거나 기타 이를 소멸하게 하는 행위를 하지 못하지만(제112조), 정리채권자 또는 정리담보권자가 회사정리절차개시 당시 회사에 대하여 채무를 부담하는 경우에 채권과 채무의 쌍방이 정리채권과 정리담보권의 신고기간 만료 전에 상계할 수 있게 되었을 때에는 정리채권자 또는 정리담보권자는 그 기간 내에 한하여 정리절차에 의하지 아니하고 상계할 수 있다. 회사에 대하여 부담하는 채무가 기한부인 때에도 같다(제162조 제1항 단서).

파산절차와 회사정리절차의 가장 큰 차이는 전자는 청산절차이고 후자는 재건절차이므로 파산절차에서는 금전으로 배당하여야 하므로 파산채권이 비금전채권이나 기한미도래의 채권에 대하여도 파산절차개시 시점을 기준으로 채권을 금전화, 현재화하는 것이 필요하다(파산법 제16조). 그러나 회사정리절차는 정리채권을 원래의 내용대로 변제하면 족하기 때문에 금전화, 현재화가 불필요하다. 예컨대, 파산절차에서 외국통화채권은 파산선고시를 기준으로 원화로 평가한 금액으로 채권신고를 하여야 하지만(파산법 제17조 제1항), 회사정리절차에서는 외국통화채권은 외국통화로 신고하면 족하다.

상계를 금지하는 4가지 요건은 파산절차와 회사정리절차에 있어서 동일하지만,[3] 파산절차에서는 회사정리절차와 달리 상계권 행사에 대한 시기적인 제한은 존재하지 아니한다.[4] 즉 제1회 채권자집회 이후에 또는 파산선고 시에 지정한 파산채권신고기간이 도과한 후에도 파산채권을 자동채권으로 한 상계가 가능하다.

---

3) 회사정리절차에서 상계금지에 관한 제162조와 파산절차에서 상계금지에 관한 파산법 제95조는 모두 절차개시 후 또는 위기시기에 인위적으로 채무를 부담하거나 채권을 양수함으로써 상계적상을 작출하는 행위를 금지하고 있다.

4) 통설 판례임. 趙炳顯, "破產節次上의 相計權 行使," 破產法의 諸問題(下), 法院圖書館(1999), 362면.

Ⅲ. 회사정리절차에 있어서 상계의 시기적 제한의 입법취지

회사정리절차에서 정리채권자가 상계권을 행사하기 위하여는 민법의 상계에 관한 원칙이 적용된다. 즉 채권자의 정리회사에 대한 자동채권과 정리회사가 채권자에 대하여 갖는 수동채권은 정리채권 신고기간 만료시를 기준으로 상계적상에 있어야 한다. 수동채권(즉 정리채권자가 정리회사에 대하여 부담하는 반대채무)의 변제기가 도래하지 아니하였음에도 불구하고 정리채권자가 스스로 불이익을 감수하고 미리 상계를 할 수 있음은 민법 일반이론과 같다. 자동채권인 정리채권은 반드시 그 변제기가 채권 신고기간 만료 전에 도래하여야 한다.[5] 만일 자동채권의 변제기가 신고기간 만료 후에 도래하였음에도 불구하고 회생절차개시신청을 이유로 기한의 이익을 상실하도록 하는 은행 약관의 효력이 유효한가에 관하여 일본에서는 견해의 다툼이 있다.[6]

회사정리절차에서 상계의 시기적 제한을 두는 이유는 다음과 같다. 상계는 거래 당사자 사이에서는 서로 채권·채무를 대등액에서 이미 결제된 것처럼 서로 신뢰하는 것이므로 대등액에 관하여는 상대방에 대하여 현실적으로 지급을 받는 것을 고려하지 않고 있어, 이미 상계적상에 있는 경우 및 아직 상계적상에 있지 아니한 경우라도 가까운 장래에 상계적상이 생기는 경우 등에는 상계에 대한 신뢰가 매우 크다. 정리회사가 자기의 채무에 대하여는 정리채권으로 취급받고 그 상당한 부분을 切捨하게 되면서도 자기의 채권에 대하여는 상대방에게 전액을 지급하라고 하는 것은 현저하게 불공평하다. 회사정리절차의 경우에 그 상계요건을 엄격히 하여 상계를 제한하는 취지는 만일 상계를 광범위하게 인정하게 되면 회사의 갱생을 도모하는 것이 어렵게 되고 회사정리절차개시결정에 대응하여 파산의 경우처럼 채권을 현재화·금전화 하는 것이 어려우며, 또한 상계에 의하여 소멸하는 채권·채무의 범위가 일정 시기까지 명확하게 되지 않으면 정리계획의 작성 등 그 이후의 절차진행에 지장을 줄 염려가 크기 때문이다.[7] 따라서 회사정리

5) 同旨, 伊藤眞, 會社更生法, 有斐閣(2012), 342면. 따라서 신고기간 만료 후에 상계적상에 있는 갱생채권을 갱생담보권으로 취급할 수 없다(東京高判 平成 14. 9. 25. 金法1662호 67면).

6) 다수설은 약관의 효력을 인정한다. 반대설은 상계적상의 시기를 한정한 법의 취지와 압류와 회생절차개시 효력의 차이 등을 근거로 원래의 자동채권 변제기를 기준으로 삼아야 한다고 주장한다. 반대설의 자세한 논거 및 주창자에 대하여는 伊藤眞, 앞의 책, 434면 참조.

7) 대법원 2009. 1. 30. 선고 2008다49707 판결(공 2009, 243); 대구고등법원 2003. 6. 18. 선고

절차가 종료된 이후에는 파산절차로 이행한 경우[8]나 이행하지 아니한 경우에도 정리채권자는 정리채권을 자동채권으로 하여 상계하는 것이 가능하다.[9] 그러나 회사정리개시신청 후 법원이 채무자에 대하여 변제금지의 보전처분이 내려진 경우에는 제162조의 예외 사유에 해당하지 않는 한 채권자는 상계할 수 있다.[10]

Ⅳ. 상계권 행사의 주체와 법원의 허가

회사정리절차가 개시되면 채권자는 관리인을 상대로 상계권을 행사하여야 한다.[11] 회사정리절차개시 후에는 채무자의 재산의 관리처분권은 관리인에게 전속하고, 채무자는 그 의사표시를 수령할 능력을 상실하기 때문이다.[12] 파산채권자의 상계가 적법하다고 판단되면 파산관재인은 별제권의 승인에 관한 파산법 제187조 제13호를 유추하여 법원의 승인을 받아야 한다.[13] 반대로 관리인이나 파산관재인이 상계를 하기 위하여는 법원에 의한 허가가 있어야 한다. 정리채권은 법원의 허가없이 변제할 수 없기 때문이다.[14] 결론적으로 정리채권자가 하는 상계이건 관리인이 하는 상계이건 법원의 허가가 있어야 한다.

Ⅴ. 상계하기 위하여 자동채권을 신고하여야 하는가

1. 파산절차

파산절차에서 채권자가 파산채권을 자동채권으로 하여 상계하기 위하여 파산

2002나8194 판결.

8) 대법원 2005. 10. 14. 선고 2005다27225 판결. 파산법에 상계금지의 효과를 파산선고 이후까지 연장한다는 조항을 둔 바 없으며 파산선고 후에도 회사정리법 제163조 제1호가 적용된다고 볼 수 없다는 점을 이유로 들고 있다.

9) 대법원 2009. 1. 30. 선고 2008다49707 판결(공 2009, 243).

10) 대법원 1993. 9. 14. 선고 92다12728 판결(공 1993, 2744).

11) 대법원 1988. 8. 9. 선고 86다카1858 판결(공 1988, 1207).

12) 서울중앙지방법원 파산부 실무연구회, 回生事件實務(上) 제2판, 博英社(2008), 323면.

13) 법원이 허가를 하지 아니한다고 하여 정리채권자의 상계의 의사표시가 효력이 없다는 의미는 아니고 상계의 의사표시의 효력에 관하여 재판을 통하여 밝혀진다는 뜻이다.

14) 대법원 1988. 8. 9. 선고 86다카1858 판결(공 1988, 1207).

채권을 신고하여야 하는가 하는 점에 관하여 견해가 대립되어 있다. 일본의 통설은 상계의 담보적 기능과 파산법 제89조의 상계는 파산절차에 의하지 아니하고 할 수 있다는 조항의 문언을 중시하고 있다. 소수설은 자동채권의 존부는 파산관재인이 그에 대하여 다툴지 여부에 달려 있게 되며, 파산채권의 조사확정에 관한 절차에 어느 정도 구속되는 별제권자와의 균형에 맞지 않는다는 점을 근거로 삼고 있다.[15)]

우리나라의 학설은 신고불요설을 취하고 있다.[16)] 서울중앙지법의 실무도 상계금지 요건의 허부만을 검토하고 자동채권이 신고되었는지 여부는 따지지 않고 있다.[17)]

2. 회사정리절차

다음으로 회사정리절차에서도 정리채권자가 상계하기 위하여 반드시 정리채권을 신고하여야 하는지에 관하여 살펴본다.

(1) 판　　례

대상판결은 정리채권의 신고기간 내에 신고하지 아니한 정리채권을 자동채권으로 하여 상계를 할 수 없다는 일반론을 제시하고 있다. 또한 참조판결로 대법원 1998. 6. 26. 선고 98다3603 판결과 2000. 2. 11. 선고 99다10424 판결 등을 같은 취지의 판결로 인용하고 있다.

먼저 최초의 선례인 대법원 98다3603 판결의 판결이유를 본다. 미이행 쌍무계약에서 관리인이 해제를 하면 상대방이 제104조에 의하여 정리회사에 대한 손해배상에 관하여 정리채권자로 그 권리를 행사할 수 있는데 정리채권의 신고기간이 도과된 후에 관리인이 해제를 함으로써 상대방이 채권신고를 하지 못한 채 손해배상청구권을 자동채권으로 행사한 사안에서 대법원은 "피고가 회사정리법이 정하는 소정 기간 내에 위 채권(손해배상채권, 저자 주)에 관하여 정리채권 신고를 한 바 없음은 이를 자인하고 있으므로, 피고는 이 사건에서 위 채권이 있음을 내세워

15) 齊藤秀夫・麻上正信・林屋礼二 編, 注解破産法 第三版(上), 青林書院(1999), 694-696면.

16) 田炳西, 파산법, 법문사(2003), 247면; 趙炳顯, 앞의 논문, 362면; 김경욱, "파산절차에 있어서 상계권의 행사," 민사소송 5, 475면; 梁彰洙, "파산절차상의 상계 -소위 상계권의 확장에 대한 입법론적 재고를 포함하여-," 민법연구 제7권, 博英社(2003), 222면.

17) 서울중앙지방법원 파산부 실무연구회, 法人破産實務 제2판, 博英社(2008), 261면.

상계 주장 등을 할 수는 없다고 판단하였다. … 원심의 사실인정과 판단은 옳고…"라는 이유로 피고의 상계 주장을 배척하였다. 이 판결 이유는 일반론으로 상계를 하기 위하여는 먼저 채권신고가 필요하다는 입장으로 해석된다.

다음으로 대법원 99다10424 판결의 판결이유를 본다. 대법원은 "회사정리법에 의하면, 정리채권은 정리절차에 의하지 아니하고 변제하거나, 변제받거나 기타 이를 소멸하게 할 수 없으며, 정리절차에 참가하고자 하는 정리채권자는 정리채권의 신고를 하여야 하고, 신고하지 아니한 정리채권은 정리계획인가결정이 있는 때에는 실권되므로 정리채권자가 회사정리법이 정하는 소정 기간 내에 정리채권 신고를 한 바 없다면 정리채권이 있음을 내세워 상계 주장을 할 수 없으나(대법원 1998. 6. 26. 선고 98다3603 판결 참조), 이러한 정리채권의 변제금지와 상계의 제한은 정리절차가 개시된 이후에 비로소 생기는 것이므로, 정리절차가 개시되기 이전, 즉 정리채권이 아닌 단계에서의 채권에 대하여는 위와 같은 제한없이 변제 내지 상계할 수 있으며, 그 후 정리절차가 개시되었다고 하여 달리 볼 것도 아니다"라는 이유로 상계가 무효라는 원고(정리회사)의 주장을 배척한 원심의 판단이 정당하다고 판시하였다.

살피건대, 98다3603 판결의 판결이유와 99다10424 판결이유는 같지 아니하다. 즉 전자는 일반론으로 상계를 하기 위하여는 정리채권의 신고가 필요하다는 판시이다. 이에 비하여 후자는 정리채권을 신고하지 아니한 채 정리계획인가결정이 있으면 정리채권이 실권되므로 실권된 채권을 자동채권으로 상계 주장을 할 수 없다는 내용이다. 후자의 이론이 옳다. 그 동안 실무가들은 99다10424 판결 이유를 통하여 두 판결이 정리채권 신고기간 만료 전에 자동채권을 정리채권으로 신고함이 없이 상계를 할 수 있는지 여부에 대한 대법원의 판단이라기보다는, 정리채권자가 정리채권을 신고하지 않은 채로 정리계획이 인가되어 당해 정리채권이 실권되었는데, 뒤늦게 인가 후에 실권된 정리채권을 자동채권으로 상계한 경우에는 신고하지 아니하여 실권된 권리를 자동채권으로 상계 주장을 할 수 없다는 취지로 선해하였다. 그런데 대상판결은 98다3603 판결로 돌아가 일반론으로 상계를 하기 위하여 정리채권의 신고가 필요한 것으로 판시하는 잘못을 범한 것이다. 그리하여 대법원의 잘못된 이유설시 때문에 하급심도 마치 회사정리절차에서는 파산절차와 달리 정리채권을 자동채권으로 상계하기 위하여 반드시 채권신고가 필수라고 오해하는 판결을 선고하는 잘못을 범하게 되었다.

대법원 2009. 1. 30. 선고 2008다49707 판결(공 2009, 243)의 원심판결이 대표적

인 예이다. 원심은 구 회사정리법 제162조 제1항에서 정리채권과 정리담보권의 신고기간 만료 전에 상계할 수 있게 되었을 때에는 그 기간 내에 한하여 정리절차에 의하지 아니하고 상계를 할 수 있는 것으로 규정하고 있어, 이 사건과 같이 정리채권 등의 신고기간이 도과한 때에는 더 이상 정리채권과 위 예수금(정리채권자가 정리회사에 대하여 반환을 부담하는 금전채권)을 상계할 수 없게 되었다는 이유로 피고(정리채권자)의 주장을 배척하였다. 원심이 회사정리절차에서 정리채권자가 상계하기 위하여는 반드시 채권신고가 선행되어야 한 것처럼 그릇되게 판시한 잘못은 대법원 98다3603 판결과 대상판결이 폐기되지 아니한 채 유지되고 있기 때문이다.

앞서 본 대법원 2008다49707 판결은 정리채권 신고를 하지 않더라도 회사정리절차에서 상계를 할 수 있다는 일반론을 설시함으로써 원심을 나무랐어야 함에도 불구하고, 마치 정리채권 신고를 하지 않아 회사정리절차에서는 상계를 할 수 없지만 그 후 정리절차가 종결된 이상 상계가 가능하게 되었다는 취지로 판시하였다. 즉 "따라서 원심판시와 같이 위 회사정리절차가 2003. 3. 13. 종결되었다면 특별한 사정이 없는 한 피고는 정리채권을 자동채권으로 하여 이 사건 예수금반환채무와 상계하는 것이 가능해졌다고 볼 것이고, … 원심으로서는 마땅히 위 정리절차상의 상계제한이 해소되었음을 전제로 이 부분 피고 주장의 당부를 판단하였어야 함에도 만연히 위 정리채권 등의 신고기간이 경과하였다는 이유만으로 피고의 주장을 배척한 것에는 회사정리절차 종결의 효과에 대한 법리를 오해한 위법이 있다"고 판시하고 있다. 이 판결 또한 상계를 하기 위하여는 정리채권 신고가 필요하다는 법리를 전제로 한 것이어서 결론은 타당하지만 이유 설시가 정확하지 않다.

이에 반하여 하급심[18]은 상계하기 위하여 정리채권을 신고할 필요가 없음을 분명히 밝히고 있다. 즉 정리채권자가 상계로 주장하는 자동채권은 회사정리절차에서 정리채권으로 신고되지 아니하였거나, 신고하였다고 하더라도 그 후 정리채권확정의 소를 제기하지 아니하여 이미 실권된 채권들이므로 이를 앞세워 상계를 할 수 없다는 원고의 주장을 다음과 같은 이유로 배척하였다. "정리채권자는 원칙적으로 정리채권 신고기간 만료 전까지 정리절차에 의하지 아니하고 상계할 수 있다고 할 것인데(회사정리법 제162조 제1항), 위 상계의 의사표시가 앞서 본 이 사

18) 서울중앙지방법원 2005. 4. 15. 선고 2003가합75348 판결; 서울고등법원 2006. 6. 16. 선고 2005나40626 판결(심리불속행).

건 정리채권 신고기간 만료일인 2002. 9. 25. 전에 이루어졌음은 당사자 사이에 다툼이 없으므로 원고의 주장은 이유 없다."

이 점과 관련하여 대법원 2004. 3. 12. 선고 2003다37956 판결(미공간)은 소외 회사에 대한 회사정리절차에서 피고가 명시적, 묵시적으로 상계의 의사표시를 하였다고 볼 수 없으며, 민법 제495조[19]의 유추적용에 의하여 정리채권의 신고기간 내에 신고하지 아니하여 실권된 정리채권을 자동채권으로 하여 상계를 할 수 있다고 볼 수도 없다고 판시하였다. 이 판결 역시 신고하지 아니하였다는 이유만으로 상계할 수 없다는 것이 아니라 미신고로 실권되었다는 점을 지적하고 있지만, 실권된 이유가 채권이 정리계획안에 기재되지 아니하였다는 점을 강조하는 것이 올바른 해석이다. 하급심과 같이 명시적으로 채권신고가 불필요하다는 점을 밝히지 아니한 점은 잘못이다.

(2) 학 설

학설은 일본이나 우리나라 모두 상계를 하려면 반드시 정리채권을 신고할 필요가 없다는 데에 견해가 일치되어 있다.[20] 논리적으로 보더라도, 신고기간 만료 전까지 상계할 수 있다고 하면서 신고를 하여야만 상계를 할 수 있다고 해석하는 것은 합당하지 않다.

Ⅵ. 본 판결의 검토

현재 서울중앙지방법원의 파산부의 실무나 하급심은 회사정리절차에서 정리채권자가 정리채권을 자동채권으로 상계를 하기 위해서는 채권신고를 할 필요가 없다는 입장에 서있다. 그럼에도 대상판결이 회사정리절차에서 정리채권을 자동채권으로 상계하기 위해서 반드시 정리채권의 신고가 필요하다고 판시한 것은 잘못이다. 대상판결은 참조판결로 들고 있는 대법원 99다10424 판결과 같은 이유로 신고하지 아니하여 정리계획 인가의 효력으로 실권된 채권을 자동채권으로 하는 상

19) 제495조(소멸시효완성된 채권에 의한 상계) 소멸시효가 완성된 채권이 그 완성 전에 상계할 수 있었던 것이면 그 채권자는 상계할 수 있다.

20) 서울중앙지방법원 파산부 실무연구회, 앞의 책, 322면; 兼子一-三ヶ月章, 條解會社更生法(中), 弘文堂(1998), 833면. "상계는 갱생절차에 의하지 않고 할 수 있으므로 그 자동채권도 신고된 것에 한정할 필요는 없다고 해야 한다."

계는 부적법하다고 명확하게 판시하였어야 한다. 또한 대상판결이 참조판결로 들고 있는 두 개의 대법원 판결은 그 이유 설시가 동일하지 아니하고 사안도 달리함에도 마치 선례의 판결이유가 같은 내용인양 인용한 것도 잘못되었다. 앞으로 대법원은 학설과 파산실무에 부합하도록 회사정리절차에서 정리채권자가 상계하기 위하여 자동채권을 정리채권으로 신고할 필요가 없음을 명시적으로 선언하고 이에 반하는 판시를 한 대상판결과 대법원 98다3603 판결을 폐기하여야 한다.

판례연구 23집, 서울지방변호사회(2009), 239-251면 소재

共益債權의 代位辨濟者가 破産財團에 대하여 갖는 채권의 성질

[사건의 표시]

대법원 2009. 2. 26. 선고 2005다32418 판결(공 2009, 523)

[사안의 개요]

원고(보험자)는 서울보증보험 주식회사이고, 인천정유 주식회사(보험계약자)는 2001. 9. 27. 인천지방법원으로부터 회사정리절차개시결정을 받았다. 피고는 정리회사 인천정유의 관리인이다.

인천정유는 석유판매에 따라 발생한 신고납부기한이 2001. 5. 31.인 교통세 등 합계 827억 원의 조세채무에 관하여 부담이 과중하다는 이유로 2001. 5. 22. 납부기한 연장신청을 하였고, 관할세무서장인 서인천세무서장(피보험자)은 위 신청에 대하여 국세기본법 제6조 제1항, 같은 법 시행령 제2조 제1항 제3호 소정의 '납세자가 그 사업에 심한 손해를 입거나 그 사업이 중대한 위기에 처한 때'에 해당하여 납부기한 연장사유가 있다고 보아 2001. 6. 1. 위 조세채무 중 교통세의 납부기한을 회생절차개시일 이후인 2001. 10. 4.~11. 30. 3회로 나누어 연장한다는 통지를 하면서, 국세기본법 제6조 제2항에 의거 위 납부할 금액에 상당하는 담보제공을 요구하였다.

인천정유는 서인천세무서장의 담보제공 요구에 응하기 위하여 2001. 6. 8. 원고와 사이에, 피보험자 서인천세무서장, 보험가입금액 303억 원, 보험기간 2001. 6. 1.~2001. 10. 30.로 정하여, 이 사건 교통세의 납부의무에 관한 납세보증보험계약을 체결하고, 원고로부터 납세보증보험증권을 발급 받아 서인천세무서장에게 제출하였다.

이 사건 납세보증보험계약에 의하면, 원고는 인천정유가 보증대상 납세의무를 납기 내에 이행하지 아니함으로써 피보험자가 입은 재산상 손해를 보상하되, 보상하는 손해는 보험가입금액을 한도로 하여 인천정유가 납부하여야 할 세액으로 하고, 원고가 보험금을 지급한 때에는 인천정유에 대하여 구상권을 가지며 피보험자의 이익을 해치지 아니하는 범위 안에서 피보험자가 인천정유에 대하여 가지는 권리를 대위할 수 있도록 하였고, 구상금에 가산하여 지급할 지연손해금은 시중은행의 일반대출 연체이율 중 최고의 연체이율 범위 내에서 원고가 정하는 연체이율에 의하도록 약정하였는데, 원고가 정하여 시행하고 있는 연체이율은 연 19%이다.

그런데 피고는 2001. 10. 4.이 납부기한인 이 사건 교통세를 납부하지 아니하여 서인천세무서장은 피고에게 납부기한을 2001. 10. 31.로 정하여 납세고지 하고, 원고에게도 이 사건 납세보증보험계약에 따른 보험금을 청구하였다. 그 후 피고가 고지된 납부기일까지 이 사건 교통세를 납부하지 않아 결국 원고가 이 사건 납세보증보험계약에 따라 2001. 10. 31. 서인천세무서장에게 이 사건 교통세 등 276억원을 대위변제 하였다.

[쟁 점]

1. 회사정리절차개시 당시 이미 납부기한이 도래하였으나 조세의 납부기한이 구 국세기본법 제6조에 의하여 연장되고 그 연장된 기한이 정리절차개시 당시 도래하지 아니한 경우에 위 조세채권은 공익채권인지 아니면 정리채권인지 여부[1)]

2. 공익채권인 조세채권을 납세보증인이 보험금으로 지급한 경우에 납세보증인이 변제자대위의 법리에 의하여 공익채권을 정리회사에 주장할 수 있는지 여부

3. 구상권에 관한 지연손해금의 약정을 변제자대위에 의하여 원채권을 행사하는 경우에 주장할 수 있는지 여부

---

1) 납부기한의 의미와 납부기한의 연장에 관한 쟁점에 대하여는 이 글에서는 다루지 아니한다. 이 쟁점에 대하여는 林治龍, "判例를 통하여 본 回生節次와 租稅債權," 파산법연구 3, 박영사(2010), 175-176면 참조.

[소송의 경과]

원심은 원고의 채권이 공익채권이라 인정하고 지연손해금을 민법 소정의 비율에 의하여 산정하여 피고에게 금전의 지급을 명하는 판결을 하였다. 이에 대하여 쌍방이 상고하였는바, 원고는 약정연체이율을 적용하여야 된다는 사유로, 피고는 원고의 채권이 정리채권이므로 각하되어야 한다는 사유를 주장하였다. 대법원은 아래와 같은 이유로 쌍방의 상고를 기각하였다.

[판결요지]

(1) 납세보증보험은 보험금액의 한도 안에서 보험계약자가 보증 대상 납세의무를 납기 내에 이행하지 아니함으로써 피보험자가 입게 되는 손해를 담보하는 보증보험으로서 보증에 갈음하는 기능을 가지고 있어, 보험자의 보상책임을 보증책임과 동일하게 볼 수 있으므로, 납세보증보험의 보험자가 그 보증성에 터잡아 보험금을 지급한 경우에는 변제자대위에 관한 민법 제481조를 유추적용하여 피보험자인 세무서가 보험계약자인 납세의무자에 대하여 가지는 채권을 대위행사할 수 있다. 같은 취지에서 원고가 공익채권인 이 사건 교통세를 대위변제함으로써 세무서장이 가지고 있던 이 사건 교통세에 대한 종전의 권리가 동일성을 유지한 채 원고에게 이전되었다고 본 원심 판단은 정당하다(피고의 상고이유 배척).

(2) 채무를 변제할 이익이 있는 자가 채무를 대위변제한 경우에 통상 채무자에 대하여 구상권을 가짐과 동시에 민법 제481조에 의하여 당연히 채권자를 대위하나, 위 구상권과 변제자대위권은 그 원본, 변제기, 이자, 지연손해금의 유무 등에 있어서 그 내용이 다른 별개의 권리이므로, 대위변제자와 채무자 사이에 구상금에 관한 지연손해금 약정이 있더라도 이 약정은 구상금을 청구하는 경우에 적용될 뿐, 변제자대위권을 행사하는 경우에는 적용될 수 없다(원고의 상고이유 배척).

[평　　석]

1. 문제의 소재

위 사례는 회사정리절차에서 조세채권의 대위행사에 관한 것이나, 대법원이 판시한 법리는 구 파산법, 구 회사정리법 및 채무자회생 및 파산에 관한 법률에서의 파산절차와 회생절차에도 적용되는 것이다. 이하 편의상 파산절차를 염두에 두고 설명하기로 한다.

判例는 조세채권의 대위변제에 관하여 설시한 것이지만 임금채권과 같은 다른 재단채권(공익채권)에 관하여도 적용되는 것이다. 이 문제는 회사정리절차에서의 조세채권의 대위변제에 한하지 않고 파산절차를 포함하여 공익채권 또는 재단채권을 대위변제한 경우로 확대하여 검토할 필요가 있다.

예컨대 파산절차에서 제3자가 파산재단을 위하여 근로자들에게 임금채권을 대위변제한 경우,[2] 파산관재인이 미이행 쌍무계약을 해제한 후 원상회복으로 상대방에게 금원반환의무를 부담하는 경우, 제3자가 금원을 대위변제한 경우[3] 등에도 적용될 수 있다.

대상판결의 사안에 대하여 결론을 내리기에 앞서 아래와 같은 쟁점을 해결하여야 한다. 첫째, 보증인과 같은 제3자가 주채무자를 위하여 대위변제한 경우에 취득하는 구상권과 민법 제481조에 의하여 변제자대위에 의하여 취득하는 채권자가 채무자에 대하여 갖는 본래의 채권(이하 '원채권'이라 한다)의 관계, 둘째, 제3자가 조세채권을 대위변제하여 조세의 우선권을 주장할 수 있는지 여부, 셋째, 파산절차에서 제3자가 재단채권(조세채권 등)을 대위변제한 경우에 제3자는 변제자대위 법리에 의하여 파산절차에서 재단채권임을 주장할 수 있는지 아니면 파산채권만을 주장할 수 있는지 여부가 문제가 된다.

이 점에 대하여 日本의 最高裁判所는 2011년 구상권이 파산채권인 경우라도 원채권이 재단채권이라면 원채권을 파산절차에서 행사할 수 있다고 판시함으로써 이 점에 관한 하급심간의 다툼에 관하여 종지부를 찍었다.[4] 위 판결이 나오기 전

---

2) 日本 大阪高裁, 平成 21. 10. 16. 平成 21年(ネ)제924호. 이 판결에 대한 해설로는 金融法務事情 No. 1897(2010. 5. 10), 75면 이하.

3) 日本 大阪地裁 平成 21. 9. 4. 平成 20年(ワ)제11774호. 이 판결에 대한 해설로는 金融法務事情 No. 1881(2009. 10. 25), 57면 이하.

4) 日本 最高裁判所 平成 23. 11. 22. 民集65권8호3165면 및 平成 23. 11. 24. 民集65권8호32135면. 前者는 원채권인 재단채권(임금채권)을 대위변제한 구상권자가 파산절차에서 재단채권자로 주장한 사건이고, 後者는 원채권인 공익채권(민사재생법 제49조 제5항에 기한 청구권으로서 미이행 쌍무계약을 관재인이 해제한 경우 상대방이 갖는 원상회복청구권을 말한다)을 대위변제한 구상권자가 민사재생절차에서 공익채권자로서 주장한 사건이다. 최고재판소는 양 판결에서 공히 변제에 의한 대위제도는 대위변제자가 채무자에 대하여 취득하는 구상권을 확보하기 위하여 법의 규정에 따라 변제에 의하여 소멸될 원채권 및 그 담보권을 대위변제자에게 이전시켜 대위변제자가 그 구상권의 범위 내에서 원채권 및 담보권을 행사할 수 있도록 인정하는 제도라고 밝혔다. 이어서 앞의 판결은 파산절차에서 원채권의 행사 자체가 제약을 받지 않는 이상 원채권의 행사가 구상권과 마찬가지로 제약을 받지는 않는다고 해석함이 상당하다는 이유로, 뒤의 판결은 재생계획에서 구상권의 액수와 변제기가 변경되더라도 공익채권을 행사하는 한도에서는 재생계획에 의한 구상권의 권리변경의 효력은 미치지 않는다는 이유로 각각 재단채권자 및 공익채권자로서의 지위를 인정하였다. 판결에 대한 대표적인 평석으로는 高部眞規子, "求償權が破産債權である場合において財團債權である原債權

까지 일본에서는 하급심 뿐 아니라 학설 역시 첨예한 대립이 있었다. 우리나라에서는 실무와 학설이 이 점을 깊이 논의한 바 없는 상태에서 대상판결이 제3자에게 변제자대위법리를 유추하여 공익채권의 지위를 처음으로 인정한 데에서 그 의미가 크다.

저자는 대상판결의 결론에는 찬동하지만 단순히 私人이 조세채권을 대위변제하여 권리의 동일성이 유지된다는 이유만으로는 불충분하다고 생각되므로 이 글을 통하여 그 이유를 면밀히 따져보고자 한다. 먼저 한국과 日本의 사례와 학설을 소개하고, 대상판결 및 원심판결의 논리를 분석하고 끝으로 저자의 견해를 제시하고자 한다.

2. 민법상의 변제자대위의 법리

가. 변제자대위의 법리

아래의 논의는 한국과 日本의 법리가 동일하므로 묶어서 설명하기로 한다.

변제에 의한 대위제도는 대위변제자가 채무자에 대하여 갖는 구상권을 확보할 것을 목적으로 하여, 변제에 의하여 의당 소멸하여야 할 채권자의 채무자에 대한 원채권 및 그 담보권을 대위변제자에게 이전시켜 대위변제자가 그 구상권을 갖는 한도에서 원채권 및 그 담보권을 행사하는 것을 인정하는 것이다. 변제자대위는 변제자가 변제함에 있어 법률상 정당한 이익의 유무에 따라 임의대위와 법정대위로 구분한다. 임의대위자는 채무자의 승낙을 얻어야 변제자대위가 인정되며 법정대위는 법에 의하여 변제자대위가 인정된다. 불가분채무자, 연대채무자, 보증인, 물상보증인, 담보목적물의 제3취득자, 후순위담보권자 등은 변제함에 있어 법률상 정당한 이익을 갖는다. 따라서 이들이 채무자를 위하여 변제하게 되면 법정대위가 인정된다.

나. 구상권과 원채권과의 관계

변제자는 구상권과 함께 변제자대위에 의한 원채권을 행사할 수 있다. 구상권과 원채권은 원본, 이자, 지연손해금의 유무, 비율 등에 있어서 내용이 다른 별개의 권리이다.[5] 따라서 보증인과 주채무자간에 구상권에 관하여 법정이율보다 높

を破産手續 によらないで行使することの可否," 金融法務事情 No. 1947(2012), 41-53면.

5) 대법원 1997. 5. 30. 선고 97다1556 판결(공 1997, 2011).

은 지연손해금의 약정을 할 수 있고, 구상권자 상호간에도 민법상의 구상권의 비율과 다른 약정을 할 수 있다.[6] 구상권과 원채권은 총채권액이 달리 변동하고 소멸시효도 따로 진행한다. 구상권자는 고유의 구상권을 행사하든 대위에 의하여 원채권을 행사하든 자유이며, 다만 원채권을 행사하는 경우에는 민법 제482조 제1항에 의하여 고유의 구상권의 범위에서 채권 및 그 담보에 관한 권리를 행사할 수 있는 것이어서 변제자대위권은 고유의 구상권을 확보하는 역할을 한다.[7]

만일 대위변제자와 채무자 사이에 구상금에 관한 지연손해금 약정이 있다면 그 약정은 구상금을 청구하는 경우에 적용될 뿐, 변제자대위권을 행사하는 경우에는 적용될 수 없다.[8] 다만 대위변제에 의하여 이전하는 원채권 및 담보권은 구상권을 확보하는 것을 목적으로 존재하는 부종적인 성질을 갖고 구상권이 소멸한 때에는 원채권 및 담보권은 그때 당연히 소멸하는 등 원채권 및 담보권의 행사는 구상권이 존재하는 한도에 의하여 제약을 받는다. 따라서 원채권 및 담보권은 구상권의 존재 및 그 채권액과 떨어져 그와 별도로 행사할 수 없으므로 대위변제자가 원채권 및 담보권을 행사하는 소송에서 그 급부의 이행 또는 확인을 구하는 경우에 그에 의하여 확보되는 구상권의 성립, 채권의 내용을 주장·입증하여야 하고, 상대방은 원채권 및 구상권 쌍방에 대한 항변을 갖고 대항할 수 있다.[9] 또한 구상권의 액수가 항상 원채권의 채권액을 上廻한다고 인정되는 특별한 사정이 없는 한 법원은 판결주문에서 대위변제자가 채무자에 대하여 갖는 구상권의 한도 내에서 급부를 명하고 확인의 주문을 내어야 한다.[10]

과거에는 대위에 의하여 원채권의 담보권이 구상권을 담보한다는 견해도 일본에서 주장되었으나 현재의 한국과 일본의 通說 및 判例에 의하면 변제자대위가 인정된다고 하더라도 원채권의 담보권에 의하여 담보되는 피담보채권은 원채권이지 구상채권이 아니다.[11] 만일 이와 달리 구상채권을 담보한다고 해석하면 원채권

6) 민법 제482조 제2항 제5호에 의하면 보증인과 물상보증인간의 구상권의 비율은 인원수에 비례하여 채권자를 대위한다고 규정되어 있으나 양자간에 보증인만이 구상권을 행사할 수 있도록 하는 특약도 유효하다. 日本 最高裁判所 昭和 59. 5. 29. 昭55(ォ)351 판결. 학설도 이를 지지하고 있다. 이 判例에 대한 해설로 近江幸治, "求償權についての特約と代位の範圍," 別册ジュリスト No. 137(1996), 93면.

7) 앞의 대법원 97다1556 판결.

8) 金曾漢 編, 註釋 債權總則(下), 韓國司法行政學會(1984), 564면.

9) 於保不二雄, 債權總論, 有斐閣(1959), 352면.

10) 日本 最高裁判所 昭和 61. 2. 20. 昭58(ォ)881호.

11) 이 점은 韓日 양국의 通說이다. 金相容, "辨濟者代位," 고시연구 21권 11호, 100면; 松岡久和, "辨濟による代位," Jurist 增刊, 184면 참조.

의 액수보다 구상채권의 액수가 다액인 경우에 담보목적물에 관한 후순위담보권자나 제3취득자의 이익을 해하게 되기 때문이다.[12)]

그러나 변제자대위에 의하여 이전되는 '채권의 효력'이라 함은 원채권과 그에 부수하는 손해배상채권, 채권자대위권, 채권자취소권을 의미하며 계약당사자의 지위에서 파생하는 계약의 해제권, 취소권은 대상이 아니다.

일본의 2011년 최고재판소 판례는 원채권이 구상권을 확보하기 위한 일종의 담보로서의 기능을 하고 있다고 하였다. 즉 원채권을 담보목적물인 채권으로 취급하는 것이 아니라 원채권 자체가 구상권을 위하여 담보로서의 기능을 하고 있다는 것이다.

3. 조세채권과 변제자대위

가. 日本의 실무 및 학설

조세채권에 대하여도 제3자 납부에 의한 대위의 제도가 인정된다(國稅通則法 제41조).[13)] 그러나 이것은 민법상의 변제자대위와 달리 조세채권 그 자체가 특정인을 위하여 존속하는 것이 아니라 제3자납부에 의한 구상권이 존속하여 국세통칙법이 정한 한도에서 대위가 인정되는 것에 그치고 구상권을 행사함에 있어서 조세의 우선권이나 체납처분의 규정이 적용되는 것은 아니다.[14)] 이 견해를 따르면 일반론으로 제3자가 조세채권을 대위변제하였다고 하는 경우에 민법상의 변제자대위제도를 인정하지 아니한다. 日本의 한 하급심 판결[15)]은 이러한 입장에 서있

12) 內田貴, 民法Ⅲ 第2版, 東京大學出版會(2004), 77면.

13) (第三者の納付及びその代位) 第四十一條

1 國稅は、これを納付すべき者のために第三者が納付することができる。

2 國稅の納付について正当な利益を有する第三者又は國稅を納付すべき者の同意を得た第三者が國稅を納付すべき者に代わつてこれを納付した場合において、その國稅を担保するため抵当權が設定されているときは、これらの者は、その納付により、その抵当權につき國に代位することができる。ただし、その抵当權が根抵当である場合において、その担保すべき元本の確定前に納付があつたときは、この限りでない。

3 前項の場合において、第三者が同項の國稅の一部を納付したときは、その殘余の國稅は、同項の規定による代位に係る第三者の債權に先だつて徵收する(昭46法99・一部改正).

14) 田中二郞, 租稅法, 有斐閣(1968), 210면.

15) 日本 東京地判 平成 17. 3. 9. 金融法務事情 1747호 84면. 항소심 판결이 東京高判 2005. 6. 30.이다. 금융기관 X가 회사 C를 위하여 관세보증을 한 후 C에 대하여 민사재생절차가 개시된 후 국가를 위하여 C가 부담하는 관세를 납부하였다. C가 파산선고를 받은 후에 X가 C의 파산관재인 Y를 상대로 재단채권으로 부당이득반환청구의 소를 제기하였다. 1, 2심 모두 X가 패소하였다.

다. 판결 이유 중 관련 부분은 아래와 같다.

「조세채권은 국세징수법이나 각종세법 등을 근거로 하여 발생하는 채권이고, 민법이 예정하고 있는 채권채무관계와 동렬로 생각할 수 없는바, 國稅通則法 제41조 및 동법시행령 제11조는 국세를 제3자가 납부한 경우에 국세를 담보하기 위하여 저당권이 설정된 경우에 당해 저당권에 대하여 국가에 대위할 수 있다는 뜻 및 그 절차에 대하여 규정하고 있으나 조세채권 자체에 대위를 인정하는 규정 및 대위절차에 관한 규정은 어디에도 없다. 따라서 國稅通則法 제41조 및 동법시행령 제11조는 저당권에 한하여 대위를 인정하는 취지라고 해석된다. … 따라서 납세보증인이 보증채무의 이행으로 본건 조세채권을 변제하였다고 하더라도 조세채권을 변제에 의한 대위에 의하여 취득할 수 없다고 해석함이 상당하다.」

나. 한국의 실무 및 학설

납세의무자 본인이 아닌 제3자가 납세의무를 지는 경우는 연대납세의무자와 보충적 납세의무자(제2차 납세의무자, 물적납세의무자, 납세보증인 등)가 있다. 연대납세의무자에 대하여는 국세기본법 제25조의2는 "연대납세의무에 관한 민법의 준용"이라는 제목하에 연대채무자의 구상권에 관한 민법 제425조 내지 제427조를 준용하는 명문의 규정을 두고 있으나, 보충적 납세의무자의 경우에는 명문의 규정을 두고 있지 않다. 또한 국세기본법은 日本의 국세통칙법 제41조와 같이 제3자가 국세를 대신 납부한 경우 저당권에 대하여 국가를 대위한다는 조항도 두고 있지 않다.

判例는 국세기본법 제42조에 의하여 물적납세의무를 부담하는 양도담보권자는 납세자의 체납국세를 대납할 정당한 이익을 가짐을 전제로 국세대납으로 인한 구상금 채권을 양도담보재산의 환가금에서 변제받을 수 있다고 판시하였다.[16] 대상판결도 납세보증인인 서울보증보험 주식회사가 정리회사를 위하여 교통세를 납부한 것에 대하여 민법 제481조의 법리에 따라 채권 및 담보권의 대위행사를 인정하고 있다. 학설도 보충적 납세의무자가 변제자대위에 의하여 구상권을 취득하는 것을 인정하고 있으나[17] 구체적으로 조세채권이 갖는 공법적인 성질 중 어떠한 부분이 제3자에게 이전하는지에 관하여는 심도 있게 논하고 있지 않다. 대법

16) 대법원 1981. 7. 28. 선고 80다1579 판결(공 1981, 1419).

17) 任勝淳, 租稅法, 박영사(2010), 106면.

원이 근거로 들고 있는 세 개의 대법원 판결은 보증보험회사가 갖는 보험자 대위에 관한 사례에 관한 것이지 조세채권을 보증보험회사가 변제한 사안에 관한 것은 아니므로 조세채권의 변제자대위라는 쟁점에 관하여 내린 대상판결의 결론을 뒷받침하기에는 부족하다.

4. 파산절차에서 재단채권의 대위변제

가. 日本의 실무 및 학설

일본에서는 최고재판소 판결이 2011년 선고되기 전까지 3가지 사안이 문제되었다. 첫째, 원채권이 조세채권이고 대위변제자가 보증인인 사안, 둘째, 원채권이 임금채권이고 제3자가 체당금의 형태로 대신 변제한 사안, 셋째, 원채권이 도산절차에서 관리인이 쌍방미이행 쌍무계약을 해제한 경우 상대방의 반대급부반환청구권이고 대위변제자가 보증인인 사안이다.

실무는 첫째의 경우 조세채권의 대위변제에 대하여는 재단채권행사를 불허하는 것이 다수의 판례이고, 둘째와 셋째의 경우는 재단채권자로 취급하는 것과 파산채권으로 취급하는 것으로 양분되었다.[18]

(1) 실　무

먼저 제3자가 조세채권을 대위변제한 경우에 관하여 실무부터 살펴본다. 현재 하급심의 판례는 조세채권을 제3자가 대위변제한 경우의 처리에 관하여 2가지의 입장으로 분류할 수 있고 모두 도산절차에서 재단채권의 지위를 부정하고 있다.[19] 첫 번째는 조세채권을 변제자대위에 의하여 취득하는 것 자체를 부정하는 견해이다. 두 번째는 대위는 인정하지만 조세채권의 우선적 효력까지 취득할 수 있는 것은 아니라는 견해[20]이다.

東京地方裁判所 2005. 4. 15. 판결의 사실관계는 아래와 같다.

금융기관 X는 A사의 수입업무와 관련하여 A사가 부담하는 관세채무에 대하

---

18) 일본의 하급심 판결에 대한 자세한 소개에 대하여는 杉本純子, "優先權の代位と倒産手續," 同志社法學 59권 1호(2007), 176-182면 및 八田卓也, "原債權の財團債權性 · 共益債權性は原債權を辨濟による代位によつて 取得した者に承繼されるか(積極)," 金融法務事情 No. 1967(2013), 37-38면.

19) 저자가 확인한 바로는 도산절차에서 조세채권의 대위의 쟁점을 다룬 하급심 판결로는 地方裁判所 판결 2건과 高等裁判所 판결 3건 총 5건이다.

20) 杉本純子, 앞의 글, 186-195면.

여 A사의 부탁을 받아 관세 등에 대하여 보증을 하였다. A사에 대하여 민사재생절차가 개시된 후 X가 보증계약에 기하여 A사가 부담하는 관세를 지급하였다. 그 후 민사재생절차[21]가 폐지된 후 파산절차가 개시되어 Y가 파산관재인으로 선임되었다. X가 Y를 상대로 부당이득금의 반환을 구하는 소를 제기하였다.

제 1 심은 위에서 본 이유로 X가 관세 등 채권을 취득할 수 없다는 이유로 X의 청구를 기각하였다. X가 항소하였다. 항소심[22]은 제 1 심과 달리 변제자대위는 인정하였으나 X가 구하는 조세채권은 파산절차에 의하지 아니하고 행사할 수 없다는 이유로 원심판결을 취소하고 X의 소를 각하하였다.

「구 파산법 제47조가 재단채권으로 제 1 호부터 제 9 호까지 열거하면서, 그 제 2 호로 국세징수법 또는 국세징수의 예에 의하여 징수할 수 있는 청구권을 들고 있는 취지는 조세가 국가 또는 지방공공단체의 존립 및 활동에 재정적인 기반이 되고, 고도의 공익성을 갖는 것이기 때문에, 조세를 공평하고, 확실하게 징수하여야 한다는 공익적 요청에 의한 것으로서, 오로지 국가 또는 지방공공단체의 조세채권이기 때문에 구 파산법의 절차상 우선적 효력이 부여된 것이다. 구 파산법 등 도산절차법상 부여된 우선적 효력은 조세채권의 내재적인 것으로서 보유하는 고유의 권리내용이 아니라 각 도산절차법의 입법정책상의 판단에 의하여 창설적으로 부여되는 것으로 해석하여야 한다. 그렇다면 이상과 같은 동항의 취지에 비추어보면 私人이 민법 제501조의 대위에 의한 변제에 의하여 조세채권을 취득하는 경우에는 私人에게까지 조세채권으로서의 우선적 효력을 부여할 이유가 없다. … 이 사건 청구는 대위변제자인 X가 원채권인 조세채권을 행사하는 소송에서 그 급부명령을 청구하는 것인데, 그에 의하여 확보하는 구상권은 X가 A에 대하여 갖는 우선성이 없는 事後求償權으로서 파산선고가 이루어진 경우에는 파산채권으로써 밖에 행사할 수 없는 抗辯이 부착된 것이다. 그렇다면 X가 민법 제501조의 변제자대위에 의하여 취득하였다고 주장하는 조세채권도 파산채권인 求償權의 한도에서만 효력을 인정하면 족하다. … X는 대위변제에 의하여 조세채권을 채권으로 행사하여 청구하는 지위를 취득하였으나 그 채권자체는 구 파산법 제47조 제 1 호의 청구권에 해당하지 아니하고 일반의 파산채권에 해당한다.」

21) 日本의 민사재생절차에서 조세채권은 일반우선채권으로서 민사재생절차 외에서 수시로 변제받을 수 있다.

22) 東京高判 平成 17. 6. 30. 金融法務事情 1752호 54면. 이 판결은 미상고로 확정되었다. 이 판결의 결론에는 찬성하지만 이 판결은 조세채권에 대하여만 판결의 사정범위가 미치고 파산절차에서 임금채권을 대위변제한 경우에는 실무상 재단채권으로 취급하는 것이 일반적이라는 견해도 있다(瀬戸英雄 · 山本和彦 編, 倒産判例インデックス, 商事法務(2009), 103면).

한편 공적기관인 勞動者健康福祉機構가 근로자에게 미불임금을 파산자를 대신하여 지급(日本에서는 立替라고 한다. 우리나라의 임금채권보장법에서는 체당금이라는 용어를 사용하고 있다)하는 제도에 의하여 임금채권을 대위변제한 경우에는 그 임금액수의 한도가 있다는 이유 등으로 福祉機構는 원채권인 임금채권을 취득하고 그 우선권도 주장할 수 있다는 것이 실무이고 학설도 이를 지지하고 있다.[23]

그러나 私人이 사용자의 부탁을 받아 사용자가 파산선고를 받기 전에 원채권인 임금채권을 대위변제하여 사인이 재단채권이라 주장한 사안에서 하급심은 대위변제가 이루어짐으로써 노동자 보호의 관점에서 임금채권을 재단채권으로 한 파산법상의 취지가 달성되었으므로 노동자가 아닌 제 3 자가 변제자대위에 의하여 취득한 원채권을 재단채권으로 취급하게 되면 본래는 총채권자를 위한 공익비용이라고 하는 재단채권의 성질을 갖고 있지 아니함에도 불구하고 정책적 견지에서 재단채권으로 정한 채권을 당해 정책목적을 넘어 총파산채권자의 부담을 지우게 되는 것이다. 원채권에 의하여 확보되어야 할 구상권이 파산채권에 불과한 이상 구상권에 대하여 附從性을 갖는 원채권에 대하여도 구상권의 한도에서만 효력을 인정하면 족하므로 제 3 자가 변제자대위에 의하여 취득한 원채권인 노동채권은 재단채권이 아니라 일반파산채권으로 취급하여야 한다고 판시하였다.[24]

일본 최고재판소 판례는 앞에서 본 바와 같이 파산절차에서 임금채권을 대위변제한 사안과 민사재생절차에서 미이행 쌍무계약이 해제된 경우 상대방이 갖는 원상회복청구권을 대위변제한 사안에서 모두 대위변제자를 재단채권자 및 공익채권자로 인정하는 취급을 하였다.

앞으로 조세채권을 대위변제한 경우에도 이러한 판례의 법리가 인정될 것인지에 대하여는 부정적으로 해석하는 견해와[25] 긍정적인 견해[26]로 양분되어 있다.

(2) 학　설

日本에서도 하급심 판결이 나오기 전까지는 이 문제에 관하여 본격적인 논의

---

23) 杉本純子, 앞의 글, 175면.

24) 大阪高裁 平成 21. 10. 6. 平成 21年(ネ)제924호. 이 판결에 대한 해설로는 金融法務事情 No. 1897(2010. 5. 10), 75-87면 참조. 이 판결의 상고심이 日本 最高裁判所 平成 23. 11. 22. 판결이고 최고재판소는 항소심 판결을 파기하였다.

25) 高部眞規子, 앞의 글, 52면, 八田卓也, "原債權の財團債權性 · 共益債權性は原債權を辨濟による代位によつて 取得した者に承繼されるか(積極)," 金融法務事情 No. 1967(2013), 44면 및 日本 最高裁判所 平成 23. 11. 22. 판결의 補足意見.

26) 千葉惠美子, "辨濟による代位による取得した債權と求償權の關係," Jurist No. 1453, 78면.

를 한 바 없었다. 하급심 판결을 계기로 본격적인 논의가 시작되었다. 하급심 판결이 선고된 이후에 학설은 실무와 반대로 재단채권설이 다수설이 된 것으로 보인다.[27]

(가) 파산채권설

민법의 변제자대위 이론을 충실히 따르면 변제자대위는 구상권을 확보하기 위한 것이므로 구상권에 의한 존부와 그 범위에 따른 제한을 받게 되는데, 더 나아가 구상권이 갖는 파산절차에서의 절차적 제한 즉 파산절차에 의하지 아니하고는 변제받을 수 없다는 제한이 변제자대위에 의하여 원채권을 행사하는 경우에도 적용된다는 입장이다. 이유로는 채권주체에 변경이 생긴 경우에는 원채권에게 부여되는 보호의 필요성이 없다고 해석한다.[28]

(나) 재단채권설

재단채권을 양도하는 경우와 구상권에 기한 변제자대위 사이에 결정적 차이를 둘 합리적인 이유가 없으며,[29] 判例와 같이 해석하게 되면 채무자의 다른 채권자에게 望外의 이득을 주기 때문에 부당하다고 한다. 즉 조세채무의 납세보증인이 있는 경우와 없는 경우를 비교하여 채무자가 파산한 경우에 만일 재단채권의 성질을 부정하게 되면 전자의 경우에 파산재단의 부담이 경감되게 되는데 채무자의 파산채권자들이 이러한 점을 미리 기대하는 경우는 없기 때문이다.[30] 최고재판소 판결이 2011년에 나온 이후에는 재단채권설로 굳어진 형상이다. 다만 조세채권의 대위변제에 대하여는 여전히 견해가 나뉘고 있다.

(3) 한국의 실무 및 학설

회사정리절차에서 조세채권의 대위변제에 관한 쟁점을 정면으로 다룬 사건은

---

27) 그 외 학설로는 左左修, "破産手續における租税優先性の代位を否定した事例に關する問題點," 銀行法務 21676호(2007), 56면; 伊藤眞, 앞의 책, 227면에서 재인용함. 미국 연방파산법의 조세채권의 대위변제에 관한 법리를 분석하여 같은 결론을 낸 글로는 杉本純子, 앞의 글, 173면 이하.

28) 瀬戸英雄, "破産債權の處理(Ⅰ)," 園尾隆司 編, 新版破産法, 青林書院(2007), 426면.

29) 伊藤眞, 破産法 · 民事再生法 第2版, 有斐閣(2009), 227면. 초판(2007) 217면은 재단채권성을 부정하였으나 신판은 견해를 바꾸었다. 伊藤眞, 會社更生法, 有斐閣(2012), 234-235면도 회사갱생절차에서 공익채권설을 지지하고 있다. 다만 조세채권에 대하여는 대위변제가 인정되는지 여부에 대하여 검토가 필요하다면서 유보적인 입장이다.

30) 上原敏夫, "納税義務者の民事再生手續における租税保證人の地位について覺書," 新堂幸司 · 山本和彦 編, 民事手續法, 商事法務(2006), 206면; 高部眞規子, "民事再生法上の共益債權を辨濟した代位者が民事再生手續によることかく行使するこの可否," 金融法務事情 No. 1897(2010. 5. 10), 32-33면.

대상판결이 처음이고 대상판결이 선고되기 이전에는 파산실무와 학설이 이 쟁점을 論究한 예는 발견하지 못하였다. 그러나 日本과 마찬가지로 제3자인 근로복지공단이 임금채권보장법 제7조 제2항에 기하여 근로자에게 퇴직전 임금 및 휴업수당 3개월분 또는 3년치의 퇴직금을 체당금으로 지급한 경우에는 파산절차에서 재단채권으로 처리하고 있는 것이 서울중앙지법 파산부의 실무이다.[31)]

5. 검 토

가. 변제자대위의 법리가 파산절차에서 인정되는 범위

파산법에서도 非破産法(실체법 또는 절차법, nonbankruptcy law)의 원리가 그대로 적용되는 것이 원칙이지만 파산법에서는 파산절차의 목적을 달하기 위하여 여러 가지 특칙을 두어 실체법의 원리가 배제되는 경우가 적지 않다. 미이행 쌍무계약의 경우에는 계약해제의 법리가 그대로 적용되지 않고 오히려 귀책사유가 있는 파산관재인에게 계약의 이행선택 또는 해제를 선택할 권리가 부여되어 있으며, 부인권의 법리는 채권자취소권의 법리를 확대하여 채무자의 사해행위 뿐 아니라 편파변제행위 또는 무상행위까지 파산관재인에게만 그 효력을 부인할 수 있는 권리를 부여하고 있으며, 임금채권 중 퇴직전 3개월분은 법정담보물권이라 하여 저당권보다 우선하도록 되어 있으나, 파산절차에서는 파산선고 전의 퇴직 여부와 미지급 임금이 몇 개월치인지 여부를 묻지 아니하고 전액을 재단채권으로 인정하고 있다. 마찬가지로 민법상의 구상권과 변제자대위의 법리도 파산절차에서는 그대로 적용되지 않고 있다. 먼저 민법과 동일한 부분을 살펴본다.

(1) 파산법과 민법이 동일한 부분

민법 제483조 제1항에 의하면 채권의 일부에 대하여 대위변제가 있는 때에는 대위자는 그 변제한 가액에 비례하여 채권자와 함께 그 권리를 행사한다. 따라서 제3자가 무담보채권의 일부를 변제하면 제3자는 그 변제한 가액에 비례하여 대위변제에 의하여 원래의 채권(이하 원채권이라 한다)을 행사할 수 있다.

또한 제3자가 피담보채권의 일부에 대하여 변제한 경우에 현재의 通說 및 判例에 의하면 원채권자의 권리를 보호하기 위하여 일부를 변제한 제3자에게는

31) 林治龍, "서울중앙지방법원 파산실무," 파산법연구 2, 박영사(2006), 46면. 실무는 이 경우에도 임금채권보장법과 근로기준법에 의하여 보호되는 일정 기준의 임금채권에 대한 법정담보물권의 성질을 파산절차에서 인정하지 않으며 다른 재단채권과 안분하여 변제하고 있다.

변제자대위에 의한 권리행사를 인정하지 아니하고 원채권자는 일부대위에 의한 원담보권의 행사에 대한 제약을 받음이 없이 단독으로 권리를 실행할 수 있다.[32)]

이 점은 파산절차에서도 동일하다. 즉 채무자에 대한 파산절차개시 후에 제 3 자가 채무자를 위하여 대위변제한 때에는 채권자는 별제권자로서 파산절차개시 당시 가진 채권의 전액에 관하여 권리를 행사할 수 있을 뿐 채권의 일부에 대하여 대위를 변제를 한 제 3 자가 자신이 변제한 가액에 비례하여 채권자와 함께 별제권을 행사할 수 없다.[33)] 이러한 법리는 회생절차에도 적용되어 회생채무자를 위하여 회생담보권의 피담보채권을 일부 변제한 제 3 자는 회생담보권자 또는 회생채권자와 함께 금액에 비례하여 회생담보권을 행사할 수 없고 회생담보권자만이 회생담보권자로서 회생절차에 참가할 수 있다. 제 3 자가 무담보채권이나 회생채권 또는 파산채권을 변제한 경우에 관하여도 마찬가지이다.[34)] 다만, 제 3 자(보증인)가 파산선고 전에 일부 변제를 한 경우에는 제 3 자는 일부 변제한 금액에 대하여 파산채권자로 파산채권을 신고할 수 있고, 원채권자는 잔액에 대하여만 파산채권자로서 신고할 수 있다는 반대설도 있다.[35)]

(2) 파산법과 민법이 다른 점

민법 제442조에 의하면 사전구상권은 주채무자의 부탁으로 보증인이 된 자에게만 인정되고 민법 제444조에 의하면 주채무자의 부탁없이 보증인이 된 자는 변제 기타의 자기의 출재를 하여야 비로소 구상권이 인정되고 구상권도 주채무자가 주채무 소멸 당시에 받은 이익의 한도에서 배상하여야 한다. 그러나 파산절차에서는 수탁보증인과 부탁 없는 보증인을 구별하지 아니하고 양자에게 사전구상권을

---

32) 郭潤直, 채권총론, 박영사(1999), 355면; 金容漢, 채권총론, 박영사(1988), 547면 등. 제한적 평등설로는 이은영, 채권총론, 박영사(1999), 723면 참조. 判例로는 대법원 2002. 7. 26. 선고 2001다53929 판결(공 2002하, 2040); 1988. 9. 27. 선고 88다카1797 판결(공 1988, 1333) 등.

33) 대법원 2006. 4. 13. 선고 2005다34643 판결; 2006. 4. 13. 선고 2005다6221 판결; 2001. 6. 29. 선고 2001다24928 판결(공 2001, 1742) 등. 兼子一-三ヶ月章 條解會社更生法(中), 弘文堂(1998), 363면. 海保寬, 앞의 글, 455면.

34) 대법원 2006. 4. 13. 선고 2005다34643 판결 참조. "수인이 각각 전부의 이행을 할 의무를 지는 경우에 그 1인에 관하여 회사정리절차가 개시되고 채권자가 채권의 전액에 관하여 정리채권자로서 권리를 행사한 후 채권의 일부에 대하여 대위변제가 있는 때에는 채권자만이 정리절차개시 당시 가진 채권의 전액에 관하여 정리채권자로서 권리를 행사할 수 있을 뿐, 채권의 일부에 대하여 대위변제를 한 구상권자가 자신이 변제한 가액에 비례하여 채권자와 함께 정리채권자로서 권리를 행사하게 되는 것은 아닌 점," 同旨 대법원 2001. 6. 29. 선고 2001다24938 판결.

35) 山內八郞, "會社更生節次における多數當事者の債權," 會社更生計劃の諸問題, 一粒社(1979), 273면.

인정하고 있다.

또한 원채권과 구상권의 관계에 관하여 민법 제482조에 의하면 보증인은 자기의 권리에 의하여 구상할 수 있는 범위에서 채권 및 그 담보에 관한 권리를 행사할 수 있다. 보증인은 고유의 구상권 또는 대위하여 채권자의 권리(원채권) 가운데 유리한 것을 선택하여 행사할 수 있다.[36] 구상권이 주된 권리이고 원채권은 구상권을 확보하기 위한 것으로 종된 권리이다. 구상권이 존재하지 아니하면 원채권을 행사할 수 없다. 만일 보증인이 사전에 주채무자와 약정하여 구상권을 포기하기로 하였다면 변제자대위는 발생하지 않는다.

그러나 파산절차에서는 채권자의 원채권이 파산채권의 조사대상이고 보증인의 구상권은 채권자가 원채권을 신고하면 장래의 구상권은 부적법한 신고로서 각하된다. 다시 말하면 채권자가 주채무자의 파산절차에서 채권신고를 하면 보증인은 구상권을 신고할 수 없으며, 특히 회생절차에서는 신고하지 아니한 보증인의 사전구상권은 회생계획의 인가에 의하여 효력을 잃는다. 파산절차에서 원채권이 파산채권인 경우에 보증인은 변제자대위에 의하여 원채권만을 행사할 수 있고 구상권은 행사할 수 없다. 이 점은 특히 신용보증기금이 은행의 무담보대출에 대하여 보증을 서는 대신에 자신이 갖는 구상권에 대하여 차주인 기업의 임원 소유 부동산에 대하여 담보를 설정하는 경우와 같이 보증인의 구상권은 담보부채권임에 반하여 채권자가 채무자(파산자)에 대하여 갖는 원채권은 무담보의 파산채권인 경우에 문제가 된다. 그러나 현행법의 해석으로서는 보증인이 원채권자(은행)의 양해를 구하여 구상권을 회생담보권으로 신고할 수밖에 없고 원채권자가 채권을 신고한 이상 보증인이 파산법원에 구상권을 신고할 수 있는 방법이 마련되어 있지 않다.[37]

이상을 종합하면 파산절차에서는 원채권(채권자가 갖는)과 구상권(보증인 등 구상권자가 갖는)을 신고할 수 있으나 양 채권이 중복하는 범위 내에서는 원채권이 구상권보다 우선하며 보증인의 구상권은 원채권보다 劣後的인 지위에 있다.[38] 따라서 채권자가 파산채권신고를 하여 보증인이 자신의 구상권을 파산절차에 신고할 수 없게 되어 파산절차에서 구상권을 행사할 수 없는 상태에서 보증인이 파산

---

36) 대법원 1997. 5. 30. 선고 97다1556 판결(공 1997, 2011).

37) 海保寬, 앞의 글, 456면. 구상권이 담보권인 경우에 파산절차에서 보증인이 사전구상권을 별제권으로 신고하여 예정 부족액 부분에 대하여 파산채권자로서 파산절차에 참가할 수 있는지 여부에 대하여는 논의를 생략하기로 한다.

38) 만일에 채권자의 채권과 보증인의 구상권 양자를 동렬로 취급하여 파산채권자표에 기재하게 되면 이중의 권리행사와 배당을 인정하는 불합리가 발생하기 때문이다.

절차개시 후에 원채권을 변제하게 되면 장래의 구상권을 행사할 수 없고 변제자 대위에 기하여 취득하는 원채권밖에 행사할 수 없게 된다.[39] 만일 채권자가 원채권을 신고하지 않은 상태에서 보증인 등이 사전구상권마저 신고하지 않게 되면 회생절차에서는 양 채권 모두 실권되어 보증인은 회생채무자에 대하여 어떠한 권리구제도 받을 수 없게 된다. 비파산절차에서는 오히려 사후구상권이 원칙으로서 구상권자는 원채권과 구상권을 행사할 수 있지만 일단 회생절차가 개시되고 나면 보증인은 주채권자가 원채권을 신고하지 아니한 경우에 한하여 자신의 사전구상권만 신고할 수 있고 만일 원채권이 신고되지 아니한 경우에는 변제자대위에 의하더라도 원채권은 이미 실권되어 이를 행사할 수 없게 된다.

나. 조세채권의 대위변제

조세채권을 私人인 제 3 자가 대위변제한 경우 대위를 인정할 것인지 여부와 인정한다면 어느 범위까지 인정할 것인지가 문제가 된다. 즉 조세채권의 특징 중 다른 공과 및 기타 채권에 우선하여 징수하는 優先性과 재판절차를 거치지 아니하고 국세징수법 등에 의하여 자기의 기관에 의하여 직접 체납처분을 할 수 있는 自力執行權을 사인에게도 인정할 수 있는가 하는 점이다.

먼저 변제자대위를 인정할 것인지에 관하여 살펴본다. 우리나라의 국세기본법에는 명문으로 연대납세의무자에 대하여 민법의 구상권에 관한 규정을 준용하도록 되어 있으므로, 구상권에 관한 법리와 변제자대위의 법리는 표리의 관계이고 민법상의 변제자대위의 법리가 조세법의 경우에는 적용을 배제할 합리적인 근거를 찾아볼 수 없다. 조세채권을 私人인 제 3 자가 대위변제하였다고 하여 국세기본법이나 국세징수법에 의하여 추심할 수 없음은 당연하지만 적어도 국가 등이 납세자에 대하여 갖는 조세채권과 동액 상당의 금전채권과 그 담보권이 제 3 자에게 변제자대위에 의하여 이전하는 것을 부정할 까닭은 없다고 생각된다.[40] 만일 日本의 하급심 판결처럼 이를 부정하게 되면 일단 조세채권과 그 담보권이 소멸하게 되고 제 3 자가 납세의무자에 대하여 장래 부당이득의 청구를 할 수 있다고 이론

39) 일본의 학자는 "보증인 자신의 사후구상권 그 자체에 대하여는 사실상 제 1 차적 권리행사의 기회가 없게 된다"고 지적하고 있다(塚原朋一, "破産手續の債權者表に記載された原債權の屆出名義の變更 と求償權の消滅時效の中斷," 金融法務事情 1428호 35면).

40) 任勝淳, 앞의 책, 106면도 같은 입장이다. 김재형, "조세채권과 변제자대위," 저스티스 통권 제110호(2009), 48면 역시 변제대위를 인정하되 사인이 조세채권을 행사하는 경우에 문제되는 사항만을 거두어내고 조세채권을 행사할 수 있다는 입장이다.

을 구성하더라도 소멸한 담보권이 되살아날 수 없으므로 제3자에게 불리하기 때문이다.

다음으로 조세채권의 우선성이 그 중 파산절차에서 갖는 재단채권의 성질이 제3자에게 그대로 이전하는지 여부가 쟁점인데 이에 대하여는 항을 나누어 살펴보기로 한다.

다. 파산절차에서 조세채권의 대위변제

대상판결의 원심은, 피고가 원고의 구상금 채권은 회사정리절차개시 전의 원인인 납세보증보험계약에 기한 것이므로 정리채권이라고 주장한 데 대하여, 대위변제자인 원고는 구상권과 별개로 채권자의 본래의 채권을 함께 취득하는 것이고, 정리회사는 원고의 대위변제 이전에도 이미 공익채권(교통세)를 변제할 의무를 부담하고 있었으므로 원고가 대위변제함으로써 그 권리가 원고에게 그대로 이전된다고 하여 정리회사나 정리채권자의 지위에 어떠한 변화가 생기는 것이 아니라는 이유로 피고의 주장을 배척하였다.

위에서 살펴본 바와 같이 파산(회생)절차에서는 원채권과 구상권 중 원채권이 우위에 있으므로 채권자가 원채권에 대하여 채권신고를 한 이상 보증인은 구상권을 파산절차에서 주장할 수 없고 따라서 변제자대위에 의한 원채권만을 행사할 수밖에 없다. 따라서 파산선고 후에 대위변제한 경우에는 민법상의 변제자대위 법리를 원용하여 변제자대위에 의한 원채권도 구상권이 갖는 파산채권의 성질에 따라야 한다는 주장은 타당하지 않다.

문제는 이 사건처럼 회사정리절차개시 전에 보증인이 변제를 하여 구상권과 원채권을 모두 행사할 수 있는 경우인데 민법에서 대위변제자가 원채권의 효력을 행사한다고 하는 것은 원채권이 회사정리절차에서 갖는 공익채권으로서의 효력을 포함한다고 해석함이 타당하다. 이는 보증인이 회사정리절차개시 후에 원채권이 신고된 경우에는 구상권은 행사할 수 없고 원채권만 행사할 수 있는 점과 균형이 맞는 해석이다. 또한 민법에서 "구상할 수 있는 범위"라고 하는 것은 구상권에 대한 실체법상의 권리행사 범위를 의미하는 것이지 도산절차에서의 권리행사의 제약까지 포함하여 해석하기는 곤란하다.

다음으로 파산재단, 파산채권자, 납세보증인, 국가 등의 이해관계를 비교하면, 원래 파산재단은 조세채권에 해당하는 액수에 대하여는 재단채권으로 수시변제하는 것이 예정되어 있던 것이고, 우연히 납세보증인 등 제3자가 채무자를 대위하여 변제하게 되면 구상권은 파산채권이 된다는 해석은 파산재단에게 望外의 이익을 부여하는 것이어서 타당하지 않다. 다음으로 조세정책적인 관점에서도 우선권이 인정되지 아니하면 제3자에 의한 조세채권의 변제가 쉽게 이루어지지 아니하게 되어 국고에도 불리하다.

判例는 채권자가 파산자에 대하여 갖는 구 파산법 제349조 단서 제3호에서 정한 비면책채권(고의에 기한 불법행위채권)을 보험자가 채권자(피해자)를 위하여 대위변제하고 보험자 대위에 기하여 비면책채권을 행사하는 경우에도 비면책채권의 성질은 보험자에게 그대로 이전되며 피보험자 등이 취득하는 채권이 구 파산법 제349조 단서 제3호에서 정한 비면책채권에 해당하는지 여부는 피보험자 등이 제3자에 대하여 가지는 채권 자체를 기준으로 판단하여야 한다고 판시하였다.[41] 이 점은 조세채권의 변제자대위와 직접 관련이 있는 것은 아니지만 파산절차에서도 변제자대위에 의하여 비면책채권의 성질이 그대로 보험자에게 승계된다는 점을 인정한 것이므로 재단채권의 성질이 변제자대위에 의하여 그대로 구상권자에게 승계된다는 간접적인 논거가 될 수 있다. 면책채권이냐 비면책채권이냐는 채권의 성질에 의하여 결정되는 것이지 그 채권의 주체가 우연히 변경되었다고 하여 바뀌는 것이 아니라는 논리를 따른다면 재단채권인지 파산채권인지 여부도 권리의 성질에 따라 결정되는 것이지 채권의 양도나 대위변제에 의하여 채권의 주체가 변경되었다고 하여 바뀌지 않는다는 결론이 도출된다.

재단채권을 제3자가 대위변제한 경우 제3자의 권리를 재단채권이 아니라 우선적 파산채권으로 인정하려는 견해도 일본에서 주장되고 있으나, 이 견해는 법률에 근거하지 아니한 채 해석에 우선적 파산채권을 창설하려는 것이 되고, 다른 우선적 파산채권은 모두 법률의 규정에 기하여 인정되고 있다는 점과 균형에 어긋난다.

따라서 재단채권인 조세채권을 私人이 변제하였다면 私人은 파산절차에서 재단채권을 주장할 수 있다고 해석함이 타당하다. 이러한 해석은 재단채권인 임금채권을 私人이건 국가기관이건 구별하지 않고 제3자가 변제한 경우 파산절차에서 재단채권으로 취급하는 실무와도 균형이 맞는다.[42]

---

41) 대법원 2009. 5. 28. 선고 2009다3470 판결(공 2009, 1011).

42) 판례에 의하면 타인이 우선변제권이 있는 임금채권을 대위변제한 경우에 사용자에 대한 임금채권자로서의 권리를 경매절차에서 주장할 수 있다(대법원 2005. 9. 29. 선고 2005다34391 판결; 1996. 2. 23. 선고 94다21160 판결(집44(1)민189). 그리고 대법원 2009. 11. 12. 선고 2009다53017 판결 역시 법정담보물권인 임금채권의 우선변제권을 제3자가 변제자대위

한편 제2차 납세의무자가 파산절차에서 주된 납세의무가가 부담하는 국세를 변제한 사안과 관련하여 대법원 판례는 변제자대위의 문제로 해결하지 아니하고 구상권의 문제로 해결한 바 있다. 즉 제2차 납세의무자(과점주주)가 주된 납세의무자(파산자)가 납부하여야 할 국세를 납부한 경우에 국세상당의 구상권을 인정하면서 그 성질을 구 파산법 제38조 제2호의 조세채권에는 해당하지 않지만 제38조 제5호의 부당이득으로 인하여 파산재단에 생긴 청구권(재단채권)에 해당한다고 판시하였다.[43] 이 판례는 대상판결과 달리 변제자대위의 쟁점으로 접근하지 않고 파산재단으로 하여금 채무소멸이라는 이익을 그대로 보유하게 하는 것이 공평의 관념에 어긋난다는 이유로 부당이득반환청구권을 인정하였다.

그러나 부당이득이 성립하려면 법률상 원인없이 이득을 얻어야 하는바, 제2차 납세의무자가 세금을 납부한 것은 국세기본법에 정해진 바에 따라 자신의 납세의무를 이행한 것이므로 이로 인하여 본래의 납세의무자가 법률상 원인없이 이득을 얻었다고 보기 어렵다는 비판을 면하기 어렵다. 만일 제2차 납세의무자가 구상권을 행사하지 않고 변제자대위만을 주장한다고 하면 이를 부정할 것인지 의문이 든다. 따라서 대법원 2003다36904 판결에서도 부당이득의 법리를 원용하여 재단채권으로 인정할 것이 아니라 변제자대위를 인정하고 구 파산법 제38조 제2호를 준용하여 재단채권으로 인정하는 것이 논리적이다. 일본의 하급심에서도 부당이득반환청구권의 주장을 배척하면서 납세보증인인 금융기관 등이 국세를 납부하는 것은 파산회사와의 사전의 약정에 기한 것이라는 이유로 부당이득반환청구구권의 성립 자체를 부정하였다.[44] 이 점은 납세보증인 뿐 아니라 제2차 납세의무자, 연대납세의무자, 물적납세의무자 등 국세기본법에 의하여 납세의무가 정하여진 자가 본래의 납세의무자를 대신하여 세금을 납부한 경우에도 마찬가지라고 생각한다.

6. 결 론

위에서 본 바와 같이 납세보증인이 회사정리절차에서 공익채권인 조세채권을

에 의하여 파산절차에서 행사하는 경우라면 제3자에게 재단채권을 인정하는 것을 전제로 판시하였다고 해석된다.

43) 대법원 2005. 8. 19. 선고 2003다36904 판결(공 2005, 1489).

44) 東京地判 平成 17. 3. 9.; 籠池信宏, "租税債權の代位による財團債權としての權利行使の可否," 破産實務 Q&A 150問, 金融財政事情硏究會(2007), 143면.

본래의 납세의무자인 정리회사를 대신하여 변제한 경우에도 민법상의 대원칙인 변제자대위의 법리에 의하여 조세채권이 제3자에게 이전된다고 해석함이 옳다. 다만 조세채권 중 조세의 자력집행권을 私人에게 인정할 수 없지만 적어도 조세의 優先性에서 비롯되는 회사정리절차의 공익채권을 인정한다고 하더라도 절차에 참가하는 이해관계인의 기존의 권리나 기대이익을 침해하는 것이 아니다.

이 사건으로 돌아와 살피건대, 회사정리절차에서 국가의 이 사건 조세채권은 공익채권이므로 정리채권의 조사대상이 아니므로 원고는 자신의 구상권을 신고할 수 있다. 만일 국가의 조세채권이 정리채권이라면 보증인인 제3자는 자신의 장래의 구상권을 신고할 수 없는 사안과 다르다. 따라서 원고는 구상권과 원채권의 양자 중 자신에게 유리한 것을 회사정리절차에서 행사할 수 있다. 원고는 이 사건에서 구상권을 행사하는 것이 아니라 변제자대위의 법리에 따라 이전받은 본래의 채권인 조세채권을 회사정리절차에서 공익채권으로 행사하고 있으므로 그 지연손해금의 이율은 법정이율에 따라야 하는 것이지 구상권의 약정지연손해금의 이율을 적용할 것이 아니므로 이 부분 대상판결의 판시는 정당하다. 궁극적으로 조세채권의 대위변제에 대하여는 조세채권의 자력집행권과 조세채권의 우선변제권 중 어느 범위 내에서 사인에게 이전될 수 있는지에 대하여 국세기본법에서 이를 명확히 할 필요가 있다.

한국민법의 새로운 전개－高翔龍 교수 고희기념 논문집, 법문사(2012), 465-483면 소재

건설회사에 대하여 회생절차가 개시된 경우의 법률관계

Ⅰ. 머 리 말

2011년에 들어 건설회사가 도산하는 사례가 빈발하고 있다.[1] 부동산경기가 급랭하고 상호저축은행의 영업정지가 속출하자 상호저축은행으로부터 Project Financing 대출을 받은 시행사(주채무자)가 대출금을 제때에 변제하지 못하게 되어 연쇄적으로 상호저축은행 등이 대출채무를 보증한 건설회사에게 보증책임을 청구하면서 연체이자를 감당하지 못하게 된 건설회사가 회생신청을 하게 된 것이다. 건설회사가 회생신청을 하면 공사가 중단되므로 관리인이 공사를 속행하거나 기성고를 타절하여 정산할 것인지를 확정하여야 하며, 새로이 재건하기 위하여는 관급공사 등 새로운 수주활동을 모색하여야 한다. 건설회사는 시행사와는 도급계약을 체결하고 하청회사와는 하도급계약을 체결하게 되므로 건설회사에 대한 파산 또는 회생절차의 개시는 상대방에 따라 동시에 도급인 및 수급인의 파산 또는 회생절차 개시의 문제를 야기한다. 도급인, 수급인이 파산한 경우에는 민법과 「채무자회생 및 파산에 관한 법률」(이하 '채무자회생법'으로 표기한다)에 특칙 규정이 있고 그 규정

* 초고의 오류를 지적하여 주신 심사위원들과 저자가 도산법연구회에서 초고를 발표시 고견을 주신 강정완, 김성룡, 정문경 회원께 감사드린다.

1) 대표적인 중견 건설회사인 월드건설, LIG건설, 동양건설, 임광토건 등이 회생신청을 하였다.

의 합리성에 대한 논란이 있어 개정 논의가 있다.

이 글에서는 원칙적으로 회생절차를 중심으로 건설회사가 회생신청을 한 경우에 발생하는 실무상의 문제점을 살펴보기로 한다. 다만 회생절차에 관한 이해를 위하여 필요한 경우 파산절차에 대하여 언급하기로 한다. 건설회사의 파산, 회생절차에 대한 전반적인 설명[2]은 가급적 생략하고 실무상 중요하다고 생각되는 쟁점으로 한정하여 논의하려고 한다.

먼저 회생회사가 관급공사를 수주할 수 있는지 여부(Ⅱ), 기성고를 둘러싼 미이행 쌍무계약의 문제(Ⅲ), 하자에 대한 보수청구권의 법적성질과 하자보수 보증인이 시공사에 대하여 갖는 구상권의 법적 성질과 그에 관한 최근 판례의 문제점(Ⅳ), 공동수급업체의 구성원 중 일부가 파산한 경우 조합의 정산문제(Ⅴ), 원사업자가 회생신청한 경우에 발생하는 공사대금의 직접청구권의 문제(Ⅵ)를 소개하고 앞으로 채무자회생법 및 민법의 관련 규정의 개정 방향에 대한 저자의 소견(Ⅶ)을 표하고자 한다.

Ⅱ. 회생신청과 관급공사의 수주 자격

금융계의 기업평가 관행에 의하면 기업의 신용을 A, B, C, D 등급으로 분류하고 기업구조조정촉진법상의 구조조정절차 또는 채권은행 자율협약 등 광의의 워크아웃 절차에 들어간 기업은 C 등급으로, 회생절차에 들어간 기업은 D 등급으로 분류한다. D 등급에 속하는 기업에 대하여는 신규자금의 대출을 거절하고 있으므로 회생회사가 새로운 공사를 수주하지 아니하면 기업을 재건하기가 사실상 어렵다. 건설회사가 관급공사를 수주하기 위하여는 먼저 입찰적격심사를 거치고 심사를 통과하여야 낙찰절차에 참가할 수 있다. 그런데 지방자치단체가 발주하는 공사의 입찰시 낙찰자 결정기준에 의하면 입찰업체가 부도, 파산 등의 상태에 있는 경우에는 아예 적격심사에서 제외하고 있다. 부도 등의 상태라 함은 사실상 변제능력을 상실하여 정상적인 거래나 영업이 불가능한 상태를 포함한다.

---

2) 도급계약과 파산에 관한 일반적인 글로는 송각엽, "도산절차가 도급계약에 미치는 영향," 건설재판실무논단, 서울중앙지방법원 건설실무연구회(2006), 417-437면; 이동원, "도급인이나 위임의 당사자 일방이 파산한 경우 파산법 제50조 제1항의 적용여부," 판례해설(42), 190-200면 등.

판례는 채무초과 상태에 있는 주식회사(한신공영)는 파산의 우려가 있으므로 비록 회사정리절차개시신청을 한 주식회사가 법원으로부터 회사재산보전처분결정을 받았다고 하더라도 그 후 정리절차개시신청기각, 정리절차폐지 또는 정리계획 불인가의 결정이 확정되면 그 회사에 대하여 파산선고를 할 수 있으므로(구 회사정리법 제23조 제1항), 보전처분결정 사실을 들어 그 회사가 파산의 우려가 있는 상태에서 회복되었다고 할 수 없으며 채무초과의 상태가 해소되지 아니하는 한 여전히 파산의 우려가 있는 상태에 있으므로 그 회사는 낙찰적격심사에서 제외한 것이 적법하다고 판시하였다.[3]

그러나 회생계획인가 이후에 정상적인 거래나 영업이 가능한 상태라고 한다면 적격심사 대상에 포함하고 있다.[4] 이에 의하면 회생회사로서 아직 회생계획안이 인가되기 이전이라면 입찰적격심사를 통과하기 어려울 것이다. 따라서 회생회사가 관급공사를 수주하기 위하여는 적어도 회생계획안이 인가되어야 한다.

Ⅲ. 도급계약과 미이행 쌍무계약

1. 미이행 쌍무계약의 일반론

쌍무계약에 관하여 회생회사 및 상대방이 모두 회생절차개시 당시에 아직 그 이행을 완료하지 아니한 때에는 관리인은 그 선택에 따라 계약을 해제하거나 회생회사의 채무를 이행하고 상대방의 채무이행을 청구할 수 있다(채무자회생법 제119조, 제335조). 이 규정은 쌍무계약에서 쌍방의 채무가 법률적, 경제적으로 상호 견련성을 가지고, 원칙적으로 서로 담보의 기능을 하고 있는데 비추어 쌍방 미이행의 쌍무계약의 당사자 일방에 대하여 회생절차가 개시된 경우에 관리인에게 그 계약을 해제하거나 또는 상대방의 채무의 이행을 청구하는 선택권을 인정함으로써 회생회사의 이익을 지키고 동시에 관리인이 한 선택에 대응한 상대방을 보호

---

3) 대법원 1999. 6. 25. 선고 99다5767 판결(공 1999, 1491). 한신공영은 발행어음의 부도로 금융기관의 거래정지처분을 받았다가가 낙찰심사일 이전에 법원으로부터 회사정리법에 의한 회사재산보전처분결정을 받고 또한 거래정지처분이 해제되어 다시 금융거래를 재개하여 지급정지상태에 벗어났으므로 파산의 우려가 있는 상태에서 회복되었음에도 김해시가 자신을 파산의 우려가 있는 상태에 있다고 보아 낙찰부적격판정을 한 것이 위법하다고 주장하였다.

4) 행정안전부의 2010. 12. 6. 전라남도 지사에 대한 회신.

하기 위하여 만들어진 특칙이다.[5] 보전관리인에게도 권한이 부여되어야 한다는 견해도 일본에서는 주장되고 있으나 소수설이다.[6]

미국 연방파산법은 파산절차이건 재건절차이건 구별하지 않고 총칙에서 법원의 허가를 얻어 관리인이 계약의 이행 또는 거절을 선택할 수 있도록 규정하고 있다(§365(a)). 그러나 채무자회생법은 회생절차의 경우에는 계약해제시에, 파산절차의 경우에는 이행선택시에만 법원의 허가를 얻도록 규정하고 있다(제61조 제1항 제4호, 제492조 제9호). 법률관계를 통일적으로 규율하기 위하여는 미국과 같이 단일한 조문을 두는 것이 바람직하다. 건설회사가 발주자 또는 하수급인과 도급 또는 하도급계약을 체결한 후 회생절차가 개시되어 공사가 중단되었다면 원칙적으로 미이행 쌍무계약의 법리가 적용된다.

2. 도산해지조항(ipso facto clause)의 효력

수급인이 도급인의 재산상태의 악화로 인하여 공사가 순조롭게 완성되지 않을 것을 우려하여 도급계약에 수급인이 부도, 파산, 회생신청 등을 하게 되면 수급인이 일방적으로 도급계약을 해제할 수 있는 조항을 두고 있는 경우가 적지 않다. 이를 도산해지조항이라고 한다.

대법원 판결[7]은 합작투자계약의 당사자 일방에 대하여 회생절차가 개시된 사안에서 일반론으로 도산해지조항의 효력을 긍정하는 취지의 판시를 한 바 있다.

이 판결이 선고되기 이전에는 학설은 대체로 도산해지조항의 효력을 무효로 해석하고 있었다. 미국은 연방파산법 §365(e)(1)에서 ipso facto clause의 효력이 없다고 규정하고 있고 일본은 최고재판소 판례와 하급심판례 등이 소유권유보부 계약[8] 및 금융리스계약[9]에 한하여 그 효력을 부정하고 있다. 학설은 판례의 사정

5) 대법원 2001. 10. 9. 선고 2001다24174, 24181 판결(공 2001, 2431). 구 파산법에 관한 판례이다.

6) 那須克巳, "ゼネコンの會社更生," 門口正人 외 2인, 新 裁判實務大系 21 會社更生法 民事再生法, 青林書院(2004), 230-231면.

7) 대법원 2007. 9. 6. 선고 2005다38263 판결(공 2007, 1530). 이 판결은 도산해지조항이라 함은 "계약의 당사자들 사이에 채무자인 회사의 재산상태가 장래 악화될 때에 대비하여 지급정지, 회사정리절차의 개시신청, 회사정리절차의 개시와 같이 도산에 이르는 과정상의 일정한 사실이 그 회사에 발생하는 것을 당해 계약의 해지권의 발생원인으로 정하거나 또는 계약의 당연 해지사유로 정하는 특약"으로 정의하고 있다.

8) 日本 最高裁判所 昭和 57. 3. 30. 판결(會社更生法에 관한 사건).

9) 日本 東京高等裁判所 平成 19. 3. 14. 판결. 해설로는 中井康之, "民事再生手續開始申立を解

거리를 제한하여 해석하는 견해와 회사갱생사건에서는 미이행 쌍무계약 전반으로 확대하는 견해로 양분되어 있다.[10] 합작투자계약이 조합계약이고 조합계약에 대하여는 계약의 해제에 관한 통칙이 적용되지 아니하므로[11] 미이행 쌍무계약에 관한 법리를 적용할 사안이 아니었음에도[12] 대법원 판결에 의하면 마치 모든 미이행 쌍무계약에 대하여 도산해지조항의 효력이 유효한 것으로 해석될 여지를 남겼다는 점에서 비판을 받고 있다. 다양한 채권자들의 이해관계를 조정하여 채무자의 재건을 목표로 하는 회생절차에서 관리인에게 이행과 해제의 선택권한을 부여한 취지에 비추어 보면 미이행 쌍무계약에 관한 조항은 강행규정으로 해석되어야 하고, 당사자간의 법률관계가 미이행 쌍무계약에 해당하지 아니함에도 임의로 미이행 쌍무계약과 같이 정산하기로 하는 약정의 효력을 부정하는 판례[13]의 입장 등에 비추어 보면 도산해지조항을 회사정리절차에서 원칙적으로 유효하다고 판시한 대법원 판례를 지지하기 어렵다.[14]

3. 공동수급업체간의 공동경리약정

공동수급업체를 구성한 후 수급업체의 대표자와 구성원간에 공사자금의 조달·집행과 각자의 지분비율에 따른 공사비 분담 등의 경리업무를 효과적으로 수행하기 위하여 공동도급현장 경리약정을 체결하는 것이 보통이다. 경리약정에 따라 甲 회사가 대표사로서 공사자금을 조달·집행하고 매월 말 이를 정산하여 다음달 25일까지 회원사에 분담금을 청구하고, 회원사는 그 다음달 21일까지 분담금을 현금으로 지급하며, 지체시에는 지연이자를 가산하고, 도급인이 지급하는 공사대금도 甲 회사가 이를 수령하여 수령 후 5일 내에 회원사에 지급하기로 한 사안

除事由とするファイナンスリ-ス契約の特約が無効である等とされた事例," 金融法務事情 No. 1844(2008. 9. 5), 52-55면.

10) 那須克巳(주 6), 19면.

11) 대법원 1994. 5. 13. 선고 94다7157 판결(공 1994, 1685).

12) 伊藤眞, 破産法·民事再生法(第2版), 有斐閣(2009), 296면.

13) 대법원 2007. 3. 29. 선고 2005다35381 판결(공 2007, 603)은 제3자를 위한 변제로 인한 구상금과 대리점계약에 기하여 발생하는 물품대금을 서로 정산하기로 하는 약정에 대하여 미이행 쌍무계약의 법리를 적용할 수 없다고 판시하였다.

14) 대법원 2005다38263 판결의 결론에 대하여는 학설들도 찬성하나 회사정리절차에서 도산해지조항을 유효로 판시한 부분에 대하여는 대체로 반대하고 있다. 국내 학설에 대한 자세한 소개에 대하여는 한민, "미이행 쌍무계약에 관한 우리 도산법제의 개선방향," 선진상사법률연구 2011. 1. 통권 제53호, 67-69면.

에서 대법원은 경리약정에 따라 甲이 공사자금을 먼저 지출할 의무와 회원사(정리회사)가 그 분담금을 甲에게 상환할 의무는 서로 대가적인 의미를 갖는 채무라고 보기 어려우므로 경리약정은 구 회사정리법 제103조 소정의 쌍무계약이라고 볼 수 없다고 판시하였다.[15] 이 판결은 공동경리약정에 따라 대표사의 공사자금집행의무가 회원사의 분담금 지급의무보다 선이행이라는 점을 강조하였다. 그러나 저자는 공동수급업체가 민법상의 조합에 해당하고 공동경리약정은 조합원간의 약정에 해당하므로 미이행 쌍무계약에 해당하지 않는다고 해석하는 것이 공동수급체에 관한 법리에 일관한다고 생각한다.

공동수급약정서에 "구성원 중 1인이 회생절차를 신청하는 경우 다른 구성원들은 공동수급약정을 해제할 수 있다"는 조항을 두는 경우가 있다. 이에 대하여는 앞에서 본 견해의 대립과 같이 이 조항을 무효로 보는 견해도 있을 수 있다. 그러나 아래에서 보는 바와 같이 공동수급체의 약정을 조합계약으로 보고 조합계약에 대하여는 원칙적으로 민법상의 해제에 관한 법리가 아니라 조합원의 탈퇴, 청산의 법리가 적용된다는 점, 당해 조항은 구성원 모두에게 적용될 수 있는 조항이라는 점, 민법 제716조 제 2 항에 따라 조합원은 부득이한 사유가 있는 경우에는 임의탈퇴가 가능한 점을 고려하면 긍정하는 견해[16]에 찬동한다.

4. 수급인·도급인이 파산한 경우에 관한 채무자회생법 및 민법의 특칙

가. 수급인이 파산한 경우 채무자회생법 제341조

채무자회생법 제341조는 수급인인 채무자가 도급계약에 의하여 일을 하여야 하는 의무가 있는 때에는 파산관재인은 필요한 재료를 제공하여 채무자로 하여금 그 일을 하게 할 수 있고, 이 경우 그 일이 채무자 자신이 함을 필요로 하지 아니하는 때에는 제 3 자로 하여금 이를 하게 할 수 있다고 규정하고 있다. 동조의 해석을 둘러싸고 논의[17]가 있으나 앞으로 법 개정시에 일본과 같이 이를 삭제하는

15) 대법원 2000. 4. 11. 선고 99다60559 판결(공 2000, 1180).

16) 六川浩明, "JV構成員の倒産をめぐる法的問題點," Credit & Law No. 102(1998), 9면.

17) 일본의 구 파산법 제64조(채무자회생법 제341조와 내용이 같다)의 해석을 둘러싸고 수급인의 파산관재인이 재료를 공급하여 파산자로 하여금 일을 완성시키는 권한을 구 파산법 제53조(채무자회생법 제335조와 내용이 같다)에 기한 이행의 선택권을 의미하는 것인지 이와 별도로 특별한 개입권을 인정한 것인지에 대하여 논의가 있었다. 또한 전자의 입장에서도 수급인이 개인인 경우와 법인인 경우로 나누어 개인인 경우에는 제335조의 적용을 부정하고 법인인 경우에는 긍정하는 견해(이분설) 등이 있었다. 개입권설은 그 근거로 도급계약은 수

것이 바람직하다.[18)]

수급인에 대하여 회생절차가 개시된 경우에는 민법의 특칙이 없으므로 채무자회생법 제119조의 법리에 따라 처리하면 족하다.

나. 도급인이 파산한 경우 민법 제674조

도급계약의 도급인이 파산선고를 받은 경우 민법 제674조가 채무자회생법 제335조의 특칙이므로 수급인 또는 도급인의 파산관재인은 계약을 해제할 수 있다.[19)] 이 경우에는 수급인은 일의 완성된 부분에 대한 보수 및 보수에 포함되지 아니한 비용에 대하여 파산재단의 배당에 가입할 수 있다고 규정하고 있다. 이 해제는 장래효를 갖는 해지라고 해석하고 하고 있다.[20)] 수급인 뿐 아니라 도급인의 파산관재인도 상대방에 대하여 계약의 이행과 해제를 최고할 수 있고 확답이 없으면 해제된 것으로 간주된다.[21)] 수급인은 기성고에 대한 보수와 그 비용에 대하여 파산채권으로 배당을 받아야 한다. 해제로 인한 손해가 있더라도 상대방인 수급인이나 파산선고를 받은 도급인의 관재인은 손해의 배상을 청구할 수 없는 제한이 있다(민법 제674조 제2항). 민법 제674조의 입법취지는 도급인이 파산한 경우에 그 재산상태가 악화되었음에도 불구하고 수급인에게 일의 완성의무를 지워 일을 계속시키고 일의 완성에 이르지 못한 이상 보수를 청구할 수 없다고 하는 것은 수급인에게 불리하므로 수급인의 판단으로 계약관계로부터 이탈할 자유를 인정하

급인의 개인적인 노무의 제공을 목적으로 하는 것이기 때문에 수급인이 파산하더라도 그 계약관계는 파산재단과 관계가 없고, 파산선고의 영향을 받지 않고 파산자가 파산선고 후에 일을 완성한 때에는 그 보수청구권은 자유재산에 속하므로 구 파산법 제53조의 적용이 없다고 주장한다. 자세한 논의에 대하여는 전병서, 도산법 제2판, 법문사(2007), 140면 및 伊藤眞(주 12), 289-291면.

18) 일본 신 파산법의 입법자는 구 파산법 제64조는 도급계약에서 파산관재인이 이행을 선택한 경우에 이행의 태양으로 해석하면 족하므로 특별히 이를 존치할 필요가 없다고 보아 이를 삭제하였다. 개정 경위에 대하여는 伊藤眞(주 12), 291면.

19) 대법원 2002. 8. 27. 선고 2001다13624 판결(공 2002, 2283). 이 판결에 대한 해설로는 이동원(주 2), 190-200면. 最高裁判所 昭和 53. 6. 23. 판결도 특칙으로 해석하였다. 그러나 일본의 학설 가운데는 이 경우에도 민법이 적용되지 아니하고 파산법상의 미이행 쌍무계약의 법리가 적용된다는 견해(伊藤眞, 破産法, 有斐閣(2009), 244면), 동조의 입법취지는 수급인이 개인인 경우에만 적용되고 법인이 수급인인 경우에는 미이행 쌍무계약의 법리가 적용된다는 견해(中野貞一郎 · 道下徹 編, 基本法コンメンタール破産法 第二版(日本評論社, 1997), 100면(宮川知法 집필부분)) 등으로 나뉘어 있었다. 원래 명치시대에는 수급인이 장인 등의 개인인 경우가 보통이었으며 이를 전제로 일본 민법이 제정된 것이라고 한다(田頭章一, "倒産法における契約の處理," 倒産法制見直しの課題, ジュリスト No. 1111(1997), 107면).

20) 대법원 2002. 8. 27. 선고 2001다13624 판결(공 2002, 2283).

21) 伊藤眞(주 12), 287-288면.

는 대신에 수급인의 손해배상청구권을 부정하는 데에 있다.[22)]

일본의 개정 민법 제642조 제1항(우리 민법 제674조 제1항과 같다)은 그대로 두어 해제권한을 양자에게 부여하는 것을 유지하였다. 그러나 도급인의 파산관재인이 해제한 경우에 수급인에 한하여 손해배상청구권을 인정하되 이를 파산채권으로 취급하는 것으로 변경하였다(일본 민법 제642조 제2항).[23)] 물론 수급인이 해제하는 경우에는 관재인에게 손해배상청구권이 인정되지 아니함은 종전과 같다. 수급인의 보수채권이 파산채권이라 하더라도 만일 수급인이 신축한 건물을 점유하고 있다면 건물에 대하여 유치권을 행사할 수 있다.[24)] 파산절차가 개시되더라도 유치권자의 유치적 효력이 소멸하는 것은 아니므로 관재인이 건물을 인도받아 나머지 공사를 완료하기 위하여는 수급인과 절충을 할 수밖에 없다. 앞으로 일본과 같이 파산절차에서 상사유치권의 소멸청구제도를 도입할 필요가 있다(일본 파산법 제192조).[25)]

도급인의 관재인이 이행을 선택한 경우에는 수급인이 갖는 기성고에 대한 보수채권이 재단채권인지 파산채권인지에 대하여는 아래에서 논의하는 바와 동일하다.

도급인에 대하여 회생절차가 개시된 경우에는 민법의 특칙이 없으므로 채무자회생법 제119조의 법리에 따라 처리하면 족하다.

---

22) 郭潤直 編, 民法注解(XV), 채권(8), 박영사(1992), 475면(김용담 집필부분). 小川秀樹, 一問一答 新しい破產法, 商事法務(2004), 95-96면. 파산자의 상대방에게도 계약의 해제권한을 부여하는 민법의 특칙조항 즉 제637조(임차인의 파산), 제663조(사용자의 파산), 674조(도급인의 파산) 등은 모두 상대방이 갖는 불안의 항변권을 반영한 것이다.

23) "전항의 경우에는 계약의 해제에 의하여 생긴 손해의 배상은 파산관재인이 계약의 해제를 한 경우에 수급인에 한하여 청구할 수 있다. 이 경우에 수급인은 그 손해배상에 대하여 파산재단의 배당에 가입한다."

24) 토지에 대하여는 유치권을 주장할 수 없다(日本 東京高等裁判所 平成 6. 12. 19. 判例時報 1550호 33면).

25) 일본 파산법 제186조 이하 제191조는 담보권의 소멸제도에 대하여 규정하고 있고, 제192조는 상사유치권의 소멸에 관하여 별도로 규정하고 있다. 일본은 유치권을 민사유치권과 상사유치권으로 구분하여 민사유치권에 대하여는 파산선고시 유치적 효력을 인정하지 않으므로 점유하고 있던 목적물을 파산관재인에게 인도하여야 하고 피담보채권에 대하여 파산채권자로서 권리행사를 하여야 한다. 이에 반하여 상사유치권은 특별한 선취특권으로 간주하여(파산법 제66조 제1항) 별제권으로 취급하되 본문에서와 같이 파산관재인에게 유치권소멸청구권을 부여하고 있다(小林信明, "倒產手續における留置權," 金融法務事情 No. 1760(2006. 1. 25), 19-20면.

5. 기성고에 대한 보수의 법적성질

도급인인 건설회사에 대하여 회생절차가 개시된 경우에 수급인이 기성고 부분에 대하여 갖는 공사대금의 처리를 둘러싸고 관리인이 이행을 선택한 경우와 해제를 선택한 경우, 기성고에 대한 공사대금을 어떻게 처리할 것인지에 대하여 일본과 한국의 논의는 다르다.

가. 도급인의 관리인이 이행을 선택한 경우

일본에서는 건설회사에 대하여 회사갱생절차가 개시된 경우에 기성고 부분에 대한 처리에 관하여 학설은 다툼이 있으나 실무는 기성고 부분에 대하여는 이미 이행이 완료된 것으로 보아 미이행 쌍무계약에 관한 구 회사갱생법 제103조의 적용을 부정한다.[26] 이러한 입장에서는 관리인이 이행을 선택한다고 하더라도 기성고에 대한 보수채권은 공익채권이 아니라 갱생채권으로 취급하게 된다. 다수설은 공익채권으로 취급한다.[27]

이에 반하여 한국에서는 과거에는 일본과 같이 회생채권으로 처리하기도 하였으나 서울중앙지방법원 파산부의 실무는 판례를 좇아 공익채권으로 취급하는 입장으로 바뀌었다.[28] 즉 판례에 의하면 공사도급계약에 있어서 기성고에 따라 대금을 지급받기로 하는 약정이 있다고 하더라도 수급인이 완성하여야 하는 공사는 원칙적으로 불가분이므로[29] 도급계약에서 정한 공사가 일부 이루어졌고 그 기성공사부분에 대하여 수급인에게 대금청구권이 발생한 경우에도 전체 공사가 끝나

---

26) 河野玄逸, "ゼネコン倒産の第問題," 高木新二郞/伊藤眞 編, 講座/倒産法, 日本評論社(2006), 419-420면, 那須克巳(주 6), 229-230면. 공익채권으로 취급하게 되면 갱생회사에 부담이 된다는 점을 현실적인 이유로 삼고 있다.

27) 宮脇行彦 외 2인, 注解會社更生法, 青林書院(1986), 359면 및 兼子一/三ヶ月章 條解會社更生法(中) 弘文堂(1998), 315면은 갱생절차개시 전의 기성고와 개시 후 공사부분을 합하여 모두 공익채권으로 취급한다.

28) 법원의 실무의 변천에 대하여는 서울中央地方法院 破産部 實務硏究會, 回生事件實務(上), 제3판, 박영사(2011), 422면. 한편 오민석, "建設會社의 回生節次에 관한 小考," 편집대표 고영한·강영호, 도산관계소송, 한국사법행정학회(2009). 100면은 여전히 회생채권설을 취하고 있다. 이 견해에 따르면 회생절차개시 당시 하도급공사가 미완성인 경우에 하수급인이 이미 완성한 부분에 대하여 갖는 공사대금채권은 관리인의 해제 또는 이행의 선택과 상관없이 모두 회생채권이 된다.

29) 대법원 2003. 2. 11. 선고 2002다65691 판결(공 2003, 792); 미국은 관재인이 미이행 쌍무계약의 이행을 선택함에 있어 계약의 일부만을 이행 선택할 수는 없고 전부 이행을 선택하여야 한다고 설명하고 있다. Michael J. Herbert, UNDERSTANDING BANKRUPTCY 144 (1995).

지 않았다면 그 기성공사부분을 따로 떼어내 그 부분에 대한 수급인의 채무가 이행완료되었다고 할 수 없다고 판시하였다. 따라서 기성공사부분에 대한 대금을 지급하지 못한 상태에서 도급인인 회사에 대하여 회사정리절차가 개시되고 채무의 이행을 선택한 경우에 상대방의 기성공사부분에 대한 대금청구권은 공익채권으로 취급된다.[30)]

나. 도급인의 관리인이 해제를 선택한 경우

도급인에 대하여 회생절차가 개시된 경우에도 채무자회생법 제121조가 적용된다는 점에 대하여 異論이 없다. 미이행 쌍무계약의 법리에 의하면 관리인이 도급계약을 해제한 경우에 상대방은 원상회복청구권을 갖는바, 목적물이 현존하면 환취권을 행사할 수 있고, 목적물이 현존하지 아니하면 그 가액의 상환에 관하여 공익채권자로 권리를 행사할 수 있으며, 손해가 있다면 손해배상에 관하여 회생채권자로서 권리를 행사할 수 있다.

그런데 민법의 도급 이론에 의하면 도급계약에서 있어서도 계약이 해제되면 기시공부분을 철거할 수 있으나 그 부분에 대한 원상회복이 중대한 사회적 경제적 손실을 초래하고 완성된 부분이 도급인에게 이익이 되는 때에는 도급계약은 미완성부분에 대해서만 실효되어, 수급인은 해제된 상태 그대로 그 건물을 도급인에게 인도하고, 도급인은 인도받은 건물에 대하여 상당한 보수를 지급하여야 하는 것이다. 대법원 판결은 계약해제를 할 수 있으나 해제의 효력이 완성된 부분에 대하여 효력이 미치지 않는다는 이론구성을 취하고 있으며,[31)] 일본의 최고재판소 판결은 미완성부분에 대하여만 해제할 수 있다는 이론구성을 취하고 있다.[32)] 결론은 양자 모두 동일하다.

문제는 보수청구권이 회생채권인지 공익채권인지에 있다. 미이행 쌍무계약에 관한 일반법리에 따르면 수급인이 도급계약을 해제한 경우에 회생회사에 대하여

---

30) 대법원 2004. 8. 20. 선고 2004다3512, 3529 판결(공 2004, 1577). 판결에 대한 해설로는 崔鍾吉, "도급공사의 기성공사 부분에 대한 대금청구 채권이 회사정리법상 공익채권에 해당하는 경우," 판례해설 52, 193-204면.

31) 대법원 1995. 6. 9. 선고 94다29300, 29317 판결, 1992. 3. 31. 선고 91다42630 판결, 1986. 9. 9. 선고 85다카1751 판결(공 1986, 1377) 등은 미완성부분에 대하여만 도급계약이 실효되어 수급인은 해제된 상태 그대로 그 건물을 도급인에게 인도하고 도급인은 특별한 사정이 없는 한 인도받은 건물에 대한 공사비 상당의 보수를 지급하여야 할 권리의무관계가 성립한다고 판시하고 있다.

32) 日本 最高裁判所 昭和 62. 11. 26. 판결, 昭和 53. 6. 23. 판결.

원상회복 대신에 갖는 보수청구권을 공익채권으로 취급하여야 한다는 주장이 있다.[33] 한편 민법상의 일반원리를 파산법에서도 존중하여야 하고 민법에 의하면 기시공부분을 철거할 수 없고 해제의 효력은 미이행 부분에 대하여만 미치므로 이미 완공한 기성고 부분에 대하여는 해제의 효력이 미치지 아니하므로 수급인은 기성고에 대하여 원상회복을 구할 수 없고 공사대금청구권만을 갖도록 되어 있으므로 회생채권으로 취급하여야 한다는 주장이 있다.[34] 저자는 후설에 찬동한다. 수급인이 기성고 부분을 점유하고 있다면 유치권을 행사할 수 있고 그 범위 내에서 회생담보권자가 된다.

6. 기성고를 초과한 과불금의 반환청구권

수급인이 파산에 직면하면 도급인은 수급인으로부터 기성고를 인도받아 이를 제3의 수급인에게 계속하여 공사를 속행하기를 원한다. 수급인에 대하여 회생절차가 개시되면 도급인이 수급인에게 이미 기성고를 초과하여 지급한 선불금의 반환청구권이 공익채권인지 회생채권인지 여부가 논의된다.

먼저, 도급인이 이미 회생절차개시 전에 수급인과 합의해제를 하거나 수급인의 채무불이행을 이유로 해제를 한 경우에 도급인이 회생회사에 대하여 갖는 초과지급한 선불금의 반환청구권이 회생채권임에는 이론이 없다.

다음으로, 수급인의 관리인이 도급계약을 해제하거나 해제한 것으로 간주되는 경우에도 채무자회생법 제119조 소정의 미이행 쌍무계약에 대한 법리가 적용된다는 점에 대하여도 학설 및 판례는 일치하고 있다.[35] 수급인의 관리인이 도급계약을 해제한 경우 상대방은 원상회복청구권과 손해배상청구권을 갖게 되고 목적물이 현존하지 아니하는 경우 상대방의 원상회복청구권은 공익채권이다. 따라서 초과지급한 선불금의 반환청구권은 공익채권으로 취급함이 타당하다.[36] 이에 대하

33) 윤재윤, 건설분쟁관계법 개정판, 박영사(2006), 469면 및 송각엽(주 2), 429면.

34) 同旨 오민석(주 28), 91면. 宮脇行彦 외 2인(주 27), 359면; 兼子一/三ヶ月章(주 27), 315면. 西岡清一郎 외 2인 編, 會社更生の實務(上); 金融財政事情研究會(2005), 285면.

35) 대법원 2001. 10. 9. 선고 2001다24174, 24181 판결, 일본 판례로는 最高裁判所 昭和 62. 11. 26. 판결. 양 판결 모두 구 파산법 제50조(채무자회생법 제335조)는 수급인이 파산선고를 받은 경우에도 당해 도급계약의 목적인 일이 파산자 이외의 사람이 완성할 수 없는 성질의 것이기 때문에 파산관재인이 파산자의 채무이행을 선택할 여지가 없는 때가 아닌 한 도급계약에도 적용된다고 판시하고 있다.

36) 송각엽(주 2), 435면, 유수열, "도급계약에 있어서의 파산법 제50조의 적용여부," 판례연구 제14집, 부산판례연구회(2003), 699면, 日本 最高裁判所 昭和 62. 11. 26. 판결. 西岡清一郎 외

여 수급인의 관리인만이 원상회복의무를 부담하는 경우에는 도급인의 초과지불한 선불금의 반환청구권은 회생채권으로 취급하여야 한다는 견해도 있다.[37] 저자는 미이행 쌍무계약에 관한 관재인의 해제에 기한 법률효과에 관한 일반논의를 예외적으로 회생절차 중의 도급계약의 경우에만 배제할 이유가 없다는 점에서 전설에 찬동한다. 이상의 논의는 파산절차에도 같게 적용된다.

7. 회생신청 후 개시결정 전에 체결된 도급계약과 관리인의 해지권

회생신청 후 개시결정 전에 건설회사의 대표자가 법원의 허가를 얻어 수급인과 도급계약을 체결하였다면 비록 회생절차개시 후 관리인이 선임되어 도급계약이 쌍방 미이행 상태라 하더라도 관리인은 이를 미이행 쌍무계약이라는 이유로 도급계약을 해제할 수 없다고 해석함이 상당하다. 왜냐하면, 공익채권의 대상을 정한 채무자회생법 제179조 제1항 제12호[38]의 취지는 비록 행위 시점이 회생절차개시 이전이고 행위의 주체가 회사의 대표이사임에도 불구하고 회생법원의 허가를 받아 계약이 체결되었으므로 비록 회생절차개시결정 이전에 상대방의 행위가 완료되어 그 채권이 법리상 회생채권에 해당하지만 정책적으로 공익채권으로 격상하여 거래 상대방의 지위를 확보해 주는 것에 있다.

그런데, 이러한 쌍무계약에 대하여 아직 이행이 완료되지 아니하였다는 이유와 대표이사 대신 새로이 관리인이 선임되었다는 이유로 제119조를 적용하여 관리인의 해제를 허용하면 상대방의 보호할 가치 있는 기대를 저버리는 것이 된다. 즉 거래상대방은 법원의 허가를 통하여 도급계약 체결 후 회생절차에서도 그 계약이 존중될 것이라는 기대를 가졌을 것이고 그런 기대를 존중하는 것이 제179조 제1항 제12호의 취지에도 부합하므로 법원이 관리인이 신청한 계약의 해제를 허가하는 것은 계약의 허가와 모순되는 행동이 되기 때문이다. 따라서 법원이 제179

2인 編, 會社更生の實務(上), 金融財政事情研究會(2005), 284면, 伊藤眞(주 12), 291면.

37) 일본에서는 加藤哲夫, 破産法(第五版), 弘文堂(2009), 252면 및 加加美 博久, "各種の契約の整理(Ⅴ)ー 請負, ジョイント. ベンチヤー," 園尾隆司 외 4인 編, 新 裁判實務大系 新版 破産法, 青林書院(2007), 253-254면. 加加美 博久의 글은 동일한 과불금반환청구권이 도급인이 해제한 경우에는 파산채권이지만 관재인이 해제한 경우에는 재단채권으로 취급하는 데에 대한 불합리성을 지적하고 있다(加加美 博久, 앞의 글, 253면).

38) 채무자 또는 보전관리인이 회생절차개시신청 후 그 개시 전에 법원의 허가를 받아 행한 자금의 차입, 자재의 구입 그 밖에 채무자의 사업을 계속하는 데에 불가결한 행위로 인하여 생긴 청구권.

조 제1항 제12호에 의하여 허가를 함에 있어서는 단순히 당해 채권을 공익채권으로 격상할 것이라는 점 외에 비록 이행이 완료되지 아니하였더라도 계약의 해제를 허용하지 않을 것인지를 염두에 두고 결정하여야 한다.

Ⅳ. 하자보수청구권의 법적성질

1. 회생절차개시 이전에 하자가 발생한 경우

도급계약에서 일의 완성과 보수의 지급은 서로 대가관계에 있다. 따라서 목적물에 하자가 발생한 경우 수급인은 동시이행의 항변권을 행사하여 그 보수를 완료할 때까지 보수의 지급을 거절할 수 있다.[39] 따라서 도급계약에서 도급인의 공사대금지급의무와 수급인의 하자보수의무가 각각 이행되지 못하고 있는 동안에 계약당사자의 일방에 대하여 회생절차가 개시된 경우 그 도급계약은 미이행 쌍무계약에 해당한다. 따라서 관리인이 하자보수의무의 이행을 선택하였다면 상대방은 공사대금을 지급할 의무가 있다. 관리인이 먼저 하자보수를 완료한 후 공사대금을 청구하는 것이 보통이다. 만일 도급인인 회생회사가 하자보수에 응하지 아니하면 상대방은 관리인이 공사완공 전에 공사대금을 청구한 것을 가리켜 묵시적으로 이행을 선택하였다고 주장함으로써 하자보수청구권을 공익채권으로 주장할 수 있다.

그런데 실무상의 문제는 하자보수를 할 시점에 공사가 미완공 상태에 있었다고 볼 것이냐, 아니면 이미 공사가 완공되었으므로 도급인의 의무는 이행이 완료된 것으로 볼 것이냐에 있다. 만일 건물신축공사를 완료하여 준공검사를 마치고 수급인에게 인도한 후에 회생절차가 개시되었다면 민법 제668조 단서에 의하여 특별한 사정이 없는 한 공사가 완성되어 더 이상 계약을 해제할 수 없게 되고, 도급인은 채무를 전부 이행한 것이 되므로 미이행 쌍무계약의 법리가 적용될 여지가 없다.[40] 이 때 수급인의 하자보수청구권은 하자가 회생절차개시 전에 발생한 것이므로 회생채권으로 취급된다.

---

39) 대법원 2007. 10. 11. 선고 2007다31914 판결, 대법원 2005. 11. 10. 선고 2004다37676 판결, 대법원 2001. 9. 18. 선고 2001다9304 판결, 대법원 1996. 7. 12. 선고 96다7250, 7267 판결 등.
40) 대법원 2001. 10. 9. 선고 2001다24174, 24181 판결(공 2001, 2431).

2. 회생절차개시 당시 아직 하자가 발생하지 아니한 경우

회생절차개시 당시에 아직 하자가 현실적으로 발생하지 아니하여 도급인이 먼저 공사대금을 지급한 후 수급인에 대하여 회생절차개시 후에 건축물에 비로소 하자가 발생한 경우에 도급인의 하자보수청구권을 회생채권으로 취급할 것인가 공익채권으로 취급할 것인가에 관하여 견해의 대립이 있다.

먼저 하자보수청구권이 도급계약에 기한 재산상 청구권이라는 점을 강조하면 회생채권설을 주장하게 된다.[41]

이에 반하여 실무상 관리인이 하자가 발생할 것을 예상하여 장래의 하자보수청구권을 미리 채권자 목록에 기재하지 않고 있으며 도급인도 아직 현실화되지 아니한 장래의 하자보수청구권을 회생채권으로 신고하지 않는 것이 현실이고,[42] 하자가 현실화된 시점이 회생절차개시 이후라면 그때부터 하자보수청구권이 발생한다고 해석하는 것이 타당한 점을 고려하면 공익채권설을 주장하게 된다.

생각하건대, 이론상으로 하자보수에 갈음한 손해배상청구권은 도급계약에 의하여 발생하는 것이 아니라 현실적으로 하자가 발생하여 보수가 필요하게 된 시점에서 성립하는 것이고,[43] 현실적으로도 회생회사가 재건하기 위한 신용을 유지하기 위하여 하자보수에 응하고 있는 점에 비추어 볼 때 하자가 발생한 시점이 회생절차개시 후라면 공익채권으로 취급하는 것이 타당하다.[44] 실무에서는 아파트 입주자들은 장래의 하자보수채권을 신고하지 않고 보증기관이 장래의 구상권을 회생채권으로 신고하는 경우가 대부분이므로 개시결정 후 발생한 하자보수청구권의 성질에 관하여 직접적으로 다투는 경우가 적다고 한다. 그러나 도급인이 회생회사인 수급인에 대하여 회생절차개시 후에 발생한 하자로 인한 손해배상채권을 공익채권과 회생채권 중 어느 채권으로 취급할지 여부(상계의 시기적 제한을 둘러싸고)에 대하여 다투는 사례가 실제로 있고 이 경우에는 이론에 의하여 결정할 수밖

41) 오민석(주 28), 87면.

42) 왜냐하면 수분양자들은 이미 하자보수보증보험에 가입하여 하자가 발생하면 보증기관이 수분양자들을 위하여 하자보수의무를 이행하고 있으므로 수분양자들이 미리 채권 신고를 할 필요성이 없기 때문이다.

43) 대법원 2000. 3. 10. 선고 99다55632 판결(공 2000, 935).

44) 오민석(주 28), 87면도 회생절차개시 후에도 완성된 공사에 대하여 하자를 보수하여 주는 것은 경영상의 합리적인 선택으로 평가될 수 있다면서 사실상 공익채권과 동일하게 취급하게 됨을 시인하고 있다. 河野玄逸(주 26), 230면도 실무가로서 부채의 경감이라는 守勢의 입장에서는 회생채권으로 취급하여야 하겠지만 회사의 재건을 고려한 攻勢의 입장에서는 공익채권으로 취급할 수밖에 없다고 한다.

에 없다. 공익채권으로 취급한다면 그 근거는 제179조 제2호로 봄이 타당하다.

3. 하자보증기관의 구상권의 성질

가. 대법원 판례의 문제점

건설회사(시공사)가 시행사로부터 발주를 받아 아파트를 시공하게 되면 시공사는 건설공제조합 또는 대한주택보증으로부터 하자보증증권을 발부 받아 시행사에게 제출하는 것이 보통이다. 이후 건설회사에 대하여 회생절차가 개시되면 건설공제조합 또는 대한주택보증이 장래 하자보수공사를 완료하게 되면 취득하게 되는 장래의 구상채권을 회생채권으로 신고하게 마련이다.

시공사에 대하여 회사정리절차가 개시된 이후에 보증회사가 하자를 보수하여 주고 취득하게 되는 구상권이 정리채권인지 공익채권인지에 관하여 이를 후순위정리채권이라고 판시한 대법원 판결[45]이 있다. 위 판결은 아파트 공사를 연대보증한 피고(시공사)가 아파트 공사도급계약(체결일은 원고의 회사정리절차개시 전임)의 수급인인 원고를 위하여 회사정리절차개시 후에 아파트의 잔여공사와 하자보수를 마침으로써 갖게 되는 원고에 대한 구상금 채권에 대하여 원심은 정리채권으로 취급하였으나 대법원은 다음과 같은 이유로 후순위정리채권으로 판시하였다.

> 「원고가 1999. 4. 30. 이 사건 아파트 공사를 도급받을 때 피고가 그 이행을 연대보증함으로써 이 때 이미 피고가 주장하는 그 사후구상금 채권 발생의 기초적 법률관계가 성립되었다고 하더라도 피고가 원고에 대한 위 회사정리절차개시결정이 있은 뒤 이 사건 아파트 공사의 잔여 부분을 완공하기 전까지는 아직 그 시공보증채무를 이행한 데 따른 사후구상금 채권이 발생하지 않았다고 할 것이다. 이는 구 회사정리법 제110조(장래의 구상권)가 이러한 사후구상권과 별도로 (연대)보증인의 장래의 구상권(사전구상권)을 일반 정리채권으로 신고할 수 있음을 규정하고 있다고 하여 달리 볼 수 없다. 따라서 원심이 피고가 주장하는 그 사후구상금 채권이 정리절차개시 전의 원인에 기하여 생긴 재산상의 청구권으로서 구 회사정리법 제102조의 정리채권에 해당한다고 판단한 것은 수긍하기 어렵다. 그러나 한편 피고가 주장하는 위 사후구상금 채권은 정리절차개시 후의 원인에 기하여 생긴 재산상의 청구권 중 구 회사정리법 제208조(공익채권)에 열거된 '6. 사무관리 또는 부당이득으로

45) 대법원 2006. 8. 25. 선고 2005다16959 판결(공 2006, 1610). 괄호 부분을 포함하여 원문을 그대로 인용한 것이다.

정리절차개시 후 회사에 대하여 생긴 청구권' 등이나 그 밖에 구 회사정리법이 별도로 공익채권으로 규정하고 있는 것들에 해당된다고 볼 수도 없다. 그러므로 결국 제121조(후순위정리채권) 제1항 제4호에 규정된 '전호에 게기한 것 외에 정리절차개시 후의 원인에 기하여 생긴 재산상의 청구권으로서 공익채권이 아닌 것'으로서 후순위정리채권에 해당된다.」

나. 검 토

대법원 2005다16959 판결의 이론구성은 회사정리법상 장래의 청구권의 성질에 관한 기존의 법리에 어긋나는 것이다. 사후구상권인가 사전구상권인가의 문제는 회사정리절차개시 당시를 기준으로 보증계약이 체결된 상태에서 회사정리절차개시결정 이전에 보증인이 변제 또는 이행을 한 경우라면 사후구상권이, 아직 변제 또는 이행을 하지 아니한 경우라면 사전구상권이 논의되는 것이지 개시결정이 내려진 후 공사의 잔여 부분을 대신 완공함으로써 사후구상권을 취득하는 것이 아니다. 판례와 실무는 보증인의 사전구상권 역시 정리채권 또는 파산채권으로 신고하여야 하고 정리채권의 경우 신고하지 않으면 실권되는 것으로 취급하고 있다.[46] 더구나 소위 사후구상권이 회생채권과 공익채권에 속하지 아니하므로 부득이 후순위정리채권으로 판시한 것 역시 잘못이다.

원래 구 회사정리법 제121조 제1항 제4호에 규정된 '전호에 게기한 것 외에 정리절차개시 후의 원인에 기하여 생긴 재산상의 청구권으로서 공익채권이 아닌 것'이라 함은 주식회사에 대하여 회사정리절차가 개시되더라도 이사, 이사회, 대표이사, 주주총회와 같은 회사기관은 비록 관리처분권은 관리인에게 넘어갔지만 여전히 존속하는 것이므로 회사가 일정한 한도(예컨대 조직법상의 권한)에서 활동할 수 있고 이를 위한 비용 가운데 정리절차와의 관계상 부득이한 비용청구권은 공

46) 대법원 2002. 5. 10. 선고 2001다65519 판결(공 2002, 1365)은 원심이 보증인이 정리회사가 발행한 회사채를 대신 회사정리절차개시 전에 변제하고 취득한 구상금채권 중 회사정리절차개시결정일 이후 발생한 회사채 이자는 후순위정리채권으로 판단한 것에 대하여 이를 긍정하면서 다음과 같이 명시하고 있다. "회사정리법 제110조 제1항 본문의 규정은 다수당사자의 정리채권 중 특히 장래의 구상권에 관한 것으로서 이 사건과 같은 사안에 전형적으로 적용되는 규정이고, 원고의 사전구상권의 근거가 원고 주장과 같은 민법 또는 개별약정에 따른 것이라고 하여 그 적용이 배제되는 것은 아니라 할 것"이라고 판시하였다. 또한 파산채권에 관하여는 대법원 2002. 6. 11. 선고 2001다25504 판결(공 2002, 1615), 그리고 대법원 1995. 11. 10. 선고 94다50397 판결(공 1995, 3905)에 의하면 보증인 등 장래의 구상권자가 갖는 구상금채권을 회생채권으로 취급하고 있다. 실무에 관하여는 서울中央地方法院 破産部 實務硏究會(주 24), 378-379면.

익채권이 되고 그렇지 않은 비용청구권이 후순위 채권이 되는 것이다.[47] 그럼에도 대법원 2005다16959 판결이 회사정리절차개시 후 종전 회사의 행위로 인하여 생긴 청구권이 아니라 회생절차개시 전의 보증계약에 기하여 성립한 사전구상권을 사후구상권이라고 명명한 후 이를 후순위정리채권으로 판시한 것은 명백한 잘못이다.

Ⅴ. 공동수급체 구성원의 파산

1. 공동수급체의 법적 지위

대법원의 확립된 판례[48]와 학설[49]에 의하면 공동수급체는 단순히 그 구성원들 내부 사이의 조합이 아니라 대외적으로도 민법상 조합에 해당하므로 조합에 관한 법리가 적용된다. 따라서 공동수급체가 공사를 완공함으로써 발주자에 대하여 가지는 채권은 조합에 속하는 재산으로서 그 구성원들의 준합유에 속한다. 따라서 어느 구성원의 채권자가 구성원의 발주자에 대한 공사대금채권이 존재함을 전제로 그 조합원 개인을 집행채무자로, 발주자를 제 3 채무자로 정하여 조합의 채권에 대하여 한 가압류 및 압류 명령은 부적법하므로[50] 공동수급체의 구성원인 조합원은 보존행위로서 강제집행의 불허를 구하는 제 3 자 이의의 소를 제기할 수 있다.[51]

또한 조합원의 채권자가 조합원 개인을 집행채무자로, 조합을 제 3 채무자로 하여 조합의 채권에 대하여 강제집행을 할 수도 없다. 즉 조합원이 납세자임에도 불구하고 조합재산인 조합이 시공사에 대하여 갖는 공사대금채권을 목적물로 한

47) 대표적인 예로는 개시결정 후 회사가 고의 또는 과실로 구 회사정리법 제56조에 위배하여 재산상의 행위를 함으로써 상대방이 입은 손해배상채권을 들고 있다. 兼子一/三ヶ月章(주 27), 473-474면.

48) 대법원 2001. 10. 9. 선고 2000두8356 판결(미공간), 대법원 2000. 12. 12. 선고 99다49620 판결(공 2001, 276). 일본도 민법상의 조합으로 보는 것이 통설·판례이다(日本 最高裁判所 昭和 45. 11. 11. 판결).

49) 李均龍, "共同受給體의 性質과 그 法律關係," 대법원 판례해설(2001), 83-96면; 변현철, "공동수급한 관급계약에서의 구성원 사이의 선급금과 기성대금과의 관계," 대법원 판례해설(2001), 216-230면; 윤재윤, "건설공동수급체의 법률관계－관급공사를 중심으로," 법조 제51권 제2호 (2002), 75-100면; 이완수, "공동수급체의 법적 성질에 관한 판례 소고," 건설재판실무논단, 서울중앙지방법원 건설실무연구회(2006), 359-380면.

50) 대법원 2001. 10. 9. 선고 2000두8356 판결(미공간).

51) 대법원 1997. 8. 26. 선고 97다4401 판결(공 1997, 2821).

국세기본법상의 압류처분을 한 것은 체납자 아닌 제3자 소유의 재산을 대상으로 한 것으로서 당연무효이다.[52] 판례에서 발견되는 사안은 조합원인 어느 회사가 부도 등으로 시공의사를 포기한 경우에 나머지 조합원이 포기하는 구성원의 지분을 양수받았음에도 불구하고 시공의사를 포기한 조합원의 채권자가 발주자를 상대로 공사대금채권을 압류하는 것이 많다.

공동수급인간에는 공동수급에 따른 상호간의 권리와 의무 및 공동사업의 운영에 관한 공동수급표준협정서와 공동도급운영협약서를 작성하여 이를 도급인에게 제출하는 것이 통례이다. 이에 따르면 공동수급체의 대표자는 보통 출자비율이 많은 회사가 맡게 되며, 그 역할은 대표자로서 도급인인 국가나 지방자치단체를 상대로 공사대금의 청구, 수령 등 공동수급체의 재산을 관리한다. 손익분배는 도급계약을 이행한 후 출자비율에 따라 실시하며, 공동수급체에 대한 구성원의 권리와 의무를 제3자에게 양도할 수 없으며, 발주자에 대한 계약상의 의무이행에 관하여는 구성원이 연대책임을 부담하고 구성원 중 일부가 파산 또는 해산되는 경우에는 잔존구성원이 연대하여 계약을 이행하며, 구성원은 발주자와 구성원 전원의 동의가 없으면 공사계약의 이행완료일까지 공동수급체에서 탈퇴할 수 없고, 중도탈퇴하는 구성원의 출자금은 공사의 이행을 완료한 후 공동수급체의 손실을 공제한 잔액을 출자비율에 따라 반환하도록 되어 있다.[53] 따라서 조합원 중 1인이 조합의 채무자에 대하여 출자비율에 따른 급부를 청구할 수 없다.[54]

2. 구성원의 공동면책과 민법 제425조

공동수급체의 구성원이 자신의 부담부분을 넘는 공동면책을 하여야만 다른 구성원들의 부담부분에 대하여 구상권을 행사할 수 있는지 여부가 문제가 되었다. 다수설에 의하면 민법 제425조 제1항을 적용과 관련하여 어느 연대채무자가 변제 기타 출재(出財)로 인해 공동면책이 되기 위하여는 반드시 자기의 부담부분을 넘는 공동면책이 있어야 되는 것은 아니다.[55]

---

52) 대법원 2001. 10. 9. 선고 2000두8356 판결, 대법원 2001. 2. 23. 선고 2000다68924 판결(공 2001, 762).

53) 대법원 1997. 8. 26. 선고 97다4401 판결(공 1997, 2821)의 사실관계를 인용한 것이다. 이 내용은 다른 당사자들이 공동수급체를 구성한 경우(대법원 2001. 2. 23. 선고 2000다68924 판결)에도 대동소이하다.

54) 대법원 2000. 11. 24. 선고 2000다32482 판결(미공간).

55) 학설의 소개에 대하여는 郭潤直, 債權總論, 박영사(2002), 177면. 일본도 같다(內田貴, 民法

그런데 이와 달리 서울고등법원은 공동수급체의 구성원이 조합에 대한 출자의무와 동일한 내용의 채무를 대외적으로 연대하여 부담하는 공동이행방식의 경우에는 조합계약에 의하여 출자의무 중 일부를 이행한 자에 대하여 각 조합원 또는 업무집행자는 여전히 나머지 출자의무를 이행할 것을 청구할 수 있으며, 연대채무 일부가 면책되었다고 해서 해당 부분만큼 다른 조합원에게 구상을 청구할 수 있다고 보는 경우에는 출자의 일부 환급을 허용하는 것과 마찬가지가 된다는 이유를 들어 자기의 출자비율을 넘는 초과출자분에 대해서만 다른 조합원에게 구상할 수 있다고 판시하였다.[56] 그러나 대법원은 공동수급체의 구성원이 다른 구성원에 대하여 구상권을 행사하는 경우에도 다수설에 따라 자기의 부담부분을 넘는 공동면책이 있어야 되는 것은 아니라고 판시하여 원심판결을 파기하였다.[57]

3. 수급체의 구성원이 파산한 경우의 정산시점－탈퇴시인가 사업완료시인가[58]

이해를 돕기 위하여 원심판결의 사실관계를 요약하면 아래와 같다.

① 원고(동아건설)와 피고 1, 2 회사는, 조달청이 발주하는 부산 소재 광안대로 건설 공사 중 일부 공구를 공동으로 수급하기 위하여 공동수급체를 결성하고 원고를 대표자로 선임하였다.

② 원 · 피고들이 체결한 공동수급약정의 내용은 구성원들이 발주자에 대한 공사수행의무와 하수급자 등에 대한 의무를 연대하여 책임지는 외에 다른 중요내용은 아래 다.항의 공동수급표준협정서 제10조 및 제12조와 같다.

③ 원 · 피고들은 1994. 12. 26. 발주처와 공사도급계약을 체결하고 공사에 착수하였다.

④ 동아건설은 2011. 5. 11. 파산선고를 받고 2011. 3. 26. 공동수급체로부터 탈퇴하였으며 동아건설의 지분은 피고들에게 종전 지분비율에 따라 양도되었다.

Ⅲ 第2版, 東京大學出版會(2004), 371면).

56) 서울고등법원 2009. 4. 29. 선고 2008나34189 판결. 그러나 민법 제425조를 적용함에 있어 공동수급체의 구성원간의 구상의 경우에만 유독 자기의 부담부분을 넘는 공동면책이 있어야 한다는 위 판결의 논리는 이론적 근거가 없다.

57) 대법원 2009. 10. 29. 선고 2009다40905 판결(미공간).

58) 대법원 2009다40905 판결은 정산시점에 대하여 명확하게 판시하였으나 아쉽게도 공간되지 아니하였다. 아래 논의는 위 판결과 원심판결의 사실관계를 토대로 하였다.

⑤ 피고들이 2003. 2. 28. 나머지 공사를 완공하였다.

원고는 피고들을 상대로 원고가 공동수급체로부터 탈퇴한 시점을 기준으로 시공한 총 공사대금 중 피고들의 출자비율에 따른 구상금의 지급을 구하였다. 피고들은 공동수급표준협정서 제12조와 민법 제719조 제3항에 따라 탈퇴조합원들 간의 공사손익은 탈퇴 시점이 아니라 공사완료 시점을 기준으로 공사손익의 정산이 이루어져야 하는데 원고가 탈퇴한 이후 손실이 발생하였으므로 위 금액을 공제하여야 한다고 다투었다.

가. 민법 제717조의 강행규정성

민법 제717조는 조합원이 사망, 파산, 금치산, 제명된 경우 조합으로부터 탈퇴된다고 규정하고 있다. 그러므로 조합원 중에 파산선고를 받는 자가 발생하면 그 파산관재인은 파산의 목적을 달성하기 위하여 파산한 조합원을 조합으로부터 탈퇴시켜 그 지분을 변제에 충당하여야 하는 것이 원칙이다. 따라서 조합의 성격이 강한 합명회사(상법 제218조 제5호, 제269조)와 합자회사의 경우도 사원이 파산한 경우 사원의 퇴사사유로 삼고 있다. 익명조합의 경우에는 영업자 또는 익명조합원의 파산이 탈퇴가 아닌 조합계약 자체의 종료사유가 된다(상법 제84조). 공동수급체의 구성원의 지위는 상속이 되지 않고 다른 구성원들의 동의가 없으면 이전이 허용되지 않는 귀속상의 일신전속권이므로 회사의 분할합병으로 인한 포괄승계의 대상이 되지 아니한다.[59]

나. 구성원이 파산한 경우

만일 조합원들이 조합계약 당시 민법 제717조와 달리 차후 조합원 중에 파산하는 자가 발생하더라도 조합에서 탈퇴하지 않기로 약정한다면 이는 장래의 불특정 다수의 파산채권자의 이해에 관련된 것을 임의로 법규정과 달리 정하는 것으로 채권자를 침해하는 것이어서 원칙적으로는 허용되지 않는다.[60] 다만 판례[61]에 의하면 예외적으로 파산한 조합원이 제3자와의 공동사업을 계속하기 위하여 그 조합에 잔류하는 것이 파산한 조합원의 파산채권자들에게 불리하지 아니하여 파

59) 대법원 2011. 8. 25. 선고 2010다44002 판결(공 2001, 1925).

60) 郭潤直 編, 民法注解(XVI), 채권(9), 박영사(1992), 140면(김재형 집필부분) 및 鈴木祿彌 編集, 新版注釋民法(17), 債權(8), 有斐閣(1988), 173면.

61) 대법원 2004. 9. 13. 선고 2003다26020 판결(공 2004, 1659).

산한 조합원의 파산채권자들의 동의를 얻어 파산관재인이 조합에 잔류할 것을 선택한 경우에는 조합원이 파산하여도 조합으로부터 탈퇴하지 않는다고 하는 조합원들 사이의 탈퇴금지의 약정이 무효라고 할 것은 아니다. 따라서 이러한 법리를 적용하면 공동수급체의 구성원들이 조합계약 당시 조합원 중에 파산하는 자가 발생하여 조합에서 탈퇴하더라도 공사완료시까지 계속 탈퇴전의 출자비율에 따라 출자의무를 부담하거나 손실을 분담하기로 약정하였더라도 파산관재인이 파산채권자들의 동의를 얻어 공동수급체에 잔류할 것을 선택하였다는 증거가 없는 이상, 조합원의 탈퇴를 금지하는 내용의 이러한 약정은 원칙적으로 허용되지 않는다.[62]

발주자는 원칙적으로 공동수급체의 구성원 중 1인이 파산하였음을 이유로 공동수급체와 체결한 도급계약을 해제할 수는 없다. 왜냐하면 잔존구성원이 공동기업으로서 공사를 완성할 의무를 부담하기 때문이다.[63]

다. 공동수급표준협정서와 조합원의 파산으로 인한 탈퇴 가부

민법 제719조 제1항은 "탈퇴한 조합원과 다른 조합원간의 계산은 탈퇴 당시의 조합 재산상태에 의한다." 제3항은 "탈퇴 당시에 완결되지 아니한 사항에 대하여는 완결후에 계산할 수 있다"라고 규정하고 있다. 만일 공동수급체의 구성원의 1인이 파산선고를 받아 탈퇴하여야 함에도 불구하고 공사가 완료된 이후에 정산하기로 하는 약정이 유효한가 하는 것에 대하여 논의가 있다. 실무상 자주 이용되는 공동수급표준협정서(공동이행방식) 중 구성원의 탈퇴와 정산에 관한 조항은 아래와 같다.

제10조(손익의 분배) 도급계약을 이행한 후 이익 또는 손실이 발생하였을 경우에는 제9조에서 정한 비율에 따라 배당하거나 분담한다.

제11조(권리, 의무의 양도제한) 구성원은 이 협정서에 의한 권리의무를 제3자에게 양도할 수 없다.

제12조(중도탈퇴에 대한 조치) (1) 공동수급체의 구성원은 발주자 및 구성원 전원의 동의가 없으면 입찰 및 당해 계약의 이행을 완료하는 날까지 탈퇴할 수 없다. (2) 구성원 중 일부가 파산 또는 해산하는 경우에는 잔존구성원이 공동연대하여 당해 계약을 이행한다. 다만 잔존구성원만으로는 면허, 도급한도액 등 당해 계약이행요건을 갖추지 못할 경우에는 발주자의 승인을 얻어 당해 요건을 충족하여

62) 대법원 2009. 10. 29. 선고 2009다40905 판결(미공간).

63) 栗田哲男, "建設業における共同企業體の構成員の倒産," 判例タイムズ, No. 548, 19면.

야 한다. (3) 제2항 본문의 경우 출자비율은 탈퇴자의 출자비율을 잔존구성원의 출자비율에 따라 분할하여 제9조의 비율에 가산한다. (4) 탈퇴하는 자의 출자금은 계약이행 완료 후 제10조의 손실을 공제한 잔액을 반환한다.

라. 민법 제717조와 공동수급표준협정서 제12조 제4항의 관계

조합원이 파산선고로 탈퇴된 이후에도 공동수급표준협정서 제12조 제4항에 따라 탈퇴한 조합원이 잔여공사에 대한 손실을 분담하여야 하는지 여부에 대해 서울고법 2008나34189 사건에서 오수근 교수는 재판부에 다음의 견해를 포함한 의견서를 제출하였다.

(1) 제1견해

특정 수급업체가 파산으로 인하여 탈퇴된 이후에는 출자비율이 0%로 변경되어 잔여공사에 대한 손실을 분담하지 않는다는 견해이다. 그 논거는 아래와 같다.

(i) 공동수급표준협정서 제12조 제3항이 "구성원 중 일부가 파산 또는 해산하는 경우 탈퇴자의 출자비율을 잔존구성원의 출자비율에 따라 분할하여 제9조의 비율에 가산한다"고 규정한 점에 비추어, 공동수급표준협정서 제12조 제4항을 해석함에 있어서 파산 또는 해산으로 인한 탈퇴의 경우에는 탈퇴자의 출자비율이 0%으로 변경되고, 다만 탈퇴자의 출자금 반환은 계약이행 완료 후에 하는 것, 즉 계약이행 완료 후에 탈퇴자의 이익분배청구권 또는 손실분담채무가 발생하는 것으로 해석해야 한다.

(ii) 공동수급표준협정서 제10조에 "도급계약을 이행한 후 이익 또는 손실이 발생하였을 경우에는 제9조에서 정한 비율에 따라 배당하거나 분담한다"고 규정되어 있으나, 공동수급표준협정서 제12조 제3항에서 "구성원 중 일부가 파산 또는 해산하는 경우 탈퇴자의 출자비율을 잔존구성원의 출자비율에 따라 분할하여 제9조의 비율에 가산한다"고 규정되어 있는 점에 비추어, 제1견해가 공동수급표준협정서 제12조 제4항의 문리해석에 반한다고 보이지 않는다.

(iii) 이러한 해석이 대법원 2004. 9. 13. 선고 2003다26020 판결의 취지에 더 부합한다. 공동수급표준협정서 제12조 제4항은 특정 수급업체가 파산으로 인하여 탈퇴된 이후에도 출자비율이 종전대로 유지되어 잔여공사에 대한 손실을 분담한다는 내용의 약정이지만, 대법원 2003다26020 판결의 취지에 비추어, 위 약정은 원칙적으로 허용되지 않는다.

(iv) 법리적인 측면에서 공동수급체의 구성원들 중 일방이 출자의무를 이행하였음에도 출자의무를 이행하지 않고 있는 다른 구성원들에게 구상권을 공사완료 시까지 행사하지 못하도록 하는 것이 공평의 원칙상 타당한지 의문이다.

(v) 위 제12조 제4항의 내용은 실질적으로는 파산으로 인한 탈퇴를 허용하지 않는 것과 마찬가지 결과가 되는데 과연 대법원 2003다26020 판결과 조화될 수 있는지 의문이다.

(2) 제2견해

특정 수급업체가 파산으로 인하여 탈퇴된 이후에도 종전 출자비율이 유지되어 잔여공사에 대한 손실을 분담한다는 견해이다. 그 논거는 아래와 같다.

(i) 공동수급표준협정서 제12조 제4항이 "탈퇴하는 자의 출자금은 계약이행완료 후 제10조의 손실을 공제한 잔액을 반환한다"고 규정하고, 공동수급표준협정서 제10조가 "도급계약을 이행한 후 이익 또는 손실이 발생하였을 경우에는 제9조에서 정한 비율에 따라 배당하거나 분담한다"고 규정한 점에 비추어, 계약이행완료 후에 탈퇴자의 지분을 계산함에 있어서 파산 또는 해산으로 인한 탈퇴의 경우에도 탈퇴자의 출자비율은 종전의 출자비율 그대로 유지된다고 해석해야 한다.

(ii) 공동수급표준협정서 제12조 제4항은 특정 수급업체가 파산으로 인하여 탈퇴된 이후에도 종전 출자비율이 유지되어 잔여공사에 대한 손실을 분담한다는 내용의 약정이고, 특정 수급업체가 파산으로 인하여 탈퇴하였다는 사정만으로 위 약정이 원칙적으로 허용되지 않는다고 보기는 어렵다.

(3) 제3견해

특정 수급업체가 파산으로 인하여 탈퇴된 이후에는 제1의 견해와 같이 출자비율이 0%로 변경되어 잔여공사에 대한 손실을 분담하지 않되 공동수급표준협정서 제12조 제4항이 위 협정서 제12조 제3항을 전제로 하여 작성된 규정으로 그 내용의 적법성을 인정하는 견해이다. 그 논거는 아래와 같다.

(i) 이 사건 공동수급표준협정서 제12조 제4항을 조합원이 파산하여 탈퇴된 이후에도 탈퇴 전의 출자비율에 따라 손익을 분담하기로 하는 약정으로 보는 것이 문리해석에 더 부합한다고 보이기는 하나, 이 경우 위 약정이 유효한지 여부에 관한 견해가 갈리고, 이 사건 공동수급표준협정서 제12조 제3항을 고려하여 이 사건 공동수급표준협정서 제12조 제4항을 조합원이 파산으로 인하여 탈퇴된 이후에는 손실분담을 하지 않는다는 약정으로 문리해석할 수 있다.

(4) 검 토

대법원 2009다40905 판결은 제1의 견해와 같은 입장이다. 대법원 2009다40905 판결은 더 나아가 파산한 조합원이 탈퇴를 하더라도 계속 탈퇴 전의 출자비율에 따라 출자의무를 부담하거나 손실을 분담하기로 하는 약정도 효력이 없다고 보아 공동수급표준협정서 제12조 제4항의 효력을 부정하였다. 조합원의 임의탈퇴를 금지하는 특약이 제716조에 반하여 무효라고 한다면,[64] 법정 탈퇴사유인 조합원의 파산선고 사유가 발생하였음에도 불구하고 탈퇴를 허용하지 아니하는 약정은 파산채권자들의 이해관계를 해치는 것으로 무효임이 명백하다. 예컨대, 파산관재인이 파산재단을 조속히 환가하여 파산절차를 종료하여야 함에도 불구하고 당해 파산한 조합원이 탈퇴한 수급사업체의 공사가 완료될 때까지 파산절차를 종료할 수 없게 되면 파산재단의 비용부담이 증가할 뿐 아니라 공사완료시까지의 파산재단의 재산상태를 고려하여야 하므로 중간배당조차 할 수 없게 되는 등 파산절차의 예측가능성을 해하고 신속한 절차 진행에 장애가 될 것이다. 그렇다면 조합원의 탈퇴를 허용하지 않는 것을 전제로 공사의 완성시까지 종전 출자비율에 따라 정산하는 약정 역시 효력이 인정될 수 없다. 이 점에서 대법원의 판시는 정당하다.

여기서 문제가 되는 것은 법정탈퇴와 탈퇴당시의 지분계산에 관하여 규정한 민법 제719조와의 관계이다. 민법 제719조 제1항의 취지는 원래 탈퇴자에 대한 합유지분을 계산하여 지분을 반환하여야 하고 지분계산은 탈퇴 당시의 조합재산의 상황에 따라야 한다는 것이다.[65] 제3항은 지분계산을 반드시 탈퇴시를 표준으로 하게 되면 생기는 불합리한 점을 방지하기 위하여 완결 때까지 계산을 보류할 수 있도록 하는 규정이다. 계산이 보류된다고 하여 계산시까지 탈퇴한 조합원이 계속하여 조합원으로서의 자격이 유지되는 것은 아님은 물론이다.[66] 따라서 탈퇴하는 조합원은 탈퇴 후 조합이 부담하는 채무에 대하여는 책임을 지지 아니한다.[67] 제719조 제3항은 임의규정으로서 당사자간의 합의에 따라 완결 후에 계산할 수 있다는 의미이므로 탈퇴하는 구성원과 다른 조합원들간에 파산선고로 인한 탈퇴 당시 완결되지 않은 사항에 대해 완결 후에 계산하기로 한 합의가 있어야 한

64) 郭潤直, 債權各論, 박영사(2003), 318면.
65) 대법원 1996. 9. 6. 선고 96다19208 판결(공 1996, 2982)은 지분계산에 필요한 자산평가의 기준시기는 탈퇴당시라고 판시하였다.
66) 鈴木祿彌 編集(주 60), 179면.
67) 同旨, 郭潤直 編(주 60), 146면(김재형 집필부분).

다. 그런데 계약의 이행이 완료되어야 출자금을 반환한다는 공동수급표준협정서 제12조 제 4 항은 단순히 지분계산의 시기만을 정한 것이 아니라 계약의 이행이 완료되어야 출자금을 반환한다는 것이어서 탈퇴 자체를 부정하는 내용이므로 효력이 없고 그 외 완결 후에 계산하기로 한 합의가 없으므로 민법 제719조 제 3 항은 적용될 여지가 없다.68)

Ⅵ. 하도급대금의 직접청구권과 회생절차

1. 하도급대금의 직접청구권의 취지와 위헌여부

「하도급거래 공정화에 관한 법률」 제14조 제 1 항 제 1 호에 의하면 원사업자의 지급정지 · 파산 그 밖에 이와 유사한 사유가 있어 원사업자가 하도급대금을 지급할 수 없게 된 경우 발주자는 수급사업자가 하도급대금의 직접 지급을 요청한 때에는 해당 수급사업자에게 이를 직접 지급하여야 한다고 규정되어 있고, 제 2 항에 의하면 발주자, 원사업자, 수급사업자 3인의 합의에 의하여 수급사업자가 발주자에게 직접 청구할 수 있는 공사대금채권을 직접 청구할 수 있고 원사업자의 발주자에 대한 공사대금채권은 소멸한다고 규정되어 있다.

이 규정은 수급사업자를 원사업자의 다른 채권자에 비하여 유리하게 취급함으로써 파산절차의 이념이 채권자의 법률관계를 공평하게 처리하여야 한다는 파산제도의 목적에 반한다는 의문이 있다. 이에 대하여 헌법재판소는 다음과 같은 이유로 합헌으로 판시하였다.

「이는 원사업자의 지급정지나 파산 등으로 인해 영세한 수급사업자가 하도급대금을 지급받지 못함으로써 연쇄부도에 이르는 것을 방지하기 위한 취지에서 두게 된 것으로, 수급사업자의 자재와 비용으로 완성된 완성품에 대한 궁극적인 이익을 발주자가 보유하게 된다는 점에서 원사업자의 발주자에 대한 도급대금채권은 수급사업자의 원사업자에 대한 하도급대금채권과 밀접한 상호관련성이 있는 반면 원사업자의 일반채권자들이 원사업자에 대하여 가지는 채권은 그러한 관련성이 없다는

68) 환송 후 서울고등법원 2010. 5. 25. 선고 2009나104108 판결(판결문 제15면). 오히려 인정된 사실에 의하면 파산한 수급인의 탈퇴를 전제로 하여 잔여 공사에 관한 손익분배에서 제외한다는 묵시적 합의가 이루어진 것으로 봄이 상당하다고 판시하였다.

것에 근거하여, 원사업자의 발주자에 대한 도급대금채권 중 수급사업자의 원사업자에 대한 하도급대금채권액에 상당하는 부분에 관해서는 일반채권자들보다 수급사업자를 우대한다는 뜻이므로 헌법상의 평등원칙에 위배되지 아니한다.[69)]」

2. 회생절차와 하수급인의 공사대금 직접청구권

가. 판례의 입장

위 조항 중 '그 밖에 이와 유사한 사유'에 원수급자에 대하여 회생절차가 개시된 경우가 포함되는지에 대하여 대법원 판례[70)]는 이를 긍정한다. 따라서 하수급업자가, 원사업자(회생회사)가 발주자에 대하여 갖는 공사대금채권을 발주자에 대하여 직접 청구하는 것은 회생회사에 대한 강제집행이 아니므로 적법하게 된다. 원사업자에 대하여 회생절차가 개시되면 하수급업자는 원수급업자의 부동산 등 일반 재산에 대하여 강제집행할 수 없지만 하도급거래 공정화에 관한 법률에 의하여 회생회사가 발주자에 대하여 갖는 공사대금채권에 대하여는 직접 청구하는 것이 가능하다.

나. 검 토

저자는 위 법률 제14조 제1항 제1호가 회생절차에도 적용된다는 대법원의 판례에 반대한다.[71)] 그 이유는 아래와 같다.

① 「하도급거래 공정화에 관한 법률」 제14조 제1항 제1호는 채권자 평등의 원칙에 대한 중대한 예외를 인정하는 것이므로 가급적 제한적으로 해석함이 타당하며, ② 민법의 임대차, 위임, 도급, 고용 등에 파산의 특례는 있어도 회생절차에 대한 특례를 두고 있지 아니하여 임대차, 도급 등의 당사자 일방에 대하여 회생절차가 개시된 경우에는 민법의 특례를 유추적용하지 않고 있는 것이 이론과 실무의 일치된 견해인 점, ③ 파산절차는 청산절차이지만 회생절차는 재건절차로서 영업의 계속을 전제로 수익을 통하여 채권을 변제하는 것에 차이가 있는 점, ④ 관리인 등이 공사대금채권을 운전자금으로 사용할 수 없게 되어 회생절차의 목적을 달성할 수 없게 되는 사정 등을 고려하면 동 조항은 회생절차의 경우에는 적용하

69) 헌법재판소 2003. 5. 15. 선고 2001헌바98 결정. 이 사건은 파산절차에 관한 것이다.
70) 대법원 2007. 6. 28. 선고 2007다17758 판결(공 2007, 1168).
71) 同旨 오민석(주 28), 101면.

지 않는 것이 타당하다.

판례의 입장에 서게 되면 원수급자에 대한 회생절차에서 수급사업자가 회생채권을 신고하지 아니하여 실권되거나 회생채권을 신고하여 회생계획안에서 권리가 변경되더라도 수급사업자는 이와 무관하게 발주자에 대하여 공사대금채권 전액을 직접 청구하는 것이 가능하게 될 것이다. 즉 판례는 수급사업자가 발주자에게 직접 청구하는 것이 회생회사의 재산에 대한 강제집행이 아니라는 입장이므로 수급사업자는 원사업자의 회생절차에 참여하지 않더라도 발주자에 대하여 직접 하도급대금을 청구할 수 있을 것이다.[72]

그러나 하수급업자가 원사업자(회생회사)의 공사대금채권 외에 다른 책임재산으로부터 채권의 변제를 받기 위하여는 수급사업자는 원수급자에 대한 회생절차에 반드시 참가하여야 하고 그 한도에서는 회생절차의 일반적인 절차(회생채권의 신고, 회생계획에 따른 권리변경)의 제약을 받아야 한다. 만일 원수급자에 대한 회생절차개시 후에 수급사업자가 직접청구권을 행사하여 발주자로부터 공사대금의 일부를 변제받았다면 현존액주의의 원칙에 의하여 일부 변제액을 고려하지 않고 개시결정 당시의 신고채권액을 기준으로 회생절차에 참가할 수 있다. 물론 회생절차개시 전에 직접청구권을 행사하여 공사대금을 일부 변제받았다고 한다면 나머지 채권액만이 회생절차에 참가할 수 있다.

판례에 의하면 하수급업자가 발주자에게 하도급대금의 직접 지급을 청구하기 전에 원사업자에 대한 다른 채권자가 원사업자의 발주자에 대한 공사대금채권을 압류 또는 가압류한 경우에도 그 이후에 발생한 하도급공사대금의 직접 지급사유(부도발생)에도 불구하고 그 집행보전된 채권은 소멸하지 않는다.[73] 그런데 이 판례의 논리를 확대하면 파산선고는 총채권자를 위한 파산자의 책임재산에 대한 압류의 효력이 있으므로 파산선고 후에는 하수급업자의 직접 청구가 불가능하다는 논리에 도달하게 되는데 이는 법률 제14조 제1항 제1호의 명문의 규정에 반하는 해석이 된다. 따라서 위 판결의 논리는 타당하지 않으며 판례 변경을 기대한다.[74]

---

72) 同旨, 오민석(주 28), 106면.
73) 대법원 2003. 9. 5. 선고 2001다64769 판결(공 2003, 2002). 판례에 의하면 하수급업자는 하도급거래공정화에 관한 법률상의 직접청구권이 있다는 이유만으로 부도 발생 전에 집행된 가압류에 불구하고 공사대금 전액을 직접 청구할 수 없다.
74) 同旨, 김현석, "하수급인의 공사대금 직접청구권과 채권가압류," 민사판례연구(27), 박영사(2003), 388면.

Ⅶ. 맺 음 말

건설회사가 도산하는 경우에는 多種·多樣한 채권자들이 등장하게 되고, 공사를 완성하려는 발주자와 건설회사로부터 공사대금을 미처 받지 못한 하수급인들, 체불임금으로 고통받는 일용근로자 등의 이해관계가 첨예하게 대립하게 된다. 종합건설회사의 회생절차에서 나타나듯이 쌍무계약에 관한 일반 법리로 적용하기에는 복잡한 거래구조를 갖고 있으므로 건설회사의 도산에 관한 법률문제를 개별적으로 나누어 심도 있게 검토할 필요가 있다. 특히 공동수급체의 구성원이 파산 또는 회생절차가 개시된 경우에 구성원들 사이의, 또는 공동수급체와 발주자 사이의, 공동수급체와 거래선 사이의 법률관계를 명확히 하는 것이 긴요하다. 구성원의 일부에 대하여 회생절차가 개시된 경우에 다른 구성원 또는 발주자가 공동수급체로부터 탈퇴하도록 하는 도산해지조항이 유효한지에 대하여는 아직 정설이 없다. 일본은 도급인 또는 수급인이 파산한 경우 이행의 선택과 해제를 둘러싼 그간의 학설상의 논란을 잠재우고 민법과 파산법의 특칙을 개정하는 작업을 완료하였으므로 앞으로 개정시에 참고할 필요가 있다. 공사하자를 연대보증한 보증회사가 정리회사에 대하여 갖는 사후구상금 채권이 후순위정리채권으로 판시한 대법원 판례는 검토를 거쳐 변경되어야 한다. 하수급인들의 공사대금채권이 파산채권이라 하더라도 유치권을 행사할 수 있는바, 파산관재인의 환가업무를 신속하게 하기 위하여는 환가에 장애를 해소하기 위하여 적어도 청산절차인 파산절차에서는 留置的 효력을 제한하는 내용의 법개정이 필요하다.

사법 18호, 사법발전재단(2011), 58-89면 소재

채권양도 및 상계의 준거법－외국파산절차의 국내적 효력과 관련하여

대상판결: 대법원 2009. 4. 23. 선고 2006다28782 판결(공 2009, 720)
원심판결: 서울고등법원 2006. 4. 19. 선고 2004나89525 판결

[사안의 개요]

1. 원고는 한국자산관리공사이고 피고는 대우자동차 주식회사이다. 소외 대우독일법인은 대우자동차의 자회사로서 대우자동차가 생산한 차량을 독일로 수입하여 독일에서 판매, 보증수리업을 영위하던 중 채권자들이 1999. 11. 9. 독일 브레멘 구법원에 도산신청을 하여 2002. 2. 1. 도산절차가 개시되어 관리인이 선임되었다. 원, 피고는 도산절차에 참가하여 채권신고를 하였다. 한편 피고에 대하여도 2000. 11. 30. 인천지방법원에서 회사정리절차가 개시되었다.

2. 대우독일법인의 관리인이 피고에 대하여 갖는 자동차 판매수리대금채권을 피보전권리로 하여 피고가 독일은행에 예치한 L/C선적대금채권을 독일 법원에서 가압류하였다. 관리인은 피고와 법정화해후 강제집행으로 가압류한 채권을 양도받아 판매수리대금채권에 충당하였다.

3. 대우독일법인에 대하여 2002. 9. 25. 도산정리계획안이 인가되었는데 계획에 의하면 원고의 채권은 제1순위로 총 약 2천만 유로를 변제하되, 대우독일법인이 피고에 대하여 취득하는 채권을 원고에게 양도할 것으로 규정하고, 피고의

* 이 글은 2011. 6. 27. 도산법연구회에서 발표한 내용을 정리한 것이다. 초고에 대하여 지적을 하여 주신 김성룡 교수님과 박용석 변호사님께 감사드린다.

수출대금채권은 최후순위 채권으로 분류하였다. 원고는 대우독일법인으로부터 채권을 양수하였다.

4. 원고가 양수금채권이 피고에 대한 공익채권이라 주장하면서 회생절차 중인 피고의 관리인을 상대로 그 이행을 구하는 소송을 한국에서 제기하였다. 피고는 첫째, 원고의 양수금채권이 정리채권[1]이고, 둘째, 피고의 관리인이 이 사건 소송 도중 원고에게 채권양도인인 대우독일법인에 대하여 갖는 수출대금채권을 자동채권으로 삼아 상계의 의사표시를 하였으므로 원고의 양수채권은 전액 소멸되었다고 주장하였다.

5. 원심은 피고의 상계항변을 배척하고 원고의 양수금 청구를 인용하였다. 피고가 상고를 제기하여 대법원은 상계가 가능하다는 취지로 원심판결을 파기환송하였다.

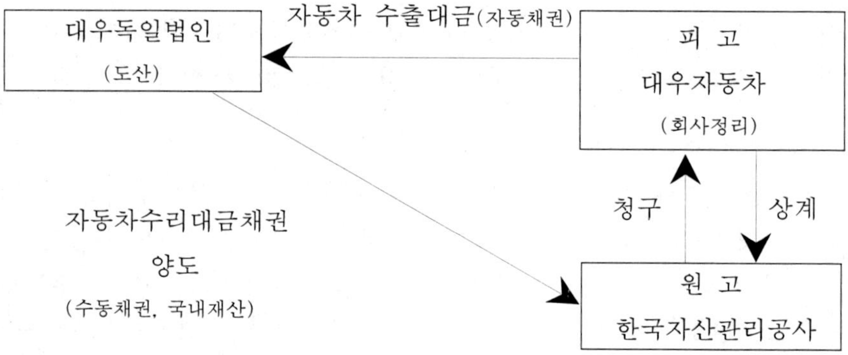

[원심판결의 요지]

1. 피고가 독일도산법에 의하여 도산절차가 개시된 대우독일법인에 대하여 상계를 주장하고 있으므로 그 상계의 허용여부는 독일도산법에 의하여 판단해야 한다. 그런데 독일도산법상 도산절차개시 당시 존재하는 수출대금채권(즉 정리채권)을 자동채권으로 하고, 도산절차개시 후에 도산재단에 대하여 부담하는 채무를 수동채권으로 하는 상계는 허용되지 아니하므로 피고의 상계주장은 이유 없다.

2. 피고는 구 회사정리법 제 4 조의 속지주의에 의하면 독일에서 개시된 도산

1) 원심판결에 의하면 수리대금채권은 피고에 대하여 회사정리절차가 개시된 이후에 발생한 것으로 구 회사정리법 제208조 제 2 호 소정의 공익채권에 해당한다고 판시하였다.

절차의 개별집행금지의 효력은 국내에 소재한 대우독일법인의 재산(의무이행지가 대한민국인 채권)에 대하여 미치지 아니하므로 이를 수동채권으로 삼아 상계가 가능하다고 주장하지만, 이 사건은 대우독일법인이 국내에 가지고 있는 재산에 대하여 개별적으로 강제집행이 가능한지 여부가 문제된 것이 아니라 대우독일법인이 대우자동차에 대하여 부담하는 자동차 수입대금 지급채무 즉 대우자동차의 대우독일법인에 대한 수출대금채권이 자동채권이 될 수 있는가 하는 문제이므로 구 회사정리법 제4조의 적용대상이 아니다.

[대법원판결의 요지]

1. 구 회사정리법 제4조 제2항은 외국에서 개시된 정리절차의 효력에 관하여 이른바 '속지주의의 원칙'을 채택하고 있음을 명시하고 있으므로, 외국에서 정리절차가 개시되어 선임된 정리회사의 관리인이 그 국가의 법률에 따라 대한민국 내에 있는 정리회사의 재산에 대한 관리처분권을 취득할 수 있는지는 별론으로 하고, 개별 채권자의 권리행사 등을 금지·제한하고, 정리회사 혹은 도산재단의 재산을 보전·회복하기 위하여 도산절차상 특별한 조치를 취할 수 있도록 하며, 정리계획을 통하여 채권자와 주주의 권리를 변경할 수 있도록 하는 등 채권자, 주주 등의 이해를 조정하며 사업의 유지·재건을 도모하기 위하여 부여된 외국 정리절차의 본래적 효력은 대한민국 내에 있는 재산에 대하여 미칠 수 없고, 따라서 외국에서 정리절차가 개시된 회사가 대한민국 내에 갖고 있는 재산에 대하여, 그 회사의 채권자가 자신의 권리를 행사하거나 실현하는 데에는 외국 정리절차의 본래적 효력에 의한 금지·제한을 받지 아니한다.

2. 외국의 도산법에 의한 상계의 금지·제한의 효력은 구 회사정리법 제4조 제2항에서 규정하는 외국에서 개시한 정리절차의 본래적 효력에 해당한다고 할 수 있다. 따라서 외국의 도산법이 외국에서 정리절차가 개시된 회사의 채권과 그 회사의 채권자가 그 회사에 갖고 있는 채권과의 상계를 금지·제한하고 있고, 나아가 그 회사의 채권자가 그 외국의 정리절차에 참가하고 있다 하더라도, 그 회사의 채권이 대한민국 법원에 재판상 청구할 수 있는 것이라면, 그 회사의 채권자가 그 회사의 자신에 대한 채권을 수동채권으로 상계하는 데에는 그 외국의 도산법이 규정하는 상계의 금지·제한의 효력을 받지 않는다.

3. 대우독일법인이 독일도산절차개시 후 정리회사에 대하여 취득한 이 사건 수리대금채권은, 정리회사의 본점이 대한민국 내에 소재하고 있어 그 채권의 지급

을 구하는 소의 국제재판관할권이 대한민국 법원에 있다고 볼 수 있는 이상, 대한민국 법원에 재판상 청구할 수 있는 채권이므로 구 회사정리법 제4조 제3항에 의하여 대한민국에 있는 재산으로 보게 되고, 구 회사정리법 제4조 제2항에 의하여 그 채권에 대하여는 독일도산절차의 본래적 효력이 미치지 아니한다.

[평　　석]

Ⅰ. 머 리 말

대상판결은 국제파산법과 국제사법이 교차하는 장면에서 발생하는 중요한 쟁점을 다루고 있다. 대상판결은 「채무자 회생 및 파산에 관한 법률」('채무자회생법')이 시행된 이후에 선고된 것이지만 구 회사정리법의 속지주의가 적용되던 때에 발생한 사건에 관한 것이다. 구 회사정리법 제4조의 의의에 대하여 종전의 대법원의 입장을 재확인하고 상계와 관련하여 구법의 속지주의의 내용을 보다 자세히 설시한 점에서 의의가 있다.[2] 즉 종전 판례와 마찬가지로 파산절차의 효력을 관리처분권 이전의 효력과 개별집행금지의 효력(포괄집행적 효력, 본래적 효력)으로 나누어 전자는 국내소재 재산에 미치지만, 후자는 국내에 미치지 아니한다는 기존 입장을 확인하면서 상계금지의 효력도 본래적 효력에 속함을 처음으로 판시하였다. 본래적 효력에 관한 대법원의 설시는 기존에 일본의 민사재생절차의 대내적 효력에 관하여 판시한 인천지방법원의 판결에 이어 두 번째이다. 종전 대법원 판례는 관리처분권이전의 효력에 관한 것이었다. 특히 그 동안 국내에서 학설로만 논의되던 채권양도의 효력(당사자간 및 제3자에 대한 효력) 및 상계의 준거법 문제는 대법원에서는 직접 거론하지 아니하였으나 원심판결에서 처음으로 다루어졌다는 점에서 의의가 있다.[3]

이 글에서는 먼저 구 파산법하에서 외국파산절차의 국내적 효력에 관한 대상판결의 논리에 대하여 저자의 견해를 밝힌다(Ⅱ). 다음으로 實質法의 관점에서 채권양도에 관한 의의와 현대적 기능과 저촉법의 관점에서 채권양도의 준거법에 관

2) 대상판결에 대한 해설로는 오영준, "2009년 도산법 중요판례," 인권과정의 제403호(2010), 162-163면.

3) 일본에서는 채권양도의 준거법에 관하여는 하급심 판결이 있으나 상계의 준거법에 관하여는 아직 판례를 발견하지 못하였다.

하여 한국과 일본에서의 논의를 살펴보고 원심판결의 논리에 대하여 저자의 견해를 밝힌다(Ⅲ). 이어서 實質法의 관점에서 상계의 의의와 현대적 기능과 저촉법적인 관점에서 상계의 준거법에 관하여 각국의 논의를 살펴보고 상계의 준거법에 관한 원심판결의 논리에 대하여 저자의 견해를 밝힌다(Ⅳ). 끝으로 이 사건 전체에 대하여 저자의 소견을 밝히고 마무리한다(Ⅴ).

Ⅱ. 국제파산법에서 보편주의와 속지주의

1. 속지주의의 의미

구 파산법 제3조(구 회사정리법 제4조와 동일함. 이하 파산법을 기준으로 설명함)는 속지주의에 터잡아 외국파산절차의 대내적 효력과 내국파산절차의 대외적 효력을 부정하였다. 그러나 실무는 속지주의의 폐해를 인식하고 가급적 해석론을 통하여 속지주의를 완화하는 노력을 하였다. 일본에서는 구 파산법 제3조에 대한 해석을 둘러싸고 여러 가지의 견해가 제기되었으나 한국과 일본의 실무는 그 가운데 파산절차의 효력을 포괄적집행력(또는 개별집행금지의 효력)과 관리처분권이전의 효력으로 나누어 속지주의는 전자에 대하여만 미치고 후자는 미치지 아니하는 것으로 운영하여 왔다.[4]

그리하여 정리회사의 관리인이 외국 소재 재산에 대하여도 관리처분권이 있는 것을 전제로 관리인이 미국의 구 연방파산법 제304조의 보조절차의 신청을 하여 미국의 연방파산법이 이를 적법한 것으로 판단하여 보조절차에 기한 중지명령을 발한 바 있다.[5] 판례는 미국 파산절차의 관재인이 한국에 소재한 파산재단 소속의 재산에 대하여 관리처분권이 있는 것을 인정하고 관재인이 원고가 되어 한국 기업을 상대로 민사소송을 제기하는 것이 적법하다고 판시하였다(파올로구찌 사건).[6] 또한 하급심 또한 일본의 민사재생절차의 효력 중 포괄집행적 효력이 한국

---

4) 학설 및 실무의 논의에 대하여는 林治龍, 파산법연구, 박영사(2004), 549-557면.

5) *In re Kyu-Byung Hwang*, 309. B.R. 842 (Bankr. S.D.N.Y. 2004). 이 판결에 대한 해설은 林治龍, 파산법연구 2, 博英社(2006), 341-390면.

6) 하급심 판결(서울지방법원 1996. 6. 28. 선고 96가합27402 판결)과 대법원 판결(대법원 2003. 4. 25. 선고 2000다64359 판결)이 선고되었다. 전자에 대한 평석으로는 石光現, "국제도산법의 몇 가지 문제점," 國際私法과 國際訴訟 제1권, 박영사(2001), 450-455면 참조. 후자에 대한 평석으로는 林治龍, 파산법연구, 540-571면.

에 미치지 않으므로 민사재생절차에 참가한 재생채권자는 재생채무자의 국내재산에 대하여 강제집행할 수 있다고 판시하였다(대우재팬 사건).[7]

2. 채권의 소재지

채권의 소재지는 어느 곳으로 보아야 할 것인가? 학설 중에는 채권자의 소재지를 채권의 소재지로 보아야 한다는 견해[8]도 있으나 채무자회생법 제 3 조는 채권의 경우에는 재판상의 청구를 할 수 있는 곳을 그 소재지로 본다고 규정하고 있으므로 제 3 채무자가 한국에 소재하면 외국 채권자도 한국에 재산(채권)을 보유한 것으로 해석함이 옳다. 섭외사법 제14조가 채권양도에 관한 채무자에 대한 효력에 관한 준거법을 채무자 소재지법으로 정한 것도 채무자의 소재지가 채권의 소재지라는 점을 전제로 한 것이다. 또한 국제파산법에서 재산의 소재지는 직접관할의 근거가 되기도 한다.[9] 따라서 외국파산절차가 개시되었더라도 속지주의하에서 파산자의 국내채권자는 파산자에 대한 채무자가 국내에 거주한다면 파산자가 채무자에 대하여 갖는 채권에 대하여 강제집행하거나 채권을 대물변제받을 수 있다.

3. 대상판결에 대한 평가

속지주의를 정한 구 파산법 제 3 조에 관한 대법원의 견해가 해석론으로 가능한지 여부에 대하여는 논란이 있다.[10] 파산절차가 개시되면 파산재단에 속하는 재산에 대하여 관리처분권이 파산자로부터 관재인에게 이전되고, 채권자는 더 이상 개별적인 강제집행을 할 수 없으며 파산절차에 참가하여 공평한 배당을 받아야 한다. 관재인이 외국에 소재하는 파산자의 재산에 대한 관리처분권을 갖는다고 인정한다면 외국에 소재하는 파산자의 재산에 대하여 파산채권자의 강제집행은 불허되어야 하는 것이 논리필연적이다.[11] 왜냐하면 파산채권자의 파산자 소유 재산

---

7) 인천지방법원 2003. 7. 24. 선고 2003가합1768 판결(각공 2003. 9. 10(1), 800).

8) 安相鎭, "채권양도의 준거법에 관한 소고," 國際私法硏究 제 9 호, 芝山(2003), 190면.

9) 채무자의 재산(부동산) 소재를 이유로 외국인에 대하여도 국내에서 파산선고를 한 사례가 있다. 서울중앙지방법원 2008. 7. 9.자 2008하합20 파산선고(토드 오 사건).

10) 캐나다 법원이 속지주의를 정한 일본의 구 회사갱생법에 관하여 캐나다에 기항한 갱생회사 소유의 선박에 대하여 갱생담보권자가 압류를 하는 것을 막을 수는 없다고 해석한 것은 문리해석에 터잡은 것이다(1978년의 一成汽船 사건).

11) 저자는 구 파산법 제 3 조에 관한 대법원의 해석이 해석론의 범위를 넘는 것이라는 견해

에 대한 강제집행은 파산관재인의 파산재단에 관한 관리처분권을 침해하는 것이기 때문이다.

판례는 관리처분권이전의 효력과 개별집행금지의 효력을 분리하고 특히 개별집행금지의 효력을 파산절차의 본래적 효력으로 해석하고 있으나 저자는 논리적으로 양자는 분리할 수 없을 뿐 아니라 관리처분권이전의 효력이나 개별집행금지의 효력 모두 파산절차의 본래적 효력이라고 생각한다. 대상판결은 외국파산절차의 개별집행금지의 효력이 한국 내에 소재한 채무자의 재산에 미치지 아니한다는 파올로구찌 사건, 대우재팬 사건의 법리를 재확인하면서 채권자들간의 공평한 취급을 도모한다는 점에 근거하여 상계금지의 효력 역시 개별집행금지의 효력에 포함된다는 점을 밝혔다는 점에서 의의가 있다.[12] 원심판결은 이 사건의 쟁점이 대우독일법인이 국내에 가지고 있는 재산에 대하여 개별적으로 강제집행이 가능한지 여부가 문제된 것이 아니라 상계의 가능 여부가 쟁점이므로 구 회사정리법 제4조의 적용대상이 아니라고 판시하였다.

그러나 저자는 원심판결의 결론에 찬성하지만 이 사건의 쟁점이 개별집행금지의 효력과 상계의 가능 여부 모두가 쟁점이므로 양자를 모두 검토하여야 한다는 점에서 대상판결이나 원심판결의 논리에 반대한다. 먼저 구 회사정리법 제4조 제3항에 의하면 민사소송법에 의하여 재판상 청구할 수 있는 채권은 대한민국 내에 있는 것으로 보고 있으므로 대우독일법인이 갖는 당해 채권이 한국 내에 소재하는 채무자의 재산인지 여부를 검토하여야 한다. 다음으로 한국 내에 소재하는 재산에 속한다면 속지주의하에서는 외국파산절차의 개별집행금지의 효력이 한국 내에 미치지 아니하고 개별집행이라 함은 채권자의 강제집행, 임의경매 뿐 아니라 양도담보권의 실행 등 채권자가 채권의 만족을 얻는 행위를 말하므로 채권자가 상계의 의사표시를 함으로써 자신의 자동채권을 변제받는 행위도 포함된다. 따라서 본 사건에서도 파산채권자가 상계의 간이변제적 기능을 통하여 한국 내에 있는 채무자의 재산인 수리대금채권(수동채권)을 이용하여 자신의 자동채권(수출대금채권)을 변제하는 것은 개별집행행위인데 이러한 행위에는 외국파산절차의 효력이

를 밝힌 바 있다. 林治龍, 파산법연구, 박영사(2004), 571면. 同旨 渡辺惺之, "破産屬地主義," 新倒産判例百選 別册ジュリスト No. 106(1990년 2월호), 247면.

12) 정확히 표현하면 한국 내에 소재하는 외국파산회사의 재산인 수리대금채권(피고가 수리대금채권의 채무자이다)에 대하여는 상계금지의 효력이 미치지 아니하므로 피고가 자신이 외국파산회사에 대하여 갖는 수출대금채권을 자동채권으로 외국파산회사에 대하여 부담하는 수리대금채권을 수동채권으로 상계를 할 수 있다는 것이다.

미치지 아니한다는 결론에 도달하게 된다. 여기까지는 대법원의 이론에 찬동한다.[13] 그러나 대법원이 상계의 준거법문제를 고려하지 않은 채 덜컥 국내 재산에 대하여 상계가 가능하다고 판시한 것은 잘못이다. 더 나아가 상계의 준거법 문제를 거쳐 상계의 가능여부에 대한 결론을 냈어야 했다. 이 사건 자동채권(수출대금채권)과 수동채권(수리대금채권)이 상계가 가능한지 여부는 국제사법의 일반원칙인 상계의 준거법의 문제로 돌아가므로 다시 수동채권준거법설을 취하는지 아니면 누적적 적용설을 취하는지를 정하여야 하고, 채권의 준거법에는 실체법 뿐 아니라 도산법도 포함되므로[14] 독일도산법에 의하여 상계가 금지되므로 누적적적용설을 적용할 필요도 없이(즉 자동채권인 수출대금채권의 준거법이 한국 민법인지, 한국 민법에 의하면 상계가 가능한지 여부에 관계없이) 이 사건에서 피고의 상계는 금지된다는 결론을 냈어야 한다고 생각한다.

Ⅲ. 채권양도에 관한 實質法과 저촉법의 쟁점

1. 實質法的인 측면에서 채권양도의 의의 및 현대적 기능

채권양도라 함은 양도인과 양수인간의 계약에 의하여 채권의 동일성을 유지하면서 채권을 이전시키는 것을 말한다. 거래 현실에서 채권양도의 기능은 3가지이다. ① 채권회수 수단으로서의 채권양도이다. 이는 전부명령과 같이 채무자가 제3채무자에 대하여 갖는 채권을 자신의 채권자에게 양도함으로써 자신(양도인)이 양수인에 대하여 부담하는 채권을 변제하는 것이다. 따라서 이 경우 채권양도의 원인계약은 대물변제계약과 유사하다.[15] ② 환가 또는 담보를 위한 채권양도이다. 환가를 위한 채권양도는 양도인이 제3채무자에 대하여 갖는 채권을 금전으로 평가하여 그 금액으로 양수인에게 채권을 매각하는 것이다. 이 경우 채권양도의 원인계약은 매매이다. 담보를 위한 채권양도는 양도인이 제3채무자에 대하여 갖

13) 오영준, 앞의 글, 163면은 상계금지에 관한 다툼이 강제집행에 관한 다툼이 아니라는 이유만으로 국내에서 진행되는 외국도산절차의 상계금지의 효력이 국내 법원의 이행청구소송에도 그대로 미친다는 원심의 논리가 타당하지 않다고 비판한다.

14) 石光現, "도산국제사법의 제 문제: 우리법의 해석론 방향," 사법 제4호, 사법발전재단(2008), 144면.

15) 內田貴, 民法Ⅲ, 東京大學出版會(2004), 201면.

는 채권을 신용공여자(양수인)에게 양도담보의 형태로 양도하고 만일 차용금을 변제기에 갚지 못하면 양수인이 직접 제 3 채무자로부터 채권을 추심하는 것이다. 이 경우 채권양도의 원인계약은 양도담보설정계약이다.[16] ③ 자금조달수단으로서의 채권양도이다. 예컨대 다수의 금융소비자에게 소액의 금원을 빌려준 금융업자가 다수의 채권을 일괄하여 특정회사(SPC)에게 양도하고 특정회사가 이를 社債의 형태로 변환하여 다수의 투자가에 판매하되 금융업자가 채권을 추심하여 특정회사를 통하여 다수의 투자가에게 변제하는 방법이다(이른바 ABS방식에 의한 채권양도). 이 경우 채권양도의 원인계약은 채권의 매매와 추심업무의 위임이 혼합된 무명계약이다.

2. 채권양도의 준거법에 관한 각국의 입법례

(1) 한　　국

구 섭외사법은 채권양도의 양도인과 양수인간에 채권양도의 성립 및 효력에 관하여는 규정을 두지 않고 해석에 맡겼으며 단지 채권양도의 제 3 자[17]의 효력에 대하여만 규정하면서 채무자의 주소지법[18]에 의한다고 규정하였다. 그리하여 채권양도에 관한 섭외적 법률관계가 불분명하였다.

국제사법(2001. 4. 7. 개정)은 채권양도에 관하여 채권의 양도인과 양수인간의 법률관계는 당사자간의 계약의 준거법에 의한다. 다만, 채권의 양도가능성, 채무자 및 제 3 자에 대한 채권양도의 효력은 양도되는 채권의 준거법에 의한다고 규정하고 있다.[19] 국제사법은 채권양도 전반에 걸쳐 양도인·양수인의 관계와 채권의 양도가능성, 채무자·제 3 자에 대한 채권양도의 효력에 관하여 나누어 규정하여 섭

16) 무담보로 금전소비대차계약을 체결한 후 시일이 경과하여 담보의 목적으로 제 3 자에 대하여 갖는 채권을 금전소비대차계약의 대주에게 양도하기로 계약을 체결하는 경우이다.

17) 한국과 일본의 통설은 섭외사법과 법례에서 동 규정의 '제 3 자'라 함은 채무자를 포함하는 것으로 해석하였다(石光現, 國際私法과 國際訴訟 제 4 권, 박영사(2007), 55면). 국제사법 제34조는 이를 분명히 하여 채무자와 제 3 자에 대한 채권양도의 효력에 관하여는 양도되는 채권의 준거법으로 정하였다. 日本의 法の適用に關する通則法('法適用通則法') 제23조도 같다.

18) 은행의 경우에는 채무자의 주소지라 함은 설립준거지를 지칭하는 것이 아니라 지점으로 해석하였다(石光現, 國際私法과 國際訴訟 제 4 권, 57면, 同旨 日本 東京地方裁判所 昭和 42. 7. 11. 판결(判例タイムズ 210호 206면).

19) 국제사법 제34조(채권의 양도 및 채무의 인수) ① 채권의 양도인과 양수인간의 법률관계는 당사자간의 계약의 준거법에 의한다. 다만, 채권의 양도가능성, 채무자 및 제 3 자에 대한 채권양도의 효력은 양도되는 채권의 준거법에 의한다.

외사법보다 법률관계가 분명하게 되었다.[20] 양도되는 채권의 양도가능성은 채권의 효과에 관한 문제이므로 당해 채권의 준거법에 의한다고 하는 점에 대하여는 종전에도 異說이 없었으므로[21] 이를 입법화하였다. 제3자에 대한 관계에서도 양도인, 양수인, 채무자, 제3자의 이익을 균형 있게 고려하여 채권양도의 목적물인 양도되는 채권의 준거법에 의하도록 변경하였다.[22]

⑵ 일　　본

일본의 法例 제12조는 섭외사법과 동일하다. 日本은 2006. 6. 15. 法例를 개정하면서 명칭도 '法の適用に關する通則法'으로 변경하였다. 채권양도에 관하여 양도인과 양수인간의 법률관계에는 입법시에 논의를 거쳤으나 종전대로 명문의 규정을 두지 않고 해석에 맡기되 제3자에 대한 효력에 대하여만 개정을 하여 종전 채무자 주소지법주의를 폐기하고 양도되는 채권의 준거법에 따르도록 바꾸었다(제23조).[23]

⑶ 계약상 채무의 준거법에 관한 유럽공동체협약(로마협약) 및 독일과 프랑스

로마협약[24] 제12조 제1항은 채권의 양도인과 양수인 상호의 채무는 협약에 의하여 결정되는 양당사자간의 계약의 준거법에 의한다고 규정하고 있다. 영국, 이탈리아, 프랑스, 네덜란드에서는 양도의 원인행위와 양도행위를 구별하지 않으므로 이러한 국가에서는 동 규정을 해석함에 있어 채무라 함은 원인행위뿐만 아니라 채권양도의 성립 및 양도인·양수인간의 효력 전반에 대하여 동조가 적용된다고 해석하고 있다. 이에 반하여 채권양도행위의 준물권행위라는 개념을 인정하는 獨逸은 동조의 채무라 함은 오로지 채권양도의 원인관계에 대하여만 규율하고 있을 뿐 양도의 준물권행위적 측면에 대하여는 규정하고 있지 않는 것으로 해석

20) 입법경위에 대하여는 石光現, 國際私法해설 제2판, 芝山(2003), 302면.
21) 岡本善八, "債權讓渡," 別冊ジュリスト 國際私法判例百選 No. 16(1976), 238면: 申昌善, 國際私法 제6판, fides(2007), 312면은 이를 채권의 속성의 문제라는 이유를 들고 있다.
22) 장준혁, "섭외사법 법률안의 검토 법률행위, 계약(채권양도, 채무인수 포함)," 國際私法硏究 제6호, 芝山(2001), 346면.
23) 제23조(채권의 양도) 채권양도의 채무자 기타 제3자에 대한 효력은 양도되는 채권에 대하여 적용하는 법에 의한다.
24) 로마협약의 채권양도 부분에 대한 해설로는 石光現, 國際私法과 國際訴訟 제1권, 박영사(2001), 95면.

하고 있다. 2002. UN이 채택한 "국제적 거래에서의 채권양도에 관한 국제연합협약[25] 역시 원인행위와 양도행위를 구별하지 아니하고 양도인·양수인간의 관계를 양도당사자간의 계약의 준거법에 따르고 있다. 프랑스와 영미법은 채권양도의 통지를 중요시 하는 반면, 獨逸은 양도 자체의 선후를 중시하는 입장에 있다. 獨逸 민법에 의하면 채권양도의 통지 없이도 채무자에게 대항할 수 있다.

3. 채권양도와 관련한 준거법의 문제의 3측면

⑴ 실제의 사례

채권양도가 문제되는 법률관계는 3가지이다. ① 양도인과 양수인의 법률관계와, ② 양도인·양수인과 채무자의 법률관계, ③ 채권의 귀속을 둘러싸고 채권의 권리질권자 또는 채권의 이중양수인들간의 우열의 문제이다. 양도인, 양수인, 채무자, 이중양수인이 각각 법역을 달리하는 곳에 거주하는 경우에 어느 법을 위 3가지의 법률관계에 대한 준거법으로 삼아야 하는가 하는 것이 채권양도에 관한 준거법 선택의 문제이다. 실제의 사안을 먼저 보는 것이 앞으로의 논의를 이해하는 데에 도움이 될 것이다.

甲(설립준거법이 한국법인 기업)이 乙 은행(설립준거법이 한국법)의 일본 지점에 무기명 정기예금을 하였다. 甲은 일본에서 丙(일본인)에게 채권양도를 하고 내용증명으로 채권양도통지를 乙 은행에게 하였다. 丙이 일본 법원에 乙을 상대로 예금반환청구를 하였다. 乙은 한국정부로부터 무기명 정기예금을 甲 또는 제3자에게 양도하지 말라는 결정을 받았으므로 이 사건 예금은 성질상 양도금지채권이며, 丁이 이미 이 사건 예금채권에 대하여 채권질을 설정하였으므로 甲은 이 사건 예금채권에 대한 처분권한을 갖지 않으며, 丙은 甲과 乙간에 양도금지의 특약이 있는 내용을 알고 있었다는 항변을 주장하였다.[26]

⑵ 채권양도의 목적물인 양도대상 채권의 준거법

채권자가 채무자에 대하여 대여금채권, 예금채권, 물품대금채권, 불법행위채

25) 해설로는 石光現, 國際私法과 國際訴訟 제4권, 39-82면; 河野俊行, "證券化と債權讓渡," 渡辺惺之/野村美明 編, 國際取引法, 法律文化社(2002), 124-131면.

26) 日本 東京地方裁判所 昭和 42. 7. 11. 判決(判例タイムズ 210호 206면)의 사안이다. 이 판결에 대한 평석으로 北澤安紀, "債權讓渡," 別册ジュリスト 國際私法判例百選 No. 185(2007), 86-87면; 岡本善八, 앞의 글, 238-239면.

권 등을 갖기 위하여는 소비대차, 소비임치, 매매 등의 계약이 성립되거나 불법행위의 사실이 발생하여야 한다. 따라서 각 채권의 준거법은 채권의 준거법에 관한 일반조항인 법률행위의 성립 및 효력에 관한 국제사법 제25조에 따라야 한다. 섭외사법이나 국제사법은 모두 당사자의 의사(합의)에 의하여 정한 국가의 법률에 따르되, 당사자의 의사가 분명하지 아니한 때에는 행위지법(섭외사법) 또는 계약과 가장 밀접한 관련이 있는 국가의 법률(국제사법)에 의한다고 규정하고 있다. 따라서 법원으로서는 먼저 당사자의 명시적 합의에 의하여 정하여진 준거법이 있으면 그에 따라야 하고 명시적인 합의가 없다고 하여 바로 행위지법에 의할 것은 아니고 계약을 둘러싼 여러 사정, 계약의 유형, 내용, 성질, 계약의 목적물 외에 재판관할의 합의, 당사자 및 그 국적, 주소, 사용언어 등 여러 사정을 종합하여 당사자의 묵시적 합의를 추론하여야 한다.[27] 다만 국제사법은 법원이 묵시적 합의를 찾는다고 당사자의 가정적 의사를 탐구하여 객관적 관련이 없는 법을 준거법으로 지정함으로써 준거법결정의 명확성을 해할 염려가 있음을 고려하여 묵시적인 선택은 계약내용 그 밖에 모든 사정으로부터 합리적으로 인정할 수 있는 경우로 제한하였다(제25조 제1항 단서).

⑶ 채권양도인과 양수인간의 법률관계에 대한 준거법

양도인이 대여금채권 등을 양수인에게 양도하는 법률관계에 대하여 어떠한 준거법을 선택할 것인가를 논함에 있어서는 3개의 견해가 있었다. 논문에 따라서는 두 번째와 세 번째의 결론이 같은 점을 고려하여 결론의 내용에 따라 2개의 견해로 설명하기도 한다.

첫째, 채권양도행위의 준물권행위성을 강조하는 입장이다. 이 견해는 민법상의 준물권행위이론을 국제사법에서도 존중하는 입장으로서 채권양도의 원인행위(대물변제계약, 매매계약 등)와 양도행위를 엄밀히 구별하여 원인행위 자체에 대하여는 법률행위의 성립 및 효력에 관한 준거법에 의하여 규율하지만 양도행위는 채권자의 교체에 의하여 채권의 운명을 바꾸는 것이므로 당해 채권의 준거법에 의하여야 한다는 입장이다. 섭외사법하에서 한국과 일본의 다수설[28] 및 일본 하급심판례의 입장이다.[29]

---

27) 大阪高等裁判所 昭和 37. 10. 18. 判決; 東京地方裁判所 昭和 42. 7. 11. 判決. 후자는 당사자가 모두 한국인이라는 사실만으로서 묵시의 의사에 의하여 한국법으로 정하였다고 볼 수 없으므로 행위지인 일본법에 의한다고 판시하였다.

28) 학설의 소개에 대하여는 安相鎭, 앞의 글, 180-181면. 일본의 학설에 대하여는 北澤安紀, 앞의 글, 86면 이하.

29) 橋地桐生支判 昭和 37. 4. 9. 下民輯 13권 4호, 695면; 東京地方裁判所 昭和 42. 7. 11. 판결.

그러나 이 견해에 의하게 되면 ① 당사자가 채권양도행위를 함에 있어서 과연 양도의 원인행위와 준물권행위를 구별하여 법률행위를 하는지 불분명하고, ② 경제적으로는 동일한 채권양도행위에 대하여 두 개의 준거법 즉 채권양도의 채권행위적 측면에 대하여는 원인계약의 준거법에 따르고, 채권양도의 준물행위적 측면에 대하여는 양도대상인 채권의 준거법에 따르게 됨으로써 법률관계가 복잡하게 되며, ③ ABS 방식에 의한 다량의 집합적 채권이 양도되는 경우에 양도대상인 개개의 채권마다 준거법이 달라지게 된다는 비판을 면하기 어렵다.[30)]

둘째, 채권양도행위의 준물권행위개념을 부정하여 채권양도행위를 하나의 단위법률관계인 양도인과 양수인간의 채권계약으로 파악하여 계약의 성립 및 효력에 관한 법례 제 7 조에 따라 당해 법률행위인 계약의 준거법에 따른다는 견해이다.[31)]

셋째, 첫째 견해와 같이 채권양도행위의 원인행위와 양도행위를 구별하면서도 채권의 유통을 원활하게 하기 위하여 채권양도행위를 하나의 채권법상의 행위로 보아 채권행위에 준하여 채권계약의 준거법에 따르는 입장이다.[32)] 결론에서는 둘째 견해와 같다.

4. 채권양도의 채무자 기타 제 3 자에 대한 효력의 준거법

섭외사법이 채무자 및 제 3 자에 대한 효력을 채무자의 주소지법에 의하도록 규정한 것에 대하여는 여러 가지 비판이 있어 이를 고려하여 채무자의 주소지법주의를 폐기하고 국제사법은 양도되는 채권의 준거법으로 개정하였다. 채무자 주소지법에 대한 비판의 요지는 다음과 같다. ① 채무자의 주소지가 변경됨에 따라 채권이 이중으로 양도되는 경우에 양도시점마다 채무자의 주소지가 다르게 되는 경우 채권양도의 제 3 자에 대한 대항력에 관하여 준거법이 달라지게 된다. ② 채무자의 보호는 주소지법이 아니라도 양도대상인 채권의 준거법에 의하더라도 충분하다.

후자는 판결 이유로 양도되는 채권의 준거법에 의하는 것이야말로 양도인, 양수인, 채무자의 3당사자의 상호관계가 모두 동일한 법원에 의하여 판단되고 법률관계가 간명하여 채무자의 이익보호라는 요청에도 도움이 된다고 설명하고 있다.

30) 北澤安紀, 앞의 글, 87면.

31) 石黑一憲, 金融取引と國際訴訟(1983), 233면; 道垣內正人, ポイント國際私法(各論), 有斐閣(1999), 259면.

32) 折茂豊, 國際私法, 有斐閣(1974), 155면; 北澤安紀, 앞의 글, 87면; 岡本善八, 앞의 글, 238면.

5. 채권의 양도가능성과 자산유동화(ABS)문제

채권의 양도가능성은 채권자와 채무자간의 법률관계임과 동시에 양도인과 양수인간의 법률관계인바, 국제사법은 양도되는 채권의 준거법에 의하도록 명문으로 규정하였다. 일본에서도 양도가능성은 해석상 채권양도의 채무자, 제3자에 대한 효력이라는 단위법률관계에 포섭되므로 이 역시 양도되는 채권을 연결소로 하여 채권의 준거법에 의하게 된다고 해석하고 있다. 로마협약 제12조 제2항도 같은 입장이다.

채무자 및 제3자에 대한 대항요건의 문제 역시 양도되는 채권의 준거법에 따름으로써 실무상 문제가 되는 채권의 양도가능성, 이중양도 등의 문제가 모두 동일한 준거법(양도되는 채권의 준거법)에 의하게 되어 법률관계가 간명하게 되었다.

그러나 최근에 금융기법이 발달하여 기업이 금융기관으로부터 대출을 받음에 있어 장래의 집합채권을 담보로 ABS 방식에 의하여 자금조달을 하는 경우가 많아지고 있다. 즉 자산보유자(Originatior)가 다량의 채권을 SPC에게 이전하고 SPC가 이를 담보로 채권을 발행하는 방식이다. 이 경우 제3자에 대한 대항력을 갖추기 위하여 민법상의 확정일자 있는 통지 대신에 특별법에 의한 등록제도에 의하여 대항력을 구비하게 된다. 그에 앞서서 장래에 발생하는 채권이 과연 양도대상이 되는지 여부도 문제된다.[33] 그런데 자산보유자가 SPC에게 다량의 채권을 일괄양도하게 되면 양도되는 채권의 준거법에 따라야 하는데 양도되는 채권이 다수의 국가에서 발생하는 경우에는 채권의 우선관계에 관한 준거법이 달라지게 된다. 예컨대, 다수의 카드소지자가 식당 등지에서 사용하는 다수의 물품대금채권에 대하여 카드회사가 먼저 식당 등 가맹점에 대위변제한 후 취득하게 되는 장래 집합채권을 국내에서 SPC에게 채권을 양도하여 SPC가 이를 기초자산으로 삼아 후순위채권을 발행한다고 하자. 카드소지자는 국내 뿐 아니라 각국에서 카드를 사용하게 되므로 각 국가의 매매 등 계약법에 따라 채권이 발생하게 되는데 채권양도의 준거법을 양도되는 채권에 따르게 되면 채권마다 준거법이 달라지게 된다.

한국과 일본에서는 채권양도의 채무자에 대한 효력은 양도대상채권의 준거법에 의하고 채권양도의 제3자에 대한 효력은 양도인의 주소지법에 의하자는 견해

---

33) 장래에 발생하는 채권의 양도가능성에 대하여 판례는 이를 좁게 해석하고 있다. 대법원 1991. 6. 25. 선고 88다카6358 판결.

가 있다.[34] UN이 채택한 채권양도 조약도 채권양도의 제 3 자에 대한 대항요건에 대하여는 양도인의 주소지법주의를 채용하고 있다(제22조 내지 제30조). 앞으로 ABS에 대한 채권양도를 둘러싼 국제사법의 쟁점이 빈번하게 발생하면 심도있게 논의할 필요가 있다.

6. 채권의 양도담보와 채권질권의 준거법

물권에 대하여는 물건의 소재지를 준거법으로 한다는 소재지법주의(lex rei sitae)를 확대하면 채권의 소재지는 채무자의 소재지이므로 채권질권의 성립 및 효력에 대한 준거법도 제 3 채무자의 소재지법을 준거법으로 한다는 주장도 가능하다. 소재지법주의는 원칙적으로 부동산에 대하여만 타당하므로 동산 및 채권에 대하여 확대하는 것은 조심하여야 한다. 그리하여 학설[35]과 일본 最高裁判所 판결[36]은 채권질권의 준거법에 대하여는 구 섭외사법 제12조(물권 기타 등기하는 권리에 관한 준거법)가 적용되지 않고 질권의 목적물인 채권 자체의 준거법에 의하여야 한다고 보았다. 채권질권의 경우에도 제 3 자에 대한 대항요건에 관하여 국제사법 제34조 제 1 항 단서가 적용되므로[37] 채권질권의 성립 및 효력 뿐 아니라 제 3 자에 대한 대항력에 대하여도 모두 양도되는 채권으로 통일되어 법률관계가 간명하게 되었다.[38] 일본의 法適用通則法은 채권질권에 대하여 별도의 규정을 두지 않고 해석에 맡기도록 하였으나 국제사법은 제23조를 신설하여 채권질권의 준거법을 담보대상인 채권의 준거법에 의한다고 규정하였다. 채권의 양도담보의 경우에도 동조가 준용되는지에 대하여 살펴본다. 비록 채권을 담보목적물로 삼아 담보의 기능을 담당하는 점에서는 채권질권이나 채권의 양도담보 모두 동일하지만 채권의 양도담보는 형식적으로는 채권양도의 방식을 취하므로 채권양도에 관한 제34조를 준용하는 것이 옳고 채권질권의 준거법을 준용하는 것은 적절하지 않다고 생각한다.[39]

---

34) 安相鎭, 앞의 글, 191면.

35) 申昌善, 앞의 책, 243면; 石光現, 國際私法과 國際訴訟 제 4 권, 60면, 203면; 일본의 櫻田嘉章, 國際私法 第3版, 有斐閣 S シリーズ, 200-201면.

36) 昭和 53. 4. 20. 판결.

37) 申昌善, 앞의 책, 243면.

38) 섭외사법하에서는 채권질권의 성립 및 효력에 대하여는 질권의 대상인 채권의 준거법에 의하고, 제 3 자에 대한 대항요건에 대하여는 채무자의 주소지법에 의하도록 하여 양자가 달랐었다.

39) 반대설, 石光現, 國際私法과 國際訴訟 제 4 권, 60면은 채권양도담보의 준거법도 국제사법 제23조에 따라 채권 자체의 준거법에 의한다고 한다.

7. 소　　결－채권양도에 관한 원심판결에 대한 평가

(1) 채권양도와 관련한 원심판결의 쟁점

원심판결의 쟁점은 채권양수인(원고)이 채무자(피고)를 상대로 채권을 적법하게 양수하였으니 양수금을 달라고 청구하였고, 이에 대하여 피고가 한국에서 개시된 피고에 대한 회사정리절차상의 여러 가지 사유를 항변으로 주장하는 것이므로 먼저 채권양도가 준거법에 따라 적법하게 이루어졌는지(채권양도의 성립 및 당사자간의 효력에 관한 준거법), 원고가 채권양도의 준거법에 따라 피고에게 적법하게 채권을 양수받았으므로 그 이행을 구할 수 있는지(채권양도의 채무자에 대한 효력에 관한 준거법), 피고가 종전 채권자(양도인)에 대하여 주장할 수 있었던 사유(정리채권 주장, 상계 등)로 원고에게 대항할 수 있는지를 확정하여야 한다.

(2) 원심판결의 논리

이에 관한 원심판결의 관련 부분을 인용하기로 한다.

“대우독일법인과 대우자동차가 특별히 준거법을 결정한 후 거래를 한 흔적이 없어 보이는 이 사건에서, 기초사실에서 본 바와 같은 대우독일법인과 대우자동차의 거래형태, 즉 자동차 구입자들의 보증수리 요청에 따른 대우독일법인의 무상보증수리 후 수리대금 지급요청과 그에 따른 대우자동차의 승인 및 대금 지급 등의 일련의 과정은 국제사법 제26조 제2항 제3호[40]에 해당한다고 할 것이므로, 위와 같은 거래와 가장 밀접한 관련이 있는 독일법(민법)이 준거법이 된다고 보는 것이 타당하다. 또한 대우독일법인의 관리인과 원고 사이에 채권양도・양수에 관한 준거법도 국제사법 제26조 제2항 제1호에 따라 독일 민법이라고 할 것이다. (중략) 원고가 (중략) 이 사건 양수채권을 양수받았음은 앞서 본 바와 같으므로(준거법인 독일 민법에 따라, 피고가 위와 같은 채권양도 사실을 알았는지 여부는 아무런 문제

40) 제26조(준거법 결정시의 객관적 연결) ① 당사자가 준거법을 선택하지 아니한 경우에 계약은 그 계약과 가장 밀접한 관련이 있는 국가의 법에 의한다. ② 당사자가 계약에 따라 다음 각호 중 어느 하나에 해당하는 이행을 행하여야 하는 경우에는 계약체결 당시 그의 상거소가 있는 국가의 법(당사자가 법인 또는 단체인 경우에는 주된 사무소가 있는 국가의 법)이 가장 밀접한 관련이 있는 것으로 추정한다. 다만, 계약이 당사자의 직업 또는 영업활동으로 체결된 경우에는 당사자의 영업소가 있는 국가의 법이 가장 밀접한 관련이 있는 것으로 추정한다.
1. 양도계약의 경우에는 양도인의 이행
2. 생략
3. 위임・도급계약 및 이와 유사한 용역제공계약의 경우에는 용역의 이행

가 되지 않으나, (중략) 도산정리절차개시 전 대우독일법인의 대표자였던 소외인이 2002. 10. 10. 피고에게 이 사건 양수채권이 원고에게 이전되었다는 사실 등을 통보하였음을 알 수 있으므로, 피고도 이러한 사실을 알았을 것으로 판단된다. 설령 우리나라 민법이 준거법이 된다고 하더라도, 원고가 2004. 6. 15. 대우독일법인의 관리인으로부터 대리권한을 부여받아 대우자동차 관리인에게 채권양도·양수 사실을 통지하였음은 앞서 본 바와 같으므로, 그 결과에 있어서는 아무런 차이가 없다), 이 사건 양수채권에 상당하는 수리대금채권은 원고에게 적법하게 양도되었다고 할 것이다."

원심판결은 채권양도의 준거법의 근거로 국제사법 제26조 제2항 제1호를 삼은 이유에 대하여 자세히 밝히지 아니하였으나 저자가 추측하건대 채권양도도 계약인데 당사자간에 계약에 관하여 준거법에 관한 지정이 없으므로 제26조가 적용된다고 본 것이다. 또한 채권양도의 특징적 급부가 양도인이 양수인에게 채권을 양도한다는 점에 착안하여 양도인이 독일법인이므로 그 영업소 소재지인 독일민법이 양도인과 양수인간의 채권양도의 준거법이 된다고 판시한 것으로 추측된다.

또한 채무자에 대한 대항요건에 관하여도 국제사법 제34조를 인용하지 아니한 채 독일민법이 준거법인 것을 전제로 독일민법상 채권양도시 채무자의 대항사유와 시점을 기술하고 있다. 가정적인 판단으로 채권양도인을 대리하여 채권양수인인 원고가 피고에게 양도사실을 통지하였으므로 한국 민법이 적용된다고 판시하고 있다.

(3) 원심판결에 대한 저자의 견해

1) 양도대상인 채권의 준거법

원심판결이 대우독일법인의 수리대금채권(채권양도의 대상인 채권)의 준거법에 대하여, 독일민법이 준거법이 된다고 본 점에 대하는 찬성한다. 대우독일법인과 대우자동차가 특별히 준거법을 합의한 바 없으므로, 원심이 설시한 대우독일법인과 대우자동차의 거래형태를 고려하여 국제사법 제26조 제2항 제3호에 해당한다고 보아 당해 거래와 가장 밀접한 관련이 있는 독일법(민법)이 준거법이 된다고 본 점은 타당하다. 다만 당사자간에 명시적으로 준거법을 선택하지 아니하였다고 바로 제26조 제2항 제3호를 기준으로 하기보다는 묵시적으로 준거법을 선택하였는지를 먼저 법원이 확정하였어야 한다고 생각한다.

2) 채권양도 당사자간 법률관계의 준거법

먼저 채권양도라는 준물권행위 개념의 실익에 대하여 본다. 민법학에서는 다수의 학자들은 채권행위라는 개념 외에 물권행위의 개념을 인정하고 있다.[41] 물권 특히 소유권양도에 있어서는 당사자간에 매매계약과 같은 원인행위(채권행위) 외에 나중에 등기서류와 잔금의 상환행위라는 물권행위(물권적 합의)가 관념적으로 존재하므로 더 나아가 물권행위의 독자성과 무인성에 관하여 논의되고 있다. 그러나 채권양도는 양도인과 양수인간의 합의만으로 그 효력이 발생하는 것이고 부동산과 같이 등기, 등록이라는 요건을 요하지 않는다. 다만 이론상으로는 채권을 양도하기로 하는 계약(원인행위)외에 처분행위로서 채권양도행위라는 준물권행위의 개념을 인정하고 있을 뿐이다. 채권양도사실을 채무자에게 통지하는 것은 채권양도의 대항요건에 불과할 뿐 통지행위가 채권양도의 구성요소가 되는 것은 아니다.[42] 따라서 채권매매와 같은 채권양도의 경우에는 물권행위와 채권행위가 시기적으로 나뉘어 있지 않고 실제로 양자가 구별되는 별도의 행위가 이루어지지 않고 있다.

그렇다면 부동산의 양도와 달리 준물권행위의 개념을 인정하는 실익이 거의 없는 채권양도의 경우에 채권양도의 원인행위에 관한 준거법과 별도로 준물권행위의 개념을 인정하여 양도인과 양수인간의 법률관계에 관한 준거법을 양도되는 채권(양도대상인 채권) 자체의 준거법에 의한다는 견해[43]는 양도인과 양수인간의

---

41) 채권행위는 부동산 양도와 같이 법률행위에 의하여 어떠한 특정한 권리에 관하여 일정한 변동이 일어나는 경우에 그 권리변동을 일으킬 의무의 부담을 내용으로 하는 것을 말하고, 권리변동 자체를 내용으로 하는 것을 물권행위라고 한다(양창수, 民法入門 제4판, 박영사(2006), 87면). 그러나 학설은 물권행위만으로 물권변동이 발생하는지 물권행위에 등기가 결합하여 물권변동이 발생하는지를 둘러싸고 오랜 기간 동안 다툼이 있었다. 판례는 동산에 관한 물권변동에 관한 사안에서 물권행위는 물권적 합의와 인도를 합한 것으로 파악하고 있다(대법원 1991. 3. 22. 선고 91다70 판결). 물권행위에 관한 논의에 관하여는 高翔龍, 物權法, 法文社(2001), 60면. 이와 반대로 물권행위의 개념을 인정할 실제적 필요성이 없다는 견해에 대하여는, 명순구 · 김제완 · 김기창 · 박경신, 아듀, 물권행위, 고려대학교출판부(2006), 160면.

42) 채무자에 대한 통지를 하지 아니하면 양수인이 적법한 채권자임을 채무자에게 주장할 수 없으므로 채무자가 종전의 채권자에게 변제를 하거나 채권양도 이후에 상계적상이 발생하여 상계를 하더라도 적법한 변제와 상계가 된다. 한국과 일본 민법에 의하면 채무자에 대한 통지나 채무자의 승낙은 채권양도의 대항요건에 불과하다. 이는 프랑스법에서 유래한 것이다. 이에 반하여 독일민법은 별도의 대항요건을 규정하지 않고 단지 양도인과 양수인간의 계약으로 족하다(제398조 이하). 단 채권질의 경우에만 채무자의 통지를 효력발생요건으로 한다(제1279조).

43) 申昌善, 앞의 책, 313면; 李好珽, 涉外私法, 한국방송통신대학(1990), 284면 등. 섭외사법하에서 국내의 다수설이었다. 국내 학설의 인용은 申昌善, 앞의 책, 313면 참조.

법률관계에 대하여 서로 다른 복수의 준거법에 의하게 되어 법률관계를 복잡하게 할 뿐 아니라 채권양도에 관여하는 당사자들의 거래통념과도 맞지 않다.

국제사법 제34조 제1항 본문은 채권양도의 법률관계는 당사자간에 합의한 계약의 준거법에 의한다고 하여 당사자가 선택한 법률에 의한다는 입장을 취하였다. 그런데 법문에서 말하는 '당사자간의 계약'이라 함은 원인행위인 계약을 말하는 것인지 채권양도 자체에 관하여 당사자의 자치를 인정하여 그에 관한 계약의 준거법을 명하는지 분명하지 않다.[44] 위에서 본 바와 같이 채권양도의 경우에 준물권행위라는 개념을 인정할 실익이 없고, 거래 현실을 보면 채권양도에 대하여 준물권행위를 의식하여 채권양도의 원인인 계약과 별도로 채권양도 자체에 한하여 준거법을 정하는 경우는 발견하기 어렵고 오히려 원인행위인 채권양도의 계약(채권매매계약, 양도담보설정계약,[45] 대물변제계약 등)에서 준거법을 정하는 경우가 많으므로 오히려 원인행위인 계약의 준거법에 따라 채권양도의 법률관계를 정한 것으로 해석하는 것이 타당하다. 한편 학자 중에는 채권양도의 준거법에 관한 학설을 소개하면서 당사자가 선택한 법률에 의하는 설이 원인행위준거법설과 별개이고 국제사법 제34조 제1항은 원인행위준거법설이 아닌 당사자가 선택한 법률에 의하는 설을 취한 것으로 설명하고 있다.[46] 그러나 준물권행위인 양도행위 자체에 대하여 당사자가 준거법을 선택하는 경우는 사실상 없으므로 원인행위 준거법설이 곧 당사자가 선택한 법률에 의한다는 설과 같은 것으로 취급하는 것이 타당하다.[47]

3) 원심판결의 논리분석

① 채권양도에 관한 준거법 중 양도인과 양수인간의 준거법에 대하여는 국제사법 제34조가 명문의 규정을 두고 있으므로 당해 조항을 먼저 언급하였어야 했다. 동 조항에 따라 양도인과 양수인간의 계약의 준거법이 원인행위의 준거법과 준물권행위인 채권양도에 관한 당사자간의 합의한 준거법 중 어느 것을 의미하는

44) 채권양도에 관한 준거법에 관한 해설에 있어서도 국제사법 제34조가 양도의 목적인 채권준거법설, 원인행위준거법설, 당사자가 선택한 법률에 의하는 설 중 세 번째를 취했다고 기술하기도 하고(申昌善, 앞의 책, 314면), 준물권행위인 채권양도 역시 원인행위인 매매계약의 준거법에 의한다고 기술하기도 한다(石光現, 國際私法해설, 302면).

45) 담보없이 채권자로부터 금전을 빌린 후 새로이 채무자가 제3자에 대하여 보유하는 채권을 양도담보로 제공하기로 합의하여 채권을 양도하는 경우를 상정하면 원인행위는 소비대차계약이 아니라 양도담보설정계약이다.

46) 申昌善, 앞의 책, 313-314면.

47) 同旨, 安相鎭, 앞의 글, 180-181면.

지를 규명하고, 준거법의 명시적 합의가 있었는지 유무와 없었다면 묵시적인 준거법 합의가 있었는지를 규명하여야 하고, 만일 묵시적 준거법 합의마저도 부정된다면 비로소 국제사법 제26조 제２항에 의하여 객관적 연결지를 결정하였어야 한다.[48)]

② 원심판결대로 양도인과 양수인간에 채권의 양도에 관한 준거법을 추정함에 있어 채권양도인의 양도행위가 특징적인 급부에 해당한다고 해석한다면 항상 양도인 소재지의 법이 준거법이 되는데 이는 채권양도의 준거법에 관한 개정법의 취지를 몰각하는 것이 된다. 저자는 국제사법 제34조가 채권양도의 원인행위와 준물권행위를 구별하지 않고 원인행위에 기한 준거법을 정한 것으로 해석하고, 원인행위가 독일도산법원의 도산정리계획에 따른 일종의 대물변제[49)]이므로 채권양도에 관한 준거법을 독일법으로 해석하는 것이 타당하다고 생각한다.

③ 다음으로 채무자에 대한 대항요건에 관하여도 국제사법 제34조 제１항 단서가 있으므로 이를 근거로 양도되는 채권의 준거법이 독일민법이므로 채무자에 대한 대항요건에 관하여도 독일민법이 준거법이 된다고 판시하였어야 한다. 원심판결은 채권양도의 당사자간의 효력과 채무자에 대한 효력을 구분하지 아니한 채 마치 채무자에 대한 양도통지가 있어야 양도인과 양수인간에 적법한 채권양도의 효력이 발생하는 것처럼 설시한 잘못을 범하였다. 원심판결이 국제사법 제34조 제１항 단서를 언급하지 아니한 채 독일민법에 의하든 한국 민법에 의하든 채무자에 대한 통지가 되었음을 이유로 채무자에 대한 관계에서 채권양도가 적법하게 원고에게 양도되었다고 판시한 것은 채권양도의 효력과 대항력에 관한 법리를 오해하였을 뿐 아니라 국제사법에 대한 인식 부족을 드러낸 것이다.

48) 명시적 합의가 없다고 하여 바로 제26조의 객관적 연결원칙을 분석할 것이 아니라 그 전에 제25조 제１항 단서에 따라 비록 제한적이나마 묵시적인 선택의 유무를 판단하여야 하는 것이 타당하다(同旨, 申昌善, 앞의 책, 284면).

49) 독일도산법원이 인가한 도산계획안에 따르면 채권양수인(한국자산관리공사)의 채권은 제１순위 채권으로 분류하여 그 일부를 현금으로 변제하되 나머지 채권의 변제에 갈음하여 양도인(대우독일법인)이 채권양수인에게 채권을 양도하는 것이다.

Ⅳ. 파산절차와 상계의 준거법

대법원은 대상판결의 사안이 속지주의에 터잡은 구 회사정리법이 적용 여부에 관한 것으로 파악하여 상계의 준거법 문제를 다루지 아니하였다. 원심판결은 속지주의의 문제로 다루지 않고 상계가 가능하다고 보아 상계의 준거법에 관하여 독일도산법을 적용하였다. 저자는 속지주의를 대법원과 같이 해석하더라도 여전히 상계의 준거법이라는 쟁점이 언급되었어야 한다고 생각하지만 만일 대상판결의 사실관계가 채무자회생법 시행 후에 발생한 것으로 가정하면 대법원도 상계의 준거법에 관하여 판시하였을 것이다. 앞으로 유사한 사안이 채무자회생법 시행 후에 발생할 것을 전제로 파산절차와 상계의 준거법의 관계에 관하여 살펴보기로 한다. 상계의 준거법에 관하여는 한국과 일본의 국제사법 교과서에서 논의는 하고 있으나 자동채권과 수동채권의 별개의 계약에 터잡은 사례는 대상판결이 처음이므로 평석할 가치가 있기 때문이다.

1. 상계와 공제

한국에서는 상계과 공제를 구별하지 아니한지만 미국법에서는 상계(setoff)와 공제(recoupment)를 구별한다. 상계는 동일 당사자간에 별개의 계약에 기한 채권채무관계를 소멸시키는 것을 말하고, 공제라 함은 동일한 계약에 기하여 상대방에 대하여 갖는 채권을 소멸시키는 것이라고 한다.[50] 공제의 경우에는 채무자의 청구에 대한 채권자의 공제항변의 형태로 행사되며 상계가 아니므로 상계에 관한 도산법상의 제한이 적용되지 아니한다.[51] 이처럼 자동채권과 수동채권이 별개의 법률관계에서 발생한 경우에는 자동채권과 수동채권의 준거법이 달라지게 되지만, 영미법상의 공제와 같은 법률관계(계약)에서는 자동채권과 수동채권이 모두 동일

---

50) *In re B & L OIL CO.* 782 F.2D 155.

51) *In re B & L OIL CO.* 782 F.2D 155; David G. Epstein, Bankruptcy and Related Law in a Nutshell, 221 (2005). 대표적인 예로 들고 있는 것이 건설계약에서 채무불이행으로 인한 손해배상채권을 미지급 공사대금에서 공제하는 것이다. 한편 대법원 판례도 해약환급금에서 보험약관대출금을 공제하는 것은 민법상의 상계와 성격을 달리하므로 구 회사정리법의 상계 제한 규정이 적용되지 아니한다고 판시하였다(대법원 2007. 9. 28. 선고 2005다15598 전원합의체 판결). 임대차계약에 기한 임대보증금반환의무와 차임지급의무의 관계도 공제의 법리와 유사하다.

한 법률관계(예컨대, 매매계약)에서 비롯되므로 자동채권과 수동채권에 관한 상계의 준거법의 문제는 계약의 준거법 결정 문제로 환원되어 상계의 준거법은 1개가 된다.[52] 이하에서는 자동채권과 수동채권의 준거법이 다른 사안을 염두에 두고 기술한다. 이해의 편의를 위하여 다음과 같은 사례를 염두에 두고 설명하기로 한다.

원고 甲이 피고 乙에 대하여 갖는 대여금 채권 (a)의 이행을 구하기 위하여 乙을 상대로 소송을 제기하였다. 乙은 甲으로부터 돈을 빌리기 이전에 甲에게 물품을 판매한 적이 있었으므로 물품대금채권(b)을 보유하고 있었다. 乙은 원고가 제기한 소송에서 원고의 채권에 대한 소멸을 주장하는 항변으로 (b)채권을 자동채권[53]으로 상계의 의사표시를 하였다. 상계의 준거법을 수동채권의 준거법으로 한다는 주장은 원고가 피고에 대하여 갖는 (a)채권의 준거법에 기하여 상계의 요건과 효과를 결정한다는 것이고 자동채권을 준거법으로 한다는 주장은 피고가 원고에 대하여 갖는 (b)채권의 준거법에 의한다는 것이다.

2. 실질법적인 측면에서의 본 각국의 상계제도[54]

도산절차의 집단적, 일률적 처리의 관점에서 도산절차에서 상계의 요건, 범위, 상계의 행사방법에 대하여는 도산절차개시지법을 준거법으로 하되, 상계의 효력에 대하여는 국제사법상의 준거법 이론(수동채권준거법설, 누적적 적용설)에 의하여 결정된다는 것이 학설이다.[55]

각국의 민법은 상계의 요건에 관하여 다른 입법을 하고 있다. 상계의 준거법에 대하여 영미법계에서는 소송법상의 제도로서 법정지법에 의하지만[56] 한국, 일본, 독일 및 프랑스는 실체법상 채무의 소멸사유의 하나로서 실체법적인 관점에서

52) 서울고등법원 2008. 7. 23. 선고 2008나14857 판결은 중국법을 상계의 준거법으로 삼았다. 이 판결에 대한 평석으로는 石光現, "국제물품매매협약 다룬 최초 우리법원의 항소심 판결," 법률신문 2009. 9. 28. 15면.

53) 일본에서는 상계하는 갑의 입장에서 (b)의 채권을 자동채권 또는 반대채권이라고 한다. 內田貴, 앞의 책, 245면.

54) 이 부분은 多喜寛, 國際私法の基本的課題, 中央大學校出版部(1999), 241-246면을 요약한 것이다.

55) 永石一郎 編, 倒産處理 實務ハンドブック 中央經濟社(2007), 819면. 서울고등법원 2012. 10. 19. 선고 2012나23490 판결은 자동채권 및 수동채권의 준거법이 모두 영국법인 사건에서 상계의 효과에 대하여 영국법을 적용하지 아니하고 민법 제498조를 적용하여 상계의 소급효를 인정하였는바 이는 뒤에 보는 바와 같이 영국의 상계제도가 소급효를 인정하지 않는다는 점을 간과한 잘못을 범하였다.

56) 申昌善, 앞의 책, 316면.

채권의 준거법에 의한다.

(1) 프 랑 스

프랑스는 민법에서 상계를 정하고 있다. 상계는 법정상계제도와 재판상의 상계제도가 인정된다. 법정상계제도는 동일 당사자간에 2개의 채권이 대립하는 경우에 그 양채권은 중복되는 범위에서 법률상 당연히 상계적상의 발생시점으로 소급하여 소멸하는 제도이다. 당사자의 의사표시를 요하지 않으며 양 채권의 액수가 확정될 것을 요하는 점에서 한국과 다르다. 이 점은 상계를 간이화된 이중변제의 기능으로 파악하기 때문이다. 그러나 소송에서 항변으로 주장하여야 한다. 한편 판례와 학설은 상계의 담보적 기능을 중시하여 확정성의 요건을 완화하여 양 채권이 견련관계에 있는 경우에는 일방이 미확정이라도 상계가 가능하다고 해석한다. 이를 재판상의 상계라고 한다.

(2) 영 국

영국법상 상계에는 형평법상의 상계와 보통법상의 상계로 구분된다. 보통법상의 상계는 소송외의 통지로 할 수 없고 반드시 소송절차에서 항변에 의하여 행사하여야 하므로 소송절차에 관한 문제로 성질결정하여 법정지법에 의한다는 입장이다. 상계의 요건을 엄격하게 해석하여 양 채권이 금전채권으로서 동일 당사자간에 동일한 생활관계에서 발생한 권리로 존재하여야 한다. 공정한 심리를 지연시킬 염려가 있을 때에는 상계가 불허된다. 상계는 피고의 항변에 불과하므로 적극적으로 원고로부터 차액을 지급받기 위하여는 반소를 제기하여야 한다. 반소는 견련관계를 요건으로 하지 아니하며 본소와 함께 심리하는 것이 편리하면 족하다. 상계나 반소 모두 법원의 판결에 의하여 비로소 효력이 발생하기 때문에 소급효는 인정되지 아니한다.

(3) 독 일

당사자의 의사표시에 의하며 소급효가 인정되며 반대채권의 확정성을 요건으로 하지 않는 점 등은 한국과 일본의 상계와 같다. 단 피고가 원고의 채권과 견련관계에 있지 아니한 채권을 자동채권으로 상계하는 경우에는 법원이 원고의 청구를 상계항변과 분리하여 심리할 수 있고 상계에 대한 판단에 앞서 원고의 청구를 먼저 판단할 수 있는 내용을 민사소송법에 규정하고 있다.

3. 상계의 준거법에 관한 학설

(1) 수동채권준거법설

자동채권의 소멸, 수동채권의 양수인, 압류채권자 및 질권자에 대하여 상계를 주장할 수 있는가 여부 등을 수동채권의 준거법에 의하여 판단하여야 한다는 견해이다.[57] 그 이유로는 상계가 수동채권을 이용함으로써 이행에 대신하여 채무자가 부담하는 채무(자동채권)를 소멸시키는 채무소멸의 한 방법이라는 점과 거래현실에서 나타나듯이 자동채권은 그 채무자의 경제상황의 악화에 의하여 가치가 저하되어 있으므로 경제적 가치가 있는 수동채권이 법률관계의 중심이 되어야 한다는 점을 근거로 삼고 있다. 독일의 다수설 및 판례의 입장이고 일본의 소수설이다.[58] 이 설을 주장하는 학자에 따라서는 자동채권의 소멸 여부는 수동채권의 준거법에 의할 것이 아니고 자동채권의 준거법에 의하여 결정되어야 한다고 주장하는 입장과 비록 자동채권의 준거법에 의하면 상계할 수 없다고 하더라도 자동채권도 소멸한다는 입장으로 나뉜다. 만일 자동채권의 준거법이 상계제도를 인정하지 않는 경우에는 부당이득의 문제로 해결하여야 한다고 설명한다. 스위스 國際私法도 채권의 소멸에 관한 사유의 하나로 상계에 관하여 상계가 그의 소멸을 목적으로 하는 채권(수동채권-저자 주)의 준거법에 의한다고 규정하고 있다(제148조 제2항).

(2) 누적적 적용설

자동채권 및 수동채권이 누적적으로 적용된다는 견해이다.[59] 상계는 서로 대립하는 수동채권과 자동채권을 상호간에 소멸시키는 제도이고 두 개의 채권이 한꺼번에 관여하는 것이라는 점과 채권채무를 다루는 두 개의 법질서 가운데 어느 하나가 다른 법질서보다 우선하는 이유를 발견할 수 없다는 점을 근거로 들고 있다. 일본에서는 다수설이다.[60]

---

57) 李好珽, 앞의 책, 283면; 이현묵, "국제적 상계에 대한 준거법," 법률신문 2009. 3. 19. 15면은 원칙적으로 수동채권의 준거법이 상계의 준거법이 되고 예외적으로 채무자가 채무의 존속에 대하여 이익을 갖고 있는 경우에는 중첩적으로 적용된다는 입장이다.

58) 일본의 경우는 澤木敬郎・道垣內正人, 國際私法入門, 有斐閣(1998), 188면.

59) 申昌善, 앞의 책, 316면; 김인・박정기・김인유, 국제사법, 법문사(2002), 307면. 일본의 학설로는 木棚照一・松岡博・渡辺惺之, 國際私法概論 第3版, 有斐閣(1998), 156면; 櫻田嘉章, 앞의 책, 236면.

60) 일본의 법적용통칙법의 개정과정에서 수동채권의 준거법설이 다수를 차지하였으나 법에

(3) 검 토

생각건대, 상계가 발휘하는 기능 중 간이변제의 측면을 강조하면 채무자가 자동채권을 이용하여 자신이 부담하는 채무(수동채권)를 변제하는 것이므로 소멸되는 채무의 준거법에 따른다는 결론에 도달하게 된다.

그러나 수동채권만을 고려하여 준거법을 결정하는 견해에는 아래와 같은 이유로 찬동할 수 없다.

① 채무(수동채권)가 소멸되는 것은 상계를 하는 사람의 입장에서 본 것이고 상대방 입장에서는 자신이 부담하는 채무(자동채권) 역시 대등액에서 소멸되는 것이다.

② 자동채권과 수동채권의 경제적 가치가 차이가 있다는 견해에 대하여도 찬동하기 어렵다. 예를 들어 파산채권자가 파산관재인을 상대로 파산채권(파산선고전의 원인관계에 의하여 성립한 채권)을 자동채권으로 삼아 파산채권자가 파산재단에 부담하는 채무와 상계하는 경우를 상정하면 자동채권인 파산채권은 경제적 가치가 작고 오히려 파산관재인이 파산채권자를 상대로 보유하는 수동채권의 경제적 가치가 크다고 할 수 있다. 그러나 반대의 경우[61]도 역시 성립할 수 있다. 또한 채권자와 채무자 중 누가 먼저 상계를 하느냐에 따라 수동채권과 상계의 준거법이 달라지게 되어 법률관계가 불안정하므로 이 견해 역시 찬동할 수 없다.

③ 자동채권 준거법에 의하면 상계가 불가능함에도 수동채권의 준거법에 의하여 수동채권이 소멸하고 자동채권은 소멸하지 않는 결과가 발생하게 되는데, 수동채권 준거법설은 이 경우에는 부당이득의 문제로 처리한다고 하지만 그렇게 되면 채권채무관계를 둘러싼 법률관계가 복잡하게 된다. 그리고 자동채권 보유자(파

규정을 두지 않는 것으로 귀착되었다고 한다. 그 이유로는 실무상 상계의 준거법에 대한 규정을 둘 만한 요청이 없으며, 각국의 상계제도가 상이하여 어떠한 제도를 상계라고 하는 단위법률관계에 포함시킬 것인가, 어떠한 채권이 수동채권으로 되는가에 관하여 해석상의 문제가 남으며, 당사자간에 준거법이 다른 복수의 채권에 대하여 일괄정산(close out netting) 또는 상계계약을 인정하는 법제에서 수동채권의 준거법을 어떻게 결정하는가, 상계계약도 단위법률관계에 포함하는가라는 난문제에 봉착하였기 때문이라고 한다(法の適用に關する通則法關係資料と解說, 別册 NBL No. 110(2006), 107면).

61) 파산채권자가 파산관재인을 상대로 중간배당금을 청구하자 파산관재인이 파산채권자에 대하여 갖고 있는 채권(제3자가 파산채권자에 대하여 갖는 채권을 양수하여 취득함)을 자동채권으로 상계를 하는 경우라면 자동채권이나 수동채권의 경제적 가치의 우열을 비교할 수 없을 것이다. 파산채권에 대하여는 상계제한의 규정이 적용되지만 파산채권에 기한 배당금청구권에 대하여는 상계가 가능하다.

산자)에게 파산절차가 개시된 경우에 상계에 관한 파산절차의 규정과 무관하게 파산관재인은 파산법원의 허가가 없더라도 수동채권의 준거법에 따라 임의로 상계하는 것이 가능하게 되는바 이 점 역시 부당하다.

따라서 상계에 의하여 양 채무가 소멸된다는 점, 상계의 담보적 기능이라 함은 채권자와 채무자가 각각 상대방에 대하여 갖는 채권이 존재하는 경우에 발휘한다는 점을 고려하면 누적적 적용설이 타당하다. 이때 준거법에는 실체법 뿐 아니라 파산법을 포함한다고 해석된다. 따라서 우리나라에서 파산절차가 개시된 경우에 상계가 가능하기 위하여는 채무자회생법상 상계요건을 갖추어야 할 뿐 아니라 상계의 준거법(누적적 적용설)에 의하여 상계가 허용되어야 한다.[62]

다만 누적적 적용설을 적용하게 되면 상계가 허용되는 범위가 좁게 되는 단점이 발생한다.[63] 또한 누적적으로 적용된다는 의미가 실제의 사례에서 구체적으로 어떤 의미를 갖는지에 대하여는 다소 불분명하다. 만일 이 사건과 같이 한국에서 소송이 제기되어 상계의 준거법이 문제된다고 할 때, 양 채권의 준거법이 한국, 독일, 일본이라면 상계에 관한 실질법이 유사하므로 상계의 범위도 유사하지만, 일방 채권의 준거법이 프랑스법이라면 채권의 확정성이라는 요건 때문에 상계의 범위가 협소해질 가능성이 크다. 일방 채권의 준거법이 영국법이라면 국제사법 제9조 제2항 제2호에 의하여 반정(反定)이 인정되지 아니하므로 영국법에 의하게 될 터인데, 이 경우는 어떻게 해결할 것인지 의문이 남는다.

대상판결의 사안에 의하면 독일의 도산법과 민법, 한국의 민법 모두 상계를 허용하여야 상계가 가능한데 독일의 도산법에 따르면 피고가 주장하는 채권은 독일도산법상 후순위 도산채권으로서 자동채권이 될 수 없고, 피고가 부담하는 채무는 도산절차개시 후에 부담하는 것으로서 상계의 대상이 되지 아니하므로 이 사건에서 피고는 상계를 할 수 없다. 상계의 준거법에 관한 원심의 이 부분 판시는 정당하다.

---

62) 同旨: 石光現, "도산국제사법의 제 문제: 우리법의 해석론 방향," 145면; 한민, "국제금융과 국제도산법에 관한 소고1-실무상 문제점 분석을 중심으로," BFL 제27호(2008), 109면.

63) 折茂豊, 앞의 책, 164면.

Ⅴ. 결 론

대상판결은 구 회사정리법상의 속지주의의 범위에 대한 기존의 판례의 입장을 재확인하면서 파산절차에서 상계의 제한의 효력이 개별집행금지의 효력(본래적 효력)에 포함된다는 점을 처음으로 밝혔다는 점에서 의의가 있다. 원심판결 역시 그 동안 국제사법 교과서에서만 논의되었던 채권양도 및 상계의 준거법에 관한 쟁점을 처음으로 다뤘다는 점에서 의의가 있다.

그러나 저자는 대법원이 구 회사정리법 제4조 제2항에 관하여 외국파산절차의 효력을 개별집행금지의 효력(본래적 효력)과 관리처분권이전의 효력으로 나누어 전자는 국내에 소재하는 재산에 미치지 않지만 후자는 국내에도 미친다고 양분하는 해석론에 반대한다. 설령 양보하여 판례의 입장에 찬성하더라도 대법원으로서는 상계가 가능한지 여부는 속지주의의 문제로만 해결할 것이 아니고 한 단계 더 나아가 국제사법의 문제로 돌아가 상계의 준거법에 대하여 언급하였어야 한다고 생각한다. 만일 독일도산법을 적용하는 것이 공서에 반한다고 한다면 왜 공서에 반하는지에 대하여도 판시하였어야 한다.

수동채권의 준거법인 독일의 도산법을 적용하면 이 사안에서 피고의 상계가 허용되지 아니하므로 상계가 불허되어야 한다는 저자의 주장에 대하여는 외국도산절차의 효력에 관하여 속지주의를 정하고 있는 회사정리법에 반하는 것이므로 공서에 위반된다는 반론이 있을 수 있다. 그러나 독일도산채무자가 소유하는 한국내 재산에 대하여 독일도산절차의 포괄집행적 효력을 인정하자는 것이 아니라 상계에 관한 준거법으로 독일도산법을 적용한 것에 불과하므로 이러한 결론이 속지주의에 반하는 것은 아니라고 생각된다.64)

또한 원심판결이 채권양도의 준거법에 대하여 명문의 규정이 있음에도 국제사법 제34조 제1항을 언급하지 않은 채 채권양도라는 법형식만을 고려하여 채권양도의 원인계약을 고려함이 없이 제25조 제2항 제1호를 근거로 양도인의 소재지법에 의한다고 판시한 것에 대하여도 저자는 국제사법의 문제의식의 결여를 드러낸 잘못된 해석론이라고 생각한다.

---

64) 이 점에 관하여는 도산법 연구회에서 저자의 주장에 대하여 독일도산법을 적용하는 것 자체가 독일도산법에 기한 절차의 효력을 한국 법원이 인정하는 것이 아니냐는 반론이 있었다.

모처럼 국제사법의 교과서에서만 논의 되었던 국제사법상의 상계의 준거법에 관하여 대법원이 어떠한 입장을 취하는지를 보여줄 수 있는 좋은 기회였음에도 불구하고 국제파산법의 속지주의에만 집착한 것은 그 동안 법원 실무가 국제사법에 관하여 인식이 부족하다는 비판[65]을 확인시킨 셈이다. 앞으로 국제사법상의 채권양도 및 상계의 준거법에 관하여 보다 심도 있는 논의가 있기를 바라며 글을 마친다.

국제관계법의 새로운 지평 진산 김문환선생정년기념논문집 제 1 권,
법문사(2011), 337-366면 소재

65) 石光現, "국제지적재산권법에 관한 小考－최근 일부 하급심 판결들에 대한 유감을 표시하며－," 법률신문 제3656호(2008. 6. 9), 14면.

국제도산사건의 실무상 문제

1. 머 리 말

한국의 국력이 강대하여졌다는 사실은 국제파산법이라는 창을 통하여 확인할 수 있다. 한국 기업에 대하여 국내에서 진행되고 있는 회생절차 또는 파산절차(이하 합하여 '도산절차'라 표시한다)에 대하여 세계 각국의 법원이 그 절차를 승인하거나, 내국인이 외국에 설립하거나 투자한 기업에 관한 외국 법원의 도산절차개시 사례가 늘어나고 있다. 이는 한국 기업의 세계화를 증명한다. 반대로 도산절차에 참가하는 외국 채권자가 한국의 법원에 채권조사확정재판을 청구하는 사건이 늘고 있다. 이는 도산한 한국 기업이라도 배당에 참가하면 받을 몫이 남아 있을 정도로 한국 기업의 규모가 충분히 커졌음을 증명한다. 또한 외국 기업이 외국에서 파산절차를 진행하고 있으면서도 한국 법원에 그 외국도산절차의 승인을 신청하는 사건도 계속하여 발생하고 있다. 이는 파산한 외국 기업의 재산이 한국 내에 상당수 잔존할 만큼 한국에 대한 외국 기업의 투자가 증대하였음을 증명한다.

2006. 4. 1. 채무자회생 및 파산에 관한 법률(이하 '채무자회생법'이라 표시한다)이 시행된 후 국제도산에 관한 사건이 계속하여 접수됨으로써 국제파산법에 관한 실무가 서서히 형성되고 있다. 특히 2010년 이래 해운시장의 불황으로 해운업 및 조

선업을 영위하는 채무자들이 회생절차를 신청한 사례가 증가하였다.[1] 이를 계기로 국제파산법과 관련하여 새롭고 어려운 문제가 발생하였다. 이 글에서는 실무상 중요하다고 생각되는 국제파산법의 쟁점중 국제도산절차와 상계의 준거법(2), 국제도산관리인의 지위(3), 외국도산절차의 종료와 승인결정의 취소(4), 미국 파산법원의 한국 도산절차 승인결정의 현황(5), 외국법원의 한국 회생절차의 승인(6), 국제중재절차와 국제도산절차의 관계(7), 외국조세채권의 내국도산절차에서의 지위(8)에 대하여 순차로 살펴보고 저자의 소견(9)을 표하고자 한다.

2. 국제도산절차와 상계의 준거법

가. 상계의 준거법이 문제되는 사례의 내용

화주와 운송인인 선박회사가 한국 회사라도 운송계약은 영국법을 준거법으로 하는 경우가 적지 않다. 영국법을 준거법으로 한 운송계약에 기한 채권을 둘러싸고 채무자회생법에 기한 회생절차에서 자동채권으로 또는 수동채권으로 상계를 주장하는 경우 준거법에 관한 쟁점을 다룬 판결이 있다.

○사례 1: 서울중앙지방법원 2012. 2. 2. 선고 2011가합4761 판결[2]

원고와 甲은 모두 국내 해운회사로서 용선계약을 체결하면서 용선계약의 준거법을 영국법으로 정하고, 분쟁은 런던해사중재인협회(The London Maritime Arbitrators Association)의 중재절차에 따르기로 합의하였다. 한편 甲과 피고도 용선계약을 체결하였으며 피고에 대하여 2009. 3. 6. 회생절차가 개시되자, 甲은 피고에 대하여 갖는 용선계약상의 미지급 용선료와 손해배상금을 회생채권으로 신고하여 회생채권으로 확정되었다. 한편 원고는 런던 중재절차를 진행하여 2010. 3. 경 甲으로 하여금 원고에 대하여 미지급 용선료와 손해배상금을 지급하라는 중재판정을 얻었다. 2011. 5. 18. 피고에 대한 회생절차가 종료되었다.

甲의 채권자인 원고가 甲의 피고에 대한 회생채권에 대하여 채권압류 및 추심명령을 받아 피고를 상대로 계획안의 내용대로 회생채권의 지급을 구하는 이 사건 소송을 제기하였다. 이에 대하여 피고는 피고에 대한 회생절차가 종결되기

---

* 초고를 읽고 소중한 의견을 주신 한민 교수님, 영국 파산법 자료를 보내주신 Glen Davis 및 Look Chan Ho 영국 변호사님께 감사를 드린다.

1) 대표적인 기업으로 삼선로직스, 대우로지스틱스, 대한해운 등이다.

2) 이 사건은 현재 상고심에 계속 중이다(대법원 2012다108764).

이전에 피고의 관리인이 2010. 2. 12. 법원의 허가를 얻어 피고가 甲에 대하여 갖는 채권(미지급 용선료, 조기반선으로 인한 손해배상채권)을 자동채권으로 상계를 하였으므로 원고가 추심하려는 회생채권은 이미 소멸하였다고 다투었다. 제1심 법원은 도산법정지법의 원칙에 따라 국내에서 회생절차가 진행된 이상 회생채권에 대한 상계 역시 채무자회생법 제131조에 따라 법원의 허가를 받아 가능하므로 상계가 적법하다고 판시하였다.

○사례 2: 대법원 2009. 4. 23. 선고 2006다28782 판결(공 2009, 720)

[사안의 개요]

1. 원고는 한국자산관리공사이고 피고는 대우자동차 주식회사이다. 소외 대우독일법인은 대우자동차의 자회사로서 대우자동차가 생산한 차량에 관하여 독일로 수입하여 독일에서 판매, 보증수리업을 영위하던 중 채권자들이 1999. 11. 9. 독일 브레멘구법원에 도산신청을 하여 2002. 2. 1. 도산절차가 개시되어 관리인이 선임되었다. 원, 피고는 도산절차에 참가하여 채권신고를 하였다. 한편 피고에 대하여도 2000. 11. 30. 인천지방법원에서 회사정리절차가 개시되었다.

2. 대우독일법인의 관리인이 피고에 대하여 갖는 자동차 판매수리대금채권을 피보전권리로 하여 피고가 독일은행에 예치한 L/C선적대금채권을 독일 법원에서 가압류하였다. 관리인은 피고와 법정화해와 강제집행으로 가압류한 채권을 양도받아 판매수리대금채권에 충당하였다.

3. 대우독일법인에 대하여 2002. 9. 25. 도산정리계획안이 인가되었는데 계획에 의하면 원고의 채권은 제1순위로 총 약 2천만 유로를 변제하되, 대우독일법인이 피고에 대하여 취득하는 채권을 원고에게 양도할 것으로 규정하고, 피고의 수출대금채권은 최후순위 채권으로 분류하였다. 원고는 대우독일법인으로부터 채권을 양수하였다.

4. 원고가 양수금채권이 피고에 대한 공익채권이라 주장하면서 회생절차 중인 피고의 관리인을 상대로 그 이행을 구하는 소송을 한국에서 제기하였다. 피고는 첫째, 원고의 양수금채권이 정리채권[3]이고, 둘째, 피고의 관리인이 이 사건 소송 도중 원고에게 채권양도인인 대우독일법인에 대하여 갖는 수출대금채권을 자동채권으로 삼아 상계의 의사표시를 하였으므로 원고의 양수채권은 전액 소멸되었다

3) 원심판결에 의하면 수리대금채권은 피고에 대하여 회사정리절차가 개시된 이후에 발생한 것으로 구 회사정리법 제208조 제2호 소정의 공익채권에 해당한다고 판시하였다.

고 주장하였다.

5. 원심은 피고의 상계항변을 배척하고 원고의 양수금 청구를 인용하였다. 피고가 상고를 제기하여 대법원은 상계가 가능하다는 취지로 원심판결을 파기환송하였다.

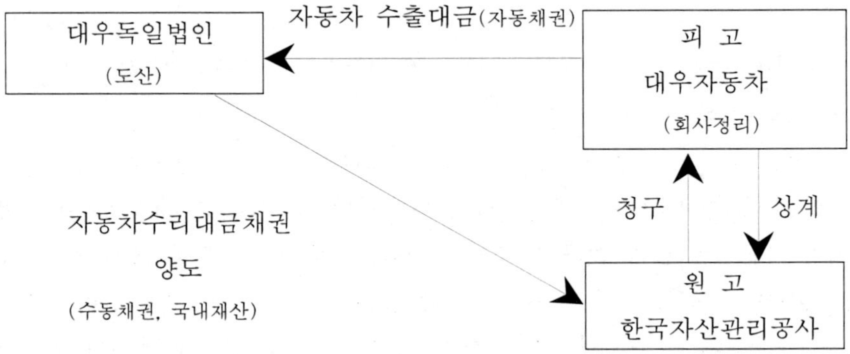

[원심판결의 요지]

피고가 독일도산법에 의하여 도산절차가 개시된 대우독일법인에 대하여 상계를 주장하고 있으므로 그 상계의 허용여부는 독일도산법에 의하여 판단해야 한다. 그런데 독일도산법상 도산절차개시 당시 존재하는 수출대금채권(즉 정리채권)을 자동채권으로 하고, 도산절차개시 후에 도산재단에 대하여 부담하는 채무를 수동채권으로 하는 상계는 허용되지 아니하므로 피고의 상계주장은 이유 없다.

[대법원판결의 요지]

외국의 도산법에 의한 상계의 금지 · 제한의 효력은 구 회사정리법 제 4 조 제 2 항에서 규정하는 외국에서 개시한 정리절차의 본래적 효력에 해당한다고 할 수 있다. 따라서 외국의 도산법이 외국에서 정리절차가 개시된 회사의 채권과 그 회사의 채권자가 그 회사에 갖고 있는 채권과의 상계를 금지 · 제한하고 있고, 나아가 그 회사의 채권자가 그 외국의 정리절차에 참가하고 있다 하더라도, 그 회사의 채권이 대한민국 법원에 재판상 청구할 수 있는 것이라면, 그 회사의 채권자가 그 회사의 자신에 대한 채권을 수동채권으로 상계하는 데에는 그 외국의 도산법이 규정하는 상계의 금지 · 제한의 효력을 받지 않는다.

나. 영국의 상계제도

영국의 상계제도는 보통법상의 상계와 형평법상의 상계가 있다. 보통법상의 상계를 주장하기 위하여는 먼저 양 채권이 금전으로 액수가 확정되어야 한다(liquidated). 조건부 채권이거나 미확정의 채권은 상계의 대상이 될 수 없다. 즉 채무불이행 또는 불법행위를 이유로 한 손해배상채권은 아직 금액이 확정되지 아니하였으므로 이러한 채권을 자동채권으로 상계를 주장할 수 없다. 또한 상계를 주장하는 자는 반드시 소송절차에서 피고가 되어 서면으로 진술하여야 한다. 따라서 한국과 일본의 민법과 같이 소송 외에서 피고가 서면으로 상계를 주장하는 것은 허용되지 아니하며, 상계의 소급효도 인정되지 아니한다.[4]

그런데 계약의 준거법은 영국법이지만 소송은 외국의 법원에서 진행되는 경우에 어떠한 방법으로 상계가 이루어져야 하는가? 라는 점이 문제가 된다. '절차는 법정지법에 따른다'는 원칙에 의하여 상계의 방식은 외국법에 의하게 된다. 즉 상계의 대상이 되는 채권인지 여부는 영국의 보통법 또는 형평법에 따르지만, 상계의 행사 방식 즉 상계를 법정에서 서면으로 하지 않고 법정 외에서 상계의 통지를 한 경우에도 유효한 것인지에 관한 쟁점은 법정지법에 따라야 할 것이다(私見임).

다. 한국에서의 논의

국제사법에는 상계의 준거법을 규정하고 있지 않으나 채권의 소멸원인인 상계에 관하여는 '채권의 준거법'에 의한다는 점에 학설이 일치되어 있다. 그런데 어느 채권을 준거법으로 삼아야 하는가에 대하여는 다시 채권의 준거법을 수동채권의 준거법에 따라야 한다는 수동채권설과 수동채권 및 자동채권의 준거법이 누적적으로 적용된다는 累積的 適用說로 나뉜다. 여기서 수동채권설은 상계가 자동채권을 이용함으로써 이행에 대신하여 채무자가 부담하는 채무(수동채권)를 소멸시키는 채무소멸의 한 방법이라는 점을 근거로 한다.[5] 累積的 適用說은 상계는 두 개의 채권을 상호적으로 소멸시키는 제도이므로 두 개의 채권 즉 자동채권과 수동채권의 각 준거법에 의한 상계의 요건이 모두 구비되지 않는 이상 상계가 허용

---

4) 多喜寬, 國際私法の基本的課題, 中央大學校出版部(1999), 245면.

5) 李好珽, 涉外私法, 한국방송통신대학(1990), 283면, 이현묵, "국제적 상계에 대한 준거법," 법률신문 2009. 3. 19. 15면은 원칙적으로 수동채권의 준거법이 상계의 준거법이 되고 예외적으로 채무자가 채무의 존속에 대하여 이익을 갖고 있는 경우에는 중첩적으로 적용된다는 입장이다.

되지 않는다. 우리나라에서는 이 중 累積的 適用說이 유력하다.[6]

이상의 논의는 도산절차 외에서 상계를 행사하는 경우에 관한 것이다. 이에 더하여 채권자와 채무자 중 어느 일방에 대하여 도산절차가 개시된 경우에는 앞에서 논의한 상계의 준거법 외에 아래에서 보는 바와 같이 도산법의 제한까지 고려하여야 한다. 즉, 채무자회생법은 상계로 인한 회생채권 또는 파산채권의 우선적 변제와 이에 따른 다른 채권자들과의 형평을 고려하여 상계의 요건, 허용 범위와 효력을 따로 정하고 있다. 예컨대 회생절차의 경우에는 양 채권이 채권조사기간 이전에 상계적상에 있어야 하고, 그 기간 내에 회생채권자가 상계의 의사표시를 하여야 하며, 그 이후에는 상계의 의사표시를 할 수 없다(채무자회생법 제144조). 또한 회생채권자가 회생절차개시 이후에 회생채무자로부터 부동산을 매수하는 등 회생절차개시 이후에 회생회사에 대하여 채무를 부담한 경우(동법 제145조 제1호)와 같이 일정한 경우에는 상계가 금지된다.

반대로, 회생절차의 관리인이 회생채권자에 대하여 상계를 하는 경우에는 법원의 허가를 받아야 한다.[7] 마찬가지로 파산관재인이 파산채권자에 대하여 상계를 하는 경우에도 채무자회생법 제492조 제13호를 유추하여 법원의 허가를 받아야 한다.[8]

이처럼 채권자 또는 관리인이 상계를 하기 위하여는 실체법상 상계의 준거법에 따른 요건을 갖추어야 하는 외에도 도산법정지의 도산법에 따른 요건까지 함께 갖추어야 한다. 즉, 우리나라에서 도산절차가 개시된 경우 상계가 가능하기 위해서는 累積的 適用說에 따라 상계의 준거법상의 상계 요건을 갖추어야 함은 당연하지만, 더 나아가 채무자회생법상의 상계 요건까지 구비하여야 한다.[9] 이러한 입장에 따르면 하급심 판결이나 대법원 판결의 사안에서 회생회사 또는 정리회사의 관리인이 주장하는 상계의 효력을 판단함에 있어서도 채무자회생법상 법원의 허가를 받았는지 여부와 함께 실체법상의 상계 요건을 구비하였는지 여부가 검토되

6) 申昌善, 國際私法 제6판, fides(2007), 316면, 김인 · 박정기 · 김인유, 국제사법, 법문사(2002), 307면, 석광현, "도산국제사법의 제 문제: 우리법의 해석론의 방향," 사법 제4호, 사법발전재단(2008), 145면, 林治龍, 파산법연구 3, 박영사(2010), 274면. 일본의 학설로는 木棚照一 · 松岡博 · 渡辺惺之, 國際私法概論 第3版, 有斐閣(1998), 156면, 櫻田嘉章, 國際私法 第3版, 有斐閣 Sシリーズ, 236면.

7) 대법원 1988. 8. 9. 선고 86다카1858 판결(공 1988, 1207).

8) 서울중앙지방법원 파산부 실무연구회, 법인파산실무 제3판, 박영사(2011), 272면.

9) 석광현, 앞의 글, 145면, 林治龍, "채권양도와 상계의 준거법," 진산 김문환선생정년기념논문집 제1권 국제관계의 새로운 지평, 법문사(2011), 363면, 한민, "국제금융과 국제도산법에 관한 소고1," BFL 제27호, 서울대학교 금융법센터(2009. 1), 109면.

어야 한다. 사례 1의 제1심 법원이 상계의 준거법에 대한 별도의 검토없이 채무자회생법상 법원의 허가를 받았으므로 관리인의 상계가 유효하다고 판시한 것은 잘못이다.[10)]

3. 국제도산관리인의 지위

가. 국제도산관리인의 자격

채무자회생법에 명문의 규정은 없으나 실무상 파산절차의 파산관재인은 개인인 변호사를 선임하는 것이 원칙이고 법무법인은 파산관재인으로 선임하지 않고 있다. 다만 예금자보호법에 의한 보험금지급 등 공적자금이 지원되는 부보금융기관(「금산법」에 의하여 계약이전이 결정된 부보금융기관을 포함한다)이 파산한 경우에는 공적자금관리특별법 제20조에 의하여 예금보험공사 또는 그 직원을 반드시 파산관재인으로 선임하고 있다.[11)] 이에 반하여 회생회사의 관리인으로 변호사를 선임하지 않고 있으며, DIP형 관리인의 경우에는 종전 대표이사를 관리인으로 선임하거나 관리인으로 간주하고, 제3자 관리인의 경우에는 경영자총연합회 등 관리인 후보 교육을 수료한 전문 경영인 가운데에서 법원이 관리인을 선임한다. 채무자회생법 제74조 제6항에 의하여 법인을 관리인으로 선임할 수 있도록 규정은 있으나 법원은 실무상 법인을 관리인으로 선임하고 있지 않다.

외국 기업에 대하여 도산절차가 개시되어 채무자회생법에 의하여 승인결정을 받고 지원처분으로 국제도산관리인의 선임신청을 한 경우에 누구를 선임할 것인가에 대하여 논의가 있을 수 있다. 즉 채무자회생법의 기준에 맞추어 외국도산절차가 청산절차라면 국내의 변호사를 또는 재건절차라면 비변호사인 관리인을 선임할 것인가 하는 점이다.

그러나 외국도산절차의 효력을 국내에 승인한다는 취지는 가급적 외국도산절차의 효력인 관리처분권 이전의 효력과 포괄집행적 효력을 승인한다는 데에 있다

---

10) 대법원 2006다28782 판결의 사안은 속지주의에 터잡은 회사정리법이 적용되는 사건이므로 이 경우에도 상계의 준거법인 독일의 도산법을 적용할 필요가 있는가에 대하여는 견해의 다툼이 있을 수 있다. 그러나 하급심의 사안은 속지주의를 폐지한 채무자회생법이 적용되는 사건이기 때문에 반드시 상계의 준거법을 검토하였어야 한다.

11) 부보 금융기관이 아닌 금융기관에 대하여는 「금융산업의 구조개선에 관한 법률」 제15조가 적용되어 법원은 특별한 사정이 없는 한 금융감독위원회가 추천한 자를 예금보험공사의 의견을 들어 파산관재인으로 선임하여야 한다.

고 보면 외국도산절차의 대표자를 그대로 국제도산관리인으로 선임하는 것이 그 취지에 부합하고, 국제적인 기준에도 맞다.

나. 한국과 일본의 실무

동경지방재판소는 일본 최초 국제도산승인 사건에서 진로의 홍콩법인(진로인터내셔날 리미티드)에 대하여 홍콩법원에서 이루어진 청산절차를 승인하면서 신청인인 외국도산절차의 대표자를 승인관재인으로 선임한 바 있다.[12)]

한편 국내에서도 리만브라더스 커머셜 코포레이션 아시아리미티드(LBCCAL) 회사가 2008. 9. 19. 중화민국 홍콩의 제1심 법원에서 개시된 청산절차(winding up)를 개시하고 채무자회생법에 의하여 승인신청을 하자 서울중앙지방법원이 2010. 10. 8. 절차를 승인하고,[13)] 2010. 12. 6. 국제도산관리인으로 외국도산절차의 대표자를 국제도산관리인으로 선임한 바 있다.[14)] 결정의 주문은 다음과 같다.

1. 국제도산관리인으로 외국도산절차의 대표자인 Patrick Cowley를 선임하고 그에게 채무자의 국내에서의 업무 및 재산에 관한 관리를 명한다. 2. 국제도산관리인은 매월 업무 및 재산의 관리상태 등에 관하여 보고서를 작성하여 법원에 제출하여야 한다. 3. 국제도산관리인은 국내 재산의 처분, 국외로의 반출, 환가, 배당, 국내 재산의 양수, 국내에서의 매매 등 계약의 체결 또는 의무부담행위, 소의 제기, 대리인의 선임, 권리의 포기, 자기거래, 그 밖에 법원이 정하는 행위를 하기 위하여는 미리 법원의 허가를 받아야 한다.

주문 제3항은 대체로 파산관재인이 법원의 허가를 받아야 하는 행위의 범위를 정한 제492조의 내용과 유사하다.

다. 국제도산관리인의 법원에 대한 보고의무의 범위

만일 서울중앙지방법원이 미국의 파산절차를 승인하고 국제도산관리인을 선임한다고 가정하면 미국의 관리인이 일상적인 영업활동에 대하여는 그것이 외상구입이건, 계약이건 법원의 허가를 받지 아니하고 이루어지는 데에 반하여 한국에

---

12) 東京地方裁判所 平成 15. 11. 11.자 平成 15年(承)제1호 승인원조 사건. 채무자의 일본 국내에서 업무 및 재산에 관하여 승인관재인에 의한 관리를 명한다. 승인관재인에 다음의 자를 선임한다는 주문을 내고 승인신청인인 홍콩청산절차의 가청산인을 승인관재인으로 명하였다.

13) 서울중앙지방법원 2010. 10. 8.자 2009국승1 결정.

14) 서울중앙지방법원 2010. 12. 6.자 2010국지2 결정.

서 국제도산관리인이 된 경우에는 이러한 행위에 대하여도 일일이 허가를 받아야 하게 되므로 양자의 차이가 발생한다.

미국의 파산법 §1518(1)에 의하면, 관리인이 미국 법원에 회생절차의 승인을 신청하는 경우에는 관리인은 회생절차 중의 중대한 변경(예컨대 회생절차의 종결 결정 등)이나 관리인의 변경 또는 다른 나라에서 진행되고 있는 채무자에 대한 별개의 외국도산절차의 내용 등을 즉시 법원에 통지하도록 규정하고 있다.[15] 만일 관리인이 이를 해태하면 미국 파산법원이 회생절차의 진행 상황에 대하여 보고할 것을 명할 수도 있다.[16]

일본은 승인관재인이 채무자의 국내 재산의 처분 또는 국외반출, 소의 제기, 보전, 조정 지급명령 기타 이에 준하는 신청 또는 취하, 화해 및 중재계약, 기타 법원이 지정하는 행위를 하는 경우에는 법원의 허가를 받도록 규정하고 있다.

라. 소　　견

이상을 종합하면, 한국의 국제도산관리인이 법원에 보고하는 내용이 가장 광범위하다는 것을 알 수 있다. 한국 내의 재산에 대한 관리처분권을 부여한 이상 채무자회생법상의 관재인과 유사한 지위를 부여하므로 어쩔 수 없는 것으로 이해할 수 있다.

그러나 지나치게 외국도산관리인에게 부담을 지우는 것은 국제적인 기준에 어긋난다는 비판이 있을 수 있다. 관리인의 관리처분이 외국도산절차마다 다르기 때문에 가급적 중요행위에 대하여만 법원의 허가를 받도록 축소하고 보고서를 작성하는 것도 생략하거나 법원이 필요하다고 한 경우에만 보고서를 명하거나, 미국과 같이 절차의 중대한 변경사항, 관리인의 변경 등으로 한정하는 것이 바람직하다. 앞으로 채무자회생법과 유사한 구조를 가진 일본에서의 사례를 비교하고 실제

---

15) 11 U.S.C. §1518 Subsequent information. From the time of filing the petition for recognition of a foreign proceeding, the foreign representative shall file with the court promptly a notice of change of status concerning-

(1) any substantial change in the status of such foreign proceeding or the status of the foreign representative's appointment; and (2) any other foreign proceeding regarding the debtor that becomes known to the foreign representative.

16) 삼선로직스에 관한 회생절차를 미국 파산법원이 승인한 후 채권자가 채무자가 운항하는 선박에 대하여 압류하자 채무자가 보증금을 제공하고 압류를 해제하였는바 이와 관련된 사건에서 파산법관이 한국의 관리인에게 회생절차의 진행상황에 대한 보고를 명하였다. *In re* Daewoo Logistics Corporation, Case No. 09-15558 (Bankr. S.D.N.Y. 2011). 저자가 입수한 미국 판결문을 인용한 것이고 판례집에서 인용한 것이 아니다.

국제도산관리인으로서 업무를 한 경험을 실무에 반영하여 법원의 허가범위를 축소하는 방향으로 개선할 필요가 있다.

마. 외국도산절차의 대표자와 국내 재산에 관한 관리처분권

(1) 채무자회생법 시행 이전의 논의

외국도산절차의 효력은 관리처분권이전의 효력과 포괄집행적 효력으로 구분된다. 채무자의 국내외 재산에 대한 관리처분권이 채무자로부터 관리인으로 이전되는 효력이 전자이다. 모든 채권자들은 도산절차에 의하지 아니하고는 개별적인 추심행위, 소의 제기, 강제집행, 담보권의 실행을 할 수 없다는 효력이 후자이다.

채무자회생법이 제정되기 이전에 대법원은 구 파산법의 속지주의를 완화하기 위하여 전자에 대하여는 속지주의의 원칙이 미치지 아니하고, 후자에 대하여만 속지주의의 원칙이 미친다고 판시하였다. 그리하여 미국 파산절차의 관재인은 한국에서 한국 기업을 상대로 상표권침해를 이유로 한 민사소송을 제기할 당사자적격이 있다고 판시하였다.[17] 그러나 국내 채권자는 일본 민사재생절차의 포괄집행적 효력에 구속되지 아니하므로 비록 일본의 민사재생절차에 재생채권자로 재생채권을 신고하였더라도 한국에 소재하는 재생채무자의 재산에 대하여 개별적인 집행행위를 할 수 있다고 판시하였다.[18] 나아가 독일도산절차에서 상계금지의 효력은 포괄집행적 효력에 속하므로 속지주의 원칙에 따라 한국의 채권자는 독일도산법상의 상계금지 효력에 구속되지 아니한다고 판시하였다.[19]

(2) 채무자회생법 시행 이후의 논의

채무자회생법은 외국도산절차의 대표자가 한국에 소재하는 재산에 대한 관리처분권을 주장하는 것을 허용하기 위하여 지원처분의 하나로 국제도산관리인 제도를 신설하였다(제636조 제1항 제4호). 그리하여 외국도산절차의 대표자가 한국에 소재하는 외국 채무자 소유의 재산에 대하여 관리처분권을 행사하기 위하여는 먼저 외국도산절차의 승인과 아울러 국제도산관리인으로 선임되어야 한다. 이러한 절차를 거치지 아니하고는 외국도산절차의 대표자가 한국 내에 있는 재산에 관하여 원고로서 민사소송을 제기할 수도 없으며 피고 적격도 없게 되었다. 나아가 한국 내에 소재하는 채무자의 재산에 관하여 계약을 체결할 권한도 국제도산관리인

---

17) 대법원 2003. 4. 25. 선고 2000다64359 판결(공 2003, 1242).
18) 인천지방법원 2003. 7. 24. 선고 2003가합1768 판결(미항소 확정)(각공 2003. 9. 10. 80).
19) 대법원 2009. 4. 23. 선고 2006다28782 판결(공 2009, 720).

이 선임되기까지는 종전 채무자에게 있다고 해석된다.[20]

일본에서도 외국도산절차에서 관재인이 선임되더라도 채무자의 일본 내 재산에 관한 관리처분권은 박탈되지 아니하고 외국도산절차의 승인 및 원조에 관한 법률(이하 '승인원조법'이라 한다)에 의하여 선임된 승인관재인이 선임되어야 비로소 승인관재인에게 일본 내에 있는 재산의 관리 및 처분권한이 전속한다(승인원조법 제34조). 따라서 외국절차의 대표자가 채무자의 일본 소재 재산의 관리처분권을 취득하기 위하여는 관리명령을 신청하여 스스로 승인관재인으로 선임되는 것이 필요하다.[21] 승인신청 후 아직 승인결정이 있기 전에는 보전관리인 제도를 이용할 수 있다.

(3) 국제도산관리인 제도에 대한 비판

이러한 견해에 대하여는 외국도산절차의 대표자가 한국 내의 재산에 대하여 관리처분권을 행사하기 위하여 굳이 외국도산절차의 승인과 국제도산관리인의 선임을 받을 필요가 없이 국제사법의 일반이론에 의하여 관리처분권을 한국 내에서 주장할 수 있다는 반대의 견해가 있다. 논거로 ① 앞서 본 해석은 현행법이 구 파산법보다 더 후퇴한 체제로 해석되어 현행법의 입법취지와 조화되지 않는다. ② 국제도산관리인이 아니라 채무자로 하여금 계약을 체결하고 소송을 수행하도록 하는 것은 현실적으로 불가능하다. ③ 외국도산절차의 대표자의 자격과 권한이 한국법원에 제출된 서류에 의하여 증명되는 경우에 소송수행을 인정하지 않고 승인결정을 받아 올 것을 요구하는 것은 실제적 필요성에 의문이 있다. ④ 국제도산관리인이 외국도산절차의 대표자가 아닌 사람으로 선임될 경우 외국도산절차 대표자가 이를 바라지 않는다.[22]

(4) 소 견

④항에 관하여는 현재 실무가 일본과 같이 외국도산절차의 대표자를 국제도산관리인으로 선임하고 있으므로 우려는 해소되었다. 나머지 지적하는 바는 실무

---

20) 林治龍, 파산법연구 3, 박영사(2010), 270-271면, 석광현, "채무자회생 및 파산에 관한 법률(이른바 통합도산법)에 따른 국제도산법의 개관," 국제거래법연구 제15집 제 2 호(2006), 351면.

21) 加藤哲夫, 破産法(第五版), 弘文堂(2009), 393면, 深山卓也, 新しい國際倒産法制, 金融財政事情研究會(2001), 215면.

22) 제강호 · 이제한, "외국회사의 파산관련 제문제," BFL 제42호, 서울대학교 금융법센터(2010. 7), 44-45면.

상의 불편한 점으로서 수긍하지만, 그러한 해석은 현행법상 국제도산관리인 제도를 두고 있는 이상 이와 정면으로 배치되어 해석론으로 받아들이기 어렵다. 앞으로 채무자회생법을 개정함에 있어 국제도산관리인 제도를 폐지하고, 모델법(UNCITRAL Model Law on Cross-Border Insolvency)과 같이 외국 주절차에 대한 승인결정과 동시에 자동적으로 소송의 제기 또는 계속하는 행위, 집행행위, 채무자의 재산이전 행위의 중지의 효과를 발하고,[23] 더 나아가 별도의 지원처분으로 국내에 있는 재산에 대하여 외국도산절차의 대표자에게 관리처분권을 부여하는 명령을[24] 도입하는 것이 필요하다.

4. 외국도산절차의 종료와 승인결정의 취소

외국도산절차를 승인하는 것은 한국에 소재한 채무자의 재산을 변제자원으로 삼아 채권자들간의 공평한 취급과 회사의 재건을 도모하려는 외국의 도산절차를 도와주기 위한 것이다. 한국에 소재한 채무자의 재산에 대하여도 본격적인 한국의 도산절차를 개시할 수 있도록 법이 허용하고 있으므로[25] 주절차로서의 도산절차가 필요하다면 언제든지 채무자 기타 이해관계인이 국내에서 도산절차를 신청할 수 있다.

최초의 국제도산승인사건이라 할 수 있는 토드 오 사건에서 서울중앙지방법원은 이미 미국 파산법 제11장 사건이 종료되었다면(case closing) 더 이상 외국도산절차가 계속하고 있지 아니하므로 승인의 신청을 구할 적격인 외국도산절차의 대표자가 더 이상 존재하지 아니하므로 미국 제11장 사건의 승인을 구하는 외국도산절차의 대표자의 신청은 부적법하다고 하여 신청을 각하한 바 있다.[26]

외국도산절차의 대표자가 채무자회생법에 따라 우리나라 법원에 외국도산절차의 승인신청을 하기 이전에 이미 외국도산절차가 종료되었다면 외국도산절차를 승인할 실익이 없으므로 그 신청을 기각하는 것이 타당하다. 일단 채무자회생법에

---

23) Article 20. 1. (a), (b), (c).

24) Article 21. 1. (e).

25) 서울중앙지방법원 2008. 7. 9.자 2008하합20 결정. 미국 제11장 사건의 채무자가 소유하고 있는 국내 재산을 근거로 채무자에 대하여 파산선고를 하였다.

26) 서울중앙지방법원 2007. 1. 22.자 2006국승1 결정. 신청인은 그 후 미국 파산법원에 case reopen 신청을 한 후 다시 서울중앙지방법원에 승인신청을 하여 승인결정을 얻었다(서울중앙지방법원은 2008. 2. 12.자 2007국승2 결정).

따라 외국도산절차를 승인하였으나 그 후 외국도산절차가 종료된 이후에 기존의 승인결정의 운명이 어떻게 되느냐에 관하여 채무자회생법은 규정을 두고 있지 않다.

일본은 외국도산절차의 승인원조에 관한 법률에 이에 관한 규정을 두어 승인결정의 취소제도를 도입하였다. 즉 승인원조법은 필요적 취소(제56조 제1항 각호)와 재량적 취소(제2항 각호)제도를 두고 있다. 전자의 경우 이해관계인의 신청 또는 직권으로 승인신청이 그 요건을 결한 것이 명백한 경우에 법원이 승인의 취소결정을 하여야 한다(제1항). 후자의 경우 이해관계인의 신청 또는 직권으로 채무자가 법원의 허가없이 일본 국내에 있는 재산을 처분하거나 국외로 반출하는 등의 행위를 한 경우에 법원이 승인취소의 결정을 할 수 있다(제2항).

미국 파산법 §1517(d)[27]도 승인결정의 근거가 소멸하게 된 경우에는 승인결정의 변경 또는 종료를 허용하고 있다.

앞으로 채무자회생법을 개정하면서 이미 승인결정을 계속하여 유지할 필요가 없게 된 사정이 발생하면 이를 취소할 수 있는 근거 조항을 두는 것이 필요하다.

5. 한국 회생절차의 승인과 관련한 미국 파산법원의 결정

가. 미국 법원의 한국 도산절차의 승인 경과

미국 법원은 국제도산에 관한 제15장이 도입된 2005년 개정 파산법(Bankruptcy Abuse Prevention and Consumer Protection Act of 2005) 시행 이전 및 이후 일관하여 한국의 도산절차를 승인하여 왔다.[28]

2005년 이전에는 구 파산법 §304에 의한 보조절차를 이용하였으나[29] 이후에는 제15장 절차를 이용하고 있으나 2005년 개정 법률안 제안서를 보면 기본적으로 제15장이 구 파산법 §105나 §304에 관하여 미국 법원이 부여하는 구제명령의 범위를 확장하거나 축소하는 것이 아니라고 한다.[30]

---

27) (d) The provisions of this subchapter do not prevent modification or termination of recognition if it is shown that the grounds for granting it were fully or partially lacking or have ceased to exist, but in considering such action the court shall give due weight to possible prejudice to parties that have relied upon the order granting recognition.

28) 임채웅, "한미국제도산사건에 관한 연구," 법조 제57권 제6호(2008), 214-220면.

29) 정리회사 온세통신에 관한 회사정리절차를 승인하고 그 구제명령(relief order)을 발한 사건으로 *In re* Kyu-Byung Hwang, 309 B.R. 842 (Bankr. S.D.N.Y. 2004). 이 판결과 관련한 구 파산법 §304의 보조절차에 대한 설명으로 林治龍, 파산법연구 2, 박영사(2006), 341-390면.

30) H.R. REP. NO. 109-31(I), AT 116 (2005), as printed in 2005 U.S.C.C.A.N. 88, 178.

제15장이 신설되기 이전 구 파산법 §304(보조절차에 관한 규정)는 자동중지의 효력을 부정하는 대신 외국도산절차의 대표자가 개별적인 구제명령(소송 제기의 금지, 집행행위의 금지 등)을 신청하여 법원이 구제명령을 발하는 구조였다. 반면 제15장에서는 외국 주절차에 대한 승인결정과 동시에 모델법과 같은 승인의 효과로서 속지적인 자동중지의 효력이 발생한다(§1520(a)(1)).[31] 이 점에서 양자의 차이가 있다.[32]

미국 2005년 개정 파산법이 시행된 2005. 10. 17 이후 2009. 3. 12.까지 총 265건이 제15장 사건으로 미국 법원에 접수되었으며 총 16건이 판례집에 공표되었다. 미국 파산법 제15장의 승인신청을 한 위 265건 중 한국의 회생절차 또는 파산절차로서 제15장의 승인신청을 제기한 것은 삼선로직스, 비오이 하이디스, 대우, 영창, 삼보컴퓨터 등의 회생절차 및 파산절차에 관한 6건으로 모두 승인되었다. 그 중 판례집에 공간된 것은 영창에 대한 회사정리절차의 승인 사건[33]이다.

나. 선박우선특권과 회생절차의 종료-대우로지스틱스 사건[34]

(1) 판결의 내용

최근의 미국 파산법원은 회생절차의 종료와 선박우선특권에 관한 중요한 결정을 한 바 있다. 미국 파산법원이 한국의 회생절차의 승인명령과 함께 채무자 소유 재산에 대한 강제집행 등의 행위를 금지하는 명령을 발하였다가, 한국의 회생절차가 종결된 후 채권자(Coastal)가 채무자가 운행하는 선박을 압류한 사건에서 미국 파산법원은 일단 한국 회생절차가 종료된 이상 더 이상 중지명령을 계속할 사정이 있다는 점에 대한 증명이 부족하다는 이유로 선박 압류를 적법하다고 판시하여 논란을 일으키고 있다.[35]

---

31) 동조는 외국 주절차의 승인명령과 그에 따른 자동중지의 효과에 관한 것이다. §1521은 파산법원이 외국의 주된 도산절차 또는 종된 도산절차를 파산법원이 승인한 후 채권자에 의한 소송 개시, 집행개시의 중지 및 채무자의 재산양도행위의 중지, 증거조사절차, 관리처분권의 채무자로부터 외국도산절차의 대표자에 대한 이전, 신청 후 승인 전 임시 구제명령의 연장, 기타 추가적인 구제명령 등을 발할 수 있다는 내용이다.

32) *In re* Ho-Seok Lee, 348 B.R. 799, 803 (Bankr. W.D. Wash. 2006).

33) *In re* Ho-Seok Lee, 348 B.R. 799 (Bankr. W.D. Wash. 2006).

34) *In re* Daewoo Logistics Corporation, (Bankr. S.D.N.Y. 2011).

35) 사실관계에 의하면 2009. 7. 23. 대우로지스틱스에 대하여 회생절차가 개시되고, 2009 10. 21. 미국 파산법원이 승인명령을 발하고, 2011. 6. 8. 회생절차가 종결되고 그 직후 채권자(Coastal)가 미국 내에서 선박압류를 신청하였다. 2011. 6. 14. 대우로지스틱스가 Coastal로 하여금 선박압류절차를 속행하는 것을 금지하는 명령을 신청하였다. 2011. 6. 16. 미국 법원이 심리기일을 열었다. 판사가 심리기일에서 직권으로 한국의 회생절차의 상태에 관하여 석

이 판결은 한국의 관리인이 파산법 §1518(1)에 따라 한국의 회생절차에 중대한 변경이 발생하였다는 통지를 미국 법원에 제때에 하지 못하였을 뿐 아니라 선박압류 당시 승인명령에 따른 중지명령이 계속하여야 할 근거를 내세우지 못함을 강조하고 있다.[36] 다만 이 판결은 외국도산절차의 종료가 외국도산절차의 채무자로 하여금 모든 상황에서 제15장의 승인명령에 기한 자동중지의 효력이 소멸한다는 것을 의미하는 것은 아니라고 판시하였다. 그 근거로 미국 파산법원은 외국(스페인)도산절차의 채무변제 계획안(convenio) 인가결정 이후라도 채권자(페루 은행)가 스페인 법원의 계획안 인가결정 이전에 계속하여 중지명령을 위반하고 있는지 여부를 판단하기 위하여 승인명령을 발할 수 있다는 판례[37]를 인용하였다.[38]

위 판결은 그 외에 채권자가 주장하는 채권은 채무자에 대한 대인적인 채권이 아니라 대물적인 채권인바(구체적으로는 채무자가 운행하는 배에서 하역작업을 한 하역료 채권이다), 채권자가 주장하는 대물적인 해상담보권(in rem maritime lien)이 한국의 회생절차의 효력에 의하여 채무자가 운행은 하지만 채무자 소유가 아닌 제3자 소유 선박에 대하여 주장할 수 있는지 아니면 소멸하였는지의 문제는 한국법에 의하여 결정될 문제이고 미국 파산법원이 결정할 문제는 아니라고 판시하였다. 그리고 이 문제는 배를 압류한 미국의 텍사스 법원에서 채권자의 압류가 한국의 회생절차를 위반하였는지의 문제를 한국법에 의하여 다루어져야 한다면서 일단 선박의 압류가 적법하며 승인결정에 기한 자동중지의 명령에 위배된 것이

명을 구하자 대우로지스틱스는 2011. 6. 25. 비로소 미국 법원에 회생절차의 종료사실을 고지하였다.

36) 판결 이유 중 중요부분은 다음과 같다. Upon consideration of Chapter 15 and in light of its international origins and applications, Daewoo fails to establish that the Recognition Order Stays applied to the Vessel at the time of its arrest…. Here, as discussed above, the Court sees no reason why the Stays imposed by the Recognition Order should continue past the close of the Korean Proceeding.

37) *In re* Oversight and Control Comm'n of Avanzit, S.A., 385 B.R. 525, 533-34 (Bankr. S.D.N.Y. 2008). 2002. 6. 4. 스페인 법원이 채무자(Avanzit)에 대한 도산절차를 개시하였다. 2002. 9. 30. 채권자 페루은행이 도산절차 중에 선고된 중재판정에 기한 채권을 자동채권으로 하여 채무자에 대하여 부담하는 예금반환채무와 상계를 주장하였다. 2004. 1. 7. 스페인 법원이 채무변제계획안을 승인하였다. 2007. 11. 29. 채무자에 대한 채권자위원회(신청인)가 미국 파산법원에 제15장 승인결정을 신청하자 채권자 은행이 스페인 도산절차는 법원의 승인으로 종결되었다고 주장하였다. 미국 파산법원은 스페인 도산절차는 제15장 소정의 외국도산절차로서 법원의 종국결정이 없는 한 현재 계속 중이라는 이유로 승인결정을 하였다. 단 승인결정이 은행의 상계가 적법한지 여부에 대한 판단을 하는 것은 아니라고 판시하였다.

38) "It is important to note, however, that the close of a foreign proceeding does not prevent a foreign representative from enforcing a Chapter 15 automatic stay in all scenarios."

아니라고 판시하였다.

위 판결은 회생절차의 효력이 채무자의 재산에 대하여만 미치는지 아니면 비록 채무자 소유의 재산은 아니지만 BBCHP 방식에 의하여 제3자 소유의 선박을 용선하는 경우에도 인가결정의 효력이 미치는지가 쟁점이라는 점을 정확하게 지적하였다. 한국에서도 용선계약을 통하여 해운회사인 채무자가 운항하는 제3자 소유의 선박에 대하여 회생절차가 미치는지, 대주은행이 해운회사에게 선박 구입자금을 빌려주고 선박을 해외에 선박회사(SPC) 명의로 등록한 후 선박회사를 통하여 지급받는 선박사용료 등의 채권이 회생담보권인지 공익채권인지에 관하여 논의가 있다.[39)]

(2) 소 견

만일 이러한 입장이 판례법으로 굳어진다면 만일 당해 외국채권자가 한국의 회생절차에서 권리신고를 하지 아니하여 실권되고 회생계획안에 대하여도 외국채권자의 권리가 기재되지 아니한 채 계획안에 대한 인가결정이 확정되었다고 방심할 것이 아니라 채무자로서는 인가결정의 효력에 따라 면책의 효력이 발생하였다는 중대한 절차의 변경 사유를 미국 파산법원에 알리고 아울러 실권된 채권자가 하고 있는 선박압류의 금지를 제15장 절차 내에서 추가적인 구제명령으로 신청하여야 한다. 즉 회생절차가 종료(인가 전 폐지, 인가 후 폐지, 종결) 등의 사유가 발생하면 승인명령과 구제명령을 받은 관리인은 이를 파산법원에 알려야 하며 별도의 구제명령이 필요하면 §1521(g)에 기한 추가적인 명령(이 사건의 경우 선박압류의 해제명령 등)을 신청하지 않으면 불이익을 당할 수 있음에 유의하여야 한다.

회생절차를 미국 파산법원에서 승인받고 그에 따른 구제명령을 받은 관리인으로서는 한국의 회생절차에서 회생계획안이 인가되어 확정되었더라도 아직 회생절차가 종료되지 아니한 이상 인가결정의 효력에 반하는 채권자의 집행 행위 등에 대하여는 제15장 내에서의 구제명령을 신청할 수 있다. 뒤에 보는 영창 사건에서는 회생절차가 종료하였더라도 그 직후 추가적인 구제명령이 가능하다고 판시하고 있다.

---

39) 정석종, "회생절차에서의 선박금융에 대한 취급-BBCHP를 중심으로," 도산법연구 제2권 제2호(2011), 1-41면.

다. 정리계획안 인가효력(면책효력)의 승인절차 - 영창 사건[40]

영창에 관한 승인사건은 미국법의 관점에서도 제15장 사건에서 중요한 선례가 되었다. 이 사건의 쟁점은 승인명령 후 법원이 채권자에 대하여 채무자의 재산에 관한 소송의 금지명령을 발하는 절차가 반드시 대심구조를 요하는가 하는 점이다.

판결의 내용

○ 사안 및 소송 경과

2004. 9. 24. 영창이 인천지방법원에 회사정리절차를 신청함.

2005. 2. 28. 영창이 정리계획안 제출함.

2005. 4. 29. 삼송이 미국 워싱턴州의 州법원에 영창이 미국 델라웨어주법에 의하여 설립된 AND(영창의 자회사)에 대하여 갖는 채권을 추심하기 위하여 AND를 상대로 소송을 제기함. 이 소송의 변론기일은 2006. 12. 11.로 예정됨.

2005. 7. 26. 인천법원이 정리계획안 인가결정함(삼송에 대한 채권은 이의가 제기되어 채권조사결과에 따라 정리담보권인 경우에는 채권의 90% 변제와 10%의 출자전환, 정리채권인 경우에는 채권의 40%만 변제하는 내용임).

2006. 1. 13. 영창이 미국 파산법원에 회사정리절차를 외국주절차로 승인하는 승인명령과 미국 파산법 §1519에 기한 임시명령으로 소송금지명령을 신청함.

2006. 5. 25. 미국 파산법원이 주절차로 승인명령을 발함.

2006. 5. 29. 영창에 대한 M&A절차에 기하여 영창이 현대개발에 의하여 매각되고 동 매매계약이 종결됨.

2006. 6. 15. 현대개발이 영창의 채권자들에게 계획안에서 정한 채권의 현가를 지급함. 그 무렵 회생절차 종결(저자가 확인한 바 2006. 7. 6. 정리절차가 종결되었다).

2006. 7. 6. 정리회사 영창의 관리인(이호석)이 미국 파산법원에 파산법 §1521(a)에 기하여 삼익악기 및 삼송을 포함한 모든 삼익의 자회사들을 상대로 정리계획안에서 인정된 금액을 초과하는 채권 추심 및 소송의 금지를 구하는 영구적인 금지명령을 신청함. 삼송이 금지명령은 대심적인 절차에 의하여 심리되어야 한다며 절차적인 문제를 이유로 이의를 제기함. 당일 심리기일이 열림.

---

40) *In re* Ho-Seok Lee 348 B.R. 799, 803 (Bankr. W.D. Wash. 2006).

○ 당사자의 주장 및 법원의 판단

삼송은 파산법 §1521(e)는 금지명령(injunction)에 적용되는 기준, 절차 및 제한은 파산법 §1521(a)(6)에도 적용되고 파산규칙 §7001(7)은 (제9, 11, 12, 13장의 계획안에서 정하는 구제명령을 제외하고) 금지명령과 기타 형평법상의 구제명령은 대심절차에 의하여야 한다고 규정하고 있으므로 이 사건 신청인이 파산법 §1521에 터잡아 구하는 영구적인 소송금지명령도 파산규칙에 따라 대심절차에 의하여야 한다고 다투었다.

이에 대하여 파산법원은 삼송의 주장은 제15장의 입법연혁에 반하고 만일 그 주장을 받아들이게 되면 금지명령을 구하는 절차에서 의도하지 않은 결과를 초래하기 때문에 받아들이지 아니한다고 판시하였다. 제15장이 신설되기 이전의 사건[In re Rukavina, 227 B.R. 234, 240 (Bankr. S.D.N.Y. 1988)]은 외국도산절차의 대표자가 금지명령을 구하는 경우 반드시 대심절차의 신청을 구할 필요가 없다고 판시하였으며 이러한 판례법은 제15장의 신설로 인하여 폐기되었다고 볼 수 없다. 법원은 삼송이 근거로 삼는 파산규칙 §7001(7)이 아니라 Rukavina 판결이 근거로 삼은 파산규칙 §1018이 적용되어야 하고 동 조항은 승인명령 발령 전 뿐 아니라 승인명령 발령 후에도 적용된다고 판시하였다. 또한 승인명령 발령 전의 구제명령에 관한 규정인 파산법 §1519의 표현과 승인명령 발령 후의 구제명령에 관한 규정인 파산법 §1521(e)의 표현이 거의 유사하므로 파산법 §1519의 경우에는 비대심적인 절차에 의하고 파산법 §1521의 경우에는 대심적인 절차에 의하여야 한다는 삼송의 해석은 타당하지 않다고 판시하였다.

삼송은 영창이 금지명령의 효과를 유지하기 위해서는 한국의 회사정리절차를 종결시키지 말았어야 한다고 주장하였다. 이에 대하여 법원은 아래와 같은 이유로 배척하였다. 즉 이 제안은 불필요하며 영창에게 과도하게 부담을 주는 것이다. 한국의 회사정리절차는 종결되었고, 매매가 이루어졌으며 계획안에 따라 채권자들에 대한 배당이 진행 중이거나 진행될 예정인바, 영구적인 금지명령이 가능하고 제15장 사건은 종결할 수 있음에도 단지 중지명령을 계속하기 위하여 제15장 사건을 종결하지 않고 계속하여 유지하는 것은 비경제적이다.

라. 면책의 효력과 미국의 승인절차

파산법 §1520에 의한 금지명령은 내용 및 시기가 제한되어 있음에 유의하여야 한다. 즉 미국에 소재하는 외국채무자 소유 재산이 매각되어 파산재단의 재산이 아니게 되거나, 외국도산사건이 종결되면 소송의 금지 등을 포함하는 자동중지의 효력은 소멸된다.[41] 대우로지스틱스 사건에서 미국의 파산법원은 파산법 제15장에 따른 승인명령과 그에 기한 중지의 효과는 긴급한 상황의 경우를 제외하고 한국의 회생절차의 종료와 동시에 소멸한다고 판시하였다. 근거로 제15장은 기본적으로 외국도산절차를 보조하는 성격을 갖는 것이므로 제15장에 기한 중지명령은 외국도산절차와 운명을 같이 하는 것으로 보아야 하기 때문이다.[42]

그러나 한국의 회생절차가 종결되더라도 미국에서 이미 승인결정을 받은 상태이고 채권자가 소송을 제기하는 등의 상황이 발생하면 한국의 회생절차가 종결되더라도 계획안의 인가결정에 따른 면책효를 승인명령과 그에 이은 파산법 §1507[43]에 기한 구제명령을 통하여 신청할 수 있다고 해석된다.[44] 그리고 비록 한국에서 회생절차가 종결되더라도 이미 종결결정 전에 회생회사의 관리인이 승인신청을 하였다면 그 후 승인사건에서는 새로이 당사자를 회생회사로 변경하지 않더라도 무방한 것으로 보인다. 대우로지스틱스나 영창 사건에서 미국법원은 한국의 회생절차가 종결되더라도 당사자를 관리인에서 회사 대표자로 변경하지 않고 심지어 판결이유에서 종결일을 확정하지 않고 있음에 비추어 보면 일단 회생절차의 관리인이 승인신청을 한 이상 승인사건에 기한 구제명령을 관리인이 계속하여 신청하는 것을 허용하고 있다. 그러나 이미 회생절차가 종료된 이후에는 새로이 제15장 사건의 신청을 할 수 없음이 명백하다. 또한 파산법 §1517(d)에 의하면 법원은 한국의 도산절차가 종료되면 구제명령을 소멸시킬 수 있다.

또한 관리인은 미국 파산법원에 회생절차에서 계획안의 인가, 종결 등 중요한

41) §362(c)(1) and (2)(A), *In re* Ho-Seok Lee, 348 B.R. 799, 803. *In re* Daewoo Logistics Corporation, (Bankr. S.D.N.Y. 2011).

42) *In re* Daewoo Logistics Corporation, (Bankr. S.D.N.Y. 2011). 제15장이 보조적인 성격을 갖는 이유로는 §1504의 표제가 Commencement of ancillary case라고 기재되어 있음을 근거로 들고 있다.

43) 동조는 외국도산절차에 대한 승인결정이 있은 후에 파산법원이 §1519부터 §1521에 기하여 발하는 일반적인 구제명령 외에도 파산법원이 파산법 또는 기타 연방법에 의한 추가적인 명령을 발할 수 있다는 내용이다. 동조는 승인결정이 있기 전에는 적용되지 아니한다. 입법보고서에 의하면 동조는 구 파산법 §304에서 이룩한 국제적인 사법공조의 추가적인 발전을 허용하기 위한 것이라고 한다. House Report at 109, Selinda A Melnik, Cross-Border Insolvency 288, Globe Law and Business, 2nd ed, (2009)에서 재인용.

44) *In re* Daewoo Logistics Corporation, (Bankr. S.D.N.Y. 2011). Additionally, relief may be available after close of the foreign proceeding under section 1507 of the Code, which allows a court to grant additional assistance to the foreign representatives. *In re* Ho-Seok Lee, 348 B.R. 799 (Bankr. W.D. Wash. 2006).

절차내용을 미국 파산법원에 즉시 통지하고 적절한 구제명령을 신청하여야 한다. 이러한 통지와 추가적인 지원신청을 하지 않고 시일이 경과하였다면 다른 방법[45]으로서 인가결정에 대한 외국판결의 승인신청을 함으로써 선박압류의 위협에서 벗어나는 방법을 도모하여야 할 것이다. 미국의 연방항소법원은 제15장을 도입하기 이전에 한국에서 개시된 대우자동차에 대한 회사정리절차에서 미국 채권자의 채권이 정리계획안에 기재되어 있지 않았다면 외국판결절차의 승인에 관한 법리에 의하여 계획안에 대한 법원의 인가결정을 외국판결로 보아 미국에서 별개의 소송을 제기하는 원고들에게도 정리계획안의 효력이 미치므로 소송을 제기할 수 없다고 판시한 바 있다.[46] 미국의 제15장이 기본적으로 개정 전의 보조절차에서 발전한 법리를 그대로 수용한 점에 비추어 보면 이 판결은 여전히 유효하다.

6. 외국법원의 한국 회생절차의 승인

가. 영국, 미국, 호주 법원의 해운회사에 대한 회생절차 승인

해운회사의 파산은 국제파산법의 꽃이다. 선박 소유 구조가 복잡하여 선박마다 독립된 내·외국법인이 소유주가 되어, 선박의 건조 및 매입을 위하여 금융기관이 자금을 대여하고 선박에 대하여 선박저당권을 설정하고 있으므로 해운회사가 도산한 경우 금융기관이 해운회사의 도산절차에 복속하느냐에 대한 문제가 발생한다. 다음으로 채무자 소유의 배가 전세계를 운항하다보니 여러 형태의 채권자들이 등장하여 외국법을 준거법으로 하는 선박우선특권에 기하여 선박을 압류하는 경우가 자주 발생하고 있다. 그리하여 해운회사의 재건에 가장 시급한 것은 외국의 기항지에서 배가 압류되지 않도록 하는 것이다. 이를 위하여 보통은 한국에서 회생절차의 개시결정을 받은 후 즉시 선박이 기항할 중요 국가의 법원에 한국 회생절차의 승인결정을 받는 것이 시급한 업무의 하나이다.

삼선로직스에 대한 회생절차가 개시되자 채무자는 영국, 미국, 호주 등에 회생절차의 승인신청을 얻어 계속 중인 재판, 중재절차의 중지명령과 아울러 선박에

---

45) 위 대우로지스틱스에 관한 뉴욕연방파산법원문을 분석하면, 다른 방법이라 함은 이미 외국도산절차가 종료되고 제15장 절차에서 구제명령을 받는 것이 불가능하게 되었다면 파산법원이 아닌 다른 관할법원에서 면책의 효력을 외국판결의 승인에 의하여 인정받는 것을 가리키는 것으로 보인다.

46) Daewoo Motor Am., Inc. v. General Motors Corp. et al., 459 F.3d 1249 (11th Cir. 2006).

대한 압류절차의 중지명령를 받았다.[47] 대우로지스틱스 사건에서는 슬로베니아, 남아프리카공화국, 이집트, 이탈리아 등에 대하여 승인신청을 준비하고 있었으나 실제로 승인신청까지 이르지는 아니하였다. 위 나라들은 아예 국제파산법에 관한 별도 입법이 마련되어 있지 않거나 유럽연합의 국제도산에 관한 규정을 적용한다고는 하지만 승인절차에 관하여 확립된 선례는 아직 없다.

나. 중국법원의 회생절차 승인 문제

삼선로직스 사건에서 신청인측 대리인은 한국의 회생절차를 중국에서 승인받으려고 시도하였으나 중국은 양국간의 판결승인에 관한 사법공조조약이 체결된 경우에만 외국도산절차를 승인한다는 이유로 2009. 3. 3. 신청을 기각하였다.[48] 중국 파산법의 法源은 2006년 반포되고 2007. 6. 1.부터 발효되는 企業破産法이다. 그러나 아직 국제파산법제에 관하여 모델법과 같은 보편주의적인 원칙이 법률에 구체적으로 반영되지 되지 않은 상태이다.[49]

외국판결의 승인 집행에 관하여는 당해 외국과 중국간의 2국간 조약, 당해 외국과 중국이 가입한 국제조약 또는 호혜(互惠)의 원칙이 있는 경우가 요건으로 되어 있다. 2004년 기준으로 중국이 외국판결의 승인집행에 관한 조약을 체결한 주요 국가로는 이태리와 프랑스에 불과하여 아직까지 양자간 조약체결이 활발하게 이루어지지 않고 있다. 일본의 판결도 중국에서 집행되지 않고 있다고 한다.[50]

이태리 밀라노 법원이 이태리 기업에 대하여 파산선고한 재판에 대하여 중국법원은 중국과 이태리가 체결한 中伊司法協定條約에 기하면 상호 재결을 승인집행할 수 있다고 규정하고 있으며 재결에는 이태리 법원의 파산선고를 포함하는 것으로 해석하고 있다.[51] 즉 중국 중급인민법원은 2001. 11. 13. 중국민사소송법 제267조, 제268조 및 中伊司法協定條約 제20조 제1항, 제21조, 제26조에 기하여 이

---

47) 영국, 미국, 벨기에, 싱가포르, 호주에서 이루어진 승인신청 및 그 경과에 관하여는 김철만, "한국회생절차의 외국에서의 승인," 도산법연구 2011년 5월호, 259-264면 이하.

48) 김철만, 앞의 글, 264면.

49) "당 위원회의 「1997년 CROSS-BORDER 파산시범법」의 보급주의 원칙을 도입할 수 있음에 공감하였다. 이러한 원칙은 현재 중국 신파산법에 도입되었지만 보조적인 절차가 미흡한 상태이다. 이러한 상황에서 境外(역외의 의미임. 저자 주) 채권자의 境內 재산은 오로지 중국 민사소송법의 민사소송과 민사집행의 틀 안에서 강제집행에 의할 수밖에 없다. 왕웨이궈, "중국 파산법의 특징과 절차 정의," 도산법연구 제2권 제2호(2011), 56면.

50) 栗津光世, "日本の判決が中國の人民法院で承認されない事件," 國際商事法務, 31권 10호 1425-1427면.

51) 村上幸隆, "イタリアの破産宣告を承認した事例," 國際商事法務, 32권 6호(2004), 844-846면.

태리 밀라노 법원이 1997. 10. 24. 선고한 파산선고의 법적 효력과 동 법원이 1999. 9. 30. 선고한 被沒收財産讓渡命令의 효력을 승인하였다. 판결 이유로 재결은 판결, 결정, 명령을 포함하는 것으로서 이태리 법원의 파산선고는 합의부에서 내린 판결이므로 파산선고는 양자조약에서 말하는 재결에 해당하며, 被沒收財産讓渡命令은 파산선고에 부수하는 재판이라고 해석하였다.

한국은 중국의 민사판결을 승인한 사례가 있으나[52] 아직까지 중국이 한국법원이 선고한 판결을 승인하였다는 사례를 발견하지 못하였다. 비록 한국과 중국이 2005. 4. 27.부터 발효되는 「대한민국과 중화인민공화국간의 민사 및 상사사법공조조약」을 체결하였으나 동 조약의 적용범위는 재판상 서류의 송달, 증거조사, 중재판정의 승인 집행, 법률정보 또는 소송기록의 제공에 한정되고(제3조), 재판의 승인 집행에 관하여는 다루지 않고 있다.

저자가 대우로지스틱스 사건을 담당하면서 한국의 회생절차를 중국법원에 승인하기 위하여 중국변호사를 통하여 문의한바 양자간의 조약이 없으면 승인을 받기 어렵다는 회신을 받았다.[53] 따라서 한·중간의 판결승인 절차에 관한 양자 조약이 체결되기 전까지는 한국의 회생절차를 중국에서 인정받기는 어렵다.

7. 국제중재절차와 국제도산절차의 관계

국내에서 파산절차가 개시되면 국내의 중재절차도 중단된다는 견해가 있다.[54] 문제는 한국에서 회생절차가 개시된 경우에 외국에서 진행 중인 국제중재절차도 중단되는가 하는 점이다. 후자에 대하여는 아직 국제적으로 실무가 확립되었다고 보기는 어렵다. 파산절차의 개시와 국제중재절차의 관계에 대한 설명은 이 글에서

52) 서울지방법원 1999. 11. 5. 선고 99가합26523 판결. 위 판결에 대한 평석 및 중국에서의 외국판결 승인요건에 관한 분석으로는 석광현, "한국법원에서 제기된 중국법의 쟁점: 계약법, 불법행위법, 혼인법과 외국판결의 승인·집행을 중심으로," 법학 51권 3호(156호), 서울대학교 법학연구소(2010), 217-223면.

53) 중국의 기업파산법의 초안은 상대국간의 상호의 조약 또는 호혜의 관계를 요구하고 있고(제3항), 결론적으로는 양자간의 조약에 의한 승인이라고 하는 위 이태리 판결 승인 사건과 같은 입장을 유지하고 있다고 판단된다.

54) 오창석, "파산절차에 있어서 중재합의의 효력과 중재절차," 중재연구 제15권 제1호(2005. 3), 138면, 林治龍, 파산법연구 2, 박영사(2006), 119면. 반대설, 김경욱, "중재당사자의 파산이 중재절차에 미치는 영향: 국재중재·파산절차에 한하여," 민사소송 Vol. 10-2, 한국민사소송법학회(2006), 311면은 중재절차는 소송절차가 아니므로 도산절차의 개시로 인하여 국내중재절차는 중단되지 않는다는 독일의 통설을 따르고 있다.

생략하고,[55] 실무상 자주 등장하는 런던의 중재절차와 한국의 회생절차와의 관계에 대한 영국법원의 실무를 살펴보기로 한다.[56]

가. 영국중재절차의 중지명령

해운회사의 회생사건에서 회생절차와 국제중재절차의 충돌 현상은 아래와 같은 순서로 진행되는 것이 보통이다. 해운회사는 외국으로부터 선박을 매수하거나, 용선하여 이를 다시 재용선하는 구조를 통하여 영업을 하므로 외국회사 뿐 아니라 국내회사와 사이에서도 준거법을 영국법으로 정하고, 계약과 관련한 분쟁은 영국의 중재절차에 따르기로 하는 중재합의를 한다.[57] 해운회사에 대하여 한국에서 회생절차가 개시되면 외국채권자들은 먼저 미지급용선료 채권, 용선계약불이행을 이유로 손해배상채권을 회생채권으로 한국법원에 신고를 한다. 관리인이 회생채권의 존부 및 범위에 관하여 이의하면, 회생채권의 존부와 범위에 관하여는 외국채권자들은 종전의 중재합의에 따라 영국의 중재절차에 의하여 확정하여야 한다고 주장하고, 회생회사는 한국 내의 조사확정재판에 의하여야 한다고 다툰다. 회생회사의 관리인은 영국 법원에 한국의 회생절차의 승인과 영국에서 진행 중인 중재절차의 중지를 신청하면 영국 법원은 2009. 3. 12. 모델법을 국내 입법한 관련 법률[58]에 따라 한국의 회생절차가 모델법상의 주된 외국도산절차에 해당하고, 제20조 제1항에 따라 자동중지의 효력이 인정된다는 이유로[59] 영국에서 진행 중인 중재절차의 중지를 명한다. 회생법원은 중재절차의 결과를 기다리기 위하여 회생채권조사확정재판의 기일을 추정하거나 또는 영국의 중재절차와 무관하게 조사확

55) 林治龍, 파산법연구 2, 박영사(2006), 124-129면. 외국의 대표적인 책으로는 Vesna Lazic, Insolvency Proceedings and Commercial Arbitration, Kluwer International (1998).

56) 영국의 변호사가 법정 변론에서 국제도산과 국제중재에 관하여 자국의 판례 외에도 미국의 판례 및 미국 연방사법센터의 국제파산법에 관한 보고서를 근거로 인용하고 있을 만큼 미국 파산법은 영국에서도 그 영향력이 크다.

57) 구체적으로는 런던해사중재인협회(London Maritime Arbitrators Association, LMAA)의 해사중재절차를 지칭한다.

58) Cross-Border Insolvency Regulations 2006은 영국에, Cross-Border Insolvency Regulations 2007은 북아일랜드에 적용된다. 이하 영국의 법률 및 판례에 관한 설명은 Look Chan Ho, Smoothing Cross-Border Insolvency by Synchronising the UNCITRAL Model Law, Butterworths Journal of International Banking and Financial Law, 395-396 July/August 2009.

59) 영국의 국제도산법에 의하면 자동중지의 효력은 국내에만 미치고 해외에는 미치지 아니한다. 담보권자와 물권자는 자동중지의 효력에 복속하지 아니하므로 한국도산절차가 승인되더라도 여전히 영국에서 담보권을 실행할 수 있다.

정재판을 진행한다. 전자의 경우에는 영국의 중재판정 결과를 반영하여 회생채권 조사확정의 결정을 내린다.

나. 중지명령의 해제와 특별한 상황 이론

영국 정확히 잉글랜드와 웨일즈의 국제파산법은 모델법을 그대로 적용하는 것은 아니며 이를 국내법화하면서 약간의 수정을 한 것이다. 즉 The Cross-Border Insolvency Regulation 2006(CBIR이라 약칭한다) 제2조 제1항에서 모델법은 영국에서 CBIR에 첨부된 목록 1의 형태로 적용된다고 규정하고 있다. 목록 1은 사실상 모델법의 내용과 같으나 일부 영국 국내법의 내용을 준용하는 방식으로 되어 있다.[60] 제21조는 외국도산절차의 효과에 대하여 모델법과 같이 법원은 외국도산절차의 대표자의 신청에 따라 개별 소송 및 집행행위의 중지, 재산양도의 중지, 외국도산대표자에 대한 영국 소재 재산에 관한 관리처분권의 설정 등과 같은 효과를 부여하고 있다. 제21조(g)에서 그 외 1986년 파산법 부속 목록 B1 중 제43조에서 부여하는 구제명령을 포함하여 기타 부가적인 구제명령을 발령할 수 있다고 규정하고 있다.

재건절차인 관리명령(administration)에 관하여 부속목록 B1은 제1조부터 제116조까지 자세한 규정을 두고 있다. 부속목록 B1 제43조는 관리명령절차에 있는 회사를 대상으로 한 규정으로서 관리명령하의 회사에 대하여는 관리인(administrator)의 동의 또는 법원의 허가없이는 회사 재산에 대한 담보권행사의 금지, 소송, 압류 기타 법적인 절차의 금지를 규정하고 있다.

협의의 청산절차인 winding up에 관하여는 파산법 Insolvency Act 1986이 적용되며 청산절차의 개시 명령이 발하여지거나 발령 전 임시관재인(provisional liquidator)이 선임된 경우에는 회사 또는 회사의 재산에 대한 소송의 제기 또는 집행행위는 금지되며 다만 예외적으로 법원의 허가와 그 허가조건에 따라 절차가 개시 또는 속행된다.

따라서 청산절차 또는 관리명령절차하에 있는 회사에 대하여 소송을 제기하려면 법원의 허가를 받아야 하는 바, 법원은 특별한 상황(special circumstances)이 없으면 허가하지 않고 있다. 예컨대, 채무자에게 가스를 공급하던 채권자가 채무자의 관리명령절차개시가 계약의 조기 해제사유에 해당한다는 이유로 해제를 원

60) 영국 실무가는 부속 목록1(Schedule 1)을 British Model Law라고 부른다. Look Chan Ho, Cross-Border Insolvency, 99 Globe Law and Business (2009).

인으로 금원의 지급을 구하는 소송[61] 또는 회사의 근로자들이 1996년 고용법(Employments Rights)에 기하여 금원의 지급을 구하는 소송[62]에서 법원은 특별한 상황에 해당하지 않는다는 이유로 청구를 기각하였다.

그리하여 외국도산절차를 승인하고 중재절차의 중지를 명한 후 중재절차를 속행하고자 하는 경우에도 마찬가지로 법원의 허가를 받아야 하며 법원은 중재절차를 속행하는 것이 특별한 상황에 해당하느냐의 여부에 관한 기준에 따라 금지명령의 해제 여부를 결정한다.

다. 중재절차 금지명령의 해제 여부

먼저 법원이 특별한 상황에 속한다고 인정하는 예로서는 「1930년 보험자에 대한 제3자 권리법」(Third Parties (Rights Against Insures) Act 1930)에 기한 청구를 하기 위하여 먼저 제3자에 대하여 제기하는 소송이다. 위 법 제1조에 의하면 피보험자가 제3자를 위하여 책임보험을 가입하고 피보험자에 대하여 파산절차가 개시되면 피보험자의 보험자에 대한 권리는 제3자에게 양도되고 제3자가 보험자에 대하여 권리를 갖는다고 규정되어 있다. 제3자가 보험자에 대하여 권리를 행사하기 위해서는 전제조건으로 제3자가 피보험자를 상대로 하여 판결, 중재, 계약에 의하여 자신의 권리를 성립시켜야 한다. 그리하여 보통은 제3자가 「1930년 제3자법」에 기하여 파산절차가 개시된 채무자에 대한 소송을 제기하는 것이 예외적으로 허용된다는 것이 판례법이다.[63]

그리하여 한국의 회생절차가 개시된 삼선로직스 사건에서 영국법원은 일단 한국의 회생절차를 주된 절차로 승인하고 중재절차의 중지를 명하였다가 채권자들이 삼선로직스가 P&I club(Steamship Mutual)을 통하여 제공한 보증인수서(letters of undertaking(LOUs))의 집행을 위하여 삼선로직스를 상대로 한 중재절차의 신청을 허가하였다.

다른 사건에서 법원은 오스트리아에서 청산절차가 진행 중인 회사와 다른 다수의 피고들이 공동피고가 되고, 재보험계약에서 유래되는 당해 청구권이 당사자들간에 서로 얽혀진 경우로서, 재판기일이 임박한 경우에는 특별한 상황에 있다고 보아 청산한 외국 회사를 상대로 한 소송의 제기를 허가한 바 있다.[64]

---

61) AES Barry Ltd v. TXU Europe Trading Ltd [2005] 2 BCLC 22.
62) Unite the Union v Nortel Networks UK Ltd [2010] 2 BCLC 674.
63) Re Back [1998] 1 BCLE 485 and Re Davies [1997] BPIR 619.
64) New Cap Reinsurance Corp. Ltd v HIH Casualty and General Insurance Ltd [2002] 2

그 외 수백 명의 원고가 영국 내에서 청산 중인 회사를 포함하여 다수의 공동피고가 관련된 소송에서 법원은, 쟁점이 중복되며 만일 청산한 회사에 대한 소송금지가 계속되어 청산회사를 제외한 나머지 피고들만을 상대로 한 재판이 진행된다면 판결의 결과가 불일치할 사정이 있는 경우, 모든 쟁점이 상사법원에서 심리될 필요가 있다는 이유로 법원이 금지명령을 해제하였다.[65]

영국에서는 해상사건이 런던 중재절차에 의하는 경우가 많으므로 외국의 파산절차와 자국의 중재절차의 관계에 대한 판례법이 형성되어 있다. 일단 외국의 도산절차가 모델법상의 주절차에 해당한다고 판단되면 이를 승인결정하고, 그에 따라 자국의 소송 및 중재절차의 중지를 명하고 있다. 대체로 중재절차에 회생기업과 특정 채권자만이 관여하고 중재판정의 내용이 양자의 권리관계에 한정하여 영향을 미치는 사안의 경우에는 외국의 도산절차를 존중하여 중재절차의 중지명령을 발하고 이를 그대로 유지하는 경향이 있다.

그러나 중재절차에 제 3 자가 관여하게 되거나 또는 중재판정의 결과에 따라 영국 내의 제 3 자(보통의 P&I Club)의 법률관계에 영향을 미치게 되고 영국 내에서 권리구제가 가능하다고 판단되는 경우에는 중재절차의 중지명령을 취소하고 속행을 명하고 있다. 아래에서는 대표적인 판례[66]를 소개한다.

ASSA(Armada Shipping SA)는 선박소유자 CBCL(Cosco Bulk Carrier Co Ltd)로부터 Spar Sirius라는 선박에 관하여 정기용선계약을 체결하고 다시 이를 STX

BCLC 228.

65) Bourne v Charit-Email Technology Partnership LLP [2010] 1 BCLC 210.

66) Cosco Bulk Carrier Co. Ltd v Armada Shipping SA [2011] EWHC 219 (Ch). 파산사건에 관한 판결을 인용하면서 사용되는 EWHC라 함은 High Court of England and Wales의 약자이다. 이 판결은 2011. 2. 11. 선고된 영국 형평부의 회사법원 판결이다. 영국의 High Court라 함은 Court of Appeal 및 Crown Court와 함께 영국의 3대 상급법원의 하나이다. High Court는 중요 사건의 제 1 심이자 Magistrate court와 같은 하급법원의 상소법원이다. High Court 내에는 다시 3개의 부가 있다. Queen's Bench Division (일명 Divisional Court), Chancery Division과 Family Division이다. 다시 형평부(Chancery Division)는 형평법과 관련된 기업법, 신탁법, 유언검인법 및 토지법에 관한 사건을 관할한다. 형평부 내에는 회사법원과 특허법원의 전문법원이 있다. 파산 사건은 형평부 내의 회사법원이 관할한다. 회사법원은 1명의 법관이 주재한다. 외국도산절차의 승인명령과 금지명령의 해제 등의 사건은 모두 회사법원의 법관이 재판한다. 법관에 대한 호칭은 My Lord이며 남작의 지위와 은퇴 후 연금수령의 혜택을 받는다. 저자가 2011년 8월 전문가 증인으로서 증언한 Cosco Bulk Carrier Co. Ltd 대 대한해운의 공동관리인 사건(IN THE MATTER OF KOREAN CORPORATION AND IN THE MATTER OF THE CROSS-BORDER INSOLVENCY REGULATION 2006)에서 상사법원은 저자에 대하여 이틀에 걸쳐 증인 신문을 하는 등 한국 회생절차의 승인의 효과와 런던중재절차의 중지명령의 해제 여부에 대하여 매우 신중하게 심리하였다. 후에 확인한 바 이 사건은 화해로 종결되었다고 한다.

Pan Ocean에게 재용선하였다. 두 용선계약은 모두 준거법을 영국법으로, 분쟁해결은 런던에서 중재절차에 의하기로 하는 조항을 두었다. 정기용선계약에는 선박소유자가 재운임(sub-freight)에 대하여 담보권(lien)을 행사할 수 있는 조항을 두었다. ASSA가 CBCL에 대하여 지급할 용선료를 지체하자 CBCL은 재용선계약에 기하여 STX가 ASSA에게 지급할 재용선료 채권에 대하여 담보권을 주장하였다.

CBCL과 ASSA간에 STX가 부담하는 재용선료 채권이 누구에게 귀속되느냐를 둘러싸고 분쟁이 발생하였다. 먼저 CBCL이 STX를 상대로 중재절차(제1중재)를 시작하면서 ASSA를 중재당사자로 들어올 것을 요청하였다. 그러자 STX가 ASSA를 상대로 중재절차(제2중재)를 신청하였다. ASSA에 대하여 이미 스위스에서 파산절차가 개시된 상태이므로 ASSA는 모델법에 따라 영국에서 승인결정을 받았다. CBCL은 법원에 본소로서 제1중재절차는 중단되지 아니한다는 확인을 구하고 ASSA는 반소로서 제1중재절차의 중지를 구하였다. 중재절차에 여러 가지 쟁점 중 가장 중요한 것은 선박소유자의 재용선 화물에 대한 담보권이 재용선계약에 기한 재용선료에도 미치는가 하는 점이다.[67] CBCL은 현재의 분쟁이 제1중재에서 ASSA가 당사자로 추가하여 해결되어야 한다고 주장하였다. ASSA는 현재의 분쟁이 스위스 파산법원에서 해결되는 것이 공정·형평 및 소송경제에 부합한다고 주장하였다. 선택적으로 제1중재에서 ASSA를 당사자로 편입시키지 않은 채 쟁점에 대하여 심리하는 것이 보다 공정하다고 주장하였다.

영국의 Hight Court는 스위스의 파산절차를 승인하였더라도 이 사건의 분쟁은 런던에서 중재절차에서 해결되는 것이 적절하다고 판시하였다. 그 이유로는 첫째, 이 사건의 쟁점은 CBCL의 ASSA에 대한 채권의 존부가 아니라 STX가 ASSA에 대하여 부담하는 운송료채무라는 유일한 재산과 관련한 재산상 또는 계약상의 권리에 관한 것이다. 둘째, ASSA과 STX는 정기용선계약에서 CBCL의 담보권에 관한 분쟁은 영국법에 따라 런던 중재절차에 의하여 해결되기로 약정하였다. 셋째, 재운임(sub-freight)과 재용선료(sub-hire)에 대한 담보권의 효력이라는 법적인 쟁점의 중요성에 비추어 스위스 파산법원에 의하여 만족스럽게 해결될 가능성이 없고, 어차피 중재판정에 대한 불복이 예상되고 이는 영국 법원에 의하여 다루어질 가능성이 크기 때문이다. 넷째, 이상의 요소를 고려하여 공평, 편의 및 형평을 비교형량하면 중재절차에 의한 분쟁해결 쪽이 더 우호적이다.

---

67) 이 쟁점은 아직도 영국에서 명확하게 해결된 것은 아니다. 1979년 판결 이후 2001년까지 서로 상반된 다수의 판례가 선고되었다.

8. 외국조세채권의 내국도산절차에서의 지위

가. 국내도산절차에서 조세채권의 우선성

국내의 조세채권은 우선성이 인정되므로 회생절차나 파산절차에서 여러 가지 특칙이 인정된다.[68] 또한 조세채권은 파산절차에서는 재단채권, 회생절차에서는 일정 범위 내에서 공익채권으로 취급된다. 파산선고가 개시되면 파산채권에 기한 경매절차는 실효되지만 이미 이루어진 체납처분은 파산절차와 관계없이 체납처분을 속행할 수 있다(채무자회생법 제349조).[69] 조세채권에 기한 체납처분은 일반 회생채권에 기한 집행절차와 같이 중지되지만 그 중지 기간에 대하여는 최장 3년을 넘을 수 없는 시기적 제한이 있다(채무자회생법 제58조).

회생절차에서 채무자가 위기시에 조세 등의 청구권에 대하여 변제 또는 담보를 제공한 경우에는 편파행위의 부인의 적용을 제외한다(채무자회생법 100조 제2항). 조세채권은 파산절차에서 비면책채권으로 취급된다(채무자회생법 제566조). 회생절차에서는 회생채권인 조세채권은 징수권자의 동의가 없는 한 일부 면제 등의 권리변경을 정하는 조항을 계획에 둘 수 없다.[70] 공익채권인 조세채권은 회생절차에 의하지 아니하고 수시로 변제하여야 한다(채무자회생법 제180조).

나. 국내도산절차에서 외국조세채권의 지위

외국조세채권에 대하여 양국간에 조세채권의 징수에 관한 협약없이 일반적으로 국내조세채권과 같이 징수의 우선순위와 같은 우선권을 인정하는 것은 주권의 침해이므로 원칙적으로 외국조세채권은 일반파산채권 또는 일반회생채권으로 취급할 수밖에 없다. 도산절차의 채무자가 외국조세채권에 대하여 면책허가결정을 받은 경우, 외국조세채권에도 면책의 효력이 생긴다. 또한 회생계획에서는 외국조세채권에 대하여 일반회생채권으로 취급하여 다른 조의 권리자와 사이에 공정하고 형평한 차등을 두고 일부 면제를 포함하여 권리변경을 정할 수 있다. 회생절차에서 외국조세채권에 대한 채권신고가 없으면 외국조세채권에 대하여 면책의 효

68) 판례에 나타난 회생절차에서 조세채권의 취급에 관하여는 林治龍, 파산법연구 3, 박영사 (2011), 157-197면.

69) 일본 파산법 제100조 제2항 제1호도 같은 내용이다.

70) 일본 회사갱생법은 갱생채권인 조세채권이라도 포탈 등으로 형에 처하여지거나 또는 통고처분을 받은 경우에는 그 포탈한 조세 등의 청구권으로서 신고하지 않더라도 면책의 효력이 미치지 아니한다(회사갱생법 제204조 제4호).

력이 발생한다. 파산절차에서도 외국조세채권은 면책된다. 부인권의 배제조항도 적용되지 아니하므로 관리인은 외국정부를 상대로 채무자가 편파변제를 한 경우에는 부인권을 주장할 수 있다. 다만, 외국정부를 상대로 부인소송을 제기하기 위해서는 재판권, 국가재판관할 등의 면제가 발생할 수 있다.

그러나 이상의 논의는 외국조세채권을 국내도산절차에서 어떻게 취급할 것인지의 문제이지 조세채권이 외국의 근거법률에 기하여 소멸하는가의 문제는 당해 외국의 근거 법률에 의하여 결정될 문제이다. 채무자에 대한 외국조세채권의 소멸, 감액, 변제기의 연장 등은 외국의 법률에 의하여 결정될 문제이다.[71] 도산절차에서 외국조세채권의 감면 또는 변제기의 연장의 효과는 한국 내에 소재하는 채무자의 재산에 미치는 속지적인 효력을 갖는 데에 불과하다. 따라서 외국과 한국간에 조세의 징수를 위한 공조조약이 체결된다고 하더라도 채무자에 대하여 도산절차가 개시되어 도산절차에서 이루어진 조세채권 변경의 효력은 국내에 소재하는 채무자의 재산에만 미치므로 공조조약 역시 도산절차의 효력의 제한을 받는다. 한국과 일본은 공히 2010년 다자간 조세행정공조협약(Convention on Mutual Administrative Assistance in Tax Matters)[72]에 가입하였다.

다. 외국조세채권의 감면조항과 승인결정

외국의 파산법에 의하여 조세채권에 대하여는 파산절차에서 감경 또는 면제가 불가능하다면 설령 한국의 회생절차에서 외국조세채권을 일반회생채권으로 취급하여 감액하여 인가한 회생계획안에 대하여는 외국 법원이 공서에 위반됨을 이유로 승인을 거부할 가능성이 있다.

반대로 미국 파산법 제11장 사건에서 채무자가 제출한 계획안에 한국정부에

71) 松下淳一, "外國租稅債權の徵收共助と倒産法の整備," 金融法務事情 No. 1941 (2012년 3월 10일), 100-102면.

72) 협약은 OECD 회원국 중심의 조세행정에 관한 정보 교환과 징수협조를 목적으로 하는 다자간 협약으로 한국이 가입함으로써 현재 34개국이 가입하였다. 2012. 2. 27. 국회비준이 완료되었으며 2012년 6월경부터 발효될 예정이다. 대상인 조세는 직접세, 간접세, 사회보험금인바 한국은 지방세와 사회보장기여금에 대하여는 정보교환대상 조세에서 제외하였다. 이 조약에 가입함으로써 정보교환 및 조세채권 회수를 위한 징수협조가 가능하게 되었다. 동 협약 제2장 제11조 제1항은 신청국의 요청이 있으면 피요청국은 마치 신청국의 조세채권이 마치 자국의 조세채권인 것과 마찬가지로 조세채권의 회수에 필요한 조치를 취하여야 한다고 규정하고 있다. 동 조항의 해석과 관련하여 외국의 조세채권에 대하여도 국내조세채권과 같은 실체법상의 우선권을 채무자회생법에서 부여할 것인지 여부가 해결되어야 한다. 이미 일본에서는 이에 관한 연구회가 설립되어 연구를 마치고 보고서가 제출되었다. 보고서와 그에 대한 평가에 대하여는 松下淳一, 앞의 글, 100-115면.

부담하는 조세채무를 감면하거나 또는 변제기의 연장을 내용으로 하는 조항을 둔 계획안이 가결되고 아직 제11장 사건이 종결되기 이전에 미국 파산절차의 대표자가 미국파산 절차의 승인을 한국에 신청하였다고 하자. 미국 파산법 제11장 사건의 절차가 채무자회생법상의 외국도산절차에 해당한다면 비록 한국 조세당국의 조세채권의 내용이 채무자회생법의 내용과 달리 한국의 조세당국에 불리하게 변경되었다고 하더라도 이를 이유로 미국의 제11장 사건에 관한 파산절차의 승인을 거부하는 것은 타당하지 않다. 즉 한국의 조세당국이 갖는 조세채권에 관한 부분을 제외한 나머지 부분이 승인거절사유에 해당하지 않는 한 일단 승인결정을 한 후 조세채권에 관한 부분을 제외한 나머지 권리관계(채권자에 의한 강제집행, 임의경매의 중단, 취소 등)에 관하여는 개별적인 지원처분을 발하면 족하다. 한국의 조세당국이 채무자가 소유하는 국내 재산에 대하여 체납처분을 하는 데에 대하여 채무자가 미국 파산절차에서 인가된 계획안의 면책효력을 주장하면 그 때 공서에 위반된다는 이유로 면책효력을 부정하면 족하다. 다시 말하여 만일 계획안이 확정되고 제11장 사건이 종료되었다면 민사소송법상의 외국 판결 승인절차에 관한 법리에 의하여 면책의 효력을 부정한다는 뜻이다.

우리나라 최초의 국제도산절차의 승인사건인 토드 오 사건에서 채무자가 미국의 파산절차의 승인신청을 할 당시 법원은 미국 제11장 사건의 계획안에서 한국 조세당국의 조세채권에 대하여 일부 감액한 내용을 문제 삼아 채무자가 먼저 한국 정부에 부담하는 조세채권을 변제하여야 재판부가 승인결정을 하겠다고 하여 채무자가 부득이 먼저 조세채권을 변제한 후에 승인결정을 받았다. 그러나 승인결정 단계에서 계획안에 삽입된 국내조세채권의 감경 또는 면제를 이유로 승인결정을 거부하는 것은 과도한 國庫主義의 표현이다. 일단 승인신청을 받아들여 승인결정을 인용하고 후에 국내조세채권의 집행단계에서 채무자가 조세채권의 면책을 주장하면 외국판결 승인의 법리에 기하여 공서문제로 다루면 충분하다. 어차피 승인결정만으로는 실체법상 어떠한 법률효과를 부여하고 있지 않는 현재의 채무자 회생법하에서는 승인결정을 거부할 명분이 없다고 생각한다.

9. 결 론

2008국지1호 사건에서 법원은 미국 파산절차의 면책효력을 인정하는 것이 공서양속에 반한다고 결정하였는바, 이러한 실무 운영이 보편주의를 지향하는 국제도산법의 주된 흐름에 역행하는 것으로 비쳐질까 염려[73)]할 정도로 법원은 국제도산사건의 실무를 국제적인 기준에 맞추기 위한 노력을 경주하고 있다. 법원은 미국 파산법 제11장 사건의 지원처분의 일환으로 국제도산관리인을 선임하면서 국내 변호사를 선임하지 않고 외국도산절차의 대표자를 국제도산관리인으로 선임하고 있다. 이러한 실무 운영은 국제적인 기준에도 맞고 앞으로 한국에서 진행되는 외국도산절차의 승인사건에 있어서 예측가능성을 높여 준다는 점에서 환영할 만하다. 또한 외국면책재판을 승인함에 있어 별도로 승인결정이나 면책의 지원처분 없이 민사소송법 제217조의 외국판결의 승인제도를 유추할 수 있다고 판시함으로써 이 점을 둘러싼 그 동안의 실무상 혼란을 정리하였다.[74)]

다만 상계의 준거법을 비롯하여 국제파산법의 준거법을 정하는 사건에 관하여는 국제사법의 쟁점을 고려하여 보다 면밀한 분석이 필요하다. 국제중재절차와 국제도산에 관하여는 영국과 미국 국제도산에 관한 판례법의 동향을 예의 주시하고 양 절차의 우열 관계에 대한 국제적인 기준에 실무를 맞추도록 하여야 한다. 외국조세채권에 대하여는 한국도 이미 외국조세채권의 징수 공조 조약에 가입하였으므로 조약의 가입이 채무자회생법에 미치는 영향에 관한 검토가 시급하게 되었다. 외국도산절차의 대표자의 국내에서의 권한과 관련하여 발생하는 실무상의 문제에 대하여는 앞으로 실무가 굳어지고 문제점이 발견되면, 근본적으로 미국, 영국 등과 같이 모델법의 내용에 충실한 방향으로 채무자회생법을 개정함으로써 그 문제를 해결하는 것이 타당하다.

BFL 제53호(2012년 5월호), 55-76면 소재

73) 민정석, "통합도산법 시행 이후 신청된 국제도산 사건의 현황과 쟁점, 전망," 국제법률심포지엄 자료집, (2009), 17면. "한 가지 염려되는 것은 위 2008년의 지원처분 신청사건에서와 같이 외국도산절차에서의 면책의 효력을 국내에 미치게 하는 것이 대한민국의 공서양속에 반한다고 결정함으로써 보편주의를 지향하는 국제도산법의 주된 흐름에 역행하는 것처럼 비칠 수 있다는 것이다."

74) 대법원 2010. 3. 25.자 2009마1600 결정(공 2010, 815). 이 결정 이전의 학설 대립에 대하여는 오영준, "채무자 회생 및 파산에 관한 법률하에서 외국도산절차에서 이루어진 외국법원의 면책재판 등의 승인," 대법원판례해설 제83호(2010년), 603-655면.

信用協同組合의 破産과 法律關係

1. 금융기관 파산의 특성

1997년 경제위기 이후에 은행, 증권회사, 상호신용금고, 리스회사 등이 파산하여 금융기관의 파산사건이 급증하게 되었다. 정부는 금융기관의 파산을 규율하기 위하여 마련되어 있던 「금융산업의 구조개선에 관한 법률」[1]('금산법')과 예금자보호법을 수회 개정하고 2000. 1. 21. 공적자금관리특별법('공특법')을 제정하여 동 법률이 제공하는 조치(자본감소, 임원에 대한 직무정지, 자산양도, 합병, 파산신청)를 통하여 금융기관의 퇴출작업을 강력하게 진행하였다. 신용협동조합('신협')은 「금산법」 소정의 금융기관에 해당하지 아니하므로 「금산법」상 파산절차에 관한 특례규정(제4장 금융기관의 청산 및 파산에 관한 제15조 이하 제23조)의 적용을 받지 아니한다. 그럼에도 불구하고 광의의 금융기관에 속하므로 신용협동조합법('신협법') 내에 파산신청과 파산관재인 추천에 관한 특칙 2개조[2]를 규정하고 있다.

---

* 이 글을 작성함에 있어 자료협조와 설명을 하여 준 금융위원회의 김연준 사무관에게 감사드립니다.

1) 금산법상 부실금융기관 처리규정의 개요에 대하여는 조정래 · 박진표, "금융산업의구조개선에관한법률의 개선방안," BFL 제7호(2004. 9), 43-55면 참조.

2) 금융위원회에게 파산신청권을 부여한 제88조와 파산관재인의 추천권을 부여한 제88조의2이다.

일반적으로 금융기관 파산의 특징으로는 조기파산을 예방하기 위하여 금융감독기구에 대한 광범위한 재량권한의 부여3)와 금융감독기구에 대한 파산절차의 참여권한 부여, 예금자를 보호하기 위한 예금보험금 등 공적자금의 투입, 부실책임자에 대한 책임추궁 등이 거론되고 있다.4) 아래에서는 금융기관 중 신협에 대하여 파산이 선고된 경우로 한정하여 저자가 서강신협5)의 파산관재인으로 파산재단의 업무를 처리하면서 실무상 부딪친 문제점을 파산신청시점부터 순차적으로 설명하고 앞으로의 개선책을 제시하고자 한다.

2. 신협에 대한 파산신청권자와 비용부담

가. 신청권자

신협은 상인이 아니라 비영리법인이다.6) 따라서 「채무자 회생 및 파산에 관한 법률」('채무자회생법')상의 법인에 대한 일반적 파산원인(채무초과 또는 지급불능)에 해당하면 채권자 또는 채무자가 파산신청할 수 있다. 한편 신협도 금융기관이고 금융감독기관의 감독을 받고 있으므로 신청권자에 대한 특례가 있다. 신협법 제88조에 의하면 금융위원회는 경영관리를 받는 조합에 대하여 재산실사 결과 채무초과상태에 있는 경우로서 조합을 합병하고자 하는 조합이 없거나 신협중앙회가 자금을 대출하더라도 3년 이내에 경영정상화가 곤란한 때 또는 계약이전의 결정에 따라 부실조합의 계약이전이 이루어진 때에는 조합의 주사무소 소재지를 관할하는 지방법원에 파산신청을 할 수 있다.7) 실무상은 금융위원회가 아니라 금융

3) 헌법재판소는 금산법상의 자본감소, 신주발행 및 감자에 관한 조항(제12조 제2 내지 제4항), 중요재산처분에 관한 조항(제11조 제1항, 제14조 제2항), 관리인 선임에 관한 조항(제10조 제1항 제4호, 제14조의3)에 관한 위헌주장을 모두 배척하였다. 권순일, "부실금융기관의 처리에 관한 쟁송," BFL 제7호(2004. 9), 57-80면.

4) 정혁진, "금융기관 파산의 특성-예금자보호법을 중심으로," BFL 제7호(2004. 9), 11-14면. 일본의 논의도 대동소이하다. 伊藤眞, 金融機關 倒産處理法制, 高木新二郎·伊藤眞, 編集代表, 講座 倒産の法システム 第4巻, 日本評論社(2006). 256-257면. 일본의 은행도산에 관한 최근 논의로는 모리시타 데츠오(森下哲郎), "은행도산에 관한 국제적 논의와 일본법의 과제," BFL 제50호(2011. 11), 70-90면 참조.

5) 파산신청서에 의하면 파산신청 당시 서강신협의 조합원은 7,358명, 부채 약 503억, 자산 약 359억 원으로 채무초과상태에 있었다.

6) 대구지방법원 1991. 6. 14. 선고 90나9085 판결 참조. 한편 수산업협동조합이 상인이 아니라는 판례로는 대법원 2001. 1. 5. 선고 2000다50817 판결(공 2001, 434).

7) 최초에는 금융감독위원회에게 파산신청권한이 부여되어 있었다. 2008. 2. 29. 개정되면서 금융위원회에게 권한이 부여되는 것으로 개정되었다.

감독원장이 파산신청을 하는 경우가 대부분이다. 그 이유는 금융위원회는 정부기관으로 공무원의 수가 적어 업무부담이 무거우므로 비정부기관인 금융감독위원회에 업무를 위탁할 필요성이 크기 때문이다. 이를 반영하여 신협법 제96조, 신협법 시행령 제24조 제1항 제12호에 따라 금융위원회의 파산신청에 관한 권한은 금융감독원장에게 위탁되어 있다. 그리고 금융감독원은 민법상의 법인으로서 직원 1인을 신협의 파산신청관련 일체의 행위를 할 수 있는 권한을 부여하여 대리인으로 등기부에 등재하였다. 서강신협의 경우도 대리인이 금융감독원장을 대리하여 파산신청을 하였다.

이상을 종합하면, 신협에 대한 파산원인은 채무자회생법상의 보통파산원인(제305조)과 법인의 파산원인(제306조)에 해당하면 이해관계인이 파산신청을 할 수 있으나 금융위원회가 파산신청을 하기 위하여는 절차적으로는 먼저 신협법 제86조에 의하여 금융위원회가 관리인을 선임하여 경영관리를 받는 절차가 선행되어야 한다.

나. 비용부담

구 파산법에는 파산신청인이 채무자인 경우 비용예납의무에 관한 규정이 없었으나(구 파산법 제129조) 채무자회생법은 채권자가 신청하는 경우 뿐 아니라 채무자가 신청하는 경우에도 예납의무를 부과하고 있다(제303조). 불이행시에는 파산신청의 기각사유가 된다(제309조 제1항 제1호). 그러나 금융감독원장은 감독기관으로서 공익을 수행하기 위하여 파산신청하는 것이지 채권자의 지위에서 배당을 받으려고 파산신청을 하는 것은 아니다. 그리하여 1997년 경제위기 당시에도 금융감독위원회로부터 위탁받아 신협을 상대로 파산신청한 신용관리기금이사장에게 법원이 예납명령을 내렸다가 공익목적의 파산신청이라는 이의를 받아들여 예납결정을 취소하고 채무자로부터 비용예납을 받은 선례가 있다.[8] 서강신협 사건의 경우에도 금융감독위원장의 대리인이 파산신청 비용을 부담할 수 없으니 서강신협의 부담으로 하여 달라고 신청하여 신청인의 비용 예납없이 파산이 선고되었다.

다. 신협법상의 경영관리인의 법적 지위

파산관재인은 법원이 선임하며 파산법인의 재산에 관하여 관리처분권을 취득

8) 徐慶桓, "金融機關의 破産과 관련한 실무상 문제점," 파산법의 제문제[하], 法院圖書館(1999), 47면.

한다. 파산관재인의 법적 지위에 관하여는 여러 학설[9]이 있으나 파산 법인의 대표자가 아님은 명백하다. 한편, 신협법상의 관리인은 금융위원회에 의하여 선임 또는 해임될 수 있다(제86조, 제96조의2 제4항). 관리인은 선임목적에 따라 조합의 업무를 집행하고 재산의 관리처분권한을 가지며 조합의 재산현황을 조사하고 필요한 경우에는 불법·부실 대출에 관여한 임·직원의 재산에 대하여 가압류 등 필요한 조치를 할 수 있다(제86조의2). 관리인의 보수는 금융위원회가 정하며, 관리인이 수인인 경우, 관리인의 선관주의의무, 관리인대리에 관하여는 채무자회생법 제360조 내지 제362조를 준용한다. 그러나 파산재단에 관한 소송에서 당사자적격이 인정된다는 채무자회생법 제359조는 준용되지 아니한다. 관리인은 임원의 직무를 정지하고 조합의 재산상황을 조사하여 조합이 합병되거나 계약이전결정에 따라 조합의 재산이 이루어질 때 또는 파산선고시까지 조합의 업무를 경영하는 등 한시적인 업무를 수행한다. 그러한 점에서 파산관재인과 법적 지위가 다르다. 따라서 경영관리기관 중에 있는 신협을 상대로 소송을 제기하기 위하여는 신협을 당사자로 삼아야 하고 관리인을 당사자로 삼을 수 없다.[10]

3. 신협에 대한 파산선고

가. 파산선고의 일시

통상 금융위원회가 부실신협에 대하여 신협법 제87조 제2항에 따라 영업정지를 결정하면 신협이 정상화될 수 있는지 여부에 관하여는 영업정지 후 제86조에 의하여 파견된 관리인이 부실의 규모를 파악하고, 부실의 원인이 된 임직원의 위법 부당한 행위를 조사하여 필요시 형사고발 또는 민사소송을 제기하고 계약이전결정의 가능성 여부 등을 조사하게 된다. 관리인이 부실 등의 정도가 심하여 경

---

9) 대리설, 직무설, 파산재단대표설, 관리기구인격설 등이다. 자세한 내용에 대하여는 전병서, 도산법 제2판, 법문사(2007), 91-92면.

10) 同旨, 日本 最高裁判所 平成 15. 6. 12. 判決은 '金融機關の再生のために緊急措置に關する法律'('金融再生法')에 의하여 金融再生委員會가 선임한 신용협동조합의 金融整理管財人에 관하여 金融再生法에 당사자적격, 소의 중단 및 수계에 관한 규정을 두고 있지 아니하므로 金融整理管財人은 신용협동조합을 대표하여 업무집행 및 관리처분권한을 갖는 것이지 피관리금융기관이 재산에 대한 관리처분권을 잃고 金融整理管財人이 대신하여 관리처분권을 갖는 것이 아니라는 이유로 조합원이 신협임원을 상대로 책임을 추궁하는 대표소송을 제기하거나 추행할 권한을 상실하는 것이 아니라고 판시하였다. 이 판결에 대한 평석으로는 佐藤鐵男, "金融整理管財人の法的地位と代表訴訟," 民商法雜誌(2003. 10), 240-255면. 일본의 신용협동조합법에는 조합원에게 대표소송에 관한 상법을 준용하는 조항을 두고 있으나 한국의 신협법에는 그러한 내용이 없고 이사 및 감사 회사에 대한 책임 조항을 준용하고 있다.

영회복이 불가능하다고 판단하는 경우 파산의 의견을 제시하게 되고, 금융위원회는 관리인의 의견을 검토하여 파산신청을 한다.

관리인은 예금주와 예금액의 규모를 조사하여 예탁금보호조치로서 중앙회가 설치운영하는 신용협동조합예금자보험기금을 통하여 조합원들에게 예탁금을 지급하게 된다. 대지급과 관련한 많은 금융상의 업무처리가 잔존하게 되고 대지급이 종료된 후 부실 신협의 부채 규모가 확정(대차대조표상의 부채와 실제 대지급 하게 되는 부채와는 다소 차이가 발생함)되게 되므로 적어도 예금대지급 기한이 경과한 후에 파산선고가 결정되어야 파산재단이 부담하여야 할 부채 등의 규모를 파악할 수 있다.

서강신협의 경우 예탁금대지급 기간이 만료되기 이전에 법원으로부터 파산선고가 결정되어 경영관리 기간과 파산관재업무의 개시기간이 중복되었고 이로 인해 경영관리인과 파산관재인과의 업무 인수인계를 둘러싸고 양자간의 책임의 귀속문제[11]가 발생할 우려가 있었다. 따라서 신협에 대한 파산선고는 가급적이면 관리인의 예탁금지급업무, 부실임원에 대한 조사와 그 마무리 작업(중앙회 및 감독기관에 대한 보고)이 종료된 후 파산선고가 이루어지는 것이 바람직하다. 또한 보관중인 현금 등을 은행에 예금하는 등 관재업무의 안전한 인수인계를 위해서는 오전에 파산선고를 하는 것이 편리하다.

나. 파산선고 사실의 등기촉탁

파산이 선고되면 법원사무관 등은 파산선고 사실 및 파산관재인의 선임사실을 법인 채무자의 사무소 및 영업소 소재지 등기소에 파산선고의 기입등기(제23조 제1항)와 파산관재인 선임등기(제23조 제3항)를 촉탁한다. 파산관재인의 인감신고를 법원에 신고하면 법원이 등기소에 인감등록을 촉탁한다. 그런데 신협은 상인이 아니므로 서울중앙지방법원의 상업등기소가 아니라 본점소재지인 서부지방법원에 등기촉탁을 하여야 한다.[12] 그러나 신협도 상호저축은행과 같은 금융기관으로 오

---

11) 예를 들면, 대지급에 따른 과거 신협의 업무 중 파산관재인이 처리해야하는 대표적인 문제로는, 보험금지급대행기관(인근에 소재하는 2개의 신협)과의 관계, 보험금지급에 따른 전산처리상의 문제, 대지급 수령, 통장을 분실한 예금주의 확인업무 등을 들 수 있다. 대지급 기간 중에 파산이 선고되어 경영관리인이 철수하고 경영관리인이 처리하여야 할 상기 업무를 아직 금융실무에 익숙하지 아니한 파산관재인이 인수하게 됨에 따른 위험 부담이 발생하였다.

12) 상업등기법 제2조는 상업등기는 상인에 관한 일정한 사항을 등기부에 기록하는 것 또는 기록 그 자체를 말한다고 규정하고 있다. 등기소의 설치와 관할구역에 관한 규칙 제4조 제

해하기가 쉽다. 실제로 서강신협이 파산선고를 받은 후 법원사무관이 중부상업등기소에 등기촉탁과 인감촉탁을 하여 인감증명과 통장개설이 상당 기간 늦어졌다.

4. 금융기관 파산과 파산관재인의 선임권한의 연혁

가. 공적자금관리특별법 제정 전의 금융기관의 파산과 파산관재인 선임

2000. 1. 21. 개정 전의 「금산법」 제15조 제1항[13]은 금융기관이 파산한 경우 금융감독위원회[14]의 파산관재인 추천권 및 법원의 선임의무를 규정하였다. 2000. 1. 21. 제15조가 개정되어[15] 금융감독위원회가 추천한 자로서 금융관련 업무지식이 풍부하며 파산관재인의 직무를 효율적으로 수행하기에 적합하다고 인정되는 때에는 법원이 그를 파산관재인으로 선임하도록 변경되었다. 그러나 조항의 규정형식으로는 여전히 법원에 대하여 피추천자가 파산관재인의 직무를 효율적으로 수행하기에 적합하다고 인정되는 여부에 대한 판단권한을 부여하고 있다.

금융감독위원회는 금융기관의 파산사건이 적을 때에는 변호사를 파산관재인으로 추천하였으나 금융위기 이후에 금융기관의 파산사건의 숫자가 급격하게 증가함에 따라 소정의 교육을 마친 금융기관의 퇴직한 직원들을 파산관재인으로 추천하였다.[16] 이에 법원은 제15조 제1항에서 규정한 '특별한 사유의 존부' 또는 '직무를 효율적으로 수행하기에 적합한지 여부'에 대한 심리를 통하여 금융감독위

1항.

13) 「금산법」 제15조(청산인 또는 파산관재인) ① 금융기관이 해산 또는 파산되는 때에는 금융감독위원회는 상법 제531조 및 파산법 제147조의 규정에 불구하고 청산인 또는 파산관재인을 법원에 추천할 수 있으며, 법원은 특별한 사유가 없는 한 금융감독위원회가 추천한 자를 예금보험공사의 의견을 들어 청산인 또는 파산관재인으로 선임하여야 한다. 다만, 제2조 제1호 각목에 규정된 법률에서 청산인 또는 파산관재인을 지정하거나 그 선임방법을 정하고 있는 경우에는 당해 법률이 정하는 바에 의한다.

14) 정부조직의 변경으로 현행법은 금융위원회에게 권한을 부여하였다.

15) 「금산법」 제15조(청산인 또는 파산관재인) ① 금융감독위원회는 금융기관이 해산 또는 파산한 때에는 상법 제531조 및 파산법 제147조의 규정에 불구하고 다음 각호의 자 중에서 1인을 청산인 또는 파산관재인으로 추천할 수 있으며, 법원은 금융감독위원회가 추천한 자가 금융관련 업무지식이 풍부하며 청산인 또는 파산관재인의 직무를 효율적으로 수행하기에 적합하다고 인정되는 때에는 청산인 또는 파산관재인으로 선임하여야 한다. 이 경우 금융감독위원회는 당해 금융기관이 예금자보호법 제2조 제1호의 규정에 의한 부보금융기관으로서 예금보험공사 또는 정리금융기관이 그 금융기관에 대하여 대통령령이 정하는 최대채권자에 해당하는 때에는 제2호의 규정에 해당하는 자를 추천하여야 한다. 1. 대통령령이 정하는 금융전문가 2. 예금보험공사의 임원 또는 직원.

16) 「공특법」이 시행되기 이전에는 금융감독위원회도 금융기관의 파산사건의 경우 변호사를 파산관재인으로 추천하였다(徐慶桓, 앞의 글, 48면).

원회가 추천한 비변호사에 대하여는 추천을 받아들이지 않고 변호사를 단독관재인으로 선임하는 실무 관행을 유지하였다.

나. 공적자금관리특별법의 제정

(1) 공적자금의 의의

1997년 경제위기를 겪은 정부는 기존의 대응(유동성 공급의 확대 또는 부분적인 금융제도의 개선)만으로는 경제위기 극복이 불가능하다는 것을 깨닫고 경제위기를 극복하기 위해 종합적이고 체계적인 금융구조개혁 프로그램을 마련하였다. 동 프로그램 하에서 공적자금을 조성하여 신속히 금융구조조정을 추진하였다. 그 동안 정부와 금융기관 사이에 관행적으로 준수되어 오던 내용을 2000. 12. 20.「공특법」을 제정하고 공적자금의 운용 등에 관한 사항을 종합적으로 지원하고 심의 조정하기 위하여 금융위원회에 공적자금관리위원회를 설치하였으며 공적자금의 지원을 위한 최소비용의 원칙(제13조), 손실분담의 원칙(제14조)을 법에 규정함으로써 위 원칙에 기하여 공적자금을 회수하고 있다.

일반적으로 공적자금(Public Fund)이라 함은 금융기관이 기업여신을 회수하지 못하거나 경영상 실패로 인해 해당 금융기관이 부실해져서 금융시스템의 안정에 혼란을 초래하는 경우 구조조정 또는 시장안정 등을 위해 정부가 투입하는 자금을 통칭한다. 법률상으로 '공적자금'이라 함은「공특법」제 2 조에서 정의하고 있는 바, 주로 예금보험공사의 예금보험기금채권상환기금과 정부가 출연, 보증, 국유재산의 양도 등에 의하여 조성된 예금보험기금,[17] 기획재정부가 운영주체인 공공자금관리기금, 한국자산관리공사의 부실채권정리기금이 주된 원천이고 그 외 정부의 공공차관도 포함되어 있다.[18]

공적자금은 2008. 5. 27.「공특법」의 개정으로 그 범위가 확대되었다. 개정 전에는 금융기관의 구조조정에 지원되는 자금으로 한정하였으나 개정 후에는 그 외에 기업의 구조조정에 지원되는 자금을 포함하였다. 그리하여「예금자보호법」상의

---

17) 본질적으로 예금보험기금은 부보금융기관이 내는 보험료로 조성되므로 공적자금이 아닌 민간기금이다. 다만, 과거 정부가 구조조정을 하면서 재정출연, 정부보증채 등으로 조성한 자금을 예보기금을 통해서 집행하였기 때문에 나중에 예보기금의 부채를 예보채상환기금으로 몰아버리고 다시 민간기금인 예보기금으로 새출발하게 된 것이다.

18) 1997년 11월~2011년 6월 말 공적자금은 총 168조 원이 투입되었고, 자금 지원주체별로 분류하면 예금보험공사가 110조 원, 자산관리공사가 38조 원, 정부가 19조 원, 한국은행이 0.9조 원이다(금융위원회, 공적자금관리백서(2011. 8), 199면).

예금보험기금 중 일부[19]와 구조조정기금 및 「금산법」에 따른 금융안정기금[20]이 공적자금으로 추가되었다. 2009년에 조성된 공적자금은 기존 공적자금과 목적, 성격 등이 달라 운용실적 관리 등에 혼란을 초래할 수 있다는 이유로 현재는 기 조성된 공적자금을 '공적자금Ⅰ', 신규 조성된 공적자금을 '공적자금 Ⅱ'로 분류하여 관리하고 있다.[21]

(2) 「공적자금관리특별법」 제20조와 예금자보호법 제35조의8의 관계

금융기관의 파산시에 법원이 금융감독위원회가 추천한 비변호사를 파산관재인으로 선임하는 것을 거부하자 정부는 「공특법」 제20조 제1항[22]을 통하여 부보금융기관의 파산시 동 조항이 상법, 파산법, 「금산법」 등 다른 일체의 파산관재인 선임규정보다 우선 적용됨을 명시하면서 예금보험공사 또는 그 임직원을 파산관재인으로 선임하도록 규정함으로써 파산관재인의 선임 및 해임에 관한 재판에 관하여 법원의 재량권한을 박탈하였다.[23] 법원은 동 조항이 평등의 원칙, 적법절차 조항위배 등의 이유로 위헌제청심판을 하였으나 헌법재판소는 합헌으로 선고하였다.[24] 따라서 「공특법」 제2조 제2호 소정의 금융기관이 파산하여 제2조 제1호

---

19) 「공특법」 제2조 제1호 가.목은 예금보험기금의 경우 다음 각각의 어느 하나에 해당하는 재원을 수입으로 한 경우에 한하여 공적자금으로 취급한다고 규정하면서, 1. 정부의 출연금, 예금자보호법 제26조의2에 따라 정부가 원리금 상환에 대하여 보증한 예금보험기금채권으로 조성된 자금, 3. 예금자보호법 제24조의2에 따라 정부가 예금보험공사에 양여한 국유재산으로 한정하고 있다.

20) 법률에는 공적자금으로 분류되어 있었으나 조성되지 아니하였다(공적자금관리백서, 11면).

21) 공적자금 Ⅱ는 해운회사의 선박매입을 위한 선박투자회사의 출자, 저축은행이 보유한 부실채권의 매입, 미분양 부동산의 매입을 위한 부동산펀드의 출자 등에 사용되었다(공적자금관리백서 12면, 337면).

22) 「공특법」 제20조(파산절차의 특례) ① 법원은 예금자보호법에 의한 보험금지급 등 공적자금이 지원되는 부보금융기관(「금산법」에 의하여 계약이전이 결정된 부보금융기관을 포함한다)이 해산 또는 파산한 경우 공적자금의 효율적인 회수가 필요한 때에는 상법 제531조 또는 파산법 제147조 및 청산인 또는 파산관재인의 선임에 관한 관련 법률의 규정에 불구하고 예금보험공사 또는 그 임직원을 청산인 또는 파산관재인으로 선임한다.

23) 입법과정의 논의를 보면 정부안인 「금산법」의 개정안이 아니라 의원입법의 형태로 법원이나 변협의 의견조회없이 2000. 12. 1. 야간에 「공특법」을 제정·통과시켰다.

24) 「공특법」 제20조 및 부칙 제3조에 대한 서울 및 대전지방법원의 위헌심판제청에 대하여 헌법재판소는 6:3의 의견으로 합헌결정을 하였다. 헌법재판소 2001. 3. 15. 선고 2001헌가1, 2,3(병합) 결정. 동 조항은 형식적으로는 법원으로 하여금 '공적자금의 효율적인 회수가 필요한 때'에 해당하는지 여부에 대한 판단권한을 부여하고 있으나 공적자금이 투입된 금융기관이 파산하였는데 공적자금의 효율적인 회수가 불필요한 경우는 거의 없으므로 사실상 법원에게 선임의무를 부여한 것으로 해석되고 실무도 그와 같이 운영되고 있다. 이 사건에서 제청법원의 위헌이유, 예보의 반론 및 헌법재판소의 의견에 대하여는 정혁진, 앞의 글, 15-20면 참조.

소정의 공적자금이 지원되는 파산 사건에 대하여는 파산관재인 선임과 관련하여 「금산법」 제15조 제1항 또는 예금자보호법[25] 제35조의8이 적용될 여지는 없고 「공특법」 제20조가 적용된다. 당초 「공특법」 제20조의 특례는 시행일로부터 5년간 한시적 효력을 갖고 있었으나(부칙 제2조), 그 후 2002년 예금자보호법의 개정과 함께 부칙 제2조는 삭제되어 현재까지 특례조항이 존속하고 있다.

그런데 예금보험기금의 과다지출로 적자가 누적되자 2002. 12. 31.까지 발생한 예금보험기금의 채무를 정리하기 위하여 예금자보호법을 개정하여(2002. 12. 26) 예금보험기금채권상환기금(예금자보호법 제26조의3)이 신설되고 예금보험기금(예금자보호법 제24조 제1항)중 정부가 출연 또는 보증 등을 하지 아니한 민간기금이 「공특법」의 규율대상에서 제외되었다.

이에 따라 향후 예금보험기금 중 공적자금에 해당하지 아니하는 보험금을 지급받은 부보금융기관은 「공특법」 제20조 제1항의 적용을 받지 않게 되었다. 이에 예금자보호법 제35조의8 제1항[26]은 「공특법」 제20조 제1항과 동일한 내용의 규정을 두어 부보금융기관이 파산한 경우 예금보험공사 또는 그 임·직원을 파산관재인으로 선임하도록 규정하였다. 법 형식상으로는 '지원자금 등의 효율적인 회수가 필요한 때'로 한정하고 있으나 사실상 법원에게 예보 또는 그 임직원을 파산관재인으로 선임하도록 하는 의무를 부과하고 있음은 「공특법」과 같다.

요약하면 금융기관 중 예금자보호법상의 부보금융기관[27]이 파산한 경우로서 공적자금이 아닌 예금보험기금(정부의 출연, 보증, 양여하지 아니한 재원)으로 보험금을 지급한 경우에는 「공특법」이 아니라 예금자보호법 제35조의8이 적용된다. 금융기관 중 「금산법」에 의한 금융기관 또는 「금융기관부실자산 등의 효율적 처리 및 한국자산관리공사의 설립에 관한 법률」에 의한 금융기관, 예금자보호법상의 부보금융기관이 파산하여 공적자금이 지원된 경우에는 「공특법」이 적용될 것이다. 2011년에 이르러 부동산 PF대출의 부실로 여럿의 저축은행이 영업정지되고 파산

25) 예금자보호법은 1995. 12. 29. 제정되었다.

26) 예금자보호법 제35조의8(청산인 또는 파산관재인의 업무등) ① 법원은 공사가 보험금 지급 또는 자금지원을 하는 부보금융기관(「금산법」에 의하여 계약이전이 결정된 부보금융기관으로서 공사가 자금지원을 하고자 하는 경우를 포함한다)이 해산 또는 파산한 경우 지원자금 등의 효율적인 회수가 필요한 때에는 상법 제531조 또는 「채무자 회생 및 파산에 관한 법률」 제355조 및 청산인 또는 파산관재인의 선임에 관한 관련 법률의 규정에 불구하고 공사 또는 그 임·직원을 청산인 또는 파산관재인으로 선임한다.

27) 부보금융기관에 대하여는 예금자보호법 제2조 제1호 각목 참조. 비부보금융기관으로는 재보험회사, 대통령령이 정하는 외국금융기관의 국내지점 및 대리점 등이 해당한다.

신청에 이르렀는바, 2011. 9. 현재 아직 공적자금이 지원되지는 아니하였고 예금자보호법상의 예금보험기금(비공적자금)으로 지원절차가 이루어지고 있다. 따라서 삼화저축은행의 파산사건의 근거조문은 공특법이 아니라 예금자보험법 제35조의8이 적용되어야 한다.

(3) 공적자금관리특별법에 의하여 선임된 예보(파산관재인)에 대한 법원의 감독

「공특법」 제20조는 공적자금이 지원되는 부보금융기관이 파산하는 경우 관재인을 예보 또는 그 직원을 파산관재인으로 선임하도록 규정하고 있다. 아울러 법원에게 파산관재인의 해임권한을 부여한 채무자회생법 제364조, 관재인으로 하여금 파산재단과 관련한 중요행위에 대하여 법원의 사전 허가를 받도록 규정한 제492조, 중요행위에 대한 채무자의 의견진술에 관한 제493조를 적용대상에서 제외하였다(제20조 제2항). 예금자보호법 제35조의8은 예보관재인에 대하여는 관재인보수를 지급하지 아니한다고 규정하고 있으므로 법원이 예보관재인에 대하여는 관재인보수 결정을 하지 않고 있다.

그러나 파산관재인은 채무자회생법상 법원의 감독을 받도록 되어 있으므로(제358조), 파산관재인이 변호사이건 예보 또는 그 직원도 마찬가지로 파산업무 전반에 걸쳐 법원의 감독을 받아야 한다. 또한 파산관재인은 선관주의 의무를 부담하고 이를 해태하면 이해관계인에 대하여 책임을 지므로(제361조), 관재업무 전반에 대하여 법원에 보고하고 있다. 그리하여 예보 관재인도 법원에 분기별 보고서를 법원에 제출하며 수시로 중요 업무에 대하여 법원과 의논하고 있다. 그 외 배당을 실시하기 위하여 사전에 법원허가(제506조)를 받으며, 관재인이 변경되는 경우에는 임무종료를 위한 계산보고의무를 부담한다(제356조), 파산관재인으로서 뇌물을 수수하면 형사처벌을 받는다(제655조). 파산절차를 종결 또는 이시폐지의 권한은 여전히 법원에 있으므로 예보 관재인도 법원에 종결 또는 이시폐지의 신청을 하여야 한다.

다. 신협의 파산과 파산관재인의 선임권한

예금자보호법이 제정될 당시에는 신협은 예금자보호법상의 부보은행에 포함되어 있지 아니하였다. 그러다가 1997. 12. 31. 예금자보호법이 개정되면서 신협이 예보의 부보대상 금융기관에 포함되었다. 그러나 공적자금으로 신협의 예금주까지 보호하는 것이 과도하다는 입법적 반성에서[28] 2002. 12. 26. 예금자보호법이 개정

28) 정혁진, 앞의 글, 10면의 주 12 참조.

되면서 신협이 부보금융기관에서 제외되고(제2조 제1호 하목에서 삭제됨), 신용협동조합예금자보호기금이 예금보험기금의 역할을 대신하게 되었다.[29] 즉 현재 신협은 예금자보호법상의 부보금융기관이 아니다. 신협이나 신협중앙회는 모두 비영리법인으로서 상인인 주식회사가 아니다.[30] 신협의 설립취지도 신용협동조직의 건전한 육성을 통하여 그 구성원의 경제적·사회적 지위향상과 지역주민에 대한 금융편의를 제공함에 있는 바와 같이(제1조) 대부분 직장 또는 지역 단위로 소규모의 대출을 담당하고 있다. 서강신협의 경우 동일인 대출한도는 329,000,000원이었다.[31] 실제로 임원은 원칙적으로 명예직으로 하되 실비를 변상받고 있으므로 직원들이 대출채무자와 공모하여 불법 부실대출을 하는 비리행위를 체계적으로 감독하기 어렵다.

신협법 제88조의2는 "금융감독위원회는 조합이 파산되는 때에는 「채무자 회생 및 파산에 관한 법률」 제355조의 규정에 불구하고 법원에 파산관재인을 추천할 수 있다"고 규정하고 있다. 이에 따라 신협의 파산에 대하여는 예금보험공사 또는 그 임·직원의 파산관재인에 관한 「공특법」 또는 「금산법」이 정한 비변호사에 대한 관재인 선임의무 규정이 적용되지 아니한다. 그럼에도 불구하고 서울중앙지방법원을 제외한 전국 법원은 예금자보호법이 개정되었음에도 불구하고 종전과 같이 금감원이 추천하는 사람(종전 예금보험공사의 직원으로서 신협의 파산관재업무를 수행한 경험이 있는 직원)을 파산관재인으로 추천하는 관행을 유지하였다. 2010. 7. 8. 서울중앙지방법원이 신협의 파산관재인으로서 변호사를 처음으로 선임하였다.

5. 예금자보호법에 기한 부실책임자에 대한 조사권과 채무자회생법상의 사정재판과의 관계

채무자회생법은 파산관재인에게만 부인권을 부여하고 있으며 이미 진행 중인

29) 신협이 부보금융기관에서 제외되는 충격을 완화하기 위하여 법 시행을 유예하여 2003. 12. 31.까지는 예보가 예금을 보호하되 2004. 1. 1.부터 신협중앙회가 자체기금을 통하여 예금을 보호하고 있다.

30) 신협법 제1조 제1호 및 제2호. 이에 반하여 상호저축은행은 1995. 1. 5. 제3조를 개정하여 주식회사로 조직이 변경되었다.

31) 신협중앙회, "지적사항 문안 사례집"(2007. 4), 30면에 의하면 동일인 대출한도는 직전 사업연도말 자기자본의 20/100과 자산총액의 1/100 중 큰 금액으로서 일정한 최고한도금액을 정하고 있다. 일정한 최고한도금액은 각 신협이 마련한 여신업무방법서에 기재되어 있으며 최고한도금액도 신협마다 금액의 차이가 있음은 당연하다.

채권자취소권에 기한 소송이나 채권자 대위권[32]에 기한 소송은 파산선고와 동시에 파산관재인이 수계하며 채권자는 새로이 자기명의로든 관재인을 대위하든 위 소송을 제기할 수 없다(제406조).[33] 또한 채무자회생법은 제351조 이하 제354조에서 파산자인 법인의 발기인, 이사, 감사 등을 상대로 파산관재인의 신청 또는 직권으로 손해배상청구권의 존부와 그 내용을 조사확정하는 재판제도를 두고 있다.

그런데 신협법 제80조의5[34]는 중앙회로 하여금 파산 또는 청산한 신협의 임원에 대하여 손해배상을 청구하도록 조합에 요구할 수 있고, 불응시에 대위권과 조사권을 부여하고 있다. 동 조합은 예금자보호법 제21조의2[35]와 유사한 내용이다.

그러나 예금자보호법은 아직 부실금융기관 등에 대하여 파산선고가 나기 이전의 법률관계를 규율하는 것이다. 일단 부실금융기관 등에 대하여 파산선고가 나

---

32) 명문의 규정은 없으나 채권자취소권의 중단 및 수계에 관한 규정을 유추적용하고 있다. 대법원 2013. 3. 28. 선고 2012다100746 판결(공 2013, 754). 伊藤眞, 破産法 · 民事再生法(第2版), 有斐閣(2009), 312면.

33) 대법원 2000. 12. 22. 선고 2000다39780 판결(공 2001, 345)은 채권자가 파산관재인을 대위하여 파산관재인에 속하는 권리를 대위하여 행사할 수 없다고 판시하였다.

34) 신협법 제80조의5(손해배상청구권의 행사 등) ① 중앙회는 제80조의2 제4항의 규정에 의하여 대위변제한 경우에는 당해 조합(이 조에 한하여 그 청산법인 또는 파산재단을 포함한다)의 부실에 대하여 책임이 있다고 인정되는 전 · 현직 임원 · 직원 및 상법 제401조의2 제1항 각호의 1에 해당하는 자 그 밖의 제3자에 대하여 손해배상을 청구하도록 당해 조합에게 요구할 수 있다.
② 중앙회는 조합이 제1항의 규정에 의한 요구를 이행하지 아니한 때에는 즉시 당해 조합을 대위하여 손해배상을 청구할 수 있다.
③ 중앙회는 제1항 및 제2항의 규정에 의한 손해배상의 요구 및 손해배상청구권의 대위행사를 위하여 필요한 때에는 당해 조합의 업무 및 재산상황의 조사를 할 수 있다.

35) 예금자보호법 제21조의2(損害賠償請求權의 代位行使 등) ① 공사는 다음 각호의 1에 해당하는 때에는 당해 부실금융기관 또는 부실우려금융기관(이하 "부실금융기관등"이라 하며, 이 조에 한하여 그 청산법인 또는 파산재단을 포함한다)에게 그 부실 또는 부실우려에 책임이 있다고 인정되는 부실관련자[부실금융기관등의 전 · 현직 임 · 직원, 「상법」 제401조의2 제1항 각 호에 규정된 자, 부실금융기관등에 대하여 채무를 이행하지 아니한 채무자(채무자가 법인인 경우 당해 법인의 전 · 현직 임 · 직원, 「상법」 제401조의2 제1항 각 호에 규정된 자 및 대통령령이 정하는 주요주주를 포함한다) 그 밖의 제3자를 말한다. 이하 같다]에 대하여 손해배상의 청구를 하도록 요구할 수 있다.
③ 공사는 부실금융기관등이 제1항의 규정에 의한 요구에 응하지 아니하는 때에는 즉시 당해 부실금융기관등을 대위하여 손해배상을 청구할 수 있다.
⑦ 공사는 제1항 내지 제4항의 규정에 의한 손해배상청구의 요구, 손해배상청구권의 대위행사 또는 소송참가를 하기 위하여 필요한 때에는 당해 부실금융기관등, 부실관련자 또는 다음 각 호의 어느 하나에 해당하는 이해관계인(이하 "이해관계인"이라 한다)에 대하여 업무 및 재산상황에 관한 자료제출요구, 출석요구(이해관계인에 대한 출석요구는 제외한다) 등 조사를 할 수 있다. 이하 생략.

면 예보가 파산관재인이 되므로 채무자회생법이 정한 바에 따라 채무자의 재산상황을 조사할 수 있기 때문이다. 그러나 신협법은 파산이 선고된 이후에도 파산한 조합에 대하여 조합의 업무 및 재산상황의 조사권한을 부여하였다는 점에서 예금자보호법 및 채무자회생법의 내용과 비교할 때 중앙회에게 과도한 권한을 부여하였다. 저자가 확인한 바에 의하면 서울중앙지방법원이 신협의 파산관재인으로 변호사를 선임하기 이전에는 다른 신협의 파산관재인은 제80조의5에 기하여 부실책임조사에 응하여 신협중앙회에 관련 자료의 열람 등을 허용한 사례가 있었다고 한다.

그러나 동 조항은 조합에게 손해배상을 청구하도록 요구할 권리를 부여한 것이지 중앙회가 파산관재인의 권리를 대위하여 행사할 권한을 부여한 것은 아니고, 아직 임직원 등을 상대로 소송을 제기하기 이전에 소송을 준비하기 위한 조항으로 해석된다. 따라서 파산자인 신협이 실제로 전직 임원을 상대로 손해배상청구소송을 제기한 경우라면 제80조의5가 적용될 여지는 없다. 실제로 서강신협 사건에서 중앙회가 파산관재인에게 조사를 실시하겠다고 요청하였으나 파산관재인은 이미 신협이 전직 임원 등을 상대로 손해배상청구소송을 제기하고 있음을 들어 허용하지 아니한다는 의견을 재판부에 제출하였고 법원이 이를 받아들여 실제로 중앙회가 조사하지는 아니하였다.

6. 파산채권의 조사절차

가. 파산채권조사절차

「금산법」의 적용을 받는 저축은행이 파산한 경우에는 파산채권의 조사절차와 관련하여 법원이 채권신고기간과 채권조사의 기일을 정할 때 미리 파산참가기관(예보 또는 금융감독원)의 의견을 들어야 한다(제18조). 파산참가기관은 법원으로부터 파산선고 결정문을 송달받은 때에는 알고 있는 예금채권에 대하여 채무자회생법 제448조에 정한 사항을 기재한 예금자표를 작성하고, 이를 열람할 수 있도록 하여야 한다(제20조). 채권신고기간이 경과하면 지체없이 예금자표를 법원에 제출하여야 하며, 제출된 예금자표에 기재된 예금채권은 채권신고기간 내에 신고된 것으로 본다. 이러한 조항은 파산참가기관에게 예금자를 위하여 채권신고의무를 부과한 것이다.

그러나 신협이 파산한 경우에는 신협법에 「금산법」과 같은 파산채권조사절차에 관한 특례조항이 없으므로 채무자회생법에 따라 채권조사절차가 이루어진다.

나. 후순위 차입금의 법적성격

(1) 후순위 차입금의 내용

서강신협이 이사회의 결의를 거쳐 후순위의 차입금을 모집한 바, 업무방법서에 의하면 후순위 차입은 무담보 및 후순위 특약조건이며 후순위 특약이란 파산등의 사태가 발생할 경우 선순위채권자가 채권전액을 상환받은 후에 상환청구권이 발생함을 정한 특약을 말한다고 규정하고 있다. 따라서 파산절차가 개시되는 경우 이 차입금을 제외한 다른 모든 예금채권에 대하여 파산절차에서 배당을 받거나, 다른 절차(보증인의 재산에 대한 집행 등)를 통하여 변제를 받았을 경우에 한하여 비로소 차입금의 상환을 받을 수 있으므로 이는 후순위파산채권이다. 파산채권조사과정에서 일반파산채권으로 신고된 후순위 차입금 채권에 대하여 관재인이 액수를 다투지 아니한다면 후순위파산채권으로 전환하여 시인하여야 한다.[36] 후순위 차입금은 "약정 후순위채권"으로서 파산절차에서 그보다 선순위인 채권이 완제된 후에만 변제받을 수 있는 처지에 있던 것이므로 일단 파산절차가 개시된 이상, 설령 파산절차 전에 변제기가 도래하였다는 사정에 의하여 약정 후순위채권이 일반파산채권으로 취급될 수는 없다.

다만 신용협동조합의 조합원으로부터 예탁받은 후순위 차입금의 만기가 파산절차개시 전에 도래하면 후순위 차입금의 반환청구권은 일반파산채권으로 취급함이 타당하다.

(2) 후순위 차입금과 상계

후순위 차입금을 자동채권으로 하여 파산재단에 부담하는 채무(파산재단에 대하여 부담하는 보증금반환채무)와 상계가 가능한지 여부가 논의되었다. 파산절차에서 후순위파산채권 중 제446조 제1항 제4호부터 제8호에 해당하는 채권을 자동채권으로 하는 것은 법에 의하여 금지되어 있다. 즉 상계에 공할 자동채권의 평가액은 파산선고시를 기준으로 한 금액이지만(제420조 제1항), 그 후순위파산채권 부분(제446조 제1항 제5호 내지 제7호)은 제외된다(제420조 제1항). 그러나 파산선고 후에 발생한 이자에 대하여 명문으로 상계를 금지하는 규정이 없더라도 후순위파산채권으로 정한 법의 취지와 공평의 견지에 비추어 파산선고 후에 발생한 이

36) 서강신협의 경우에는 후순위 차입금 채권자들의 수가 적어 채권자들이 파산채권조사확정의 재판을 신청하지 아니하여 그대로 파산채권자표의 기재대로 확정되었다.

자 및 지연손해금채권은 상계에 제공할 수 없다.[37] 파산선고 후의 이자는 후순위채권으로서 일반파산채권보다 열후적인 취급을 받아야 함에도 불구하고 상계를 통하여 우선적인 변제를 받는 것을 막기 위한 것이다. 약정 후순위파산채권에 대하여는 제420조 제1항에서 누락되어 있으나 공평의 원칙상 다른 후순위파산채권과 달리 취급할 필요는 없다.[38] 구 회사정리법상 후순위정리채권을 자동채권으로 하여 상계가 가능하다는 판례[39]가 있으나 그 당부는 별론으로 하고[40] 파산법상의 약정 후순위파산채권에 대하여는 상계가 금지된다고 해석된다. 파산선고 전에 발생한 이자는 파산채권으로서 자동채권으로 상계가 가능함은 물론이다.

다. 예금자보호기금 출연분담금 채권과 우선적 파산채권

(1) 출연분담금 채권의 성질

신협이 현재 예금자보호법상의 부보금융기관에서 제외되었음은 위에서 본 바와 같다. 대신에 신협중앙회가 예금자보호법상의 예금보험기금과 같은 기능을 영위하고자 신협법 제80조의2 내지 5로 신용협동조합예금자보호기금제도를 도입하였다. 조합과 중앙회는 보호기금에 가입하여야 하며, 조합원은 기금의 財源으로 출연금을 납부하여야 한다. 조합이 파산하면 중앙회가 조합원의 예탁금에 대하여 예금자보호기금으로 대위변제한다.

조합원이 예탁한 예탁금, 적금의 원리금에 대하여는 합계금 5천만 원까지 신협중앙회가 운영하는 위 예금자보호기금을 통하여 보장된다(신협법 제80조의2, 시행령 제19조의8). 신협중앙회는 서강신협이 파산선고 전까지 기간 동안 중앙회에 부담하는 출연금채권에 대하여 우선적 파산채권으로 신고하였다. 출연금이 예금자보호법상의 예금자보호기금과 같은 기능을 하고 있음을 우선적 파산채권의 근거로 주장하였다. 그러나 파산관재인은 예금자보호법에는 제30조에 보험료채권에 대하여 우선적 변제권을 규정하고 있으나 신협법에는 그에 상응하는 조항과 유추하는 조항도 없음을 이유로 이에 대하여 일반파산채권으로 전환하여 시인하였다. 신협중

---

37) 伊藤眞, 앞의 책, 362면. 縣 俊介, "破産手續開始後の生じた利息·損害金債權を自動債權とする相殺の可否," 永石一郎, Q&A 倒産實務における相殺の實務, 新日本法規(2005), 220면.

38) 일본의 신 파산법 제99조 제2항은 약정 열후적파산채권을 법정 열후적 파산채권보다 배당순위를 뒤에 두고 있으나 채무자회생법은 약정 후순위파산채권과 법정 후순위파산채권을 동 순위로 규정하고 있다.

39) 대법원 2006. 8. 25. 선고 2005다16959 판결(공 2006, 1610).

40) 일본에서 후순위갱생채권을 자동채권으로 삼아 상계할 수 없다는 견해로는 縣 俊介, 앞의 글, 222면.

앙회가 우선적 파산채권의 조사확정재판을 신청하였으나 서울중앙지방법원 2011. 12. 27.자 2011회확85 결정은 일반의 우선권 있는 파산채권을 인정하기 위해서는 법률에 명문의 규정이 있거나 법의 해석상 우선권을 부여하여야 할 특별한 사정이 있다고 인정되어야 하는데 신협법에 규정도 없고 특별한 사정이 소명되지 아니하였다는 이유로 우선권 있는 파산채권에 해당하지 아니한다고 판시하였다.

(2) 우선적 파산채권의 의의

우선적 파산채권이라 함은 파산재단에 속하는 재산에 대하여 일반우선권이 있는 파산채권으로서 일반파산채권, 후순위파산채권보다 우선하여 파산절차에서 배당을 받는다(채무자회생법 제441조). 별제권과 재단채권보다는 후순위이다. 우선적 파산채권도 파산채권의 성질을 가지므로 파산절차에서 채권신고를 할 의무를 부담한다. 우선권의 존부와 범위는 일반파산채권과 별개의 채권조사대상이 되므로 채권신고서에 우선권의 내용을 신고하지 아니하면 우선권 없는 일반파산채권으로서 취급되고, 채권신고 자체를 누락하면 일반파산채권자의 자격도 인정되지 아니하여 배당에 참가할 수 없다. 관재인 또는 파산채권자가 우선권 부분에 대하여만 이의를 진술하는 것도 가능하고, 이 때 채권조사확정재판의 심판의 대상은 우선권의 유무와 범위가 될 것이다.

(3) 우선적 파산채권의 종류

구 파산법이 인정하는 우선적 파산채권으로는 임금채권이 있었으나 2000년 파산법 개정 후 현재에는 재단채권으로 격상되어 채무자회생법 내에는 우선적 파산채권에 관한 조항이 없다. 오히려 특별법에 우선적 파산채권에 대한 내용이 산재하여 있음에 유의하여야 한다. 보험업법 제33조에 기하여 보험계약자 또는 보험금을 취득할 자가 보험회사의 자산에 대하여 갖는 우선변제권, 예금자보호법 제30조에 의하여 예금보험공사가 갖는 부보금융기관의 보험료 및 연체료 등에 대한 우선변제권, 은행법 제62조에 기하여 외국은행의 지점 또는 대리점이 파산한 경우 대한민국 국민과 국내 거주 외국인 등이 갖는 우선변제권, 「자본시장과 금융투자업에 관한 법률」 제65조에 의하여 외국국내투자업자의 지점, 그 밖의 영업소 등이 파산하는 경우의 우선변제권 등이 이에 해당한다. 구 상호신용금고법 제37조의2에 의하여 상호저축은행의 예탁자들이 갖는 우선변제권[41]에 대하여도 우선적 파산채

41) 서울지방법원 2001. 5. 15. 선고 99가합95994 판결은 예금보험공사의 자회사인 한아름상호신용금고가 청산절차 진행중인 상호신용금고의 고객들로부터 예금채권을 매입하는 형태로 예금

권의 취급을 하였으나 2006. 11. 30. 헌법재판소가 동 조항을 위헌이라 판단하여 현재는 일반 파산채권으로 취급하고 있다. 구 증권거래법 제44조의3 소정의 고객예탁금 반환청구권(사채상환원리금 반환채권)에 대하여도 이를 우선적 파산채권으로 취급하여야 한다는 견해가 있을 수 있으나 법의 규정방식이 우선적 파산채권의 규정방식인 '다른 채권자에 우선하여 변제를 받을 권리를 가진다'와 다르므로 우선적 파산채권으로 취급할 수 없다.[42]

(4) 검　　토

우선적 파산채권 또는 후순위파산채권인지 여부는 법률에 의하여 규정되어야 할 것이지 해석론으로 결정될 것이 아니다.[43] 미국의 파산법에서도 법률의 규정(§510(c)(1))에 기하여 법원이 형평에 기하여 일반파산채권을 후순위파산채권으로 취급할 수 있고 §364(d)에 의하여 신규대여자의 변제순위를 기존의 담보권자보다 높일 수 있지만 해석론으로 변제순위를 높일 수는 없다. 따라서 법률에 명문의 규정이없이 출연분담금채권을 우선적 파산채권으로 취급할 수는 없다고 해석된다.

파산채권조사확정재판 도중 신협중앙회가 제출한 참고자료를 통하여 서강신협이 파산선고되기 이전에 인천, 부산, 대구, 광주지방법원은 출연금채권에 대하여 신협의 파산관재인들이 금원지출 허가신청을 하고 이에 대하여 법원이 허가를 함으로써 사실상 변제를 하여 왔음이 밝혀졌다. 이는 마치 출연금채권이 재단채권에 해당함을 전제로 처리한 것인데 우선적 파산채권이라는 중앙회의 주장과 모순될 뿐 아니라 우선적 파산채권도 파산채권이라면 반드시 배당절차에 의하지 아니하면 변제받을 수 없다는 파산법의 기본법리에도 위배된 것이다.

7. 파산재단에 속하는 재산의 환가 업무

파산한 신협이 보유하는 재산의 대부분은 대출채권이고 그 외 입주한 건물의

보험공사의 보험금을 지급한 다음 이를 파산채권으로 신고한 경우에 신고된 파산채권은 구 상호신용금고법 제37조의2 소정의 예금채권에 해당하여 우선권이 있다고 판시하였으나, 동 조항은 헌법재판소 2006. 11. 30. 선고 2003헌가14호 결정에서 위헌으로 판단되었다. 동 결정에 대한 평석으로는 김시목, "예금자우선변제제도에 대한 위헌결정," 법률신문사 2006. 11. 30.자.

42) 대법원 2005. 11. 25. 선고 2004다6085 판결(공보불게재)의 원심은 우선적 파산채권이라는 원고의 주장을 배척하였으며 원심판결은 상고심에서 확정되었다. 우선적 파산채권의 내용 및 사채원리금반환채권이 우선적 파산채권에 해당하지 아니한다는 근거 등에 대하여는 林治龍, 파산법연구 2, 박영사(2002), 264면 이하 참조.

43) 해석에 의한 후순위파산채권의 주장을 배척한 사례로는 東京地判 平成 3. 12. 16. 판결.

임대차보증금과 ATM, 수금용 오토바이 등의 집기가 있다. 따라서 환가업무는 대출금의 회수에 중점을 두고 있으며 상환기일이 도래하면 미리 이를 대출채무자에게 알려주어 다른 금융기관으로부터 대출을 받아 파산재단에 부담하는 대출금을 변제받도록 유도하고 있다. 장기 연체에 빠진 대출자에 대하여는 가압류 등 법적 절차를 통하여 대출금을 회수하고 있다. 신협의 파산과 관련하여 특수한 몇 가지 문제에 대하여 설명한다.

가. 대출채무의 대환 및 신용정보의 등록

신협이 파산선고를 받기 이전에는 영업을 하였으므로 차주와의 약정에 의하여 기존 대출금의 대환을 하는 것이 보통이다. 그러나 파산선고를 받으면 원칙적으로 영업이 중단되고 특별히 영업을 계속하기 위하여는 법원의 허가를 받아야 한다(제486조). 따라서 기존대출금의 변제기한을 연장하는 것은 신협의 속성에 비추어 영업을 계속하는 것에 상당하고 파산재단의 신속한 환가에도 반하므로 이를 허용하지 않고 변제기를 도과한 채권에 대하여는 연체이자율을 적용하여 채권을 회수하고 있다. 현실적으로 종전부터 원리금을 변제하여 오던 우량 대출자들은 타 금융기관으로부터 대출을 받아 파산재단에 부담하는 채무를 변제하였으므로 대환 거절로 인한 항의는 없었다. 과거부터 이자를 제때에 납부하지 못한 채무자들은 신협의 파산선고 후에도 연체 중에 있으며 일부 채무자는 개인파산과 개인회생절차를 통하여 채무를 감면받았다.

신협이 파산하더라도 「신용정보의 이용 및 보호에 관한 법률시행령」 제21조에 의하여 잔존 채권에 대한 신용정보의 등록, 해제 등의 관리업무를 수행할 수 있다.[44] 서강신협도 대출연체자에 대하여 전국은행연합회의 "신용정보관리규약"에 의거 전산으로 정보등록업무를 계속하고 있다.

나. 경매에 관한 통지 또는 송달의 특례

예금자보호법 제36조의6[45]은 예보, 정리금융기관, 예금자보호법 제35조의8 또

44) 전국은행연합회 신용정보부장의 서강신협 파산관재인에 대한 회신(2010. 12. 16.자).

45) 예금자보호법 제38조의6(경매에 관한 통지 또는 송달의 특례) ① 법원이 다음 각 호의 어느 하나에 해당하는 자의 신청에 의하여 진행하는 「민사집행법」에 의한 경매절차(담보권 실행을 위한 경매절차에 한한다)에 있어서의 통지 또는 송달은 경매신청 당시 해당부동산의 등기부에 기재되어 있는 주소(「주민등록법」에 의한 주민등록표에 기재된 주소와 다른 경우에는 주민등록표에 기재된 주소를 포함하며, 주소를 법원에 신고한 때에는 그 주소로 한다)

는 「공특법」 제20조의 규정에 의하여 선임된 파산관재인이 임의경매(강제경매는 제외됨)절차에 있어서 등기부상의 주소로 발송송달 또는 공시송달할 수 있는 특례를 규정하고 있다. 그러나 동조가 적용되기 위하여는 제 2 항에 따라 경매신청 전에 경매예정사실을 통지(발송송달로도 가능)하여야 한다. 신협은 앞에서 본 바와 같이 예금자보호법의 적용을 받지 아니하므로 동 특례를 적용할 수 없다.

그러나 금융기관의 임의경매 신청시 송달 특례는 「금융기관부실자산 등의 효율적 처리 및 한국자산관리공사의 설립에 관한 법률」 제45조의2에 의거 발송송달이 가능하고 이 법이 2002. 12. 제정될 당시 신협과 그 중앙회는 특례대상이 아니었다. 이후 2008년에 이르러 동법에 신협도 대상기관으로 추가되어 송달특례가 가능하도록 되었다. 2011. 5. 19. 「금융기관부실자산 등의 효율적 처리 및 한국자산관리공사의 설립에 관한 법률」을 「금융회사부실자산 등의 효율적 처리 및 한국자산관리공사의 설립에 관한 법률」로 명칭을 변경하면서 송달특례는 한국자산관리공사만 남겨두고 신협에 관한 특례 조항을 신협법 제 6 조 제 4 항으로 옮겼다.[46] 따라서 신협에 대하여는 여전히 송달특례조항이 적용된다. 송달특례를 받기 위하여는 전제조건으로, 조합원이라는 사실의 확인(조합원 가입신청서)과 경매의 신청 전에 채무자 및 소유자에게 경매실행예정사실을 통지하였다는 뜻의 확인서(등기우편물 영수 확인서)를 첨부하여 제출하여야 된다(대법원 2008. 4. 29. 재판예규 제1217호).

양자의 차이는 예금자보호법은 경매신청 전의 통지조차 발송송달이 가능하지만 위 법률은 통지를 채무자 및 소유자가 실제로 수령하였음을 확인하는 서류가 법원에 제출되어야 한다는 점이다.

로 발송함으로써 송달된 것으로 보며, 등기부 및 주민등록표에 주소가 기재되어 있지 아니하고 주소를 법원에 신고하지 아니한 때에는 공시송달의 방법에 의하여야 한다.
1. 이 법에 의한 공사 및 정리금융기관
2. 제35조의8 또는 「공적자금관리 특별법」 제20조의 규정에 의하여 청산인·파산관재인으로 선임된 공사 또는 그 임·직원
② 제 1 항의 규정에 의한 경매절차에 있어서 제 1 항 각 호의 어느 하나에 해당하는 자는 경매신청 전에 경매실행 예정사실을 해당 채무자 및 소유자에게 부동산의 등기부에 기재되어 있는 주소(「주민등록법」에 의한 주민등록표에 기재된 주소와 다른 경우에는 주민등록표에 기재된 주소를 포함한다)로 통지하여야 한다. 이 경우 발송함으로써 송달된 것으로 본다.

46) 제 6 조(다른 법률과의 관계) ④ 조합은 「금융회사부실자산 등의 효율적 처리 및 한국자산관리공사의 설립에 관한 법률」 제45조의2를 적용할 경우에 같은 조의 적용을 받는 자로 본다. 〈개정 2011. 5. 19〉

다. 신협의 파산과 세무기장 문제

회사가 파산하더라도 각종 세법상의 규제를 받게 됨은 당연하다. 부가가치세를 납부하여야 하고 법인에 소득이 발생하면 법인세를 납부하여야 한다. 파산한 법인은 영업을 계속하고 있지 아니하므로 소득이 발생하지 아니하여 기납부한 부가가치세를 환급받는 것이 보통이다. 납세의무 있는 파산법인은 법인세의 과세표준과 세액을 신고하여야 하는데 첨부서류의 하나로 세무사 등이 작성한 세무조정계산서를 작성하여야 한다(법인세법 제60조 제2항 제2목). 그러나 법인세법 시행령 제79조에 의하면 조세제한특례법 제72조에 따른 법인은 제외되는바, 신협과 새마을금고가 여기에 해당하므로 신협은 세무조정계산서를 작성할 필요가 없다. 또한 법인세법 기본통칙 60-97-1에 의하면 기부금과 접대비의 손금불산입액의 계산 외에는 각 사업연도의 소득에 대한 세무조정을 할 수 없으므로 파산한 신협의 경우에는 파산관재인이 주로 접대비에 해당하는 소액의 업무추진비(여비 등)에 대하여만 세무조정계산서를 작성할 수 있으므로 다른 파산재단에 비하여 세무비용을 절약할 수 있다.

8. 결 론

금융기관의 파산의 특수성을 고려하여 1997년 경제위기를 겪은 후 법원과 금융당국간의 정보공유와 전국의 파산재판부간의 파산사건의 정보공유의 필요성이 법관에 의하여 주장된 적이 있음에도[47] 그로부터 10여 년이 지난 지금 법조계의 사정을 그 당시와 비교하면 크게 나아진 것이 없어 보인다. 1998년 금융위기가 있었고 2011년 저축은행의 파산 사태가 발생하였지만 여전히 금융기관의 파산사건에서 법원과 변호사의 역할이 현저하게 증대되었다고 평가하기는 어렵다.

금융기관의 파산은 일반 기업의 파산에 비하여 더욱 복잡한 법률문제[48]를 야기시킨다. 은행, 저축은행 등이 파산하면 예보가 파산관재인이 되지만 신협의 파산사건에 대하여는 신협중앙회가 예보와 같은 전문성을 갖춘 인적 물적 조직을

47) 徐慶桓, 앞의 글, 66-67면.

48) 판례를 통하여 제기된 쟁점을 열거하면, 상호신용금고법상의 예탁금반환청구권의 우선적 파산채권의 존부, 파산한 외국금융기관의 국내지점의 법적 지위와 외국도산절차의 국내의 효력문제, 신협의 파산관재인의 선임권한, 후순위 채권의 부실판매, 부실책임자에 대한 사정재판과 감독기관의 조사권한의 관계 등이다.

갖추지 못하고 있다. 예금자보호법에 의한 파산채권자표 제도도 없으며, 신협이 파산한 경우 자체 인력으로 파산관재인을 선임할 수 없어 예보 출신의 파산관재인의 도움을 얻고 있는 형편이다.

그럼에도 불구하고 정부가 금융기관의 파산업무에 대하여는 법원과 변호사의 관여를 일정 범위 내에서 제한하고 예보를 통하여 진행하려고 한 이유와 功過에 대하여는 법조인들이 숙고할 필요가 있다. 대체로 행정부와 국회, 심지어 사법기관인 헌법재판소마저 금융기관의 파산업무는 국가적 경제위기에 대처하기 위한 시급한 업무로서 전문성, 효율성 및 신속성이 필요한데 아직도 사법부가 이를 담당하기에는 부족하다고 판단하는 것으로 보인다.[49] 정부(기획재정부, 금융위원회, 공적자금관리위원회 등)는 예금보험공사의 전문성과 특수성을 인정하여 예보가 파산관재인이 됨으로써 감사원의 감사, 공적자금관리위원회, 국회 등의 감시와 보고 등을 통하여 부실책임자에 대한 책임추궁을 함으로써 파산재단 운영과정의 도덕적 해이가 방지되었고 신속한 파산절차가 조기 종결되고 있으며 파산채권의 회수도 신속하게 이루어지고 있다고 평가하고 있다.[50]

파산관재인으로서의 예보의 전문성이나 법률지식은 아직 부족한 것이 현실이다.[51] 정부의 입김에 좌우되어 심도 있는 법률 검토없이 부실관련자에 대한 소송을 남발하는 경향도 없지 않다.[52] 신협은 비교적 소규모의 자산과 부채를 보유하고 있으나 금융기관의 파산에서 흔히 발생하는 업무(법적절차 이전의 대출채무의 催告, 대출금의 강제회수, 연체자에 대한 신용정보의 등록 등 관리업무, 예금자보호기금을 통한 구상채무의 이행 등)를 파산관재인이 수행하여야 한다. 과거 신협의 파산관재인으로 비변호사를 임명한 경우에는 파산재단의 업무 수행 중에 법률적인 문제가 발생하더라도 신협에 우호적인 업무처리를 한 사례도 발견된다.

---

49) 이 점은 일본의 사정도 비슷하다. 버블붕괴 이후 금융기관을 대상으로 하는 회사갱생절차, 파산절차에 관한 특례를 정하는 金融機關等の更生手續の特例等に關する法律(1996년에 제정, 1997년부터 시행)에 의하면 감독관청에 대하여 금융기관에 대한 파산, 갱생 등의 절차신청권을 부여하였으나 이 법에 의한 신청은 거의 없고 행정적인 합의나 협조의 방법이 사용되고 있으며 그 이유로는 도산한 금융기관을 법원의 감독하에 두는 것을 경원시하기 때문이라고 한다(中村芳彦, "企業倒産處理における監督官廳の役割–金融機關等の破産處理 を手がかりとして," 河野正憲・中島弘雅 編, 倒産法大系, 弘文堂(2001), 248면).

50) 헌법재판소 2001헌가1,2,3 결정의 다수의견. 공적자금관리위원회는 매년 「공특법」 제21조에 의하여 백서를 발간하고 있는바, 백서에는 매년 공적자금의 회수 내용 및 실적 등에 대하여 자세히 기술하고 있다.

51) 예보는 금융기관에서 퇴직한 사람들을 비정규직의 형태로 파산관재인의 대리인으로 운용하고 있어 업무의 연속성과 전문성의 확보가 부족하다. 정혁진, 앞의 글, 20면 참조.

52) 정혁진, 앞의 글, 20면.

법원의 관재인 선임권한이 배제된 현행「공특법」이나 예금자보호법이 조기에 개정될 가능성은 적다. 그럼에도 불구하고 금융기관의 파산관재인이 되려고 하는 변호사는 금융기관의 파산에 대비하여 법률문제 뿐 아니라 회계 등의 전문지식을 함양할 필요가 있고 법원으로서도 신협의 파산사건에서 능력과 경험이 있는 변호사를 파산관재인으로 선임하여 금융기관의 파산실무를 축적할 필요가 있다. 그리하여 이를 바탕으로 적어도 머지않아 저축은행 등의 파산사건에서 예보와 함께 변호사가 반드시 공동파산관재인이 되거나 예보의 직원으로 파산관재인업무를 담당하는 자는 반드시 변호사 자격자로 선임함으로써 예보에게 부족한 파산법에 관한 전문성을 보완하도록 관련 법률이 개정되기를 바라면서 이 글을 마친다.

변호사 42집(2011), 94-119면 소재

미국 연방파산법의 연방관리관 제도에 대한 연구

Ⅰ. 연구의 배경

1997년 아시아 경제위기 발생과 함께 대기업의 줄도산, 그로 인한 대형파산사건의 급증으로 말미암아 한국 파산법학과 실무의 수준이 높아지게 되었다. 1990년대 말에는 주로 기업에 대한 회사정리절차를 위주로 회사정리법이 개정되고 실무가 개선되었으나 2000년대에 들어서는 개인의 파산사건이 급증하게 되었다.[1] 이를 둘러싸고 금융기관에서는 높은 면책률을 겨냥하여 법원이 도덕적 해이를 부추긴다는 비난을 하였고, 절차를 이용하는 개인채무자들은 개인파산절차 및 개인회생절차의 처리가 지나치게 늦고 전국적인 기준이 부재하여 법원마다 처리기한이나 면책률이 다르게 됨으로써 법적안정성이 떨어지고 국민의 권리를 신속하게 구제하지 못한다는 비난을 법원에 퍼부었다.

그 와중에 대한통운 관리인의 비자금 조성사건과 회생위원의 공금횡령, 광주지방법원의 관리인 선임 비리라는 악재가 발생하는 바람에 법원이 도산절차 감독을 제대로 하고 있는지에 대한 비판이 있었다. 또한 법관의 전문성을 보완하기 위한 관리위원 제도가 본래의 취지대로 정착하지 못하고 법관이 아닌 관리위원이 사건에 영향력을 행사한다는 인식이 확대됨에 따라 관리위원 제도의 폐지 주장이

1) 2006. 4. 1. 이전의 파산사건 증가 추이와 최근의 증가 추이에 대하여는 아래 표 참조.

등장하고, 채무자회생법의 정신에 어긋나게 회생위원 전원을 법원의 일반직 공무원으로 채우다 보니 개인회생사건의 처리가 사실상 법관에 의하지 아니하고 회생위원에 의하여 좌우된다는 비난이 일게 되었다.[2)]

그리하여 학자들은 도산절차에서 재판기능과 관리감독기능을 분리함으로써 사법기관으로서의 공정성을 확보하는 것이 필요하다는 주장을 하기 시작하였다.[3)] 나아가 미국에서의 연방관리관[4)] 제도의 연혁과 기능을 분석하고 앞으로 「채무자 회생 및 파산에 관한 법률」('채무자회생법')을 개정함에 있어서 양 기능의 분리를 도입할 것을 주장하게 되었다.

이 연구에서는 먼저 미국 파산법의 개정 역사와 연방관리관 제도가 도입되게 된 연혁 및 배경을 고찰하고, 2005년 개정된 미국 파산법의 내용과 그에 대한 평가, 각 파산사건에서 연방관리관의 지위에 대하여 살펴본다. 끝으로 미국의 연방관리관 제도를 도입함에 있어서 유념하여야 할 점과 앞으로 도산감독관 제도를 둔다면 사법부와 행정부 어느 부에 둘 것인지에 대하여 의견을 제시하였다.

도산사건 현황표(경제위기 이후 8년)

연도	98	99	00	01	02	03	04	05
회사정리	148	37	32	31	28	38	35	22
화의	728	140	78	51	29	48	81	53
파산	467	733	461	842	1,443	4,159	12,479	87,449
합계	1,343	910	571	924	1,500	4,325	12,579	87,524

도산사건 현황표(2006-2010년)

연도	2006	2007	2008	2009	2010
회생합의	76	116	366	669	637
회생단독	41	99	216	523	597
개인회생	56,165	51,416	47,483	54,607	46,972
법인파산	132	132	191	226	254
개인파산	123,691	154,039	118,643	110,955	84,775
파산소계	123,823	154,171	118,834	111,181	85,029
합계	180,105	205,802	168,810	166,980	133,235

2) 이화여자대학교 도산법연구센터, 도산감독기관 설치 방안 연구(2009), 40면.
3) 이화여자대학교 도산법연구센터, 앞의 책, 43면.
4) 연방관리인, 연방관재관 등의 표현이 혼용되고 있으나 U.S. Trustee가 법무부 소속 공무원이라는 점과 청산 및 재건을 아우르는 광의의 파산절차를 관장한다는 취지에서 이 글에서는 연방관리관이라고 호칭한다.

Ⅱ. 미국 연방파산법의 개정 연혁

먼저 미국 연방파산법('파산법') 개정 역사에서 파산관재인의 지위 변천을 살펴보는 것이 필요하다. 1800년 파산법(Bankruptcy Act of 1800, c. 19, 2 Stat. 19)은 채권자 집회에서 선임되는 관재인의 명칭을 assignee로 칭하고 이를 관재기관으로 정하고 있었다(SEC 8). 동법은 1803년에 폐지되었다. 다음으로 1841년 파산법(Bankruptcy Act of 1841, c. 9, 5 Stat. 440)도 명칭을 그대로 유지하되 선임은 채권자 집회가 아닌 법원이 선임하도록 개정하였다(SEC. 3). 동법은 1843년에 폐지되었다.

1867년 파산법(Bankruptcy Act of 1867, c. 176, 14 Stat. 517)은 다시 assignee를 채권자집회에서 선임하되 선임이 되지 아니하는 경우에 법원이 선임하도록 규정하였다(SEC. 12). 다만 계획(arrangement)에서는 trustee라는 용어가 사용되기도 하였다(SEC. 43). 1867년 파산법은 1878년에 폐지되었다.

이후 파산법은 수회에 걸쳐 폐지를 거듭하다가 1898년 항구적인 파산법이 제정되었으며 1938년 기업재건절차에 관한 판례법을 성문규정으로 개정하는 Chandler Act가 입법되었다.

1898년 파산법(Bankruptcy Act of 1898, c. 541, 30 Stat. 544)은 관재인의 명칭을 trustee라고 변경하고 trustee는 재단의 모든 관재인을 포함한다고 규정하였다.[5] trustee는 제1회 채권자집회에서 선임되고 선임되지 아니하는 경우에 법원이 선임한다(SEC. 44)[6] 채권자집회에서 선임된 trustee는 법원의 감독을 받아 여러 가지 보고업무를 수행하고 동시에 관재인이 제기하거나 또는 관재인을 상대로 하는 소송을 심리하게 되었다. 40년이 지난 1978년까지 구 파산법(Bankruptcy Act)의 문제점으로는 파산관재인과 파산심리관(bankruptcy referee)의 유착이 지적되었다. 또한 소비자 파산사건이 급증함으로써 법원의 부담이 증가하고 아울러 법관이 일방당사자인 trustee와 접촉하는 것을 차단하고 소송에만 전념할 수 있도록 하는 취

5) SEC. 1 (26) "trustee" shall include all of the trustees of an estate.

6) SEC. 44. APPOINTMENT OF TRUSTEE-a The creditors of a bankrupt estate shall, at their first meeting after the adjudication or after a vacancy has occurred in the office of trustee or after an estate has been reopened, or after a composition has been set aside or a discharge revoked, or if there is a vacancy in the office of trustee, appoint one trustee or three trustees of such estate. If the creditors do not appoint a trustee or trustees as herein provided, the court shall do so.

지에서 새로운 파산제도의 도입이 논의되었다.

1978년 파산법(Bankruptcy Reform Act of 1978 Pub. L. No. 95-598, 92 Stat. 2549)을 제정(1898년 파산법을 폐지)함에 있어서는 가장 큰 動因의 하나는 소비자 파산사건의 급증이었다. 소비자 파산사건은 대부분이 무자산 사건(No Asset case)으로서 채권자에게 배당할 財源이 없으므로 채권자들의 관여가 全無하고 따라서 면책을 허가할 것인지 여부만 심리하면 족하였다. 그런데 파산관재인을 법원이 선임, 감독하고, 법관이 채권자회의에 참석하고, 채무자의 일상적인 업무에 대한 감독, 파산관재인을 상대로 한 소송을 법원이 재판하는 것이 사법의 공정성(integrity)에 반한다는 비판이 있었다. 파산법관은 사법공무원(judicial officer), 후원자(dispenser of patronage), 스승(guru)이라는 3가지 지위를 겸하였다. 사법공무원이라 함은 분쟁에 대한 해결 역할을 하는 것이고 후원자라 함은 변호사 등 지인을 파산관재인으로 임명함으로써 그들의 후원 역할을 하는 것이고, 스승이라 함은 신규 파산관재인에 대하여 파산법에 대한 지도 교육을 하는 것을 의미한다. 법관이 분쟁 해결 이외에 재판이 아닌 이러한 업무를 담당한다는 이유로 파산법관이 비록 연방판사이지만 종신 임기와 보수감소금지 보장의 혜택을 누리는 헌법 제 3 장 소속의 연방판사보다 낮은 지위(임기 14년)로 격하되었다.7)

그리하여 1978년 파산법을 개정하면서 종전 파산사건에 관한 재판업무 중 감독업무(대표적으로 trustee의 선임, 감독 등)와 사법업무를 분리하여 감독업무를 법원의 업무로부터 떼어내고 연방정부의 법무부에 맡기게 되었다. 그리하여 법무부 산하의 연방관리관(United States Trustee)의 제도가 일부의 州(10개 지구)를 상대로 5년간 한시적으로 실험적으로 도입되었다. 1983년에 제출된 보고서는 20개의 지구에서 1,500개의 파산사건을 조사 · 분석하고 연방관리관 시행지역의 파산사건 관리가 비시행지역의 관리보다 낫다고 평가하고 제도적 확대를 권고하고 이 권고는 여러 전문직능단체의 지지를 받았다. 1986년 개정 파산법(Bankruptcy Judges, United States Trustees, and Family Farmer Bankruptcy Act of 1986, Pub. L. No. 99 554, 100 Stat. 3008 (Oct. 27, 1986))에 의하여 연방관리관 제도는 한시법의 틀을 벗어나 항구적인 제도로서 노스캐롤라이나주와 앨라바마주를 제외하고 전국적으로 실시되게 되었다. 위 2개주에서는 연방사법부에 속하는 파산관리관(Bankruptcy Administrator) 제도가 운영되고 있다.8)

---

7) Michael J. Herbert, UNDERSTANDING BANKRUPTCY 57 (1995).

8) 파산관리관은 당해 연방지방법원의 상소심을 관할하는 연방항소법원에 의하여 임명되며

Ⅲ. 연방관리관 제도의 개요

1. 목　　적

연방관리관 프로그램(United States Trustee Program, USTP)은 연방파산 체계의 효율성을 증진하고 완전성을 보호하기 위한 연방법무부의 계획이다. 프로그램의 목표는 파산제도의 완결성과 효율성을 고양하는 데에 있다. 프로그램은 구체적으로 세 가지 방향에서 목표를 달성하기 위하여 노력하고 있다. 첫째, 채권자들 특히 주택저당권자들이 파산법을 남용하는지 여부에 대하여 채무자가 파산신청하는 경우와 동등한 수준으로 감시하고 있다. 둘째, 채무자를 보호하기 위하여 채권자들이 파산신청을 이용하여 담보물의 처분 사기(foreclosure rescue fraud) 문제를 다루고, 끝으로 채무자들이 중개인, 감정평가사 등과 결탁하여 파산신청을 이용한 사기 및 신청권의 남용을 감시하고 있다. 파산절차에 관여하는 당사자들과 관재인의 행위를 감시하고 파산절차와 관련된 행정업무의 감독하고, 당사자들의 행위 등이 각종 법률과 절차에 맞도록 확보하는 것이다. 만일 파산절차를 이용한 범죄가 발각되는 경우에는 연방수사국 등 수사당국에 사건의 수사를 의뢰한다.

이 제도는 파산신청을 하는 당사자들이 내는 비용을 주된 자원으로 수행된다. 즉 연방관리관 제도는 독립채산제이다. 각장 파산사건의 신청인은 파산신청시 연방관리관비용을 제출하여야 하며,[9] 제11장 사건의 채무자는 제11장 사건이 기각, 종료 또는 제7장 등으로 전환되기까지 법원에 계속되는 동안 분기별로 연방관리

임기는 5년이되 연임이 가능하다. 파산관리관 제도는 사법부에 대하여만 의무를 부담하므로 업무 보고 요건도 간이하며 유연하여 지역적인 특성을 반영할 수 있다는 장점을 갖고 있다. 그러나 법원과 파산관리관 사이의 이익충돌이 발생할 우려가 크다는 단점이 지적된다. 이에 반하여 연방관리관 제도는 파산관재인의 임명절차를 투명하게 함으로써 정실주의를 타파할 수 있고, 파산범죄의 예방, 처벌에 효율적이라는 장점이 있다. 단점으로는 조직이 관료화됨에 따라 효율성이 떨어지고 관재인들의 보고업무가 무겁게 된다는 점과 행정부의 이익(조세채권자로서의 정부)과 연방관리관의 이익이 충돌된다는 점이 지적된다. 이상은 미국 로펌에서 파산법을 담당하고 있는 Robin J. Baik 변호사가 2011년 연구자가 속한 법무부 도산법개정 소위원회에서 발표한 자료를 참조한 내용이다.

9) 2009년 총 1,473,527 사건의 파산사건이 법원에 접수되었으며 파산신청 비용으로만 총 4억 4100만 불을 법원에 제출하였다. 그 외 청구변경, 자료 복사비, 사건의 전환신청의 경우에도 별도로 신청비용을 제출하여야 한다. 연방법원의 2009년 전체 예산(법관 및 일반직원의 보수 등)은 약 69억 불인데 그 중 85%가 파산법원에 접수된 비용으로 충당된다고 한다. Herbert M. Grave, "도산절차에서 역할의 배분," 선진상사법률연구 통권 제52호(2010. 10), 19면.

관에게 일정 비용을 납부하여야 한다.[10] 연방관리관에 관한 조항은 11 U.S.C.(연방파산법)와 28 U.S.C.(연방 법원 및 법무부의 조직 및 권한에 관한 법률, Judicial Code라 불린다)에 나누어 규정되어 있다. 그 중 연방관리관의 임명, 조직, 권한 등은 후자에, 파산절차에서의 지위와 권한은 전자에 규정되어 있다. 연방관리관은 단순한 금전적인 이해관계를 넘어 §307에 기하여 파산제도에 관한 공적인 이해관계를 갖는 자[11] 또는 감시기관(watchdog)의 지위를 갖는다고 설명되어 있다.[12]

2. 연방관리관의 역할 개관

가. 연방관리관의 조직

연방관리관(United States Trustee)은 미합중국 법무부의 한 단위이다. 즉 사법부가 아니라 행정부 소속이다.[13] 연방관리관과 연방관리관보(Assistant U.S. Trustee)는 법무부장관(Attorney General)이 임명하고 임기는 5년이지만 법무부장관이 연방관리관 또는 연방관리관보를 언제든지 해임할 수 있다.[14] 파산법원은 관재인, 관리인을 해임할 수는 있으나[15] 연방관리관을 해임할 권한은 없다. 연방관리관행정사무소(Executive Office of the United States Trustee, 'EOUST')는 수도 워싱턴에 본부를 두고 있다.[16] 연방관리관행정사무소는 연방관리관 제도에 대한 일반적인 정책과 법률적인 가이드라인을 제공하며 프로그램의 실행에 관하여 감독하며 각각의 연방관리관이 파산법에 따른 업무를 수행할 수 있도록 지원한다.

연방관리국 산하에는 21개의 지구마다 지구사무소(Regional office)가 있으며 각 지구사무소마다 연방관리관(United States Trustees)이 관장한다. 연방법원의 항소심관할과 일치하지 아니한다.[17] 또한 각 지구사무소 산하에 각 연방법원 관할

10) 28 U.S.C. §1930(a)(6). 비용은 계획안 인가 전후를 포함하여 파산재단이 지출하는 비용을 기초로 누진적으로 산정한다. 분기별로 최저 325불에서 최고 30,000불을 연방관리관기금으로 지급한다. Herbert M. Graves, 앞의 글(주 9), 19면.

11) *United States Trustee v. Columbia Gas Sys., Inc. (In re Columbia Gas Sys., Inc.)*, 33 F.3d 294, 295-96 (3d Cir. 1994).

12) *Morgenstern v. Revco, D.S. Inc. (In re Revco D.S., Inc.)*, 898 F.2d 498, 500 (6th Cir. 1990).

13) 연방관리관 제도에 대한 사이트 http://www.usdoj.gov/ust/about_ustp.htm

14) 연방관리관의 해임에 대하여는 28 U.S.C. §581(c), 연방관리관보의 해임에 대하여는 28 U.S.C. §582(b).

15) 11 U.S.C. §324(a). 이하 § 표시는 연방파산법을 지칭한다.

16) 전국파산법검토위원회는 연방관리관행정사무소의 소장이 법무차관(Assistant Attorney General)의 직을 가져야 한다고 주장하였으나 개정법에서 받아들여지지 않았다.

17) 예컨대 제1지구는 메인주, 매사추세츠주, 뉴햄프셔주 및 로드아일랜드주를 관할하며, 제

구역마다 95개의 분사무소(field office)가 있으며[18] 연방관리관보(Assistant United States Trustee)가 임명되어 일상의 업무는 연방관리관보가 수행하고 있다. 연방관리관은 법무부장관의 일반적인 감독을 받으며,[19] 법무부장관의 승인하에 변호사, 회계사 등 사무직원을 고용할 수 있다. 예컨대 연방관리관보가 관리하는 툴사(Tulsa) 분사무소에는 변호사, 보조인, 사무관, 회계사(각 1명)이 근무하고 있다. 그 외에 일반직원과 법원서기(legal clerk)가 업무를 보조하고 있다. 2009년 연방관리관 프로그램은 총 1,261명의 직원을 고용하고 있다. 91% 이상의 직원은 분사무소에서 근무한다. 연방의회는 2009년 연방관리관 프로그램에 대하여 217,416,000달러의 예산을 승인하였다.[20]

파산사건이 접수되면 법원 서기의 컴퓨터에서 사건이 연방관리국 사무소로 전달되고 각 분사무소가 연방관리국 사무소의 컴퓨터에서 이를 다운로드한다.

실무상 무담보 채권자위원회가 설치된 사건에서는 연방관리관은 중요한 역할을 하지 않는다. 왜냐하면 무담보 채권자위원회는 법에 의하여 반드시 설치되어야 하는 상설기관이고 동 위원회가 전문가인 변호사를 고용하여 파산재단에 대한 감독업무를 수행하기 때문이다. 그러나 채권자위원회를 구성할 적절한 채권자를 찾기 어려워 아예 채권자위원회가 구성되지 않는 소액의 파산사건에서는 연방관리관이 총채권자의 이익을 위하여 채권자위원회의 업무를 대신하게 된다.

나. 연방관리관의 파산절차에서의 주요 역할[21]

·특정 사건에 관한 관재인 선임에 대비하여 관재인명부를 작성하는 일[22]

·보전관재인(interim trustee, 채권자들에 의하여 정식 관재인이 임명되기까지 또는 임명되지 않는 경우 관재인이 된다)을 임명하는 일[23]

·§341에 의한 채권자회의의 주재[24]

20지구는 캔사스주, 뉴멕시코주, 오클라호마주를 관할한다.

18) 연방관리관의 관할 구역 및 사무소 내역은 별지 1 도표

19) 28 U.S.C. §586(c).

20) U.S. Department of Justice, UNITED STATES TRUSTEE PROGRAM ANNUAL REPORT OF SIGNIFICANT ACCOMPLISHMENTS FISCAL YEAR 2009, 7.

21) 아래에서 법 적용이 명시되지 않은 업무는 Herber M. Graves, 앞의 글(주 9), 10면에서 인용한 것임.

22) 28 U.S.C. §586(a)(1). 제12장, 제13장 사건의 상임관재인에 대한 임명권한은 연방파산법이 아니라 28 U.S.C. §586(b)에 의하여 연방관리관에게 있다. 제12장 사건은 농업 또는 어업에 종사하는 농가(개인 및 법인)를 위한 재건절차이다.

23) §701(a)(1).

24) §341(a).

·파산재단 또는 채권자위원회가 고용한 전문가 보수 및 비용신청에 대한 검토[25)]

·제 7 장의 소비자 파산사건에서 파산신청이 파산법을 남용하였다는 이유로 파산신청의 각하를 신청할 권리[26)]

·제 7 장 사건에서 관재인으로부터 배당보고를 접수하고 이를 승인하는 일[27)]

·제 7 장 사건에서 파산면책이 파산절차의 남용에 해당함을 이유로 한 이의 권한[28)]

·제11, 12, 13장 사건에서 제출된 계획안 및 개시설명서(disclosure statement)의 검토[29)]

·제11장 사건에서 관리인 또는 검사인(또는 조사인, examiner, 이하 검사인이라 표기한다)을 선임하는 것이 적절한 경우에 법원에 대한 선임신청[30)]

·제11장 사건에서 법정필수기관인 채권자위원회와 임의기관인 주주위원회 위원 임명 및 감독[31)]

·파산범죄가 발생한 경우 연방법무부장관에게 이를 통지하고 FBI 등과 수사를 협조하는 업무[32)]

·관재인에 대한 감독 및 회계감사

·기타 절차의 이해관계인으로서 파산법에 따른 각종 관할위반, 절차 미준수, 보고서 등 서류제출 불이행 등을 이유로 한 이의 및 항소 등의 소송행위의 신청[33)]

·파산사건에서 연방관리관에 대한 보수를 추심하여 연방관리관 프로그램에

---

25) 28 U.S.C. §586(a)(3)(A),(I). 특히 First Day Order의 당부에 대한 의견을 제시할 수 있다. 김범준, "미국 연방도산법상 도산관재인(Trustee)의 감독과 연방관재인제도(U.S. Trustee Program)에 관한 고찰," (최신)외국법제정보, 법제연구원(2009), 41면.

26) §707(b).

27) 단 미국 파산법에서도 관재인이 연방관리관으로부터 최종보고를 승인받은 후에도 법원에 최종보고서를 제출하여야 한다. 참고로 채무자회생법 제506조에 의하면 관재인이 배당을 하기 위하여는 감사위원이 없는 경우 법원의 허가를 받아야 한다.

28) §727. 예컨대, 채무자가 사해행위를 하거나 재산은닉을 하거나(a)(2), 거짓된 정보를 제출하거나 위증을 한 경우(a)(4), 구법은 실질적 남용(substantail abuse)의 경우에 기각할 수 있도록 규정하고 있으나 개정법은 substantial 이라는 요건을 삭제하고 법원이 이해관계인의 면책이의에 대하여 심리한 후 신청을 기각하거나 채무자의 동의하에 제11장 또는 제13장으로 전환시킬 수 있는 조항을 추가하였다(§707(b)(1)).

29) 28 U.S.C. §586(a)(3)(B),(C).

30) §1104(e).

31) §1102(a)(1). 28 U.S.C. §586(a)(3)(E).

32) 28 U.S.C. §586(a)(3)(F).

33) 28 U.S.C. §586(a)(3)(D).

납부하는 일

·파산사건이 불필요하게 늦어지지 않고 적시에 종결되도록 감독하는 일[34)]

·관재인이 파산재단에 속하는 재산의 환가대금을 별도의 연방은행의 예금계좌에 입금함에 있어 예금계좌의 개설을 승인하는 일 및 연방예금공사의 예금보험한도를 초과하는 예금에 대하여 담보를 받는 일[35)]

·연방법무부 장관에게 §603(a) of the Bankruptcy Abuse Prevention and Consumer Protection Act of 2005에 기한 감사결과에 대한 보고[36)]

Ⅳ. 2005년 연방파산법 중 소비자 파산에 관한 개정

1. 개정경위

연방관리관의 역할을 검토하기 위해서는 먼저 2005년 개정 파산법 중 소비자 파산사건에 관한 개정 내용을 먼저 살펴볼 필요가 있다. 제7장의 기본 내용과 관재인의 역할에 대하여는 다른 글[37)]을 참고하는 것으로 대신하기로 하고, 이하에서는 2005년 개정법을 주로 설명한다.[38)]

2005년 개정 전에는 채무자의 자발적인 파산신청에 대하여는 별도로 파산선고의 요건에 대하여 심사하지 않고 바로 구제명령의 발령과 같은 법적 효과를 부여하였다. 채권자가 파산신청한 경우에만 파산원인이 있는지를 법원이 검토하였다. 그러자 개인인 채무자의 소비자 파산신청건수가 1995년 597,048건을 기록한 이후 계속하여 증가하여 2005년도에는 1,631,011건까지 급증하게 되었고(약 2.7배), 제13장 사건은 1995년 276,225건에서 2005년도에는 407,322건으로 증가하였다(약 1.5배) 이러한 증가는 채무자의 도덕적 해이와 파산절차 남용의 증거라고 주장되었다. 이러한 주장을 하는 금융업계의 목소리가 반영되어 자발적 파산신청 자체를

34) 28 U.S.C. §586(a)(3)(G).

35) 28 U.S.C. §586(a)(4).

36) 28 U.S.C. §586(a)(6).

37) 金慶旭, "2005年 美國聯邦破產法上 消費者破產制度의 主要改正內容과 그 意味," 민사소송, 한국사법행정학회(2005), 270-276면.

38) 2005년 개정 파산법을 설명한 글로는 金慶旭, 앞의 글과 鄭暎樹, "消費者倒產制度의 變化-美國과 韓國의 法改正 檢討," 법조(2008), 169-202면.

어렵게 하는 입법의 개정 논의가 계속되었다. 1978년 파산법 개정 후 전국파산검토위원회가 설치되어 1997. 10. 20. 보고서가 연방의회에 제출되었다. 1998년 이후 매년 채무자들로부터 가능한 한 변제를 이끌어 내기 위한 금융기관, 소매업계 등의 입법로비가 계속되었다. 이들은 변제자력이 있음에도 불구하고 반복하여 제7장 파산신청과 면책을 얻음으로써 파산신청이 남용되고 있다고 주장하였다. 소비자금융기관의 지원을 받은 연구 결과에 의하면 최저생활의 수준을 넘는 수입의 전부를 5년간 부채의 상당 부분을 갚을 수 있는 채무자가 전체 파산신청인의 1/3 이상이라는 결과가 발표되었다.[39)]

1994년 개정 파산법은 새로운 파산법의 개정을 위한 전국파산검토위원회의 설치와 1997년까지 보고서의 제출을 명하도록 규정하였다. 특히 2000년 개정안은 상 · 하원을 통과하였으나 당시 민주당의 클린턴 대통령이 거부권을 행사하는 바람에 법률이 되지 못하였다. 그 후에도 계속 파산법 개정안이 연방의회를 통과되는 등 논의가 계속되었다. 정권이 바뀌어 금융기관에 우호적인 공화당이 집권하자 2005. 4. 20. 의회를 통과한 개정안에 부시 대통령이 서명하고 2005. 10. 17.부터 법률이 시행됨으로써 1978년 이후 개정작업이 마무리되었다. 신법의 명칭은 실무상 BAPCPA(Bankruptcy Abuse Prevention and Consumer Protection Act of 2005, Pub. L. 109 8, 119 Stat. 23.)라고 약칭된다. 2005년 파산법개정의 목표는 개인들의 파산신청을 어렵게 하기 위한 것이다.[40)]

그러나 이 법의 개정 내용에 반대하는 학자들과 실무가들은 BAPCPA대신 BURP라고 부를 만큼 비난도 거세다. 2005년 파산법 개정의 기초가 된 상원안 S.256에 대하여 학자들이 상원의원 앞으로 동 법안이 채무자보호를 후퇴시킨다고 비판하는 의견서를 제출하였다. 이 의견서는 채무자가 파산신청을 하는 채무자의 숫자가 급증한 것은 채무자들이 절차를 남용하는 데에 주된 원인이 있는 것이 아니라, 채무자들이 실업, 이혼, 질병(흔히 파산으로 이끄는 3종 세트라고 한다)이 복합되어 경제적으로 곤궁하게 된 데에 있다고 보았다. 특히 소비자금융업계의 판매전략이 신용카드를 이용한 판매유인에 있고 자연히 채권회수의 위험이 높은 신용불량자에게 신용카드의 사용을 허락하게 되는 데에 이유가 있으며 오히려 소비자금

39) 가장 대표적인 보고서로 Credit Research Ctr., Krannert Graduate Sch. of Mgmt., Purdue Univ., Mongograph No. 23, Consumer's Rights To Bankruptcy: Origins and Effects, Consumer Bankruptcy Study Vol. 1 (1982), Jeff Ferriel & Edward J. Janger UNDERSTANDING BANKRUPTCY 141 (2007).

40) Charles Tabb, THE LAW OF BANKRUPTCY 53 (2009).

융업계가 이를 이용한 판매전략으로 높은 수익을 얻고 있다고 비난하였다. 대표적인 인물이 엘리자베스 워렌 교수이다.[41]

학자들은 구체적으로 변제자력 심사에 대하여 다음과 같이 비판한다.[42] 변제자력 심사제도는 불필요하며 지나치게 포괄적이고 유연성도 결하고 있다. 그리하여 경제적인 관점이나 사법인력 배분의 점에서도 비용이 많이 든다. 즉 파산신청을 하는 대부분의 채무자는 정직하나 불운한 사람들인데 변제자력 심사에 의하여 면책의 혜택을 거부당하게 된다는 점을 비판하고 있다. 신법의 개정에 의하여 변제자력 심사를 받게 되는 채무자는 보통 제2차 세계대전 후의 베이비부머 세대의 55세 이상의 은퇴가장, 의료비를 부담할 수 없게 된 65세 이상의 노인, 또는 자녀를 부양하는 이혼한 父 또는 母이므로 파산신청자 뿐 아니라 그 가족의 부양을 위하여 파산면책으로 보호를 받아야 할 절박한 처지에 있는 사람들이 대부분임에도 개정법은 본인 뿐 아니라 가족의 재출발을 막게 된다고 비판하고 있다.

다음으로 신용상담제도에 대한 비판을 하였다. 개정법은 채무자로 하여금 반드시 파산신청일 180일 이전에 신용상담기관에 가서 신용상담(credit counseling)을 받을 것을 요구하고 있다.[43] 문제는 신용상담기관은 신용카드업계와 밀접한 관련을 갖고 있으므로 채무자를 위한 것이 아니라 신용카드업계의 이익을 추구할 가능성이 크다는 점을 염려하고 있다.

개정 내용은 크게 두 가지 방향에서 설명될 수 있다. 즉 사전에 파산신청을 어렵게 하는 방안(Means Test, 사전 신용상담, 새로운 서류의 제출의무 부과 등)과 사후에 각종 의무를 부과하고 면책을 어렵게 하는 방안(사후 재무관리교육, 면책 불허가 사유의 확대 등)이다.

---

41) Elizabeth Warren & Amelia Warren Tyagi, THE TWO INCOME TRAP-WHY MIDDLE CLASS MOTHERES & FATEHRS ARE GOING BROKE (2003), 엘리자베스 워렌, 아멜리아 워렌 티야기 저, 주익종 역, 맞벌이의 함정(2004) 참조. 위 책에 대한 서평으로는 林治龍, "맞벌이와 파산," Business Finance Law(2008년 1월호), 120-132면.

42) 倉部眞由美, "アメリカ連邦倒産における消費者倒産手續-2005年改正とその後の動向(1)," NBL No. 907(2009. 6. 15), 80-81면.

43) §109(h)(1).

2. 개정내용

가. 재력심사 기준(Means Test)

(1) 도입경위

개정법의 가장 중요한 내용이 바로 재력심사 기준의 도입이다. 1984년 개정법에 의하여 제7장 사건에 의한 구제가 실질적인 남용에 해당하는 경우에는 신청을 기각할 수 있다는 조항(§707(b))이 처음 도입되었다. 이에 의하여 간접적으로 제7장 이용 대신 제13장에 의하여 장래의 수입을 통한 변제가 강제되었다.

그러나 '실질적 남용'이라는 기준이 모호하여 실질적 남용을 방지하기에 부족하며, 실질적 남용을 이유로 한 기각신청권한은 채권자에게는 인정되지 않았고 법원의 직권 또는 연방관리관에게만 인정되었으며, 또한 채무자가 제7장 사건을 신청하는 것은 정당하여 권리구제를 하도록 추정한다는 조항[44]이 있고 이 때문에 법원이 지나치게 채무자에게 우호적이라는 점에 채권자들이 반발하여 남용의 기준을 객관화하는 내용으로 입법되었다. 그리하여 개정법은 실질적 남용에서 '실질적'이라는 용어와 앞에서 본 추정 조항을 삭제하는 대신에 남용의 기준을 명확히 하였다. 다음에서 보는 일정한 계산방식에 의하여 산정한 수치를 기준으로 기준액을 넘는 경우 채무자의 제7장 파산신청의 남용으로 추정한다는 내용이다. 이 심사기준은 제13장에서 채권자에게 변제하여야 할 액수를 결정하는 데에서도 사용된다.[45]

(2) 재력심사기준의 내용

재력심사의 기준은 채무자의 무담보채권에 대한 변제능력을 판단하기 위한 것으로서 3가지 단계로 산출한다. 이하의 내용은 §707(b)(2)를 정리한 것이다.

① 현재의 월수입, ② 현재 월수입에서 제비용을 공제한 금액: 법이 인정하는 범위에서 생활비나 담보채권에 대한 변제액을 공제한다. ③ 공제 후의 금액이 소정의 기준액을 넘는 경우 남용이 있는 것으로 추정한다.

①에 관하여 보건대, §101(10)(A)에 의하면, 현재의 월수입은 신청직전 월을 포함한 6개월간 채무자(배우자를 제외함)가 얻는 모든 수입(과세대상인지 여부를 불문하고, 단 Social Security Act에 의한 수입, 테러의 피해자 배상금 등은 제외함)의 월평균 금액을 말한다. 단 부부가 공동신청한 경우에는 부부의 공동수입을 합산한다.

44) §707(b)(1). …. There shall be a presumption in favor of granting the relief requested by the debtor. ….

45) Ferriel & Janger, *supra note* 39, at 142.

②에 관하여 보건대, 월수입에서 공제되는 제비용에는 국세청(Internal Revenue Service)이 정하는 전국기준에 의한 가족인원수에 따른 식비, 피복비, 지방기준에 의한 주거비 및 광열비, 가정폭력방지법(Section 309 of the Family Violence Prevention and Services Act)에 의한 안전유지비용, 식구 중 고령자, 장기환자, 장애인의 개호(介護)에 필요한 비용, 채무자가 제13장의 적격이 인정되는 경우에는 채무자가 거주하고 있는 관할구역에서 제13장을 수행하는 데에 필요하다고 연방관리국이 인정하는 계획이행비용, 18세 미만의 자녀를 위한 초등학교 및 중등학교(공립이건 사립이건 불문)의 학비(1인당 연 1,500불을 초과하지 않는 범위 내에서, 단 채무자가 서면으로 그러한 비용이 합리적이고 필요하다는 점을 자세히 서면으로 설명하여야 한다), 지방기준에 의한 기준을 초과하는 주거비 및 광열비(단 채무자가 서면으로 그러한 비용이 합리적이고 필요하다는 점을 자세히 서면으로 설명하여야 한다), 신청 후 5년간 변제하여야 하는 담보부 채무 총액과 채무자가 제13장 사건을 신청함으로써 채무자와 가족을 부양하는 데에 필요한 채무자의 집, 자동차 기타 재산을 계속하여 보유하기 위하여 담보권자에게 추가적으로 지급하여야 하는 금액을 합산한 금액을 1/60로 나눈 금액 역시 공제된다. 끝으로 채무자의 자녀부양료, 처에 대한 이혼위자료 등을 포함하여 모든 우선채권을 합산한 금액을 1/60으로 나눈 금액이다.

③에 관하여 보건대, ①에서 계산한 월수입에서 ②에서 정한 비용을 공제한 금액에 60(5년분)을 곱한 금액이 10,000불(2007. 4. 1. 개정에 의하여 10,950불로 증액되었다)을 초과하면 일단 파산신청이 남용되는 것으로 추정한다. 만일 이 기준을 충족하지 않더라도 일반파산채권(담보부채권 및 우선권 있는 채권을 제외함) 총액의 25%를 초과한 금액이거나 6,000불(2007. 4. 1. 개정에 의하여 6,575불로 증액되었다) 중 양자 중 많은 금액을 기준으로 그 금액보다 공제후의 월수입의 60배가 많으면 역시 남용으로 추정된다.[46] 5년간 무담보채권의 적어도 25% 이상을 변제할 수 있다면 남용으로 추정한다는 것이다.[47] 또는 5년간의 가처분 소득이 10,000불에 못미치더라도 6,000불을 넘고 또한 무담보채권의 25% 이상을 변제할 자력이 있

46) §707(b)(2)(A).

47) 이러한 계산방식은 입법과정에서 '과연 제7장 사건의 채무자가 만일 제13장 사건으로 이행한다면 수입의 어느 정도를 변제할 수 있었을까'라는 조사내용에 터잡은 것이다. 채권자에 유리한 어느 연구보고서는 제7장 사건 채무자의 25%는 5년간 주택에 관한 담보채무를 제외하고 전 채무의 30% 이상을 변제할 자력이 있다고 기술하고 있다. 이에 반하여 미국파산기구(American Bankruptcy Institute)의 위탁연구는 제7장 채무자 중 제13장의 변제계획에 따라 변제할 수 있는 채무자는 약 3.6%에 불과하다고 보고하였다. 倉部眞由美, 앞의 글(1), 80면.

으면 제7장 신청이 기각된다.

(3) 요 약

1. 생활비 등을 공제한 최저 월수입이 월 166.67불을 초과하면(즉 5년간 10,000불을 변제할 자력이 있으면) 자동적으로 신청권의 남용으로 추정한다. 설령 제13장 사건으로 가서 무담보채권에 대한 최저변제율이 1/4을 하회하더라도 제7장 사건의 신청을 남용으로 추정하여 기각한다. 그렇게 함으로써 제13장 사건으로 신청할 것을 강제하겠다는 것이 입법자의 뜻이다. 그러나 남용이 추정되더라도 채무자가 질병, 군입대 등과 같은 특별한 사정이 존재함을 입증함으로써 그 추정을 번복할 수 있음은 물론이다.[48]

2. 원칙으로 생활비 등을 공제한 5년간의 월수입으로 무담보채무의 1/4 이상을 변제할 수 있다면 남용으로 추정한다. 위 금액이 6,000불보다 작으면 6,000불을 기준으로 한다.

3. 5년간의 가처분 소득이 6,000불(월 100불) 이하인 경우에는 남용추정의 문제는 발생하지 아니한다.

결국 채무자에게 월 100불과 월 166.67불 사이의 공제 후 수입이 있는 경우에만 추정의 문제가 발생한다.

나. 파산신청 서류의 추가

개인인 채무자가 제7장 파산신청을 하기 위하여는 개정 전에는 자산 및 부채명세서, 현재수입 및 비용의 목록, 채무자의 현재 재산상태에 대한 진술서만 제출하면 족하였다.

그러나 개정법은 그 외에 채무자를 위하여 변호사가 선임된 경우에는 변호사 명의로 변호사가 채무자에게 §342(b)[49] 소정의 통지를 받았다는 증명서, 파산신청일 이전 60일 기간 동안 채무자가 고용주로부터 받은 모든 금원 또는 지출된 금원에 대한 사본, 채권자집회일 이전 30일 동안 고용주로부터 받은 수입 또는 기타 수입에 대한 증거사본, 각 항목별로 계산된 매월 순 수입액, 파산신청일로부터 12

48) §707(b)(2)(B).

49) 2005년 개정에 의하여 신설된 내용으로서 법원서기가 채무자에게 아래의 내용이 기재된 서면을 통지하여야 한다. 즉 파산법의 제7장, 제11장, 제13장 등 각 장의 일반적인 목적, 장점, 비용과 신용상담기관으로부터 받을 수 있는 서비스의 내용과 만일 채무자가 재산은닉 선서 후에 위증, 허위진술을 하게 되는 경우 처벌을 받게 된다는 점, 채무자가 제공하는 모든 진술이 미합중국 법무장관에게 제공될 수 있다는 점 등이다.

개월간 예상되는 비용에 대한 개시설명서의 제출을 명하고 있다.[50]

만일 제 7 장 또는 제13장 사건의 채무자가 신청 후 45일 이내에 이러한 서류를 미제출하면 신청은 46일째에 자동적으로 기각된다.[51] 단 법원은 채무자의 신청에 의하여 45일을 넘지 않는 기간의 연장을 허가할 수 있고,[52] 관재인의 신청에 의하여, 심문과 통지를 거친 후, 채무자가 선의로 이러한 서류의 제출을 노력하고 채권자의 이익을 위하는 경우에 신청의 기각을 거절할 수 있다.[53]

제 7 장 또는 제13장 사건에서 채무자는 채권자집회일 이전 7일 이내에 관재인 및 만일 적시에 신청한 채권자가 있으면 그 채권자에게도 파산신청 직전에 종료되는 과세기간에 대한 연방소득세신고서 사본을 제출하지 않으면 안된다.[54] 만일 채무자가 제출하지 않으면 채무자가 책임질 수 없는 사유로 제출하지 못하였음을 보여주지 않는 한 법원은 신청을 기각하여야 한다.[55]

또한 제 7, 11, 13장 사건에서 법원, 연방관리관 또는 이해관계인의 신청이 있으면 개인인 채무자는 법원과 과세당국에 사건이 종결될 때까지 매년 신고하는 연방소득세신고서 사본과 절차개시 전 3년간의 연방소득신고서 및 각각의 수정신고서를 제출하여야 한다. 또한 제13장 사건에서는 그 외에 계획안이 인가되기 전후에 걸쳐 위증의 선서하에 연도별 및 월별 소득 및 비용에 관한 진술서를 법원에 제출하여야 한다.[56] 만일 채무자가 제때에 또는 연장된 기한까지 세금신고서를 세무당국에 제출하지 않으면 세무당국은 법원에 사건의 전환 또는 기각을 요청할 수 있고, 법원은 채권자와 파산재단의 이익을 위하여 사건을 전환 또는 기각하여야 한다.[57]

다. 신용상담절차의 전치주의

개인인 소비자가 제 7 장 파산신청을 하기 위하여는 먼저 채무자가 파산신청일 이전 180일 이내에 개별적으로 또는 집단으로 비영리 재무신용상담기관에서 상담을 받아야 한다는 요건이 추가되었다.[58] 파산신청 후에 마쳐서는 아니된다.

---

50) §521(a)(1)(B).
51) §521(i)(1).
52) §521(i)(4).
53) §521(i)(4).
54) §521(e)(2)(A).
55) §521(e)(2)(B).
56) §521(f).
57) §521(j).
58) §109(h).

단, 신용상담기관이 채무자에게 당해 관할지역에서 적절한 설명을 하는 것이 불가능하다고 연방관리관이 판단하는 경우,[59] 채무자가 정신질환, 장애, 전투중의 군복무 등으로 설명을 듣는 것이 불가능하다고 법원이 인정하는 경우에는 설명을 받지 않아도 파산신청을 할 수 있다.[60] 연방관리관은 비영리 재무신용상담기관의 자격과 교육과정을 심사하고 승인할 권한을 갖는다.[61] 채무자는 당해 기관으로부터 채무자가 법이 정한 신용상담을 받았음을 증명하는 서류(§521(b)(1))와 §109(h)에 따라 당해 기관이 작성한 채무변제계획사본을 제출하여야 한다.[62]

또한 개정법은 파산신청 이후에도 채무자에게 재무관리교육과정을 마칠 것을 면책의 요건으로 추가하였다. 즉 제 7 장 사건이 개시된 후에도 채무자는 연방관리관이 승인한 §111 소정의 개인재무관리 교육을 파산절차 종료 이전에 마쳐야 한다.[63] 단 연방관리관이 채무자가 당해관할지역에서 교육을 받는 것이 부적절하다고 판단되는 경우나, §109(h)(4) 소정의 정신질환자 등에 해당하는 경우에는 교육이 면제된다.[64] 제13장 사건에서도 면책불허가 사유의 하나로 채무자가 §111 소정의 개인재무관리교육을 받지 아니한 경우를 들고 있다.[65]

라. 채무구제대리인 제도의 신설

개정법은 채무구제대리인(debt relief agencies) 제도를 신설하였다. 채무구제대리인이란 대가를 받고 상담, 신청 기타 파산과 관련한 사항에 대하여 보조업무를 피보조자를 위하여 행하는 자를 지칭한다.[66] 이 제도는 비교적 소규모의 소비자 파산사건에 관여하는 변호사 등을 규제하기 위한 것이다. 채무구제대리인은 파산절차에서 허위 또는 오해를 초래하는 진술 또는 조언의 금지와 파산신청을 계획중에 있는 채무자로 하여금 추가 채무부담의 권유 금지 의무를 부담한다. 또한 제 7 장 기타 사건에 대한 설명이나 신용상담기관의 용역에 관하여 법원서기가 보낸 서류 기타 통지를 채무자에게 전달하여야 한다.[67] 파산신청시에 재산, 부채, 수입 등에 관한 모든 정보의 제공이 필요하다는 뜻을 채무자에게 전달하여야 한다. 정

---

59) §109(h)(2).
60) §109(h)(4).
61) §111.
62) §521(b)(2).
63) §727(a)(11).
64) §727(a)(11).
65) §1328(g).
66) §101(12)A.
67) §527(a)(1)(2).

보제공의 방법에 대하여도 채무자에게 알려주어야 한다.68) 채무구제대리인은 업무개시 5일 이내에 제공하는 용역의 내용, 보수, 지불조건을 명기한 계약서를 채무자에게 교부하여야 한다.69)

광고에 파산법에 의한 구제 용역에 대하여 명확하게 개시하지 않으면 아니 된다. "우리들은 채무구제대리인입니다. 우리들은 파산법에 의한 구제를 신청하는 사람들을 돕고 있습니다."라는 뜻을 광고 문구에 명확히 삽입하여야 한다.70) 위에서 본 요건을 충족하지 아니하는 경우 채무구제대리인과 채무자간의 계약은 무효이고,71) 또한 고의 또는 과실에 의하여 위 요건을 갖추지 못한 경우에는 채무자가 지불한 보수나 실제로 발생한 손해에 대하여 채무자에 대하여 책임을 부담한다.72)

마. 자동중지의 제한

개정 전에는 채무자의 파산신청 뿐 아니라 채권자의 파산신청에 대하여도 신청 즉시 법원이 자동중지를 해제하는 명령을 발할 때까지 자동중지의 효력이 인정되었다. 개정법은 기본적으로 이러한 구조는 유지하되 채권추심을 피하기 위하여 파산신청을 반복하는 것을 방지하기 위하여 자동중지의 효력을 일부 제한하는 방향으로 개정하였다. 개인인 채무자에 의한 또는 채무자에 대한 제7장, 제11장, 제13장 사건의 신청이 선행 사건의 기각결정일로부터 1년 이내에 재신청된 경우에는 자동중지는 후행 사건의 파산신청일로부터 30일이 지나면 종료한다.73) 단 후행 파산신청이 선의로 이루어졌음을 증명하는 경우에는 자동중지는 계속될 수 있다.74) 만일 신청일 1년 이내에 동일 채무자에 대하여 이미 2회 또는 그 이상의 파산신청에 대하여 신청이 기각된 때에는 자동중지의 효력이 발생하지 않으며 법원은 이해관계인의 신청에 의하여 즉시 자동중지의 효력이 없음을 확인하는 판결을 하여야 한다.75) 이 추정을 깨기 위하여는 명백하고 확실한 반증이 있어야 한다.

68) §527(c).
69) §528(a)(1).
70) §528(a)(3)(4).
71) §526(c)(1).
72) §526(c)(2).
73) §362(c)(3)(A).
74) §362(c)(3)(B).
75) §362(c)(4).

주거용부동산의 임차인이 파산신청을 하더라도 임대인의 명도신청에 대하여 자동중지의 효력을 제한하는 조항도 신설되었다. 즉 채무자의 파산신청일 이전에 채권자가 채무자를 상대로 명도소송을 제기하여 점유의 회복을 명하는 판결을 이미 얻은 경우에는 자동중지의 효력이 미치지 아니한다.76)

바. 제13장 사건의 개정

제13장에 관하여도 많은 개정이 있었으나 중요한 부분만 간략히 살펴본다.

먼저, 개정 전에는 원칙적으로 변제기간이 3년이었으나 개정법은 채무자의 월수입이 州의 가계수입의 중앙값을 넘는 경우에는 변제기간을 5년으로 정하였다.77) 개정 전에 사용하던 가처분소득(disposable income)의 개념을 제 7 장 변제자력 심사에서와 같이 월수입에서 각종 비용을 공제한 금액으로 구체화하였다.78) 관리인 또는 무담보채권자가 계획안에 대하여 이의를 제기하더라도 만일 계획안에서 채권 전액에 대한 변제를 정하고 있거나, 채무자의 월수입이 중앙값보다 적은 경우에는 3년간, 만일 월수입이 중앙값보다 많은 경우에는 5년간, 가처분소득의 전액을 변제에 충당하는 경우에는 법원이 계획안을 강제인가할 수 있다.79)

계획안의 내용에 대하여도 개정이 이루어졌다. 계획안은 담보권자에 대한 변제조항에서 담보권자는 피담보채권액 전액(담보목적물의 가액이 피담보채권액을 하회하는 경우를 포함한다)을 변제받는지 또는 계획을 완수할 때까지 담보권을 보유하고 있는지를 규정하여야 한다.80) 또한 자동차에 대하여는 신청일로부터 910일 이내, 자동차 아닌 목적물에 대하여는 1년 이내에 구입한 것에 대하여는 그 목적물을 담보물로 삼는 구입자금담보권에 대하여는 §506가 정하는 범위로 감축된다는 소위 strip down 내용의 변제조항은 금지된다.81)

또한 제13장 사건 계속 중에 있는 부양채무에 대하여는 전액을 이행하였음(§1325(a)(8))과 채무자가 聯邦, 州의 세금신고서를 제출할 것이 인가요건으로 새로이 추가되었다.82)

76) §362(b)(22).
77) §1325(b)(4)(A).
78) §1325(b)(2).
79) §1325(b)(2).
80) §1325(a)(5)(B)(ⅰ).
81) §1325(a)(5)(B)(ⅱ) 및 (a)後文.
82) §1325(a)(9).

3. 개정법에 대한 평가

가. 채무자 보호로부터 채권자 보호로 이동

클린턴 정부에서 선임된 전국파산법조사위원회가 1997년 보고한 내용은 개정법에 반영되지 않았다고 평가된다.[83] 구 파산법은 정부기관으로부터 대출받은 학자금 대출에 대하여만 비면책채권으로 삼고 있으나 개정법은 정부기관 뿐 아니라 금융기관으로부터 대출받은 학자금에 대하여도 비면책채권으로 삼고 있다. 이 점에서도 금번 개정이 금융기관의 로비에 영향을 받은 것임을 추측할 수 있다.

나. 파산 법률가에 대한 불신의 표시

개정법은 종전 파산법원이 절차의 중대한 남용이 있었다고 판단하는 것에 인색하여 파산절차의 남용이 제대로 걸러지지 못한다고 판단하여 파산법관으로부터 남용 판단의 권한을 축소하여 매우 정교한 과정을 거치도록 하는 내용의 변제자력 심사기준을 채택하였다. 또한 파산전문 변호사 가운데 비교적 소규모의 부채를 지고 있는 소비자의 파산사건 대리를 전문하는 변호사를 별도로 채무구제대리인이라는 범주에 포함시켜 여러가지 업무상의 제약을 부과함으로써 소비자 파산전문 변호사에 대한 부정적인 인식을 드러냈다.

다. 과도한 비용부담

변제자력 심사기준은 州의 평균 수입과, 각종 비용을 공제한 월수입을 비교하는 산정방식인바, 이러한 심사를 위하여 여러 가지 서류를 작성하고 계산하는 등 채무자에게 무거운 절차 부담을 지우고 있다. 대략 월수입이 100달러를 초과하는 채무자가 해당하는 것일 터인데 대부분의 파산사건이 수입이 거의 없는 채무자에 의한 신청이라는 점에 비추어 볼 때 과연 모든 소비자파산 사건에서 변제자력 심사기준을 적용할 필요가 있는가 하는 점을 비판하고 있다. 개정법은 파산신청을 하지 않는 다른 국민들이 파산신청을 하는 국민들때문에 부담하는 비용을 破産稅라 칭하여 이를 회피하기 위하여 개정된 것이라고 한다.[84] 그러나 모든 소비자 파산사건에 변제자력 심사를 실시함으로써 오히려 새로운 파산세를 부담하도록 하

83) 松下淳一, "2005年連邦破産法改正における消費者倒産法制の改正の素描(2)," NBL No. 820 (2005. 11. 1), 75면.

84) 下院司法委員會의 법안제출이유이다. H. R. Rep. No. 109-31, pt. 1 (2005).

는 것이 아닌가 하는 비판이 있다.

라. 개정법에 대한 전망

개정법의 시행에 불안을 느낀 채무자들의 파산신청이 시행 전에 쇄도하였고, 시행 후 파산신청 건수는 급감하였다. 그러나 법의 시행에도 불구하고 다시 파산신청 사건은 증가추세에 있다. 비록 BAPCPA가 소비자 파산신청을 어렵게 한 점에 있어서 학자들로부터 비난을 받고 있으나 1978년 파산법을 폐지한 것은 아니며 기본적인 골격은 그대로 유지하고 있다. 특히 제15장에서 국제파산에 관한 UNICITRAL 모델법을 도입한 것은 진전으로 평가되고 있다. 앞으로 수년간은 파산법의 개정논의는 수면위로 등장할 것 같지 않다. 다만 오바마 대통령이 상원으로서 BAPCPA 법안에 대하여 반대표결을 한 바 있고 2008년의 불경기의 여파로 채무자의 난처한 상황을 타개하기 위하여 새로운 시도가 있을 가능성이 점쳐지고 있다.[85]

마. 파산법관들의 개정법에 대한 평가[86]

개정법 시행 후 개정법에 대한 파산법관들의 평가는 대체로 다음과 같다. 첫째, 변제자력 심사기준(이하 심사기준이라 한다)에 대하여, 제7장 사건을 신청하였으나 심사기준을 통과하지 못하여 제13장 사건으로 이행하는 채무자의 숫자는 매우 적다. 그 이유로는 제7장 절차를 신청한 채무자로서 심사기준을 통과할 수 없는 채무자의 숫자 자체가 적다는 점과 제7장 사건을 신청하더라도 심사기준을 통과할 수 없다는 점을 미리 예측할 수 있기 때문에 그러한 채무자는 처음부터 제13장 사건을 신청하기 때문이다. 제7장 사건을 신청한 채무자에 대하여 제13장 사건으로 이행을 구하는 異議신청도 거의 없었다고 한다. 즉 개정법이 채권자에게 제7장 사건의 신청이 남용에 해당한다는 이유로 이의권한을 새로이 부여하였음에도 불구하고 실무상으로는 채권자는 이의신청을 거의 하지 않고 있으며 연방관리관과 관재인만이 극소수의 사건에서 이의권한을 행사하고 있다고 한다(어느 연방관리관보의 인터뷰에 의하면 자신의 지구에서 2006년 7월부터 3개월간 1건, 10월부터 3개월간 1건, 2007년 1월부터 3개월간 3건이 있었다고 한다). 심사기준은 다수의 채무자들

85) Charles Tabb, THE LAW OF BANKRUPTCY 57 (2009).

86) 이하의 내용은 倉部眞由美, "アメリカ連邦倒産における消費者倒産手續-2005年改正とその後の動向(4)," NBL No. 910(2009. 8. 1), 136면을 요약한 것이다.

에게 영향을 미치지 못하고 있다. 모든 채무자에 대하여 심사기준을 적용하여야 하고, 신청시에 제출하여야 하는 서류가 증가하는 바람에 채무자에게 무거운 부담을 지우고 있다. 개정법의 시행으로 파산신청이 기각되는 사건의 숫자가 증가하였는데 이는 신청 전에 신용상담교육을 미처 이수하지 못하였기 때문이라고 한다.

둘째, 신용상담교육제도에 대하여, 신용상담교육제도의 주된 목적은 채무자의 이익을 고려한 것이 아니라 채무자의 파산신청을 가능한 한 늦추고 궁극적으로 신청을 저지하려는 데 있다. 그러나 시기적으로 파산신청을 앞두고 있는 채무자가 전화나 편지 등으로 빚독촉을 받느라 골치가 아픈 상황이므로 그 시기에 신용상담교육을 받더라도 채무자가 교육내용을 제대로 이해할 수 없다고 한다. 차라리 일단 신청에 의한 자동중지의 효과를 받고난 다음에 신용상담교육을 실시하는 것이 효과적일 것이다. 개정 전에도 제13장 사건의 경우 상임관재인의 업무방식에 따라 채무자에 대하여 교육을 시행하고 있었다고 한다.

Ⅴ. 개정법에서의 신용상담제도 및 재무교육프로그램

1. 신용상담제도 및 재무교육프로그램에 대한 평가

파산신청을 하기 위하여는 개인채무자는 신청 전 180일 이내에 신용상담을 수강하는 것이 신청의 한 요건으로 되었다. 또한 면책을 받기 위하여는 신청 후 재무관리교육을 받아야 한다.

연방회계검사국(United States Government Accountability Office, USGAO)은 2007. 4. 6. 채무자 교육에 대한 보고서를 발표하였다. 연방회계검사국은 연방 상·하원의원들의 요청에 따라 다음의 내용을 조사하였다. (1) 연방관리관 프로그램에 의한 신용상담과 채무자 교육기관의 인가, (2) 신용상담과 채무자교육의 내용과 결과, (3) 신용상담과 채무자교육의 비용, 채무자가 지불능력을 결한 경우에도 이러한 서비스가 제공되는 정도, (4) 인가된 기관의 서비스에 대한 접근, 소비자가 이러한 서비스를 받는 데 있어 장해가 있는지 여부.

2. 기관의 인가에 대하여

개정법은 신용상담 및 채무자교육기관이 적절한 자격을 보유하고 아울러 이해충돌 및 남용적 운용을 피하기 위하여 이러한 기관이 최저한의 기준을 갖추도록 규정하고 있다. 이러한 요건을 실효적인 것으로 하기 위하여 연방관리관 프로그램은 인가신청서, 허가기준 및 기관이 갖추어야 하는 기타 기준을 정하고 있다.

연방관리관 프로그램이 인가를 하기 위하여 기관이 갖추어야 하는 자격요건은 아래와 같다. 비영리단체이어야 하고, 독립한 이사회와 그 과반수 구성원은 상담서비스로부터 또는 직·간접적으로 경제적인 이익을 누려서는 아니될 것, 신용상담서비스에 대한 합리적인 수수료를 부과할 것, 소정의 항목에 대하여 의뢰인에게 완전한 정보공개를 할 것, 의뢰인의 자금 보관 및 지불에 대하여 정하고 있을 것, 충분한 경험을 갖고 훈련된 상담사가 담당할 것, 서비스제공을 계속하기에 충분한 재원을 보유하고 있을 것 등이다.

또한 신용상담기관이 되기 위하여 신청하는 법인은 아래의 사항을 공개하여야 한다. 현재 및 종전 임원, 이사 및 수탁자의 이름과 일정한 범죄에 대하여 유죄판결을 받은 적이 있는지 여부를 포함하는 모든 자료, 신용상담업을 영위하는 기관 의뢰인의 수, 관련하는 자격 및 가입하고 있는 단체에 대한 자료, 면허 또는 자격의 취소, 법적조치 및 수사 징계 또는 처벌 전력, 채무처리계획을 포함한 2년 전에 감사를 받은 재무제표, 비영리법인에 관하여 국세청과 교환된 문서를 포함하는 비영리단체로서의 지위에 관한 정보, 신용상담서비스의 성질 및 내용에 관한 정보, 신용상담서비스를 할 때 사용하는 유인물 및 실시요강 등의 서면화된 교재, 법인에 의하여 제공된 채무처리계획에 관한 정보 등이다.

신용상담기관은 파산법의 정한 기준 뿐 아니라 州法의 기준을 갖추어야 한다. 만일 州의 규제당국이 신용상담기관이 규제요건을 충족하지 못한다는 것을 연방관리관에게 통지하면 연방관리관은 신용상담기관이 7일 이내에 충족사실을 입증하지 못하면 승인된 신용상담기관의 명단에서 삭제됨을 고지한다.

USGAO의 조사결과를 요약하면 연방관리관 프로그램이 신청자를 심사하는 과정은 신용상담기관이 파산법이 정하는 기준을 충족하고 있는지 여부를 체계적이고 면밀하게 확인할 수 있도록 설계되었다고 평가받고 있다. 2006년 10월까지 연방관리관 프로그램은 153건의 신청을 받아 96건의 신청을 거부하였다. 2009년 현재 전국에 166개의 신용상담기관이 있다. 총 88개 연방지방법원의 관할지구에서 승인받은 기관부터 1개의 관할지구에서 승인받은 기관 등 규모가 다양하다.

Ⅵ. 각 절차에서 연방관리관의 역할

관리인은 제 7 장, 제12장, 제13장 사건에서는 반드시 임명되어야 하는 기관이고 제11장에서는 임의적인 기관이다.[87] 관리인은 파산재단에 대하여 충실의무를 부담한다. 연방관리관은 관재인들에게 채무자, 채권자, 기타 이해관계인 및 연방관리관에게 부담하는 의무와 관련한 지침을 제공하고 있다. 또한 연방관리관은 관리인들에 대한 교육과 그들의 업무수행에 대한 평가, 재정적인 활동에 대한 검토, 파산재단의 효과적인 관리를 확실히 하고, 관재인의 횡령, 불성실 기타 부적절한 행위로 인하여 逸脫된 재산의 회복을 위한 조사업무를 수행하고 있다.

1. 채권자집회(meeting of creditors)

가. 채권자집회의 구성과 연방관리관의 역할

미국 파산법에서는 모든 이해관계자가 참석하는 관계인집회는 없고 대신에 채권자집회가 있을 뿐이다. 파산신청이 접수되면 상당한 기간 내에 채권자집회가 개최되어야 한다. 채권자집회 기일이 언제 지정되어야 하는 점은 파산법이 아니라 연방파산규칙(Federal Rules of Bankruptcy Procedure Rule)이 정하고 있다. 실무상 채권자 집회를 341집회라고 약칭한다.

나. 소집기간과 주재자

파산절차가 개시되면 연방관리관은 제 7 장 및 제11장 사건에서는 절차개시일로부터 20일 이후 40일 이내에, 제13장 사건에서는 절차개시일로부터 20일 이후 50일 이내에 반드시 채권자집회를 소집하고 채권자집회를 주재하여야 한다.[88] 파

87) 채무자회생법은 법원이 특정인을 관리인으로 임명하지만, 미국 파산법은 법원에게 관리인을 선임할 것인지 여부만 결정하고 구체적으로 특정 관리인을 임명하는 권한은 연방관리관에 있다는 점에 가장 큰 차이가 있다.

88) §341(a). Rule §2003(a). 다만, 노스캐롤라이나주와 앨라배마주에서는 파산관리관(bankruptcy administrator)이 주재한다.

산법에는 연방관리관이 채권자집회를 주재하도록 규정되어 있으나 실무는 거의 제7장 사건에서는 보전관재인에게, 제12장 및 제13장 사건에서는 상임관재인(standing trustee)에게 위임한다. 그러나 제11장 사건에서는 연방관리관 또는 연방관리관보가 채권자집회를 주재하는 것이 실무이다.[89] 예외적으로 채무자가 이미 계획안을 제출하고 그에 대하여 동의를 얻은 경우 이해관계인은 연방관리관이 채권자집회를 소집하지 말도록 요청할 수 있다.[90] 다만 연방관리관은 관재인의 업무를 감독한다는 차원에서 정기적으로 채권자집회에 참석하여 관재인과 채권자들의 행위를 감독한다.[91] 법원은 채권자집회에 참석할 수 없으며 주재할 수도 없다.[92] 그 이유는 만일 채권자집회에서 제기될 수 있는 법률적인 문제를 장차 법관이 재판절차에서 사법적인 판단을 할지도 모르기 때문에 법관의 염결성을 확보하기 위한 것이다.[93] 그리하여 채권자집회의 장소는 법원이 아니라 연방관리관의 분사무소이다.

다만 주주집회는 연방관리관이 소집할 수 있을 뿐 채권자집회처럼 필요적 기관은 아니다.[94] 주주집회는 채무자가 지급불능이 아니고 주주에게도 배당의 가능성이 있어야 그 역할이 정하여진다. 대부분 주주조에 배당하는 경우가 없으므로 사실상 주주집회는 열리지 아니한다. 제9장 사건에서는 관재인이 채권자위원회를 임명하지만 채권자집회는 없다.[95]

다. 채권자집회의 내용

채권자집회는 모든 채권자에게 참석기회가 보장된 것이고 채권자위원회의 구성원만이 참석하는 것이 아님은 물론이다.[96] 채권자집회의 가장 중요하고도 사실상 유일한 업무는 채무자에 대한 신문이다. 신문절차를 통하여 채무자의 숨겨진 자산의 소재와 가치, 편파행위, 사해양도에 관한 정보를 얻을 수 있다. 채무자는 §343에 의하여 반드시 법정에 출석하여야 한다. 또한 채무자는 필요한 경우 영업

---

89) COLLIER BANKRUPTCY MANUAL Vol. 1. 3rd ed. ¶341.02[4], Herber M. Graves, 앞의 글(주 9), 6면.

90) §341(e).

91) Herber M. Graves, 앞의 글(주 9), 12면.

92) §341(c). 채권자집회에는 파산법관 뿐만 아니라 법원서기도 참석하지 못한다.

93) Michael J. Herbert, *supra note* 7, at 62.

94) §341(b).

95) 제9장 사건이라 함은 지방자치단체의 파산에 관한 사건이다. Herber M. Graves, 앞의 글(주 9), 6면.

96) Michael J. Herbert, *supra note* 7, at 62.

비밀을 제외하고 장부나 기타 서류를 채권자 집회에 제출할 의무를 부담한다.97) 채권자집회에서 연방관리관은 채무자에게 선서를 시키고 채무자를 심문하여야 한다.98) 대부분의 사건은 재산이 없어 채권자들이 참석하는 일이 거의 없으므로 채권자집회의 주된 역할은 채무자의 심문밖에 없다.99) 제 7 장 사건의 관재인은 채무자에게 채권자 집회 종료 전에 채무자에게 파산면책을 구하는 행위로부터 장차 발생할 결과, 채무자가 다른 장(예컨대 제13장)을 신청할 수도 있다는 점, 면책의 효과, 채무 재승인의 효과를 숙지하고 있는지를 반드시 구두로 질문하여야 한다.100)

미국의 채권자집회는 파산관재인, 관리인의 선임, 파산관재인의 출석의무를 제외하고는 대체로 한국의 파산절차의 채권자집회, 회생절차의 경우 제 1 회 관계인집회에서 채권자들에게 채무자의 재산현황과 배당 등에 관하여 정보를 제공한다는 점에서 그 기능이 유사하다.

그러나 채무자회생법 제321조는 법인이 파산한 경우나 개인이 파산한 경우에도 종전 채무자의 대표이사나 채무자에 대하여 파산관재인, 채권자집회의 요청이 있어야 설명의무를 부담하고 있을 뿐 채무자가 반드시 채권자집회에 참석할 의무를 부여하고 있지 않다.

2. 채권자위원회(creditors committee) 구성과 연방관리관의 역할

제 7 장 사건은 대부분 자산이 없는 사건(no asset case)이므로 채권자위원회가 구성되지 아니한다. 그러나 예외적이지만 채권자위원회를 구성할 수 있다. 채권자위원회는 무담보권채권자들로 구성된다. 채권자위원회는 보통 채권자집회에서 구성된다. 채권자위원회의 위원은 선출되는 것이 아니라 연방관리관이 임명한다. 보통은 무담보채권자 중 최대 7순위까지의 채권자들이 임명된다. 법원은 이해관계인의 요청에 따라 통지와 신문을 거친 후 채권자위원회의 위원을 교체할 것을 연방관리관에게 명할 수 있다.101) 연방관리관은 채권자들로 하여금 채권자위원회에 봉사할 것을 권유하고 채권자와 채무자간의 관계에 관한 정보(예컨대 일정기간 채권을 양도하지 않도록 하는 약정을 하고 있는지 등)를 공개하도록 한다. 또한 채권자들은

97) COLLIER on BANKRUPTCY ¶343.05.
98) Rule §2003(b)(1).
99) COLLIER BANKRUPTCY MANUAL Vol. 1. 3rd ed. ¶341.02[5][a].
100) §341(d).
101) §1102(a)(4).

자신이 채권자위원회의 위원으로 있는 동안 자신이 보유하고 있는 채권(사채증서)을 매각할 것인지 보유하고 있을 것인지 여부를 미리 고려하여야 한다.102)

제11장 사건에서 파산신청이 있으면 연방관리관은 조속한 시일 내에 무담보 채권자위원회의 위원을 임명하여야 한다. 다른 채권자위원회와 주주위원회는 상설기관은 아니며 연방관리관이 필요하다고 인정되는 경우나 법원이 이해관계인의 신청에 의하여 그 구성을 명하는 경우에만 구성된다.103) 채무자가 중소기업인 경우에는 법원은 채권자위원회의 구성을 하지 않도록 명할 수 있다.104) 연방관리관은 채권자위원회가 이해관계를 달리하는 채권자들을 대표할 수 있도록 채권자위원회를 구성하도록 노력하여야 한다.

채권자위원회는 법정기관으로서 전문가를 고용하여 채무자의 행위, 자산, 채무, 재산상황, 영업의 계속 여부에 대한 조사할 수 있으며 전문가의 적정한 선임비용은 파산재단이 부담한다.105) 일부 담보채권자들이 임의로 구성한 위원회(은행그룹 등)는 연방파산법이 부여한 전문가 선임권한은 인정되지 아니하며 담보여력이 있고, 계약 또는 주법에 따라 그 비용을 채무자에게 부담시킬 수 있는 경우에 한하여 파산재단에 비용을 변상받을 수 있을 뿐이다.106)

대형 제11장 사건의 경우에는 연방관리관은 여러 개의 채권자위원회를 구성할 수 있다(예컨대 상거래채권자위원회, 사채권자위원회, 채무자가 계열회사인 경우 모회사 채권자위원회와 자회사 채권자위원회 등).

비록 채권자위원회를 구성하는 1차적인 권한은 연방관리관에게 있지만 법원 역시 채권자위원회의 추가 설치나 중소기업에 대한 채권자위원회의 불설치를 명할 수 있다.107) 법원이 채권자위원회의 위원을 경질할 수 있는 권한을 부여하자는 권고가 있었으나 2005년 개정법에는 채택되지 아니하였다.108)

---

102) Joseph A. Guzinski, OVERVIEW OF UNITED STATES TRUSTEE POLICIES AND PROCEDURES, 26th Annual Current Developments in Bankruptcy & Reorganization Vol. 2, 462 (2004).

103) §1102(a)(1)(2).

104) §1102(a)(3).

105) 채무자회생법 제21조 제3항도 미국 파산법의 이러한 제도를 수계한 것이다.

106) §506(b).

107) §1102(a)(2).

108) NBRC. 松下淳一, “全國破產法調査委員會報告書の概要と議會への勸告の全譯(上),” ジュリスト, No. 1337(1998. 7. 1), 94면.

3. 전문가 고용과 연방관리관의 역할

가. 채무자가 파산신청 후 변호사를 선임하는 전형적인 절차

채무자가 파산신청 후 변호사를 선임하여 변호사 비용을 정하는 전형적인 절차는 아래와 같다.

먼저 §327는 파산재단에 대하여 변호사의 선임권한을 부여하고 있다. 단 변호사가 파산재단에 불리한 이해관계를 갖지 않고 또한 이해관계가 없는 사람이어야 한다는 조건을 갖추어야 한다. 다음으로 §328는 변호사 선임계약의 조건과 내용(시간당 계산방식, 일정액 지급방식, 또는 성공보수 방식 등)을 규율한다. 일단 법원이 시간당 요율과 다른 조건들이 합리적이라고 판단하면 법원은 원칙적으로 변호사 보수 조건을 변경할 수 없다. 단 그러한 조건과 내용이 계약할 당시 예상할 수 없었던 것으로 불합리하다고 판단한 경우에는 변경할 수 있다. 그러나 §330는 궁극적으로 변호사가 이러한 보수조건에 따라 청구한 변호사 보수 총액이 합리적인 금액일 것을 요구하고 있다. 즉 §328는 법원이 변호사 보수 조건을 변경하는 것에 대한 제한을 하면서도 §330는 청구한 금액 이하의 보수를 지급할 권한을 법원에 부여하고 있다.

나. 구조조정전문가와 이익충돌의 조정

어려움에 직면한 기업은 파산신청 전에 고용한 구조조정전문가(crisis management, turnaround specialist)를 파산신청 후에도 전문가 또는 기업의 임원(Chief Reorganization Officer)으로 고용하기를 원한다. §101(14),(31) 및 §327는 채무자가 전문가로 고용할 수 있는 이해관계의 충돌 범위에 관하여 규정하고 있다. 즉 전문가가 되기 위하여는 파산재단에 불리한 이해관계를 갖고 있어서는 아니되며 무엇보다 이해관계를 갖고 있지 않는 사람(disinterested person)이어야 한다. 채무자가 변호사를 선임하기 위하여는 반드시 법원의 허가를 받아야 한다. 당해 변호사가 파산신청 전에 파산신청과 무관한 법률문제에 관하여 조언을 준 변호사이건 파산 후의 파산재단의 관리와 관련 업무를 수행하려는 변호사이건 채무자가 변호사를 선임하기 위하여는 모두 법원의 허가를 받아야 한다. 채무자가 지급하는 변호사 보수가 시간당 요율을 곱한 방식으로 하건 일정액으로 하건 그 방식은 자유이지만 적어도 비용이 지나치게 과다하여서는 아니되며 법원이 과다하다고 인정하면 당해 선임계약의 취소 또는 보수의 삭감을 명할 수 있다.[109)]

---

109) William C. Hillman & Margaret M. Crouch, Bankruptcy Deskbook Vol. 1, §11:2.3 (2007).

그러나 구조조정전문가가 파산신청 전에 채무자 회사에 도움을 주고 다시 회사의 임원으로 선임되려고 할 때 이해관계의 충돌에 관한 구체적인 가이드는 마련되어 있지 않았다. 연방관리관은 *In re* Harnischgege Indutstries, Inc. (Bankr. D. Del) 사건과 *In re* Safety-Kleeen Corp. (Bankr. D. Del) 사건에서 구조조정전문가를 상대로 비용의 반환을 구하는 소송을 제기하였다. 위 사건에서 구조조정전문가와 구조조정전문회사가 그 구성원이 채무자 회사에서 수행하여야할 업무범위에 관한 가이드라인을 제정하고 이를 토대로 당사자들이 체결한 협정에 대하여 법원의 승인을 받았다. 이 가이드라인에 의하면 구조조정전문회사는 그 구성원을 채무자 회사의 임원 또는 이사로 선임할 수 있으며, 구조조정전문회사 자신이 채무자의 전문가로 선임될 수 있다. 그러나 양자는 택일적인 관계이다. 임원 또는 이사가 된 전문가회사의 구성원이나 전문가 회사는 §363의 적용을 받게 되며 채무자, 채권자 기타 이해관계인과의 어떠한 관련성에 대하여 그 정보를 공개하여야 한다. 만일 구조조정회사가 업무관리와 무관한 조언을 채무자에게 제공하려는 경우라면 그 회사는 §327에 따라서 전문가가 되기 위한 신청서를 법원에 제출하여야 한다. 위 협정은 연방관리관 프로그램의 제 3 지구에 속하는 파산법원에 신청된 파산사건에 적용되는 것이지만 필요한 경우 사건에 따른 수정이 있을 수 있으나 앞으로 전국적으로 확대될 것이 예상된다.[110]

다. 전문가의 손해배상책임과 그 변상조항

제11장 사건 수의 증가와 규모의 확대에 따라 전문가들의 책임 역시 무겁게 되었다. 그러나 전문가들은 사전에 채무자와 사이에 만일 자신들의 행위에 대하여 채권자, 관재인이 충실의무 위반 등을 이유로 손해배상을 청구하여 전문가들이 책임을 지게 되면 그 손해배상금을 채무자 회사가 대신 변상한다는 조항을 두는 경우가 있다. 이에 대하여 연방관리관은 전문가들은 보통인보다 높은 수준의 기술과 주의의무를 부담하고 있으며 충실의무를 훼손하게 되는 것일 뿐 아니라 전문가의 과실로 인한 손해배상청구권은 파산재단의 중요한 재원이 될 수 있으므로 파산재단이 이를 포기하는 것은 다른 채권자들의 이해관계에 불리하다는 이유로 전문가 고용계약에 이러한 변상 조항을 두는 것에 대하여 반대하고 있다. 연방관리관은

110) Joseph A. Guzinski, EMERGING CHAPTER 11 ISSUES IN BANKRUPTCY ADMINISTATION, 24th Annual Current Developments in Bankruptcy & Reorganization Vol. 2. 326 (2002).

In re United Artists 사건[111]의 항소심(제3항소 지구법원)에서 법원이 직권으로 §327에 의하여 이를 금지할 것을 주장하였다.[112]

4. 제 7 장 사건에서의 연방관리관의 역할

가. 사건 접수 후의 검토 업무

사건이 접수되면 연방관리관은 적법한 관할법원에 신청이 되었는지, 파산면책을 받은 후 8년내에 재신청된 것인지, 심사기준을 적용하기 위하여 채무자의 수입과 채무를 비교하여 채무자가 제 7 장 사건을 제기할 당사자 적격을 갖추고 있는지, 채무자가 과도한 신용카드 채무를 부담하고 있는지, 채무자가 도박으로 인하여 수입을 상실하였다고 보고하고 있는지, 제 7 장 사건 신청의 기각을 구하거나 제13장으로 전환하도록 이의를 제기하는 것이 적절한 것인지, 면책에 대한 이의를 제기할 것인지 등을 검토한다.

나. 파산관재인 선임 절차와 연방관리관의 역할

(1) 제 7 장에서 파산관재인의 역할

채무자회생법도 관재인의 자격을 두고 있지 아니하나 실무는 변호사인 개인을 임명하고 있다. 미국 파산법의 제 7 장 관재인은 대다수는 변호사이지만 반드시 변호사가 관재인의 자격요건은 아니다. 영국과 같이 도산실무가(Insolvency Practitioner)와 같은 엄격한 자격을 요하지 아니한다. §321는 법인 또는 개인의 경우 당해 관할구역 또는 인접관할구역에 거주하거나 사무소를 둘 것만을 요구하고 구체적인 기준은 정하여 두고 있지 않다. 구체적인 자격요건은 파산법이 아닌 별도의 사법조직에 관한 연방법률 28 U.S.C. §586(d) 이하에 자세히 규정하고 있다. 관재인이 되려는 자는 임무 개시 전에 관재인 선임일로부터 5일 이내에 연방관리관이 정하는 보험증권을 제출하여야 한다.[113]

관재인은 먼저 채권자 및 주주 목록(일반채권자, 담보권자, 주주)과 재산 목록이 정확한지 확인하여야 한다. 만일 재산부재(한국의 동시폐지에 유사함)를 이유로 채권

---

111) Walton v. Houlliahn Lokey Howard & Zukin Capital (*In re United Artists*), Case No. 00-1351 (3rd Cir. 2001).

112) Joseph A. Guzinski, *supra note* 110, at 326.

113) §322.

자들에게 배당할 자원이 없다면 관재인은 무자산 사건이라고 파산법원에 신고하여 채권자들에게 채권신고를 할 필요가 없다고 알린다.[114)]

만일 배당할 채권이 있다고 판단되면 신고된 채권의 존부 및 액수의 범위에 관하여 이의 여부를 검토하여야 한다. 채권신고기간은 법에 규정되어 있지 않고 파산규칙 §3002(c)에 규정되어 있으며 제1회 채권자집회일로부터 90일 이내이다. 제11장에서 채권신고기간은 법이나 규칙에 정함이 없으며 DIP의 요청에 따라 법원이 정한다.

채무자회생법과 달리 파산신청에 의하여 바로 자동중지의 효력이 발생하고 파산선고와 같은 효과를 갖는 구제명령이 발령되므로 별도로 파산선고(adjudication of bankruptcy)의 절차는 존재하지 아니한다. 채무자의 신청에 의하여 파산절차가 개시되면 제7장 사건의 필요적 기관인 채권자위원회가 위원회의 위원과 관재인을 선임할 수 있다.[115)] 관재인은 채무자회생법과 마찬가지로 공무원은 아니다.

(2) 관재인의 선임절차와 연방관리관의 역할

(가) 관재인 선임에 관한 파산법의 규정

파산법에는 채권자가 §341에 의한 채권자회의에서 관재인을 투표로 선임한다고 규정되어 있으나 뒤에 보는 바와 같이 실제로 채권자회의에서 관재인을 선임하는 예는 거의 없다. 파산법에 의하면 관재인을 선임할 수 있는 권한은 무담보채권자에게만 인정되고 주주나 담보채권자에게는 인정되지 아니한다. 그 이유로는 관재인의 역할이 주로 무담보채권자의 이익을 보호하는 데 있기 때문이다.[116)] 먼저 관재인의 선임을 요청하기 위하여는 투표가능한 채권액의 20% 이상의 채권을 갖는 채권자들이 관재인 선임을 요청하고,[117)] 적어도 투표가능한 채권액의 20% 이상의 채권액을 보유한 채권자들이 투표에 참여하여야 한다. 그러나 투표는 채권액수가 아니라 투표하는 채권자의 인원수에 의하여 결정된다.[118)] 법원은 관재인의 임명권한은 없으나 해임할 권한은 있다(§324(a)).[119)] 실무상은 법원이 직권으로 해

---

114) 한국과 일본에서도 파산채권자에게 배당할 가능성이 없는 것이 분명한 이시폐지가 예정된 파산사건에서 굳이 파산채권조사를 거칠 필요가 있는지에 관하여 실무상 논란이 있다. 林治龍, 파산법연구 2, 박영사(2006), 47면 이하 참조.

115) Rule §2003(b)(1).

116) Michael J. Herbert, *supra note* 7, at 296.

117) §702(b).

118) §702(c).

119) The court, after notice and a hearing may remove a trustee other than the United

임하는 경우는 적고 이해관계인의 신청에 의하여 해임한다.

(나) 관재인 선임에 관한 실무

연방관리관은 §701에 따라 파산신청 후 바로 보전관재인으로 수행할 사람으로 이해관계가 없는 자를 관재인 명부의 구성원으로 임명할 의무가 있다.[120] 연방관리관은 특정인을 특정 사건의 파산관재인으로 임명하는 것이 아니라 여러 명의 관재인들을 하나의 관재인단에 임명하는 권한을 갖는다. 관재인 명부(panel of private trustees)에 기재된 관재인의 임기는 1년이며 연방관리관의 재량에 따라 재선임될 수 있다.

각 관재인단에 소속된 관재인은 제7장 사건이 개시되면 무작위(blind rotation)에 따라 법원에 의하여 보전관재인으로 선임된다. 따라서 파산사건이 접수되기 이전에 이미 관재인 명부가 법원에 제출된 상태이다. 그 후 파산신청서가 법원에 접수되면 사건명, 담당판사, 보전관재인이 결정되고 채권자집회의 일자와 시각이 정하여 진다. 파산법원의 직원이 채권자 및 이해관계인에게 채권자집회 일시 등을 통지한다. 현실적으로 채권자집회에서 관재인을 선임하는 경우는 거의 없고,[121] 파산법은 명문으로 그러한 경우 보전관재인이 관재인이 된다고 규정하고 있다.[122] 채권자가 파산신청한 경우에도 법원의 파산선고(order for relief)가 발령되기 전에도 직권 또는 이해관계인의 신청으로 보전관재인이 선임된다.[123]

보전관재인은 법원이 선임하는 것이 아니라 보전관재인 명부에 의하여 결정된다.[124] 즉 관재인 명부에 이름이 등재되는 관재인은 연방관리관이 임명하고 연

States Trustee... for cause.

120) §701(a)(1).

121) E. Warren & J. Lawrence Westbrook, THE LAW OF DEBTORS AND CREDITORS 319 (4th ed. 2001), Michael J. Herbert, *supra note* 7, at 296. 이 점은 저자가 2011년 7월 법무부 출장 중 미국 EOUST 사무실에서 만난 제13장 사건의 상임관재인(변호사)과 U.S. Trustee Assistant를 지난 Herbert M. Grave 변호사와의 인터뷰를 통해서도 확인하였다.

122) §702(d). If a trustee is not elected under this section, then the interim trustee shall serve as trustee in the case.

123) §303(g) At any time after the commencement of an involuntary case under chapter 7 of this title but before an order for relief in the case, the court, on request of a party in interest, after notice to the debtor and a hearing, and if necessary to preserve the property of the estate or to prevent loss to the estate, may order the Unite States trustee to appoint an interim trustee under section 701 of this title to take possession of the property of the estate and to operate any business of the debtor.

124) 명단의 자격요건은 28. U.S.C. §586(b).

방관리관이 명단을 법원에 미리 제출하며, 법원은 대부분 알파벳 순서 등 무작위로 명부에 등재된 관재인을 보전관재인으로 지정한다. 관재인들 가운데에는 채무자에게 너그러운 사람과 까다로운 관재인이 있고 통상 채무자의 대리인은 너그러운 관재인에게 파산사건이 배당되기를 바라고 있다. 위에서 본 제도는 관재인의 선임을 공평하게 함으로써 Trustee Shopping을 막기 위한 것이다.[125] 그러나 어렵고 복잡한 파산사건의 경우에는 예외적으로 연방관리관이 특정인을 지명하는 경우도 있다고 한다.

그리하여 통상 제7장의 파산관재인을 panel trustee라고 하고 제12장 또는 제13장의 관재인을 standing trustee라고 호칭한다. 그 이유는 특정 지역에 따라 그 지역에서 발생하는 파산사건을 관리하기 위하여 연방관리관이 상설로 관재업무를 수행하도록 임명하기 때문이다. 제7장 사건이 사건별로 배당되는 것에 비하여 제13장 사건은 어느 지역별로 사건이 배당된다는 점에서 가장 큰 차이가 있다. 파산사건 접수 후 인터넷을 통하여 사건명, 담당판사, 보전관재인의 이름이 공개된다. 관재인명단을 작성, 유지 감독하는 것이 연방관리관의 주요한 직무의 하나이다. 관재인 명단의 후보자가 되기 위한 요건은 28. C. F. R. §58.3(b)에 규정되어 있다.

(다) 관재인에 대한 감독

제7장의 관재인은 연방관리관과 독립된 공인회계사에 의하여 매 4년에 한번씩 감사를 받는다. 또한 관재인은 매년 자산이 있는 모든 파산사건에 대하여 보고서를 제출하여야 한다. 연방관리관 직원들은 관재인이 작성하는 연간보고서를 통하여 파산절차가 종결을 늦추지 않고 제대로 진행되고 있는지를 검토한다. 2009년에는 총 1,100건의 연간보고서가 검토되었다.[126] 만일 관재인과 연방관리관간에 관재업무의 지시를 둘러싸고 다툼이 발생하면 파산법원이 해결할 수 있다.

2009년 연방관리관 사무소는 제7장 사건에서 총 1,100명의 관재인의 활동에 대한 감시활동을 벌였다. 이 기간 동안 관재인들은 50,530 사건(재산이 있는 사건)의 관재업무를 담당하면서 약 25억 불의 수입을 발생시켰다. 2009년 300명의 관재인에 대하여 감사를 마쳤다.

---

125) 中島弘雅, 英米倒産法キーワード, 弘文堂(2003), 116면.

126) U.S Department of Justice, UNITED STATES TRUSTEE PROGRAM ANNUAL REPORT OF SIGNIFICANT ACCOMPLISHMENTS FISCAL YEAR 2009, 35.

다. 신용상담과 재무관리교육 프로그램의 인가 및 감독

개정법의 가장 큰 특징 중의 하나는 신용상담교육의 사전 이수, 면책을 위한 재무교육의 이수 및 심사기준의 도입을 통하여 소비자 파산의 남용을 억제하고 비면책채권의 범위를 확대하는 등 파산법의 기능을 채무자의 면책보다는 채권자의 추심으로 변환한 데에 있다.[127] 연방관리관의 역할은 신청인에게 신용회복과 재무관리교육과정을 제공할 수 있는 비영리단체가 법정자격요건을 갖추었는지 여부를 확인한다. 그렇게 함으로써 신청인들이 비양심적인 비영리단체로부터 비리에 연루되지 않도록 보호하려는 것이다. 2007년 현재 전국에는 161개의 승인된 신용상담기관과 297개의 승인된 채무자 교육기관이 있다.[128] 연방회계책임국(Government Accountability Office)은 연방관리관이 제공하는 신용상담프로그램이 효율적이고 신속하게 처리되고 있는지를 감독하고 있다.

개정 전의 파산법하에서는 채무자가 따로 신용상담을 받을 필요는 없었다. 개정법은 파산신청을 하는 채무자는 제7장이건 제13장이건 신청일 180일 이전에 비영리단체로부터 개별적으로 또는 집단적으로 설명을 듣는 것을 절차적 요건으로 부가하였다.[129] 채무자는 파산신청시에 위 설명을 들었다는 내용의 비영리단체 발행의 증명서를 제출하여야 한다.[130]

연방관리관이 승인한 재무관리교육과정을 수료를 받지 아니하면 제7장 및 제13장의 면책기각사유로 추가되었다.[131] 이 조항의 입법취지는 파산신청인이 파산신청의 결과로 인한 법적 불이익이 중대함에도 불구하고 이를 제대로 예상하지 못하여 자신이 원하지 않는 나락의 상태로 빠지지 않도록 사전에 스스로 결정할 기회를 주려는 데 있다.

개정 전 파산법에서 파산신청시에 제출하는 서류로는 채권자 목록, 재산 및 부채목록, 현재의 수입 및 지출 목록 및 채무자의 재정상태에 관한 진술서뿐이었다. 그러나 개정법 시행 후부터는 채무자의 재정상태에 관한 진술서 대신에 §342가 요구하는 서류 즉 파산절차의 개요 및 신용상담에 관한 내용을 고지받았다는

127) 신법에 대한 해설로는 鄭暎樹, "消費者倒產制度의 變化-美國과 韓國의 法改正 檢討," 법조(2008. 10), 169면 이하.
128) 신청인 중 46%가 인터넷으로, 43%가 전화로, 11%가 현장에서 교육을 받았다.
129) §109(h)(1).
130) §521(b)(1)(2).
131) §727(a)(11), §1328(g)(1).

증명서를 제출하여야 한다.[132] 만일 신청인이 신청일로부터 45일 이내에 신용상담 등에 관한 정보를 법원에 제출하지 아니하면 사건은 자동으로 기각된다.

라. 파산신청 남용에 대한 이의권한

개정 전의 파산법하에서는 소비자파산신청이 중대하게 남용되었다고 법원이 판단하는 경우에는 법원은 연방관리관 또는 직권으로 신청을 기각하도록 되어 있었다.[133] 그런데 개정법은 파산신청의 남용이 중대하지 않더라도 일단 남용에 해당하면 이해관계인에게도 기각신청권을 부여하였다. 또한 어떠한 경우가 신청의 남용에 해당하는가에 관하여는 일반적인 기준 외에 새로이 변제자력기준(means test)을 도입하면서 이 기준을 초과하면 일단 신청권의 남용이라고 추정하도록 개정함으로써 법원의 재량권을 축소하였다. 이때 채무자의 수입이 그가 소속한 州의 소득평균보다 높으므로 파산신청을 기각하여 달라고 신청할 수 있는 권한이 연방관리관에게 부여되었다.[134] 다만 채무자와 배우자의 수입을 합한 금액이 州의 평균보다 낮은 경우에는 누구도 절차의 남용이라는 이유로 파산신청의 기각을 구할 수 없다.[135]

변제자력기준 외에 일반적인 기준으로 파산신청이 남용되었는지를 판단하는 요소는 채무자가 불성실하게 신청하였는지 또는 신청 당시의 모든 상황을 고려하여 법원이 정한다.[136] 연방사법회의(The Judicial Conference of the United States)는 변제자력기준을 산정하기 위하여 신청인들이 작성하여 법원에 제출하여야 하는 공식적인 계산방식표를 공표하였다. 모든 파산신청인들이 이 표를 작성할 의무가 있는 것은 아니며 자신의 소득이 州의 평균 소득보다 높은 자들에게만 해당된다. 통계에 의하면 제 7 장 신청인들의 90%, 제13장 신청인들의 75%에 해당하는 신청인들은 다른 비용에 대한 고려없이 소득계산만 하는 것으로 기준산정방식이 단순화되었다.

따라서 연방관리관의 역할은 파산신청의 남용을 방지하기 위하여 변제자력기

---

132) §521(a)(1). 그 외 제출한 서류로는 신청일 60일 전에 고용주로부터 받았거나 받을 임금에 관한 모든 증거, 한달간의 항목별 순소득의 내역서, 신청일로부터 1년간 예상되는 수입 또는 비용의 예상에 대한 진술서 등이다.

133) 개정 전의 §707(b). 관재인 뿐 아니라 채권자 등 이해관계인에게는 파산신청 기각신청권이 부여되지 아니하였다.

134) §707(b).

135) §707(b)(7).

136) §707(b)(3).

준이 제대로 시행되고 있는지를 확인하는 것이다. 2006. 10. 1. ~ 2007. 6. 30.까지 제7장 사건의 7% 정도가 州의 평균소득치를 넘은 것으로 밝혀졌으며 그중 10%가 파산신청을 남용한 것으로 판단하였다.[137)]

5. 면책절차와 연방관리관의 역할

채권자집회로부터 60일이 도과할 때까지 채권자 등으로부터 면책에 대한 異議가 제출되지 않으면 법원서기는 채무자에게 면책서류를 발급한다.[138)] 채권자집회일로부터 90일이 지나면 법원서기는 사건을 종결한다.[139)] 연방관리관은 면책에 대하여 이의와 면책허가결정에 대한 취소를 요청할 권리를 갖는다.[140)]

6. 제11장 사건에서 연방관리관의 역할

가. 접수시부터 종결까지의 일반적인 업무 개관[141)]

파산신청서가 접수되면 연방관리관은 공인회계사를 대동하고 채무자, 채무자의 대리인 또는 회계사를 면담한다. 파산신청 전의 채무자의 재산상황, 제11장 사건 동안 재정상황에 관한 보고 방법에 관하여 조언을 하며, 법원에 보고하여야 할 최초 보고서를 검토한다. 채무자가 최초기일 명령(First day orders)을 신청[142)] 하면

137) Clifford J. White Ⅲ, Update on the United States Trustee Program's Implementation and Enforcement of the BAPCPA, ABI Journal, November 14 (2007).

138) Rule §4000(a)(g).

139) Herbert M. Graves, 앞의 글(주 9), 6면.

140) §727(c)(1)(e).

141) Herbert M. Graves, 앞의 글(주 9), 14면.

142) 채무자가 파산신청 당일 또는 그 직후에 신청하며 회사를 압박하는 파산법이 정한 마감기일의 연장과 파산신청 후 채무자 회사의 급속한 와해를 방지하기 위한 것이다. 대표적인 내용으로는 사건의 병합, 신청서 및 재산진술서의 제출마감일의 연장, 가스, 전기 등 채권자에게 제공하여야 하는 적절한 보장의 연장, 종업원들의 채용, 보수의 지급, 연금, 근로자보상의 지급, 현금지급시스템의 계속 및 유지, 전문가의 고용, 미이행 쌍무계약에 대한 이행의 거절 또는 승인, 현금등가물의 사용 및 DIP Financing, 파산채권자의 채권 중 근로자, 세금, 특정 중요한 거래선(critical vendor)에 대한 지급 등이 전형적인 예이다. 이 명령에 관한 법리는 철도회사에 관한 파산사건인 Miltenberger v. Logansport Railway, 106 U.S. 286 (1882) 판결에서 철도회사에 대한 부품 공급 또는 교환 거절을 피하기 위하여 파산신청 전에 성립한 채권의 변제를 승인하였다. 명령의 근거로는 파산법원의 형평권한을 부여한 파산법 §105(a)를 삼는다. Lynn P. Harrison 3rd & James V. Drew, FIRST DAY ORDERS: A CRITIQUE ON CRITICAL VENDER, 29th Annual Current Developments in Bankruptcy & Reorganization Vol. 2, 239-255 (2007).

연방관리관은 이를 검토하여 상황에 맞는지 여부를 검토한다. 채무자는 보통 최초기일 명령신청서를 통하여 전문가의 고용, 긴급한 DIP Financing, 특정 공급자에 대한 변제를 법원이 허가하여 줄 것을 신청한다.

연방관리관은 제11장 사건의 채권자집회기일을 지정·주재하며 집회기일의 내용을 기록하여 이해관계인의 요구시 기록을 제공할 수 있도록 준비한다. 필요시 채권자위원회를 임명한다. 매월 채무자가 보고하는 서류를 검토하여 채무자가 제때에 세금 등 우선권 있는 변제를 하고 있는지, 파산채권을 함부로 변제하고 있는지, 사건이 제대로 진행되고 있는지 등을 확인한다. 계획안과 개시설명서에 대하여 이의 또는 의견을 제시하고 이의 심리를 위한 기일 지정신청을 한다. 필요시 관리인을 임명한다. 계획안 인가 후에는 채무자가 분기별로 제출하는 업무수행 보고서를 검토하고, 사건을 종결하기 위한 최종명령의 신청을 구한다.[143] 연방관리관은 계획안 제출권이 없는 것을 제외하고는 사실상 거의 대부분의 절차에 참여하고 있다.

위에서 본 내용 중 관리인·검사인 선임, 현금등가물 및 DIP Financing에 관한 적절한 보호 및 계획안 인가와 관련된 연방관리관의 역할에 대하여는 항을 나누어 자세히 설명한다.

---

143) 계획안이 인가되면 법원은 파산규칙 §3020에 의한 최종결정(final decree), 이어서 사건의 종결명령(order closing case)을 내린다. 최종결정을 하기 위해서는 인가결정 후, 채무자를 위한 변호사, 회계사 등의 보수인가결정과, 채무자가 실질적으로 계획안을 완수하였으며 이를 입증하기 위하여 기변제 내역과 잔존 채무에 대한 변제계획을 증거로 첨부하여야 하며, 28 USC §1930에 의하여 연방관리관에게 납부하여야 하는 분기별 비용을 완납하였음을 입증하여야 한다. 최종결정에 대한 등록신청과 사건종결신청 후 법원은 파산재단이 충분히 관리되었다고 판단하면 DIP가 그 의무로부터 면제되었음과 파산재단과 사건의 종결을 명한다. 보통은 법원이 마련한 최종명령신청서(Form 11.53), 사건종결 신청서 양식(Form 11.54)에 필요사항을 기재하여 법원에 신청한다. 파산재단이 충분이 관리되었는지를 고려함에 있어서는 ① 계획인가결정이 확정되었는지, ② 계획에 의하여 요구된 담보금이 배당되었는지, ③ 계획에 의하여 양도되기로 된 재산이 실제로 양도되었는지, ④ 채무자가 사업이나 재산관리를 인수하였는지, ⑤ 변제가 시작되었는지, 그리고 ⑥ 당사자들의 신청에 대한 재판이나 대심절차가 최종적으로 결정되었는지를 고려하여야 한다. 법원은 장래에 관할권을 행사할 가능성이 있다는 이유만으로 사건을 계속하여 유지하여서는 아니 된다. 그러나 계획안에 예외적으로 특정일까지 또는 조건이 성취될 때까지 사건을 오픈한다고 규정하면 사건은 그때까지 종결될 수 없다. 이상의 설명은 Hillman & Crouch, *supra note* 109, at §11:11.3.

나. 관리인·검사인 선임과 연방관리관의 역할

(1) DIP가 원칙

제11장 사건은 DIP가 원칙이고 예외적으로 관리인이 선임된다. 일반적으로 파산법원은 채무자에게 우호적이고 파산법 자체에도 원칙적으로 DIP가 영업을 운영하도록 규정되어 있으므로 파산법원으로 하여금 관리인을 선임하게 하는 것은 실무상 매우 어렵다.[144] 제11장 사건의 관리인은 법원의 선임명령과, 연방관리관의 특정인 선임, 법원의 승인절차를 거쳐 임명된다. 제11장 사건의 신청이 있으면 일단 DIP가 성립한다. 그 후 이해관계인 또는 연방관리관의 신청에 의하여 선임에 정당한 사유가 있다고 판단되면 법원에 의하여 관리인 선임명령이 발령된다. 이 점에서 별도의 관리인 제도를 두고 있는 채무자회생법과 그 구조를 달리한다.

(2) 관리인 선임절차

관리인이 선임되기 위하여는 제11장 사건 신청 전에 또는 신청 후에 채무자의 현 경영진에게 사기, 부정직, 무능, 심각한 사업경영의 실패가 있거나 관리인의 임명이 채권자, 주주 등의 이익을 위한 것이 인정되어야 한다.[145] 관리인이 선임되면 그 사람이 검사인의 역할을 같이 한다. 따라서 DIP인 경우에만 검사인이 선임될 수 있다. 관리인 또는 검사인의 선임은 법원이 직권으로 하지 않고 이해관계인 또는 연방관리관의 신청이 있을 때에만 통지와 심문절차를 거쳐 선임한다.[146] 다만 유념할 점은 법원이 관리인(또는 검사인)을 선임할 것을 결정할 뿐 특정인을 관리인으로 선임하지 않는 것이다. 법원의 관리인 선임명령일로부터 30일 이내에 이해관계인이 관리인 선임을 요청하면 연방관리관이 관리인 선임을 위한 채권자집회를 개최하여 채권자집회에서 관리인을 선임한다. 그러나 법원의 관리인 선임명령일로부터 30일 이내에 이해관계인이 관리인 선임을 요청하지 아니하면 연방관리관이 특정인을 임명한다. 연방관리관이 관리인을 선임하는 구체적인 절차는 제7장에서 관재인을 선임하는 절차에 따른다.[147]

---

144) 회계부정이 있었던 대형 파산사건인 Enron 사건에도 DIP 체제로 사건이 진행되었다. 실제로 채권자들도 관리인 선임문제에 관하여 만일 관리인 선임신청이 법원에 의하여 기각될 경우 채무자와의 관계, 관리인이 선임되는 경우 사업에 미치는 영향 등을 고려하여 매우 신중하게 접근하고 있다(渡辺光誠, アメリカ倒産法の實務, 商事法硏究會(1996), 41면).

145) §1104(a).

146) §1104(a).

147) §1104. 1994년 개정 전에는 연방관리관이 관리인을 임명하였으나 개정 후 현재와 같이

요약하면 법원이 특정인을 관리인(또는 검사인)으로 임명하는 것이 아니라 법원이 심문을 거쳐 관리인(또는 검사인)을 선임할 것을 명령하는 것이다. 이 명령에 따라서 연방관리관이 이해관계인과의 협의를 거쳐 채권자집회를 개최하여 특정인을 관리인 또는 검사인으로 선임하면 법원이 그 사람을 승인하는 방식으로 해서 관리인 또는 검사인이 선임된다.148) 그러나 파산법원은 예외적으로 §105에 기하여 이해관계인이나 연방관리관의 신청이 없더라도 직권으로 관리인의 선임을 명령할 수 있다.149) 필요한 경우에는 연방관리관이 직접 관리인의 업무를 수행할 수 있다.150)

(3) 검사인(examiner)의 선임

검사인은 제 7 장에는 없으며 제11장에만 존재하는 기관이다. 관리인이 선임되면 검사인은 별도로 선임하지 아니한다.151) 법원은 관리인이 선임되지 아니한 경우에 이해관계인 또는 연방관리관의 신청이 있으면 통지와 심문을 거친 후 검사인을 선임하는 것이 채권자 등 이해관계인들의 이익에 부합하거나 또는 채무자의 금전으로 확정된 무담보채권액(물품, 용역, 조세, 내부자에 대한 채무 제외)이 5백만 불을 초과하는 경우에 검사인을 선임하여야 한다. 검사인은 채무자 또는 경영진에게 사기, 부정직, 무능력, 관리부실, 기타 규정위반 등의 행위가 있었는지에 대하여 조사한다.152) 관리인 선임과 관련하여 먼저 관리인 선임할 필요가 있는지 여부에 대하여 먼저 검사인을 선임하여 조사하고 관리인을 선임할 필요가 있다고 판단되면, 검사인의 임무는 종료되므로 그 이후 관리인이 선임된다. 즉 관리인과 검사인이 동시에 임명되는 일은 없다. 그러나 검사인이 선임되었다고 하여 반드시

채권자집회에서 선출하는 것으로 개정되었다.

148) §1104(d) If the court orders of a trustee or an examiner, … then the United States trustee, after consultation with parties in interest, shall appoint, subject to the court's approval, one disinterested person ….

149) United States Mineral Prods. Co. v. Official Comm. of Aesbestos Bodily Injury & Prop. Damage Claimants (*In re United States Mineral Prods. Co.*), 105 F. App'x 428 (3rd Cir. 2004); Fukunomi v. United States Tr. (*In re Bibo, Inc.*), 76 F.3d 256, 258 (9th Cir. 1996) *cert. denied*, 519 U.S. 817 (1996). 후자의 사건은 제11장 사건에서 파산법관이 채권자들의 관리인 선임 신청이 없었음에도 DIP가 재산을 유출시킨다고 판단하고 직권으로 연방관리관에게 관리인을 선임할 것을 명하였다.

150) 28 U.S.C. §586(a)(2).

151) §1104(c) If the court does not order the appointment of a trustee, … on request of a party interest or the United States trustee, … the court shall order the appointment of an examiner.

152) §1104(c).

관리인이 선임되는 것이 아님은 물론이다.[153]

다. 현금등가물 및 DIP Financing에 관한 적절한 보호와 연방관리관의 역할

(1) 현금담보물(Cash Collateral)에 관한 파산법의 내용[154]

§363은 현금담보물에 관하여 규정하고 있다. 현금담보물이라 함은 현금 또는 유가증권, 권원증서, 증권, 예금계좌 기타 현금에 상당한 물건으로서 파산재단과 파산재단 이외의 자가 갖는 담보목적물을 말한다. 담보물의 처분 등으로 인하여 환가된 현금 역시 현금담보물에 속한다. 현금담보물에 속하는 구체적인 예로서는 은행어음, 수표, 예금계좌 그 외 쉽게 양도될 수 있는 금전 등이 화체된 각종 상업증권, 주식 등을 포함한다. 이와 달리 재고물건은 비록 담보목적물이라 하더라도 현금이나 현금에 상당한 것이 아니므로 관리인이 통상의 영업활동에 기하여 매각할 수 있다.

§363은 다른 파산재단에 속하는 재산과 달리 현금담보물에 관한 채무자의 관리처분에 대하여 특별하게 취급한다. 채무자는 통상의 영업활동을 하기 위한 차재, 매가 등은 법원의 허가를 받지 아니하고 할 수 있다. 그러나 현금담보물은 채무자가 재량으로 관리하는 것이 아니라 반드시 담보권자의 동의 또는 법원의 허가(통지와 신문을 거친 후)를 얻은 경우가 아니면 처분할 수 없다.[155] 그 이유는 채무자의 기업은 현금의 유동성이 부족하므로 현금, 예금 기타 현금에 상당한 담보물을 처분하여 기업의 운전자금에 사용하려고 하는 유혹에 빠지게 된다. 현금담보물에 담보권을 가진 권리자는 다른 담보권자보다 담보물을 상실할 위험이 크기 때문에 법이 채무자의 파산재단의 일반적인 관리보다 무거운 주의의무를 부여한 것이다.

파산신청 전에 체결된 담보계약에 기한 담보권은 파산신청 전 채무자 소유의 목적물에 대하여 효력이 미치고 비록 담보 계약에서 파산신청 후에 채무자가 취득한 목적물에 대하여도 효력이 미친다는 조항을 두더라고 효력이 없다.[156] 그러나 만일 담보계약에서 파산신청 전 채무자 소유의 물건(예컨대 부동산)에 대하여 담보권을 설정하면서 담보물의 매매대금, 임대료, 생산물 기타 이익에 대하여도

153) Ferriel & Janger, *supra note* 39, at 149.
154) 총칙에 있는 규정이나 실제로 문제가 되는 것은 제11장 사건이므로 이곳에서 설명한다.
155) §363(c)(2).
156) §552(a). Hillman & Crouch, *supra note* 109, §11:4.2.

효력이 미친다고 약정한 경우에는 그러한 매매대금 등에 대하여도 효력이 미친다.

담보목적물인 재고물품의 매각대금에 대한 예금계좌는 재고물건을 파산 전에 매각한 것이건 파산 후에 매각한 것이건 모두 현금담보물에 해당하므로 이를 처분하기 위하여는 담보권자의 동의 또는 법원의 허가를 받아야 한다. §363(a)는 명시적으로 파산신청 후의 매각대금을 현금담보물에 포함하고 있다. 예를 들면 채무자가 제3자에 대하여 갖는 매매대금 채권은 상업증권이나 현금에 상당한 것이 아니므로 현금담보물에 속하지 아니한다. 그러나 제3자가 당해 채권의 변제를 위하여 지급한 현금은 현금담보물에 속한다. 따라서 채무자가 예금을 인출하여 사용하려면 담보권자의 동의나 법원의 허가를 얻어야 한다.[157] 예금이라도 특정한 담보물의 환가대금을 예금한 것이 아니라 채무자가 영업활동을 통하는 등 다른 원천으로부터 얻은 현금을 예금한 예금계좌는 담보목적물로 제공한 것이 아니므로 원칙적으로 현금담보물이 아니다. 그러나 당해 예금을 보관하고 있는 은행이 채무자에 대하여 반대채권을 갖고 있는 경우에는 상계권이 담보권으로 취급되고 있으므로 당해 대출채권의 범위 내에서는 현금담보물에 포함된다.[158] 채무자가 소유물(담보로 제공됨)을 제3자에게 임대하고 받은 임대료는 1994년에 개정된 §552(b)(2)에 의하여 담보권자가 州法에 따라 우리나라의 물상대위와 같은 조치를 취하였는지 여부에 관계없이 현금담보물에 포함한다고 입법으로 해결하였다.

채무자는 보관하고 있는 현금담보물을 다른 파산재단 소속 재산과 구별하여 별도로 보관할 것과 회계보고를 할 의무를 부담한다.[159] 채무자가 현금담보물을 사용 또는 처분함에 있어서는 적절한 권리보호를 조건으로 자동중지의 대상으로 삼고 있다. 즉 적절한 권리보호가 부여되지 않은 현금담보물에 대하여는 자동중지가 해제될 수 있다.[160] 만일 채무자가 법원의 허가 또는 담보권자의 동의없이 현금담보물을 사용·처분하는 경우에는 담보권자는 파산신청의 기각 또는 제7장으로의 전환을 신청할 수 있다.[161]

157) Hillman & Crouch, *supra note* 109, at §11:4.2.
158) Brian A. Blum, Bankruptcy and Debtor/Creditor 350-351 (1999).
159) §363(c)(4).
160) §363(d).
161) §1112(b)(4)(D).

(2) 현금등가물과 DIP Financing에 관한 연방관리관의 역할

연방관리관은 담보권자보다는 일반채권자의 이익을 보호하는 것을 주된 역할로 삼고 있다. 채무자가 현금등가물을 사용하기 위하여는 담보권자 또는 대여업자가 요청하는 적절한 보호를 제공하여야 하고 채무자와 채권자간에 적절한 보호에 관한 계약을 체결하는 것이 보통이다.162) 계약의 체결에 관하여는 파산규칙 §4001(d)의 요건을 충족하여야 한다. 동 규칙은 주로 법원의 계약체결에 관한 허가신청과 그에 대한 송달, 이의, 심문절차에 관하여 규정하고 있다. 예를 들면 담보물(주식, 유가증권)의 가액이 피담보채권액보다 크면 담보여력(이를 equity cushion)이 생긴다. 만일 채무자가 담보여력을 이용하여 후순위 담보권을 설정하는 등 이를 사용하려면 담보권자의 이익이 침해당하게 되므로 채권자에게 별도의 담보물 또는 정기적으로 현금을 제공하거나 담보물 또는 담보물의 사용에 관한 정보를 제공하는 등 적절한 보장을 제공하여야 한다.163)

그런데 DIP Financing을 제공하는 금융기관 채권자는 이 기회를 이용하여 자신에게 유리한 조건을 무리하게 요청하고 채무자도 이를 수인하는 경우가 많다. 대표적인 경우가 적절한 보호라는 명목으로 파산신청 전의 무담보채권을 파산신청 후에 담보채권 또는 공익채권으로 격상하는 이른바 cross-collateralization164) 조항을 삽입하는 것이다.

DIP Financing은 채무자에게 절박하지만 자칫 신규대출을 제공하는 채권자에게 지나치게 유리한 조건을 붙이는 경우가 있으므로 연방관리관이 일반채권자의 이익을 위하여 이의를 제기한다. 일반채권자 입장에서는 어느 일반 파산채권자의 지위가 담보채권자로 격상되어 자기에게 돌아올 배당 몫이 줄어들게 되므로 반대하게 마련이다. 연방항소법원은 cross-collateralization이 위법하다고 판시한 바 있으나,165) 이와 반대로 유효하다고 판시한 법원도 적지 않다.166)

---

162) COLLIER BANKRUPTCY MANUAL Vol. 1. 3rd ed. ¶363.05.

163) Hillman & Crouch, *supra note* 109, at §11:4.2.

164) 파산신청 후의 새로운 담보물이 파산신청 전과 파산신청 후라는 경계선을 넘어서(cross) 파산신청 전의 채권까지 담보한다는 의미이다. 일본에서는 相互交叉擔保라고 표현한다. 그 외에 파산신청 후 담보계약에 의하여 담보물이 된 목적물을 처분하여 그 환가대금을 파산신청 전의 피담보채권의 변제에 사용하는 것도 포함한다. 이에 관한 논의로는 도산법제의 선진화를 위한 비교법제 연구, 이화여자대학교 도산법연구센터(2008), 159-170면.

165) Shapiro v. Saybrook Manufacturing Co., Inc. *In re Saybrook Manufacturing Co., Inc.*, 963 F.2d 1490 (11th Cir. 1992). 이 문제를 다룬 최초의 연방항소법원 판결이다. 같은 입장의 *In re Tenney Village* Co., 104 Bankr. 562, 570 (D.N.H. 1989)은 "Section 364(d) speaks only

파산신청인이 이른바 First day orders를 통하여 현금등가물에 관한 담보 사용을 위한 적절한 보호 또는 DIP Financing을 조달하는 계약의 승인명령을 받음에 있어 일반채권자는 이를 검토할 시간적인 기회가 부여되어 있지 아니하므로 연방관리관이 임시명령인 First day orders에 대하여 이의를 제기하게 된다. 따라서 연방관리관은 현금등가물의 사용을 위한 계약이나 DIP Financing 계약에 cross-collateralization의 조항이 있는 경우에는 앞에서 본 판례에 의거하여 이의를 제기한다.167) 연방관리관은 채권자가 신규자금을 대여함에 있어 파산신청 후 재산을 담보로 파산신청 전의 채권을 담보권으로 격상하는 이른바 cross-collateralization을 삽입하거나 공익채권으로 격상하는 내용의 유무를 검토하게 된다. 그 외 연방관리관은 채무자가 채권자의 무리한 요청에 의하여 채권자위원회가 선임한 전문가 비용을 채무자가 선임한 비용에 비하여 과다하게 지급하는 조항(carve outs), 채권자의 대여자로서의 책임, 기타 계약위반으로 인한 청구권을 미리 포기하는 조항 등에 대하여도 검토한다.

라. 계획안 인가절차와 연방관리관의 역할

(1) 개시설명서에 대한 이의권한

계획안 제출자가 제출하는 계획안은 파산법의 각 규정에 위반하지 않아야 한다.168) 또한 계획안 제출자는 사전에 ① 계획안의 요지 또는 계획안의 사본과 ② 개시설명서(Disclosure Statement)를 배포한 후가 아니면 계획안에 대한 투표 이전에 계획안의 승인 또는 기각의 권유를 할 수 없다.169) 채무자가 제출하는 개시설명서에는 '충분한 정보(adequate information)'가 포함되어 있어야 한다.170) 법원이 역시 개시설명서가 채권자들에게 계획안에 찬성할지 반대할지를 결정하기에 충분한 정보를 포함된다고 판단하여야 이를 승인한다. 개시설명서의 내용은 가능한 한 자세하여야 한다. 채무자의 성질과 연혁과 채무자의 상업장부나 기록에 관한 조건

---

of the granting of liens as security for new credit authorized by the Court."라고 판시하여 §364는 파산신청 후의 신규자금에 대하여만 적용이 있음을 강조하고 있다.

166) *In re Beker Indus. Corp.*, 58 B.R. 725 (Bankr. S.D.N.Y. 1986); *In re Vanguard Diversified*, Inc., 31 B.R. 364 (Bankr. E.D.N.Y. 1983).

167) Joseph A. Guzinski, *supra note* 102, at 460.

168) §1129(a)(2).

169) §1125(b).

170) §1125(a).

을 포함하여야 한다.[171)]

개시설명서에 기재되는 전형적인 사례로는, 파산신청에 이르게 된 사정, 기업가치에 대한 설명, 재건후 채무자의 장래의 전망, 개시설명서에 기재된 정보의 근거, 채무자의 현재의 상황, 채권일람표, 청산배당예상액, 재무제표에 관한 회계기준, 채무자의 장래 경영진, 재건계획 또는 그 요지, 예상되는 우선권 있는 채권의 금액, 외상대금의 회수율, 계획의 승인 또는 거절을 판단함에 필요한 재무정보, 계획에 대한 채권자의 위험, 부인권 행사에 의하여 회복하였거나 회복할 재산의 가액, 파산절차 외의 소송, 채무자에 대한 과세액, 관련 회사와의 관계 그리고 계획으로 말미암아 채무자, 채무자의 승계인, 미래의 투자자에 대하여 부과되는 연방세법상의 효과에 대한 검토결과 등이다.[172)]

연방관리관은 계획안에 채무의 면책 또는 채무자에게 변상할 수 있는 조항을 두고 있는지 여부와 이 조항으로 인하여 이익을 얻는 자가 누구인지, 채무자의 재건에 이러한 조항이 반드시 필요한 것인지를 검토한다. 아울러 계획안에 §330 또는 §503(b)의 규정을 잠탈하기 위한 전문가에 대한 보수규정이 있는지를 검토한다.[173)]

(2) 계획안에 대한 이의권한

계획안은 §1129 소정의 요건을 갖추어야 하는바 연방관리관은 만일 계획안이 법정요건을 갖추지 못하면 법원에 계획안에 대한 이의를 제기할 수 있다. 실제로 채무자가 보험당국으로부터 업무정지명령을 받은 바 있고 채무자가 보증인인데 주채무자가 수회 파산신청을 하였다가 기각된 사실이 있음에도 이를 숨겼다는 이유로 계획안에 대한 채무자의 정보공개가 불충분하다는 이유로 제11장 신청의 기각을 신청하여 연방파산법원이 이를 받아들인 사례가 있다. 연방관리관은 2009년 총 291건에 대하여 계획안에 대한 이의를 제기하여 202건이 인용되었다.

아래에서 보는 바와 같이 제12장 사건에서는 파산법은 명문으로 연방관리인에게도 계획안 인가에 대한 이의권한을 부여하였으나(§1224), 제11장 사건에서는 이에 관하여 파산법은 명문의 규정을 두고 있지 않다. 주석서에 의하면 이해관계인이라 함은 채권자, 지분권자, 신탁증서수탁자(indenture trustee), 채무자, 관재인, 채권자위원회를 포함한다고 한다. U.S. Trustee가 포함되어 있는지는 분명하지 않

---

171) Ferriel & Janger, *supra note* 39, at 753.

172) 이상은 福岡眞之介, アメリカ連邦倒產法概論, 商事法務(2008), 275면.

173) Joseph A. Guzinski, *supra note* 102, at 463.

다. Securities Exchange Commission에 대하여는 §1109에 명문의 규정을 두고 있으므로 이의권한이 있다고 해석된다.[174] 중요한 점은 §1128 소정의 이해관계인이라는 용어가 파산법의 다른 조항에서 사용하는 이해관계인과 동일한 뜻을 갖는 것은 아니다. 그리하여 위 조항의 모호성이 문제가 되고 실무에서도 많은 논의를 하고 있다.[175]

§1109는 Securities Exchange Commission에 대하여 특별규정을 두어 기일에 출석하여 변론할 권리를 부여하고(단 제11장 사건에 대한 어떠한 재판에 대하여도 불복할 권리는 부여하고 있지 않다), 이해관계인도 기일에 출석하여 변론할 수 있는 권리를 갖는다고 규정하면서 이해관계인으로 채무자, 관리인, 채권자위원회, 지분권자위원회, 채권자, 지분권자, indenture trustee를 열거하고 있다.[176] §1109가 이해관계인으로 열거된 자만으로 한정하는 것은 아니지만 적어도 재건절차의 결과에 의하여 중대한 법적 또는 경제적 이해관계를 갖는 경우에는 사안에 따라 이해관계인에 포함될 수 있다.[177] 주석서는 대체로 법원이 §1109와 같은 명문의 규정외에 일반적으로 이해관계인의 범주에 연방관리관이나 SEC를 제외하는 것으로 해석하고 있다고 설명하고 있다.[178]

그러나 최근 실무는 연방관리관에게 계획안에 대한 이의권한을 부여하고 있다.[179] 또한 이러한 점과 다음에서 보는 제12장 농가 재건사건에서는 §1224에서 명문으로 연방관리관에게 계획안에 대한 이의권한을 부여하고 있으나 §1128는 명

---

174) Lawrence P. King, COLLIER BANKRUPTCY MANUAL Vol. 3. ¶1128.04 (2003).

175) Krys v. Official Comm. of Unsecured Creditors of Refco Inc. (*In re Refco* Inc.), 505 F.3d 109, 116 n.9 (2d Cir. 2007).

176) 조문 자체에는 SEC를 §1109(b)의 이해관계인의 범주에 포함시키지는 않고 있다. 이는 SEC의 절차 참가권에 대한 상원(긍정하는 입장)과 하원(부정하는 입장)의 견해 차이를 절충하였기 때문이라고 한다. Lawrence P. King, COLLIER BANKRUPTCY MANUAL Vol. 3. ¶1128.04 (2003).

177) Savage & Assocs. v. K & L Gates (*In re Teligent*, Inc.) 640 F.3d 53, 60(2d Cir. 2011) 등 확립된 판례의 입장이다. 이 사건에서 법원은 회생채무자에 대한 채권자가 아니라 오히려 장차 회생채무자의 채무자가 될 수 있는 법무법인은 동조 소정의 이해관계인에 해당하지 아니하므로 Rule 9019에 의한 화해신청에 대한 승인결정에 대하여 불복할 수 없다고 판시하였다.

178) Lawrence P. King, COLLIER BANKRUPTCY MANUAL Vol. 3. ¶1109.01[2] (2003).

179) In re Abitibibowater, Inc., et al. (Bankr. D. Del. 2010) 사건에서 델라웨어주 연방관리관이 제2차 수정계획안에 대하여 회사에 중대한 기여를 하지 아니한 자들을 포함한 채무면책 조항이 부당하게 광범위하다는 이유로 이의를 제기하는 신청서를 제출한 사실을 알 수 있다. 저자가 미국 Robin J. Baik 변호사에게 문의한 바 연방관리관은 이해관계인에 해당되어 계획안에 대하여 이의를 제기할 수 있다는 답변을 받았다.

시적인 규정을 두고 있지 않는 점에 비추어 보면 제11장 사건에서는 연방관리관에게 계획안에 대한 이의권한이 부여되었다고 단정하기는 어렵다. 단 Rule §3020(b)는 §1128에 기한 이의서 사본은 반드시 법원이 정한 기간 내에 연방관리관에게 전달되어야 한다고 규정함으로써 연방관리관이 누가 어떤 내용으로 이의를 하고 있는지를 알 수 있도록 규정하고 있다.

(3) 파산재단에 속하는 재산의 이용, 매각, 임대 등

제11장 사건에서 채무자는 원칙적으로 절차개시 후에도 파산재단에 속하는 재산에 관하여 영업의 통상과정에 따르는 한 법원의 허가없이 사용, 매각, 임대할 수 있다. 이는 파산법원으로 하여금 채무자의 일상적인 업무에 대한 감독의 불필요한 부담에서 해방시키려는 것이다. 이 경우에는 통지와 심문의 절차를 거칠 필요가 없다.[180]

법원은 영업의 통상과정에 속하는지를 판단하기 위하여 수평적 기준과 수직적 기준을 사용하고 있다. 수평적 기준은 당해 거래를 유사업계의 거래 관행과 비교하는 것이다. 이에 반하여 수직적 기준은 당해 거래에 대하여 채권자들의 관점에서 평가하는 것으로 채권자가 그러한 거래가 이루어지는 것을 합리적으로 생각할 것인가 하는 것이다. 거래에서 수반되는 위험을 채무자가 인수하는 것이 합리적이라고 채권자들이 평가할 것인가 하는 기준이다.[181]

한편 채무자는 파산재단에 우선특권(Lien) 등 담보권 등의 부담이 있는 재산을 일정한 요건하에 부담을 없앤 상태로 매각할 수 있다.[182] 이 경우 채무자는 채권자에게 적절한 보호를 제공하여야 한다.

그러나 영업의 통상과정을 벗어나는 재산의 사용, 매각, 임대에 관하여는 반드시 통지와 심문을 거쳐야 한다.[183] 채무자는 매각허가를 법원에 신청하여야 한다. 채권자의 이익을 보호하기 위하여 통지와 신문절차를 사전에 거쳐야 한다. 통지는 제안된 매매 등의 일자보다 20일 이전에 이루어져야 한다.[184] 이의가 있는 채권자는 심문기일 5일 이전에 이의를 제기하여야 한다. 법원은 매각이 파산재단

180) §363(c).

181) 도산법제의 선진화를 위한 비교법제 연구, 이화여자대학교 도산법연구센터(2008), 159-170면 참조.

182) §363(f). 비파산법이 매각을 허용하거나, 담보권자가 매각에 동의하거나, 매매가액이 우선특권의 가액보다 높거나, 설정된 담보권에 대하여 분쟁 중에 있는 경우이다.

183) §363(b)(1).

184) Rule §6004.

의 이익에 부합하는지를 기준으로 매각 등의 허부를 결정한다. 법원이 매각 허부를 결정함에 있어 경영판단의 원칙을 적용한다.

7. 제13장 사건과 연방관리관의 역할

제13장은 개인인 채무자만이 신청할 수 있으며 채권자는 신청할 수 없다. 채무자는 정기적인 수입이 있어야 하며 일정 채무액 이하이어야 신청자격이 주어진다. 제13장의 관리인은 제 7 장의 관재인과 달리 채무자의 재산을 관리처분하여 이를 금전으로 환가하여 배당하는 권한[185]이 없고 대신에 재산의 관리와 계획에 따른 변제의 이행 등을 감독하는 후견적 권한을 갖는다.[186] 제12장 사건에서는 부동산담보권에 대하여도 60개월을 넘어 변제기를 연장하거나 권리를 변경할 수 있으나 제13장 사건에서는 이러한 권리가 부여되지 않는다는 점에서 차이가 있다. 계획안에 따라 변제를 완수하여야 채무자는 면책을 받을 수 있고 비로소 파산사건이 종결된다.

가. 상임관재인의 임명

제 7 장 사건 및 제11장 사건의 관재인(관리인)의 선임권한이 법률상으로는 채권자집회에 있으나 제13장의 관재인은 채권자집회에서 선출되지 아니하고 연방관리관이 임명한다. 제13장의 관재인은 보통 상임관재인(standing trustee)이라고 한다. 만일 연방관리관이 11 U.S.C. §586(b)에 의하여 자격을 갖춘 개인을 제13장 사건의 상임관재인으로 임명하고 그러한 개인이 연방파산법 §322의 자격요건을 갖추었다면 그 개인이 상임관재인의 역할을 담당한다. 연방관리관이 이해관계 없는 사람 중 1인을 제13장 사건의 관재인을 임명하여야 하거나, 연방관리관이 스스로 관재인의 역할을 담당할 수 있다.[187] 제13장 사건은 채무자의 신청으로 바로 절차가 개시되므로 보전관재인 제도는 없다고 한다.[188]

---

185) §704(a)(1).

186) §704(a)(1)과 (8)의 권한을 제외한 (2)-(7) 및 (9)의 권한을 갖는다. (1)항은 재산에 대한 환가 및 배당권한을, (8)항은 영업을 계속하는 경우에 관할 관청 등에 정기적인 사업의 내용 등을 보고하는 권한이다.

187) §1302(a).

188) 김범준, 앞의 글(주 25), 38면.

제13장의 상임관재인의 자격은 제7장 관재인의 자격과 동일하다.[189] 제7장의 관재인은 변호사 업무를 계속하면서 파산관재인의 업무를 수행한다는 점에서 채무자회생법의 관재인과 같다. 그러나 제13장의 상임관재인으로 임명되면 관할구역 내의 모든 제13장 사건을 관리하게 되므로 변호사업무를 휴업하고 전업으로 관재인 업무를 담당하여야 한다는 점에서 제7장 관재인과 다르다. 당해 사건의 상임관재인이라는 의미로 standing trustee라고 부른다. 상임관재인은 채무자의 재산상태를 평가하고, 변제계획에 대한 의견을 법원에 제출하며, 인가받은 계획에 따라 추심과 배당업무를 수행한다.

나. 상임관재인에 대한 감독

제13장 상임관재인의 자격요건은 연방파산법이 아니라 연방법원조직에 관한 법률인 28 U.S.C.에 규정되어 있다.[190] 상임관재인은 변제계획에 따라 채무자가 변제의무를 완수하는 것을 감독한다. 상임관재인이 제대로 업무를 수행하는지를 감독하는 업무를 연방관리관이 담당한다. 제13장 사건의 상임관재인은 매년 독립된 회계법인으로부터 감사를 받는다. 2009년에는 제12장과 제13장을 포함하여 총 204명의 상임관재인이 감사를 받았다. 또한 연방관리관 사무소의 직원들은 매달 관리인이 제출하는 금전보고를 검토한다.[191]

8. 2009년 보고서에 나타난 연방관리관 제도의 역할[192]

가. 전국적인 부동산 모기지업자의 사기

서브프라임 모기지 사태가 발생한 후 담보권 행사로 인하여 주택을 잃는 채무자들의 숫자가 급증하였다. 원래 서브프라임 모기지의 借主는 신용도가 떨어진 유색인종을 대상으로 한 대출이므로 당연히 대출연체가 발생할 가능성이 높아 제13장 사건을 신청하거나 신청을 준비 중인 사람들이었다. 그러자 이들을 노리는

189) 28 C.F.R. §58.3.
190) 28 U.S.C. §586(d). 제7장과 자격요건이 같다.
191) U.S. Department of Justice, UNITED STATES TRUSTEE PROGRAM ANNUAL REPORT OF SIGNIFICANT ACCOMPLISHMENTS FISCAL YEAR 2009, 35.
192) 이하의 내용은 U.S. Department of Justice, UNITED STATES TRUSTEE PROGRAM ANNUAL REPORT OF SIGNIFICANT ACCOMPLISHMENTS FISCAL YEAR 2009를 요약·정리한 것이다.

전국적인 부동산담보대출업자나 이와 결탁한 변호사, 비변호사로서 파산신청을 대리하여 주는 업자들의 사기 행각이 사회적인 문제로 급부상하였다.[193] 어려움에 빠진 집주인을 돕기 위한 여러 프로그램이 마련되었다. 그 중 희망구제프로그램은 대출 금리가 단계적으로 오르는 변동 금리 대출을 받은 사람은 다른 민간 금융기관에서 대출 상품을 변경하거나 연방주택국(FHA)이 상환을 보증하는 대출을 이용할 수 있게 한 것이다. 그러나 실제로 이 프로그램의 혜택을 누릴 수 있는 자격을 갖춘 주택담보대출 채무자는 전체의 약 7%에 불과하다.[194]

주택담보대출의 신청 서류에는 아주 복잡하고 난해한 법률 용어가 가득 차 있다. 약탈적인 대출업체가 노리는 목표는 저소득자, 소수민족, 그리고 교육을 거의 받지 못한 연로하고 약한 처지의 소비자이다.[195] 2008. 5. 26.자 타임지 보도에 따르면 2007년에 미국에서 발생한 주택압류건수는 150만 건이다.[196]

오바마 대통령은 대통령 산하에 경제사기범 특별조사단(Financial Fraud Enforcement Task Forceteam, FFETF)을 구성하여 상무부(Federal Trade Commission)와 연방관리관 사무국이 합동하여 대대적인 사기범죄에 대한 조사를 벌였다. 2010. 3. 1. 이후 1,500명이 형사사건으로 기소되었으며 190건 이상의 민사소송이 제기되었다고 한다.[197] 그 중 가장 대표적인 사건이 2010. 6. 7. 연방관리관행정사무소장이 발표한 보도자료에 나타난 Countrywide Home Loans Inc.가 저지른 사기범행이다.[198] 연방관리관이 원고가 되어 모기지 회사를 상대로 소송을 제기하여 화해가 성립하였다. 피고는 주택소유자들에게 과다수령한 비용으로 총 1억 8백만 불을 지급하기로 화해하였다.

모기지 대출업자들이 사용하는 범법행위는 제13장 사건을 신청한 채무자에게 모기지 대금의 연체비용을 과다하게 청구하거나, 규정에 없는 검사 비용청구, 과다한 변호사 비용의 청구, 채무자가 지급한 모기지 대금의 접수를 누락하는 행위,

---

193) 주택담보대출사기라 함은 학력이 낮은 집주인을 속여서 주택양도서류에 서명하게 하여 고율 또는 허위의 수수료를 부과하고 결국에는 토지를 잃게 하는 사기이다. 브루스 헨더슨, 조지아 가이스, 김정환 옮김, 서브프라임 크라이시스 핸덤하우스(2008), 154면.

194) 브루스 헨더슨, 조지아 가이스, 김정환 옮김, 앞의 책, 164면.

195) 브루스 헨더슨, 조지아 가이스, 김정환 옮김, 앞의 책, 78면.

196) 브루스 헨더슨, 조지아 가이스, 김정환 옮김, 앞의 책, 111면.

197) Gail Geiger, Sandra Taliani Rasnak, USTP Actions against Mortgage Fraud, Abuse Are Part of FFETF Sweep, ABI Journal, July/August 82 (2010).

198) U.S. Department of Justice, PRESS RELEASE, U.S. Trustee Program Announces Resolution of Litigation Against Countrywide Home Loans, Inc., in Consumer Bankrupty Case.

전자기적인 방법으로 모기지 대금이 누락되었다고 문서를 발송하는 행위, 면책을 얻은 채무자를 상대로 채무에 대한 연체사실의 통지행위, 채무자들의 사회보장번호를 누설하는 행위 등이다. 이러한 행위로 인하여 채무자는 제13장의 면책을 받더라도 주택을 잃게 되고,199) 다른 채권자들에게 돌아갈 배당몫이 감소하는 부당한 결과를 초래하게 된다.

대표적인 사례로 플로리다 법원은 연방관리관이 전국적인 모기지 회사가 저지른 위와 같은 불법행위를 이유로 모기지 회사가 앞으로 그러한 행위를 금지하는 내용의 가처분 신청을 인용하였다.200)

뉴햄프셔주 연방파산법원은 연방관리관과 전국적인 규모의 은행간의 화해를 승인하였다. 은행은 전국 48개 州 87개의 연방지방법원에 신고한 약 3,000개의 채권신고서에 기재된 채무자의 사회보장번호를 누설하였다. 위 화해에서 은행은 채무자에게 이를 통지하고, 프라이버시의 침해의 재발을 방지하기 위한 조치를 취하였다.201)

나. 자력심사기준의 적용

2009년 제7장 사건 중 약 12%가 채무자의 평균 수입이 州의 평균 수입을 상회하였다. 그 중 9% 정도가 남용으로 추정되었다. 그러나 채무자의 특수한 상황을 고려하여 연방관리관은 남용으로 추정되는 사건 중 60%에 대하여는 남용을 이유로 한 기각신청을 구하지 아니하였다. §707(b)에 기하여 남용을 이유로 한 기각신청 건수는 3,912건으로 그 중 97.1%에 대하여 연방관리관의 기각신청이 받아들여졌으며 총 394,186,390달러의 채권에 대한 파산신청이 기각되었다.

다. 파산면책에 대한 이의

2009년 연방관리관은 총 2,006건의 파산면책에 대한 이의를 법원에 신청하여 99%의 승소율을 통하여 총 505,747,895달러의 채권을 비면책채권으로 인정받았다.

---

199) 미국의 제13장 사건에서 주택담보대출채권은 권리가 변경되지 아니하기 때문이다.

200) 제3자로 하여금 모기지 회사가 대출에 사용하는 금융자료가 정확하다는 검증을 받도록 하는 내용이다.

201) 2010. 6. 7. 기준으로 모기지 대출업자를 상대로 현재 계속 중인 사건으로는 *In re atchley*, Case No. 05-79232, Adv. No. 08-6092 (Bankr. N.D.Ga. Feb. 28, 2008); *In re Hill*, Case No. 01-22574 (Bankr. W.D.Pa. June 29, 2008); and *In re Sanchez*, Case No. 01-42230, Adv. No. 08-1176 (Bankr. S.D.Fla. Mar. 1, 2008) 등이다.

라. 타인의 사회보장번호를 모용하는 파산신청

일부 채무자는 면책을 받은 후 재신청을 제한하는 기간(개정 전 6년 또는 개정 후 8년)을 잠탈하기 위하여 타인의 사회보장번호를 이용하여 파산신청하기도 한다. 또한 다른 사람의 명의를 모용하여 부담하게 된 채무를 면책받기 위하여 타인의 사회보장번호를 이용하여 파산신청을 하기도 한다. 연방관리관은 이러한 사실을 밝혀내어 파산신청을 기각하기도 하지만 명의를 모용당한 사람을 도와 파산법원에 파산신청 기록을 삭제함으로써 불이익을 입지 않도록 도와주기도 한다.

마. 변호사에 대한 징계 및 수사의뢰

연방관리관은 변호사윤리 규정에 어긋나는 행동을 한 변호사를 발견하면 州 소속 변호사회에 당해 변호사를 징계절차에 회부하기도 하고, 변호사가 수령한 변호사 보수의 반환 또는 감액을 청구하기도 한다. 변호사 뿐 아니라 채무구제대리인에 대하여도 §526, §527, §528에 따라 각종 제재를 요청하고 있다. 2009년 §329에 따라 변호사 비용의 반환을 청구한 사건은 542건이고, 그 중 92%의 성공률을 보였으며 반환한 액수는 1,775,787불이다. 또한 州 소속 변호사회에 징계에 회부된 건수는 13건이다.

연방관리관은 §110에 기하여 파산법을 위반하는 비변호사인 파산신청 준비인에 대하여 소송을 제기할 권한이 있다. 예컨대 변호사가 아니면서 법적인 조언을 제공한다고 광고하거나 지나친 비용을 부담시키거나 채무자가 법원에 제기하는 절차비용을 자신이 추심하는 행위 등을 하는 경우이다.

바. 파산사기에 대한 수사

담보처분 방지를 빙자하는 사기꾼들은 자신들이 파산신청 준비인으로 자처하여 저학력의 채무자들을 상대로 전국적인 경매 정보를 통하여 채무자에게 자신들이 모기지 대출업자와 협상하여 대환조건을 협상함으로써 경매 중인 집을 되찾을 수 있다고 속여 모기지 대금을 모기지 업자가 아니라 직접 자신들에게 지급하라고 요구하여 이를 편취하고 부실한 파산신청서를 작성하거나, 아예 채무자 모르게 채무자 명의를 도용하여 파산신청을 함으로써 파산법이 정한 자동중지의 효과를 이용하여 일시적으로 주택경매절차를 막아 마치 자신들이 채무자를 위하여 실제 법적인 절차를 취하는 것처럼 믿게 하고, 파산신청 후에는 파산법에 따른 절차를 이행하지 아니하여 파산신청이 기각되고 궁극적으로 채무자가 주택을 잃게 한다. 연방관리관은 이러한 내용을 연방수사국 기타 수사당국에 제공하여 수사를 개시하도록 하여 사기꾼들에 대한 기소를 하고 있다. 2009년 연방관리관은 총 1,611건의 파산사기 사건을 이첩하였다. 공통되는 범죄내용은 허위진술 및 허위선서(602건), 자산은닉(481건), 세금사기(331건), 부동산저당사기(306건) 등이다.

사. 면책을 받은 채무자에 대한 사후 감사(audit)

연방관리관은 법에 의하여 제7장 및 제13장 사건 가운데에서 일부 사건을 지명하여 독립된 법인(보통은 회계법인이고 연방관리관이 선정한다)과 감사 계약을 체결할 권한이 있다.[202] 감사의 목적은 파산사건과 관련한 사기, 남용, 시스템의 허점 등을 측정하여 기초 자료를 얻기 위한 것이다. 그러나 법률에 의하면 연방법원 관할구역 당 제7장 사건을 기준으로 250건 중 1건에 대하여 무작위로 감사가 이루어지도록 되어 있으나[203] 실제로는 예산상의 이유로 2008년 5월부터 1,000건 중 1건에 대하여 검사가 이루어지고 있다.[204] 채무자는 감사법인과 협조하여야 하며 불이행시 면책이 취소된다. 감사제도는 파산신청서, 각종 목록 기타 법원 제출 정보(최근 봉급명세서, 세금보고서, 은행계좌 명세서)의 정확성과 완전성을 확인하기 위한 것이다.

저자의 질문에 대하여 연방관리관은 비용대비 감사의 효율성에 대하여는 부정적인 코멘트를 하였다. 실제로 저자가 확보한 연방법무부의 2009년 보고서에도 채무자에 대한 감사보고와 관련한 연방관리관의 업적에 대한 보고는 부실하다.

아. 채권자집회에 대한 통역서비스 제공

채권자집회에 참석하는 채무자는 재산상황에 관하여 선서를 한 상태에 관하여 관재인, 연방관리관, 채권자들로부터 질문을 받고 답변하여야 한다. 채권자집회

---

202) §603(a)(1) of the BAPCPA OF 2005 및 28 U.S.C. §586(f)(1).

203) Sec. 603 AUDIT PROCEDURES.
(2) PROCEDURES-Those procedures required by paragraph (1) shall-
(A) establish a method of selecting appropriate qualified persons to contract to perform those audits.
(B) establish a method of randomly selecting cases to be audited, except that not less than 1 out of every 250 cases in each Federal judicial district shall be selected.

204) U.S. Department of Justice, UNITED STATES TRUSTEE PROGRAM ANNUAL REPORT OF SIGNIFICANT ACCOMPLISHMENTS FISCAL YEAR 2009, 20.

를 충실화하기 위하여 연방관리관 프로그램은 영어에 능숙하지 아니한 채무자나 다른 참여자들을 위하여 전화 통역을 제공한다. 2009년 전국에 소재한 341개 회의 장소 중 240곳에 통역시설을 갖추었다. 채무자나 그 대리인이 통역이 필요하다고 사전에 관재인에게 알려주면 스피커폰을 통하여 통역사가 수분 내에 통역을 하게 된다. 2009년 총 10,097회의 통역서비스가 이용되었으며 그 중 스페인어가 76%로 1위, 한국어가 3.8%로 2위, 베트남어가 3.6%로 3위를 차지하였다. 총 53개의 외국어 통역이 제공되고 있다.[205]

자. 항소심에서의 연방관리관의 역할

연방관리관은 파산법원의 주요 재판에 대하여 불복할 권리가 있다. 2009년 총 110건에 대하여 항소하여 52건은 인용을, 9건은 기각을 받았다. 중요사건에 대하여 연방대법원에 상고하는 경우에는 대법원의 심사를 받도록 법무부의 Soliciter General과 협조하고 있다.[206]

제13장 사건의 채무자가 부동산을 포기하였음으로 부동산에 대한 모기지 대금을 납부할 필요가 없음에도 허위로 모기지 대금을 납부하여야 하는 것처럼 속여 다른 채권자에 대한 변제를 축소한 사실을 발각하여 항소심에서 이를 시정한 바 있다. 또는 제13장 사건에서 주택담보에 대하여 이미 카트리나 허리케인에 의하여 채무자의 집에 대한 감정평가를 마쳤음에도 불구하고 주택저당업자가 불필요한 감정수수료를 부풀려 청구한 것을 발견하고 주택저당업자로 하여금 모든 서류에 대하여 제 3 자의 검사를 받을 것과 이를 채무자에게 알려 신고된 채권을 수정할 기회를 주었다.

채무자가 종전 임원에 대하여 이미 미공개 상여금 지급계획에 따라 상여금을 지급하였음에도 불구하고 다시 과도한 인센티브 상여금을 지급할 수 있도록 법원의 허가를 신청한 것에 대하여 연방관리관이 이는 연방법 위반이라고 이의를 제기하여 받아들여진 바 있다. 그 외 채무자가 선임한 변호사가 자문료 등 변호사 보수로 900,000불을 청구한 것에 대하여 법원이 이를 2,533불의 지급을 명하자 연방관리관이 항소심에서 파산법원의 결정을 지지하는 역할을 수행하였다.

---

205) U.S. Department of Justice, UNITED STATES TRUSTEE PROGRAM ANNUAL REPORT OF SIGNIFICANT ACCOMPLISHMENTS FISCAL YEAR 2009, 36.

206) U.S. Department of Justice, UNITED STATES TRUSTEE PROGRAM ANNUAL REPORT OF SIGNIFICANT ACCOMPLISHMENTS FISCAL YEAR 2009, 29-31.

Ⅶ. 한국법에 시사점

이상에서 2005년 연방파산법의 개정 내용과 연방관리관 프로그램 및 연방관리관의 역할에 대하여 살펴보았다. 아래에서는 먼저 2005년 개정된 연방파산법이 도입한 변제자력심사기준, 채무자 교육제도를 한국으로 도입할지 여부를 검토한다. 다음으로 연방관리관 제도의 도입 여부에 대하여 검토하기로 한다.

1. 미국에서의 도산감독 업무에 관한 개정 논의 배경

1930년 미국의 파산법원과 파산변호사간에 광범한 유착관계가 있었다. 1931년 뉴욕주의 변호사 윌리엄 도노반이 현재와 같이 파산사건이 많은 뉴욕남부지방법원의 파산사건을 둘러싼 절차의 남용에 대하여 광범위한 조사를 하였다. 이 도노반 보고서는 다음과 같이 기술하였다.

파산사건은 140명의 연방법관, 530명의 파산심리관(referee), 그리고 계속하여 바뀌어 들어오는 개인 집단에 의하여 처리되고 있다. 이러한 집단들은 연간 7백만 명에 달하는 채권자들을 돕기 위하여 존재한다고는 하지만 그들의 책임은 나뉘어 있으므로 실제로 책임을 완수하고 있지 못하다. 법관들은 시간, 시설이 없으며 그들에게 부여된 사건의 행정업무를 수행하기 위하여 교육을 받지 못하였다. 법관들은 전적으로 그들이 임명하는 파산심리관에 의존하고 있다. 파산심리관은 파산관재인의 업무 중 제한된 부분에 대하여만 감시하고 있다. 파산관재인은 채권자들에 대하여 아무런 의무를 지고 있지 않다. 왜냐하면 파산관재인의 선임이 채권자가 아닌 다른 사람들에 의하여 임명되고 있기 때문이다. 대채권자들은 자신들의 의무를 자신들이 알지 못하는 채권추심업자나 변호사에게 위임한다. 채권자들은 전혀 파산절차에 관여하지 않고 있으며 자신들의 채권을 채권추심업자에게 양도할 뿐 회수할 수 없는 무익한 일에 관여하기보다는 채권을 장부에서 상각하는 것을 선호한다.

도노반 리포트는 대통령으로 하여금 전문가들의 도움을 받는 연방파산위원을 임명하고 위원이 파산사건의 행정업무를 담당할 것을 건의하였다. 도노반 리포트는 법무부의 송무장관(Solicitor General)인 대처의 건의와 일치하였다. 이 두 사람의 보고서가 1930년 파산법개혁의 기초가 되었다. SEC가 재건절차에 관여하고 재건절차에서 제3자 관리인을 임명하는 1938년 Chandler Act가 성립하게 된 것이다.

40년이 지난 1970년대에 연방의회는 파산법검토위원회를 설치하고 파산법검토위원회는 채권자들의 절차관여 부재, 파산절차의 남용, 파산절차를 이용한 사기, 권리실현의 연장 등의 폐해를 발견하고 이러한 문제를 해결하기 위한 정부차원의 파산관리기관의 창설을 요청하였다. 그리하여 1978년 도입된 것이 연방관리관 프로그램이다. 이 프로그램은 당초 한시법이었으나 오히려 전국적으로 확대되어 현재는 2개주를 제외하고 전국에서 시행되고 있다. 도입과정에서 연방관리관을 법무부에 둘 것인지 연방사법부에 둘 것인지에 관하여는 격렬한 논의가 있었다.

2. 한국에서의 논의 배경

한국에서 파산법 개정이 본격적으로 논의된 것은 1997년 아시아 경제위기를 겪으면서 대기업의 파산이 급증하였고 이에 대처하기 위하여 회사정리법을 개정할 무렵이다. 회사정리사건은 1997년 이전 2자리 숫자에 불과하였으나 경제위기를 거치면서 증가하였다. 한국은 서울중앙지방법원에 파산부를 설치하고 많은 인력의 법관을 투입하여 파산부를 전문재판부로 자리매김하는 데에 성공하였다.

2000년대에 이르러 개인파산사건이 증가하기 시작하여 인구비례로 보아 일본의 개인파산사건에 육박하는 정도의 개인파산사건과 개인회생사건이 급증하였다. 그 동안 법관의 전문성 부족이라는 비판은 사그라들었으며, 지나치게 많은 파산사건의 접수로 인하여 법관이 이를 감당하지 못하게 되자 개인회생사건을 보조하기 위하여 법원 직원을 개인회생위원으로 임명하고 종래 기업재건사건에서 법관의 보조업무를 담당한 관리위원회 제도를 서울 이외에 다른 지방법원으로 확대하게 되었다.

이 와중에 회생위원의 독직 사건과 관리인의 선임과 관련한 법관의 비리가 발견되어 비난을 받은 바 있다. 그러나 한국과 미국의 논의에서 가장 큰 차이점은 미국과 달리 파산관재인의 선임을 둘러싼 법관과 관재인의 유착, 관재인들간의 서로 봐주기 하는 점이 심각하게 문제가 된 점은 없다는 데에 있다. 오히려 주로 문제가 된 것은 파산사건에서 전국적인 사건처리의 불통일(처리일수, 면책률, 개인회생사건에서의 변제율 등), 회생위원 및 관리위원이 사건에 과도한 영향력을 행사하는 점 등이다.

3. 양자의 공통점

한국과 미국에서 파산법 개정의 논의가 다른 연유로 시작되었지만 양국이 공통적으로 해결하여야 하는 가장 중요한 점은 동일하다. 즉 법관의 청렴성을 지키는 것이다. 법관이 관재인의 보고를 받고 행정업무에 대한 감독을 하면서 관재인이 제기하거나 채권자가 관재인을 상대로 제기하는 민사소송을 담당하는 것은 재판의 신뢰를 크게 해치는 것이다. 미국의 파산법관이 연방법관임에도 불구하고 종신직과 월급불감소의 보장을 받는 연방헌법 제 3 조(이른바 Article 3 Judge) 법관의 신분보장을 받지 못하는 이유가 거기에 있는 것이다. 따라서 다음과 같은 이유로 법관의 업무 중 재판업무와 행정업무를 분리하여 후자에 대하여는 별도의 기관에게 맡기는 것이 필요하다. 첫째, 사법부에 대한 국민의 존경심을 유발함으로써 사법부에도 도움이 된다. 즉 법관은 파산사건에서 발생하는 재판절차에만 관여함으로써 정당한 판결을 하고도 불필요한 오해를 사는 것을 막을 수 있다. 둘째, 사법업무의 신속성과 효율성에 부합한다. 법관으로 하여금 파산사건에서 파생하는 일상적이고 반복적이고 사무적인 행정업무의 부담에서 벗어나 재판사무에만 전념하게 함으로써 신속하고도 효율적인 사법업무의 수행을 가능하게 한다. 셋째, 파산업무에 관한 전문기관을 재판부 바깥에 둠으로써 파산관재인과 관리인의 행정, 감독업무를 전문화할 수 있다. 이를 통하여 파산관재 업무나 회생회사의 관리인의 업무가 채무자회생법 등에 부합하고 보다 투명하고 예측가능하게 된다.

4. 도입 여부에 대한 검토

아래에서는 미국 2005년 개정 파산법의 내용 중 도입할 부분이 있는지를 먼저 검토하고 도산감독관(연방관리관에 상응하는 명칭이나 이하 편의상 '도산감독관'으로 부른다)의 업무 범위를 제시하기로 한다.

가. 변제자력 심사기준(Means Test)의 도입 여부

성실하지만 불운한 채무자와 절차를 남용하는 채무자를 구별하는 것이 필요하지만 심사기준이 이러한 구분의 역할을 제대로 하고 있는지에 대하여는 미국에서도 의문이 제기되고 있다. 또한 심사기준을 적용하려면 각종 통계가 정확하여야 하고, 채무자의 가처분 소득을 공제하기 위하여 복잡한 계산방식을 사용하여야 하는데 신청서만 일견하면 동시폐지에 해당하는 사건임에도 매사건마다 심사기준을 적용하는 것은 파산절차를 지연시키고 절차비용을 채무자에게 부담시키는 것이므로 바람직하지 않다.[207]

일본에서도 가처분예상소득이 일정액 이상인 채무자에게는 파산절차에 앞서서 개인재생절차를 반드시 이용하자는 제안과 가처분예상소득이 일정액 이상인 채무자가 파산신청을 한 경우에는 최저변제액요건 또는 가처분소득요건 중 양자를 비교하여 다액의 금액을 배당하지 않으면 면책을 받지 못하도록 하자는 제안이 입법과정에서 논의되었다. 그러나 장래수입을 산출하기 쉬운 채무자에 대하여만 면책절차를 제한하는 것은 헌법상 평등원칙에 반하며, 면책절차의 이용적격의 유무를 판단하기 위하여 모든 채무자에 대하여 장래수입을 산출하도록 하면 면책절차가 무겁게 되어 절차비용이 든다는 이유로 배척되었다.

2006년 채무자회생법 제정시에도 개인워크아웃제도의 전치주의를 담은 법률안이 정부안으로 국회에 제출된바 있었으나 결국 채택되지 아니하였다.[208]

일본에서도 재생절차 전치주의를 도입하는 것은 첫째로 채무자의 자발적인 재건의욕이 없으면 재건절차를 성공하기 어렵다는 점에서 채무자에게 절차의 선택권을 부여하는 것이 필요하고, 둘째로 장래수입이건 과거 수년간의 수입이건 이를 산정하는 것은 절차에 지나친 부담이 된다는 이유로 반대하는 견해가 있다.

나. 신용상담 및 채무자에 대한 재무교육

신용상담 및 채무자에 대한 재무교육제도를 도입할 필요가 있는지 만일 도입한다면 파산절차의 어느 단계에 배치할 것인지를 검토하여야 할 것이다.

미국에서도 파산신청 전에 신용상담을 받는 것은 신청요건에 필요한 이수증명서를 받는 데에 초점이 있고 실제로 채무자가 교육을 받을 만한 심리적·경제적 상태에 있지 아니하므로 교육의 효과가 없다는 점이 지적되고 있다. 자발적인 교육이 아닌 파산신청의 전제요건으로 상담과정을 강제한다고 하면 교육의 효과가

---

207) 연방관리관행정사무소의 기술에 의하더라도 2007년 전체 제7장 사건의 90% 이상이, 제13장 사건의 3/4 이상이 심사기준이 생략된다고 한다. Clifford J. White Ⅲ, Update on the United States Trustee Program's Implementation and Enforcement of the BAPCPA, ABI Journal, November 14(2007). 일본 학자가 미국의 파산법관에 대하여 실시한 인터뷰 내용에 따르면 파산법관들은 심사기준이 채무자에게 부담이 되는 제도라는 이유로 부정적인 입장을 보이고 있다. 倉部眞由美, "アメリカ連邦倒産における消費者倒産手續-2005年改正とその後の動向(4)," NBL No. 910(2009. 8. 1), 136면 이하.

208) 林治龍, 파산법연구 2, 박영사(2006), 1-6면.

어느 정도인지 의문이 있고, 신용상담과정을 설치할 필요가 있다면 가급적 파산신청을 고려할 만큼 재정상태가 파탄에 빠지기 전에 하는 것이 바람직하다.

현재로서는 신용회복위원회의 개인워크아웃 과정에서 신용상담을 실시하는 것이 바람직하고 법정절차인 파산절차의 개시요건으로 삼는 것은 부적절하다. 굳이 파산절차에서 신용상담을 받는 것이 필요하다면 개인파산절차가 아니라 개인회생절차에 들어간 채무자가 미래에 파산신청 하는 것을 방지하기 위하여 도입을 고려할 수는 있을 것이다. 개인회생절차에 들어간 채무자는 5년에 걸쳐 변제를 하여야 면책을 받게 되므로 비록 소액일지라도 채권자에게 변제할 정도의 재산상태가 있으므로 전혀 변제할 재산이 남아 있지 않은 파산신청 채무자보다는 교육의 효과가 있을 것이기 때문이다.

다. 면책절차와 채무자교육

미국의 파산법은 형평법에서 유래한 것으로 법률에 파산법관에게 형평법에 기한 광범한 재량권을 부여하고 있다.[209] 면책에 관하여도 면책을 부여하기 위한 조건으로 특정 채무의 변제를 명하는 권한이 파산법관에게 부여되어 있다. 따라서 법관이 채무자의 파산원인을 낭비, 도박, 유흥비 지출로 판단하였다면 면책의 조건으로 채무자교육을 부과하는 것이 가능하고 또 사안에 적합할 수 있다. 그러나 채무자회생법과 현재의 실무는 과거와 달리 일부면책을 하고 있지 아니하므로 현행법상 면책 허가를 함에 있어 별도로 채무자로 하여금 신용상담교육을 수강하는 것을 면책의 요건으로 삼는 것은 불가능하다. 설령 채무자교육을 면책의 요건으로 도입하는 법개정이 이루어진다고 하더라도 파산원인이 실업, 질병 때문이라고 한다면 굳이 재무교육을 받을 필요는 없을 것이다. 따라서 모든 채무자에 대하여 일률적으로 재무교육을 면책 요건으로 하는 것은 오히려 채무자의 구제를 지연시키는 것이다.[210]

---

209) §105(a).

210) 倉部眞由美, "アメリカ連邦倒産における消費者倒産手續-2005年改正とその後の動向(4)," NBL No. 910(2009. 8. 1), 136면 이하.

Ⅷ. 결 론

1. 미국 개정 파산법 제도의 도입 범위

이상을 종합하면 채무자회생법에 새로이 심사기준, 채무자를 위한 신용상담과정, 재무상담교육을 실시하는 제도를 도입하는 것에 대하여 부정적이다. 면책받은 채무자를 상대로 한 무작위 감사에 대하여도 미국에서 비용문제와 실효성 때문에 활발하게 이루어지지 않고 있다는 점에서도 도입하기에 적절하지 않다.

다만 파산관재인, 관리인 등의 각종 보고를 법관이 아닌 도산감독관에게 하는 점, 개인파산사건은 정형화되어 있으므로 채권자집회를 법관이 아닌 도산감독관에게 주재를 맡기고, 개인회생사건에서 법원 내부의 직원으로만 임명하고 있는 회생위원 제도를 폐지하여 회생위원을 법문에 충실하게 외부인에게 맡김으로써 개인파산사건의 파산관재인을 변호사로 선임하는 현재의 실무를 법률과 일치시키기 위하여 채무자회생법을 개정하는 것이 필요하다. 앞으로 개인회생위원 제도 대신 미국의 제13장 상임관재인과 같이 상임관재인 제도를 도입하여 회생관재인은 외부위원이 다수의 사건을 처리하도록 하는 방향으로 개정하는 것은 바람직하다.211)

미국의 연방관리관 제도의 도입과 관련하여, 어느 학자는, 권력분립의 원칙으로부터 도산절차 중 행정업무는 반드시 행정부에 맡겨야 하는 논리적인 필요가 있는 것도 아니고, 법원이 행정적 감독을 맡더라도 기업의 거래실정에 맞도록 경영판단의 원칙을 존중함으로써 도산절차의 원활한 진행을 도모할 수 있으므로 연방관리관 제도의 도입이 불필요하고, 도산법원에서 절차 감독권을 적정하게 행사하려면 도산법관의 전문화가 필요한데 현재의 법관 인사시스템상 전문성을 갖추기 부족하고, 도산법에 정통한 도산실무가의 숫자가 모자란다는 이유로 연방관리관 제도를 도입하는 것은 시기상조라는 견해를 제시한 바 있다.212)

그러나 파산절차에서 재판업무와 행정업무의 분리 문제와 미국식의 연방관

---

211) 이화여자대학교 도산법연구센터, 앞의 글, 96면은 관리위원과 회생위원 제도의 폐지를 주장하고 있다. 박정호, "새로운 개인파산절차," 2012. 1. 9. 새로운 개인파산절차를 위한 공청회 자료(미공간)에 의하면 2011년부터 서울중앙지방법원은 시범적으로 모든 개인파산사건에서 변호사를 파산관재인으로 선임하는 실무를 도입하였다.

212) 김주학, "미국 연방관재관 제도의 도입논의에 대한 실무적 검토," 선진상사법률연구 통권 제50호(2010. 4), 78-80면.

리관 제도의 설립이 반드시 논리적으로 연결되어 있는 것은 아니다. 재판업무와 행정업무를 분리하는 것을 인정하더라도 행정업무를 사법부에 둘 것인지 행정부에 둘 것인지는 국가 정책의 문제이고 미국에서도 노스캐롤라이나와 앨러바마주는 행정업무를 사법부에 두고 있다.[213] 결국 도산감독관을 미국 노스캐롤라이나주의 Bankruptcy Administrator처럼 사법부에 둘 것인지 아니면 연방관리관처럼 행정부에 둘 것인지는 정치적인 판단의 문제로서 궁극적으로 어느 기관에 두는 것이 공정하면서도 효율적인 파산제도를 운영함으로써 국민의 이익에 부합하는지에 따라 결정되어야 할 것이다.

2. 도산감독관 제도 도입의 선결문제

2011년 8월에 이르러 서울중앙지방법원 파산부는 원칙적으로 개인파산사건에 대하여 파산관재인을 선임하되 파산관재인에게 다수의 개인파산사건을 배당하고 1건 당 30만 원 정도의 수입을 보장하는 제도를 도입하였다. 이 제도를 시행하기 위하여 총 80명 정도의 개인파산관재인단을 구성하였다. 새로운 제도 시행으로 과거에 비하여 개인파산사건의 절차가 신속하게 진행되고 있다. 또한 파산신청인들도 30만 원 정도의 비용을 파산관재인의 보수로 지급하는 점에 대하여는 설문조사결과 찬성하고 있다고 한다.[214] 미국 연방대법원은 모든 개인파산사건에서 파산관재인을 선임하고 소액의 선임비용을 채무자에게 부담하게 하는 것이 합헌이라고 판시한 바 있다.[215]

도산감독관 제도를 도입하기 위하여는 먼저 채무자회생법의 동시폐지 조항(제317조)을 삭제하여 모든 개인파산사건과 법인파산사건에서 파산관재인을 선임하도록 제도적 뒷받침을 하는 것이 선행되어야 한다. 그래야만 파산관재인을 감독한다는 것이 의미가 있는 것이지 지금처럼 다수의 사건이 파산관재인 선임 없이

213) 同旨, 이화여자대학교 도산법연구센터, 도산감독기관 설치 방안 연구, (2009), 46면. "관리감독기능을 재판기능으로 분리할 때 그 기능을 법원 내의 다른 조직에서 수행할지 아니면 법원 외의 조직에서 수행할지는 다른 차원의 문제이다. 이 문제는 미국의 연방관재인의 역사에서 보듯이 여러 가지 정치적 고려와 타협에 따라 결정될 것이다. 관리감독기능을 어느 기관이 수행하든지 재판기능으로부터 분리되어야 공정성과 효율성을 확보할 수 있다."

214) 자세한 내용은 박정호, "새로운 개인파산절차," 2012. 1. 9. 새로운 개인파산절차를 위한 공청회 자료(미공간). 20만 원 내지 30만 원의 예납액수의 적정성을 묻는 설문조사에 대하여 응답자 140명 중 92명(66%)이 적정한 액수라고 대답하였다.

215) United States v. Kras, 409 U.S. 434 (1973).

동시폐지 된다고 하면 도산감독관을 둘 필요가 없기 때문이다.

2012년부터 로스쿨 출신의 변호사가 대거 법률시장에 진입하게 됨으로써 사법연수원 출신 변호사를 포함하여 매년 2,000-2,300명 정도의 신규 변호사가 배출될 예정이다. 또한 높은 합격률을 바탕으로 로스쿨에서도 변호사 시험과목 외에 선택과목으로 파산법에 대한 강의가 가능하므로 과거와 달리 파산법을 전문으로 하는 변호사의 인적자원이 풍부하여질 것이 예상된다.

파산관재인, 또는 개인회생절차의 관재인(회생관재인)이 되기 위하여 변호사 자격 외에 별도의 연수과정을 거쳐 영국과 같이 파산전문 변호사 자격을 별도로 부여하는 것은 현행 변호사법상 변호사의 종류를 구분하지 않고 있는 법체계에서는 어렵다.216) 현재로서는 파산재판부가 대한변협과 협조하여 파산법 전문변호사로 등록된 변호사들 가운데에서 파산관재인을 선임하도록 실무 관행을 확립하는 것이 바람직하다.

도산감독관 제도는 처음 도입하는 것이고 미국에서도 처음에는 한시적인 파일럿 프로그램으로 일부 지역에서만 시범실시한 점을 고려하면 한국에서도 서울중앙지방법원 관할 지역에서만 먼저 실시하여 그 성과를 검토하여 확대 여부를 추후에 결정하는 것이 바람직하다. 아직까지 파산법을 전문으로 하는 변호사의 숫자가 전국적으로 많지 않으므로 도산감독관 제도를 전국적으로 시행하는 것은 시기상조이기 때문이다. 미국의 연방관리관 제도가 성립할 수 있는 배경에는 무엇보다 파산법원이라는 전문법원이 있고 이를 둘러싸고 파산법관, 파산전문 변호사, 파산법 교수 등 충분한 인적자원과 물적시설이 마련되어 있기 때문이다.

다행히 대법원이 2012년에 이르러 파산법원의 설립을 추진을 검토하고 있다고 하므로 파산법원의 관할에 대응한 범위 내에서 지구사무소를 갖는 도산감독관 제도를 설치하는 것도 한 방안이다. 제도를 도입하는 초기에는 도산감독관의 권한도 미국 파산법처럼 파산절차의 개별적인 단계마다 절차 참여권을 주기보다는 파산사건의 행정업무에 초점을 맞추어 파산절차의 전면에는 가급적 나서지 않고 파산관재인, 회생관재인 등을 앞세우고 그들의 업무를 후방에서 감독하는 정도의 권한을 갖도록 설계하는 것이 바람직하다.217)

216) 이와 달리 이화여자대학교 도산법연구센터, 앞의 책, 106면은 파산관재인이 되기 위하여 변호사의 자격 외에 대통령령이 정하는 도산법에 대한 교육을 이수한 자로 한정하자는 의견을 제시하였다.

217) 미국 파산법에서도 연방관리관의 권한이 점차로 확대되었다.

3. 도산감독관의 소속 문제－사법부인가 행정부인가

위에서 살펴본 바와 같이 파산절차에서 재판업무와 행정업무의 분리가 필요하다는 점은 이미 미국의 파산법을 통하여 알 수 있으며, 파산제도 개선의 큰 흐름으로 거역하기 어렵다. 다만 분명한 것은 행정업무를 사법부에 둔다고 하더라도 당해 법원 소속으로 하는 것은 미국의 방식도 아니며 현재의 방식과 같으므로 새로운 제도의 도입이 아니라는 점이다. 즉 법원행정처 내에 도산감독국을 두어 전국적인 차원에서 파산, 회생, 개인파산, 국제파산과 관련된 행정업무를 담당하도록 하여야 재판과 행정업무의 분리효과가 확연하게 드러날 것이다. 만일 각 지방법원 단위로 둔다고 하면 지금의 상황과 같기 때문이다. 만일 도산감독기관을 법원에 둔다고 하면 파산법에 정통한 전문인력의 확보가 쉽다는 장점이 있다.

이와 달리 도산감독기구를 법무부에 둔다고 하면 법무부가 법원에 버금가는 충분한 전문인력과 시설을 갖추어야 하는데 아직 사법부에 비하여 전문인력의 구비에는 상당한 시일이 걸릴 것이다. 무엇보다 법원에 비하여 잦은 법무부의 전보인사를 고려하면 도산감독국의 수장이 자주 바뀌게 되어 전문성을 유지하기가 어렵게 될 우려가 있다. 도산감독국의 수장의 임기를 보장하는 것이 어렵다면 적어도 미국과 마찬가지로 도산감독관에 대하여는 일정기간의 임기를 보장하는 제도가 바람직하다. 미국의 전국파산법심의위원회가 현재의 연방관리관행정사무소의 수장 지위를 법무부 국장급에서 법무차관으로 격상할 것을 건의한 것도 연방관리관 제도의 중요성을 인식하였기 때문이다. 미국의 예에서 알 수 있듯이 파산절차를 범죄의 수단으로 이용하는 채권자들의 사기범죄를 발견하여 이를 수사당국에 알림으로써 파산절차의 남용을 방지한다는 점은 법무부에 도산감독기구를 둘 경우의 장점이 될 수 있을 것이다.

※ 부록: 연방관리관의 지위와 역할에 관한 연방파산법의 개별 규정

§107-소송서류에 대한 공공의 접근

(3) 기록의 접근권과 관련하여 <u>**연방관리관**</u>은 모든 파산 사건(제7장, 제11장, 제12장, 제13장, 제15장 사건)과 관련하여 제출된 모든 서류에 포함된 어떠한 정보에 대하여 완전한 접근권을 갖는다. 단 법원이 특별히 보호한 정보에 대하여 공개하여서는 아니된다.

§111-비영리 재무 및 신용상담기관: 재무관리교육과정[218)]

법원서기는 대중에게 공개가능한 <u>**연방관리관**</u>이 승인한 비영리 재무 및 신용상담기관의 목록을 유지관리하여야 한다.

<u>**연방관리관**</u>이 승인하는 상담기관은 이사회가 있어야 하며 이사의 다수는 상담기관에 의하여 고용되어서는 아니되며, 직간접으로 상담기관에 제공하는 서비스의 결과에 따라 경제적인 이익을 취득하여서는 아니된다.

상담과정은 적어도 충분한 경험과 훈련을 거친 상담인력과 교육과정을 실시함에 있어 편리한 장소에 충분한 물적 시설 및 채무자가 재무관리를 이해하는 데에 도움이 될 만한 교재와 교수방법을 보유하고 있어야 한다.

<u>**연방관리관**</u>은 상담사의 자격과 교육과정이 파산법이 정한 수준에 적합한지 여부를 결정하여야 하며, 신용상담기관과 교육과정에 대한 승인이 취소되면 법원서기에게 이를 알려야 하며 법원서기는 이를 법원의 명단에서 삭제하여야 한다.

§112-미성년 아동의 성명에 대한 정보공개의 금지

채무자는 필요한 경우에 미성년자의 인적사항 등의 정보를 제공할 필요가 있으며 미성년자의 이름을 공개하지 말 것을 청구할 수 있다. <u>**연방관리관**</u>은 이러한 청구가 있으면 비공개 기록에 있는 미성년자의 이름을 공개하여서는 아니된다.

---

218) 연방관리관은 비영리 재무 및 신용상담기관이 파산법에서 정한 역할을 할 수 있도록 승인하는 권한과 위 상담기관이 개인의 신용관리에 관하여 제공하는 교육과정을 승인하는 권한을 갖고 있다.

§303-비자발적인 신청 사건

채권자에 의한 파산신청(비자발적인 신청)이 있는 경우 신청 후 파산개시결정 사이에 법원은 이해관계인의 신청이 있으면 파산재단에 속하는 재산의 점유와 채무자의 사업을 관리하기 위하여 **연방관리관**으로 하여금 §701에 의한 보전관재인의 임명을 명할 수 있다.

§307-**연방관리관**의 파산절차상의 권리[219)]

연방관리관은 연방파산법과 관련한 어떠한 파산사건과 어떠한 절차에서 이의를 제기할 수 있고, 법원에 출석하여 변론할 수 있다. 단 제11장 사건에서 계획안을 제출할 권한은 인정되지 아니한다.

§321-관재인의 자격요건

(a) 다음 각호에 해당하는 자는 누구나 이 장 사건에서 관재인이 될 수 있다.

개인의 경우에는 관재인으로서 의무를 수행할 능력이 있고 제7, 12 또는 제13장 사건의 경우 당해 사건이 계속 중인 법원의 관할구역 또는 인접한 관할구역에 거주하거나 사무소를 가져야 한다.

법인의 경우에는 법인설립면허 또는 정관에 관재인이 될 수 있도록 수권되고, 제7, 12 또는 제13장 사건의 경우 당해 사건이 계속 중인 법원의 관할구역 또는 인접한 관할구역에 사무소를 가져야 한다.

(c) 당해 연방지방법원의 관할하에 있는 **연방관리관**은 필요한 경우 계속 중인 파산사건에서 관재인의 역할을 할 자격을 갖는다.

§322-관재인의 자격요건

(a) 이 법의 §701, 702, 703, 1104, 1163, 1202 또는 1302에 의하여 어느 사건

---

219) 연방관리관은 파산절차의 행정적인 업무를 감독할 업무상의 목표를 달성하기 위하여 이 조항에 의하여 광범한 절차 참가권한을 부여받게 되었다. 대표적으로 채무자가 계획안 인가에 앞서 계획안에 관한 내용 정보를 담고 있는 개시설명서(disclosure statement)의 내용에 대하여 이의를 제기할 수 있다. 그러나 이 조항에 의하여 당연히 파산법의 각 규정에서 정한 이해관계인에 반드시 연방관리관이 포함되는 것은 아니다. 법원은 사안에 따라 불복권한을 부여하고 있다. 판례는 연방관리관이 검사인의 임명을 신청한 것에 대하여 이를 불허한 법원의 결정에 대하여 상소할 자격이 있다고 판시하였다. *Morgenstern v. Revco. D.S. Inc. (In re Revco D.S., Inc.)*, 898 F.2d 498, 499 (6th Cir. 1990) 참조.

의 관재인으로 선정된 자는 그 자격을 갖춘 경우 선정일로부터 5일 이내로서 아직 정식으로 관재인의 업무를 수행하기 이전에 **연방관리관**을 수취인으로 관재인의 업무를 충실하게 수행할 것을 보증하는 증권을 법원에 제출하여야 한다.

(b) **연방관리관**은 전항의 관재인이 각 장의 파산사건의 관재인으로 종사하는 자격을 부여하여야 한다. **연방관리관**은 전항에 의하여 제공하여야 할 증권의 액수와 증권에 대한 보증의 충분성을 결정하여야 한다.

§324-관재인 또는 검사인의 사임

(a) 법원은, 심문과 통지절차를 거친 후 이유가 있으면 관재인과 검사인을 해임할 수 있다. 단, **연방관리관**을 해임할 수는 없다.

§326-관재인의 보수제한

(a) 제 7 장 또는 제11장 사건에서 법원은 관재인이 용역을 제공한 후 그 용역에 대하여 §330에 기하여 합리적 보상(compensation)을 허가할 수 있다.

(b) 제12장 또는 제13장 사건에서 법원은 **연방관리관** 또는 상임관재인의 용역에 대한 보상이나 비용에 대한 求償을 허가하여서는 아니된다. 그러나 §1202(a) 또는 §1302(a)에 기하여 임명된 관재인이 용역을 제공한 후 그 용역에 대하여 §330에 기하여 합리적인 보상을 허가할 수 있다.

§327-관재인의 전문가 고용과 연방관리관의 이의권한

(a) 관재인은 법원의 승인하에 파산재단과 이해관계를 갖지 않는 변호사, 회계사, 감정평가사, 경매사 기타 전문가를 고용할 수 있다.

(c) 일반채권자 또는 담보채권자에 의하여 고용되거나 그러한 채권자를 대리하고 있다는 사유만으로는 자동적으로 관재인이 임명하는 전문가 자격의 결격사유에 해당하지 않는다. 단 **연방관리관**이 이러한 사유를 근거로 관재인의 전문가 고용에 이의를 제기할 수는 있다.

§330-전문가에 대한 보수[220)]

(a) 법원은 이해관계인 또는 **연방관리관**에 대한 통지와 심문을 거친 후 §326,

---

220) 연방관리관이 개별적으로 관재인 보수를 수령하는 것은 아니다.

§328 및 §329의 제한하에 관재인, §332에 의하여 임명된 소비자비밀보호감독관(consumer privacy ombudsman),[221] §333에 의하여 임명된 검사인, 감독관(ombudsman), §327 또는 §1103에 의하여 임명된 기타 전문가에 대하여 합리적인 보수와 실제 지출한 비용의 구상금을 명할 수 있다.

(d) 만일 **연방관리관**이 관재인의 역할을 수행하는 사건에서는 관재인에 대한 보수는 파산법원의 서기에게 지급되며 서기는 사법조직법 §589(a)에 의하여 설치된 미합중국 연방관리관 제도기금에 납부하여야 한다.

§332-소비자비밀보호감독관

(a) 법원은 §363(b)(1)(B)에 의하여 심문이 필요한 경우 **연방관리관**으로 하여금 심문기일 7일 전에 이해관계가 없는 자 가운데 1인을 소비자비밀보호감독관으로 임명하도록 하여야 한다.

§333-patient care ombudsman의 임명

(a)(1) 제7, 9 11장 사건의 채무자가 건강 관리(health care) 사업을 영위하는 경우에 파산절차개시 30일 이전에 환자 간호의 수준을 감시하고 환자의 이익을 대표하기 위하여 감독관(ombudsman)을 임명하여야 하는바, 법원은 임명이 필요한 경우 **연방관리관**으로 하여금 이해관계가 없는 자 가운데 1인을 감독관(ombudsman)으로 임명하여야 한다.

§341-채권자 및 지분권자 회의

(a) **연방관리관**은 각 장 사건에서 파산절차가 개시된 후 상당한 기간 내에 채권자회의를 반드시 소집하고 주재하여야 한다.

(b) **연방관리관**은 지분권자 회의를 소집할 수 있다.

(c) 법원은 채권자들의 최종집회를 포함하여 이 조항의 어떠한 채권자 회의를 주재하거나 참석할 수도 없다.

(e) 그러나 (a) (b)에도 불구하고 법원은 상당한 이유가 있다고 판단되고, 만

---

221) 소비자비밀보호감독관은 2005년 개정에 의하여 채무자와 거래하는 소비자들의 비밀보호를 위하여 도입된 제도이다. 파산법 §363(b)(1)에 기하여 채무자가 자산을 매각 또는 임대함에 있어 소비자들의 신원정보가 포함된 경우 법원이 매각을 허가할지 여부를 결정함에 있어서 소비자감독관은 법원에 출석하여 이해충돌의 형량 및 법원이 고려하여야 할 사항 등에 관하여 의견을 제시하여야 한다. Tabb, *supra note* 40, at 459-460.

일 채무자가 절차개시 이전에 채권자들로부터 동의를 얻은 계획안을 제출하면 이해관계인의 신청과 통지 및 심문을 거친 후 **연방관리관**으로 하여금 채권자회의나 담보권자회의를 소집하지 말 것을 명할 수 있다.[222)]

§343-채무자의 채권자회의 출석의무

채무자는 §341의 채권자회의에 출석하여야 하며 선서하에 채권자회의에서 질문에 답하여야 한다. 이때 **연방관리관**도 채무자에 대하여 질문할 수 있으며 선서절차를 주관할 수 있다.

§345-관재인의 임치 및 투자의무

(b) 관재인은 파산재단의 재산을 운용함에 있어 수익을 낼 수 있는 안전한 곳에 투자하거나 금원을 맡겨야 한다. 법은 관재인으로 하여금 임치 및 투자의 안정성을 고려하여 최대한 상당한 수익을 낼 수 있도록 파산재단의 돈을 임치하거나 투자할 것을 허용한다. 이때 관재인은 **연방관리관**이 승인한 보증회사가 보증채무를 인수하는 증권을 돈을 수탁한 회사로부터 제출받아야 한다.

§521-관재인의 서류 제출[223)]

(a)(1)(B) 채무자는 채권자 목록과 (법원이 달리 명하지 않는 한) 재산 및 부채목록, 현재수입 및 비용목록, 채무자의 현재의 재산상태에 관한 진술서 및 변호사가 선임된 경우에는 변호사 명의로 변호사가 채무자에게 §342(b)[224)] 소정의 통지를 보냈다는 증명서, 파산신청일 이전 60일 기간 동안 채무자가 고용주로부터 받은 모든 금원 또는 지출된 금원에 대한 사본, 각 항목별로 계산된 매월 순 수입액, 파산신청일로부터 12개월간 예상되는 비용에 대한 개시설명서 등을 제출하여야 한다.

(f) 법원, **연방관리관** 또는 이해관계인의 신청이 있으면 제7, 11, 13장 사건의 개인 채무자는 법원에 사건이 종결될 때까지 매년 신고하는 연방소득세신고서

---

222) 이른바 사전계획안(prepackaged plan)이 제출된 경우에 관한 것이다.

223) 2005년 개정시에 채무자의 파산신청을 어렵게 하려고 새로이 추가된 조항이다.

224) 2005년 개정에 의하여 신설된 내용으로서 법원서기가 채무자에게 아래의 내용이 기재된 서면을 통지하여야 한다. 각 장의 일반적인 목적, 장점, 비용과 신용상담기관으로부터 받을 수 있는 서비스의 내용과 만일 채무자가 재산은닉 선서 후에 위증, 허위진술을 하게 되는 경우 처벌을 받게 된다는 점, 채무자가 제공하는 모든 진술이 연방법무장관에게 제공될 수 있다는 점 등이다.

사본과 절차개시 전 3년간의 연방소득신고서 및 각각의 수정신고서를 제출하여야 한다. 또한 제13장 사건에서는 그 외에 계획안이 인가되기 전후 위증의 선서하에 연도별 및 월별 소득 및 비용에 관한 진술서를 법원에 제출하여야 한다.

(g)(2) 또한 이러한 서류는 §315(c)가 정하는 바에 따라 **연방관리관**, 관재인 등에게도 제공되어야 한다.

(h) **연방관리관** 또는 관재인의 요청이 있으면 채무자는 채무자의 신원을 증명하는 서류(사진이 부착된 운전면허증, 여권, 기타 서류) 또는 기타 개인의 신원을 알 수 있는 정보를 제공하여야 한다.

§526-채무구제기관(debt relief agency)에 대한 제한

(c)(5) 누구라도 §526를 고의적으로 위배하거나, 명백하고 계속된 방식 또는 실무를 통하여 동 조항을 위반하는 행위에 종사하는 경우에는 다른 연방법 기타 주법의 규정 및 구제조항에도 불구하고 법원은 직권 또는 **연방관리관** 또는 채무자의 신청에 의하여 그러한 위반자에게 행위의 금지를 명하거나 민사상의 적정한 제재를 명할 수 있다.

§701-보전관재인(interim trustee)[225)]

(a)(1) **연방관리관**은 제 7 장 사건에 대한 파산절차가 개시되면 신속히 28 U.S.C. §586(a)(1)에 의하여 설치된 파산관재인 명단의 구성원 중 또는 파산절차가 개시되기 직전에 파산사건의 관재인으로 수행하고 있는 사람 가운데에서 이해관계가 없는 사람 1인을 보전관재인으로 임명하여야 한다.

(2) 만일 위 구성원 중 아무도 관재인이 되려고 하지 않는 경우에는 **연방관리관**이 당해 사건에서 보전관재인의 역할을 수행하여야 한다.

(b) 보전관재인의 업무는 §702에 의하여 관재인이 선출되거나 지명된 때에 종료한다.

(c) §701에 의하여 업무를 수행하는 보전관재인이 제 7 장 사건에서의 관재인이 된다.

---

225) 보전관재인이 임명된 후 별도의 관재인이 선임되지 아니하면 정식의 관재인이 됨을 명확히 한 것이 (c)이다. 채무자회생법은 파산절차에서는 보전관재인에 상응하는 보전관재인 제도가 없으며 일본의 신 파산법은 보전관재인 제도를 도입하였으나 이 역시 파산신청 후 파산절차개시 전까지의 기간에 존재하는 파산기구라는 점에서 미국의 보전관재인과 다르다.

§703-관재인의 사망 또는 사임

(a) 어느 사건 진행중에 관재인이 사망, 사임 또는 부적격자로 밝혀지거나, 해임되는 경우 채권자들은 §702 소정의 방법에 따라 새로운 관재인을 선출할 수 있다.

(b) (a)항에 의하여 관재인을 선출하는 동안, **연방관리관**은 파산재단에 속하는 재산의 일실을 방지하기 위하여 §701(a)의 절차에 따라 임시관재인을 임명할 수 있다.

(c) 만일 채권자들이 후임 관재인을 선임하지 않거나 만일 §350에 의하여 사건이 재개(case reopen)된 경우라면 **연방관리관**은 28 U.S.C. §586(a)(1)에 의하여 설치된 파산관재인 명단의 구성원 중 이해관계가 없는 사람 1인을 관재인으로 임명하여야 하거나 또는 이해관계가 없는 사람 가운데 아무도 관재인이 되려고 하는 자가 없는 경우에는 **연방관리관** 자신이 관리인의 역할을 수행하여야 한다.

§704-관재인의 의무

(8) 관재인은 파산재단에 속하는 재산을 수집하여 이를 환가하며 채무자의 재산상황에 대하여 조사하여야 한다. 만일 채무자가 영업을 계속하는 경우에는 법원 뿐 아니라 **연방관리관**, 기타 관할 관청에게 정기적으로 영업에 관한 보고와 요약서(수입 및 지출) 등 법원 또는 연방관리관이 요구하는 기타 다른 정보를 제공하여야 한다.

(9) 사건이 종결되면 최종보고와 파산재단에 관한 관리에 관한 최종 설명서를 법원과 **연방관리관**에게 제출하여야 한다.

§705-채권자위원회

(a) §341(a)에 기하여 소집된 채권자회의에서 채권자들은 관재인을 투표로 선출할 수 있고 채권자위원회를 구성할 수 있다.

(b) 구성된 채권자위원회는 관재인 또는 **연방관리관**과 파산재단의 관리에 관하여 의논할 수 있으며, 관재인 또는 **연방관리관**에게 관재인의 의무 수행과 관련하여 제안을 할 수 있으며, 법원과 **연방관리관**에게 파산재단의 관리에 영향을 미치는 질문을 할 수 있다.

§707-사건의 기각 또는 제11장 또는 제13장으로 전환[226)]

(a) 법원은 통지와 심문을 거친 후 사건이 지연되거나 비용을 지급하지 않거나 §521(a)(1)에서 정한 정보를 소정의 기간 내에 제출하지 아니하는 등의 사유가 있으며 사건을 기각할 수 있다. 단, 정보 미제출로 인한 기각의 경우에는 **연방관리관**의 신청이 있어야 한다.

(b)(1) 법원은 통지와 심문을 거친 후 직권, **연방관리관** 또는 관재인 기타 이해관계인의 신청에 의하여 소비자 파산사건을 기각하거나 채무자의 동의가 있는 경우에는 제11장 또는 제13장으로 변환을 명할 수 있다.

(4)(B) 만일 법원이 채무자의 대리인이 연방파산규칙(Federal Rules of Bankruptcy Procedure Rule) §9011에 위배하였다고 판단하는 경우, 법원은 직권 또는 이해관계인의 신청에 의하여 규칙이 정하는 절차에 따라 채무자의 대리인에게 적절한 민사벌(civil penalty)의 부과와 관재인 또는 **연방관리관** 또는 파산관리관(Bankruptcy Administrator)에게 그 지급을 명할 수 있다.

(C) 변호사가 신청서, 준비서면 기타 서면에 서명하는 것은,

(i) 신청서, 준비서면 또는 서면에 의한 신청에 이르게 된 상황에 대한 합리적인 조사를 마쳤으며,

(ii) 신청서, 준비서면 또는 서면에 의한 신청이 사실에 터잡은 것으로서 법에 의하여 보증되거나 또는 선의에 기하여 현재의 법에 대한 연장, 변경, 철회 주장이 제 1 항에 기한 남용을 구성하지 않는다는 점을 증명한다.

(D) 변호사가 신청서에 서명하는 것은 변호사가 조사한 이후에 신청서에 첨부된 목록에 기재된 정보가 부정확하다는 것은 알지 못한다는 점을 증명한다.

(6) 만일 채무자 신청 사건에서 채무자의 월수입액의 또는 부부공동신청 사건에서 채무자 및 배우자의 월수입액(파산신청일 기준)의 12배 금액이 주(州)의 가구수입중앙치 이하인 경우에는 법관과 **연방관리관**(또는 파산관리관)만이 §707(b)에 기하여 파산신청 남용이라는 이유로 기각신청을 할 수 있다.

(7) 만일 채무자의 월수입과 퇴역군인수당 및 채무자의 배우자의 수입을 포함한 금액(파산신청일 기준)에 12를 곱한 금액이 주의 가구 당 평균 수입 이하인

---

226) 1984년 개정시에 §707(b)의 문언상 이해관계인에게 기각신청권이 인정되지 아니하였으므로 연방관리관에게도 기각신청권이 있는지 여부가 불명확하였다. 그리하여 1986년 개정시에 명문으로 연방관리관에게도 기각신청권을 부여하였다.

경우에는 법관 및 **연방관리관**(또는 bankruptcy administrator), 관재인, 기타 이해관계인 중 누구도 §707(2)에 기한 신청을 제기할 수 없다.

§727-채무자의 면책과 이의권한[227]

(a) 개인인 채무자에 대하여 다음의 면책불허가 사유(재산은닉, 허위진술 등)가 없으면 법원은 반드시 면책을 허가하여야 한다.

(11) 파산신청 후 채무자가 §111에서 정한 개인재무관리에 관한 교육과정을 마치지 아니한 경우. 단, 승인된 교육과정을 개인에게 실시하기에 부적합하다고 판단하는 관할구역에 채무자가 거주하는 경우에는 면책불허가 사유가 적용되지 아니한다.

(c) 관재인, 채권자, **연방관리관**은 §727(a)에 기하여 면책을 허가하는 데에 이의를 제기할 수 있다.

(d) 법원은 통지와 심문을 거친 후 다음 요건에 해당하는 경우 관재인, 채권자 및 **연방관리관**의 신청에 의하여 면책을 취소하여야 한다.

(1) 채무자의 기망행위에 의하여 면책이 이루어졌고, 면책취소 신청을 하는 자가 면책을 허가할 때까지 기망행위를 알지 못한 경우.

(2) 채무자가 파산재단에 속하는 재산을 취득하거나 장차 파산재단에 속하게 될 재산을 취득할 권원을 취득하고 고의 및 기망의 의사로 그러한 재산의 취득사실의 보고를 누락한 경우 또는 그러한 재산을 관재인에게 교부 및 포기하지 아니한 경우.

(3) 채무자가 동조(a)(6)에 정한 행위(저자 주, 법원의 명령을 준수하기를 거절하는 행위 등)를 범한 때.

(4) 채무자가 28 U.S.C §586(f)에서 정한 감사에서 언급한 중대한 부실진술에 대한 설명을 만족하게 하지 못한 때, 검사에 필요한 모든 서류, 장부 등의 제공을 거절한 때.

(e) 관재인, 채권자 또는 **연방관리관**은 위 (1)의 사유에 대하여는 면책허가일로부터 1년, 위 (2) 또는 (3)의 사유에 대하여는 면책허가일로부터 1년과 사건종결일의 양일 중 늦게 도래하는 날까지 면책의 취소를 요청할 수 있다.

---

227) 2005년 개정에서 새로이 면책불허가 사유로 추가된 것이 (11)항이다.

§782-관재인의 선임

(a) 이 법의 다른 조항에도 불구하고 연방준비위원회의 이사회가 달리 정하는 경우를 제외하고, 정산은행(clearing bank)에 대한 파산신청을 한 보관인(conservator) 또는 수탁자(receiver)가 정산은행의 청산에 관한 사건에서 관재인의 역할을 한다.

(b) 이 법 제3장, §704와 §705가 **연방관리관**에게 적용되는 것과 같이 연방준비위원회의 이사회가 관재인을 지명하는 경우에도 동일한 방식과 범위에 따라 적용된다.

§1102-채권자위원회 및 지분권자위원회

(a)(1) 제11장 사건에 대한 절차가 개시되면 가능한 한 조속히 **연방관리관**은 반드시 무담보채권자를 구성원으로 하는 채권자위원회의 위원을 임명하여야 하며 **연방관리관**이 적절하다고 판단하는 경우에는 별도의 채권자위원회 또는 지분권자위원회의 위원을 임명할 수 있다.

(2) 이해관계인의 신청에 의하여 법원은 채권자와 지분권자를 적절하게 대표하는 것이 필요하다고 판단되는 경우에 별도의 채권자위원회 또는 지분권자위원회의 임명을 명할 수 있다. 이 경우 **연방관리관**이 그러한 위원회의 위원을 임명하여야 한다.

(4) 이해관계인의 신청에 의하여 법원은 통지와 심문을 거친 후 채권자와 지분권자를 적절하게 대표하는 것이 필요하다고 판단되는 경우에는 **연방관리관**으로 하여금 위원회의 구성원을 변경하도록 명할 수 있다. 또한 법원은 **연방관리관**으로 하여금 소규모 기업을 영위하는 채권자를 포함하기 위하여 위원회의 정원을 늘리도록 명할 수 있다.

§1104-관리인 및 검사인의 임명

(a) 제11장 사건의 개시 후부터 계획안의 인가시까지 어느 때나 이해관계인 또는 **연방관리관**의 요청에 의하여 통지와 심문을 거친 후 법원은 다음의 경우 반드시 관리인을 임명하여야 한다.

첫째, 사건 개시 전 또는 직후에 현재의 경영진에 의한 채무자의 사업관리에 있어서 기망, 부정직, 무능력, 총체적인 부실관리 등을 포함하여 상당한 이유가 있다고 판단되는 경우(단, 담보권자의 수, 자산 및 부채의 액수 등은 이유에 포함하지 아니한다), 둘째, 관리인의 임명이 채권자, 지분권자 기타 파산재단의 다른 이해관계인의 이해관계에 도움이 되는 경우.

(b)(1) §1163에 정한 경우를 예외로 하고, 법원이 관리인의 임명을 명한 날로부터 30일 이내에 이해관계인의 신청에 의하여 **연방관리관**은 이해관계를 갖지 아니하는 1인을 관리인으로 선출하기 위하여 채권자회의를 소집하여야 한다. 관리인의 선출방법은 §720에서 정한 방법과 같다.

(b)(2)(A) 만일 자격이 있고 이해관계를 갖지 아니하는 관리인이 채권자위원회에서 선출되면 **연방관리관**은 그러한 선출을 증명하는 보고서를 제출하여야 한다.

(c) 만일 법원이 이 조항에 따라 관리인의 임명을 명하지 않는 경우에는 계획안 인가 이전 아무때나 이해관계인 또는 **연방관리관**의 신청에 의하여 통지와 심문을 거친 후 법원은 채무자에 대한 조사 외에 기타 기망, 부정직, 무능력, 총체적인 부실 또는 관리에 있어서 특이한 사항 등을 조사하는 것과 같이 적절한 행위를 하기 위하여 반드시 검사인의 임명을 명하여야 한다. 단, 임명이 채권자, 지분권자 기타 파산재단의 이해관계인의 이익에 도움이 되거나 또는 채무자의 확정된 금전상의 무담보 채무(상품, 용역 및 조세 또는 내부자에 대한 채무 제외)액이 500만 불을 초과하는 경우이어야 한다.

(d) 만일 법원이 관리인이나 검사인의 선임을 명하고, 관리인 또는 검사인이 사망, 사퇴 또는 해임되는 경우나 관리인에게 §322 소정의 결격사유에 해당되면, **연방관리관**은 이해관계인과 협의 후에 법원의 승인을 조건으로 다른 이해관계가 없는 자(연방관리관 자신은 제외) 중 1인을 관리인 또는 검사인으로 임명하여야 한다.

(e) **연방관리관**은, 만일 현 경영진, 채무자의 대표이사, 재무이사 기타 대표이사 및 재무이사를 선출하는 기관의 구성원이 실제로 채무자의 관리 또는 재산에 대한 공시 등에 있어 어떠한 기망, 부정직 기타 범죄행위에 참가하였다고 의심할 만한 합리적인 근거가 있는 경우 관리인의 임명을 신청할 수 있다.

§1105-관리인 임명의 종료

계획안 인가 전 어느 때나 이해관계인 또는 **연방관리관**의 신청에 의하여 통지와 심문을 거친 후 법원은 관리인의 임명을 종료시키고, 채무자로 하여금 파산재단에 속하는 재산의 점유 및 관리와 사업의 경영을 회복시킬 수 있다.

§1112-사건의 전환 및 기각

(a) 채무자는 일정한 경우 제11장 사건을 제 7 장 사건으로 전환할 수 있다.

(b)(1) 이해관계인의 청구에 의하여 통지와 심문을 거친 후 법원은 채권자의 이익을 위하여 이유가 있다고 판단되면 또한 제 7 장 사건으로 전환하거나 사건을 기각하여야 한다.

(b)(4)(H) 사건을 기각하거나 전환할 이유에는 채무자가 제때에 정보를 제공하지 않거나 **연방관리관**이 상당한 근거에 기하여 채권자집회에 참석하라는 요구에 불응하는 경우가 포함된다.

(e) (c) 및 (f)를 제외하고 법원은 **연방관리관**의 요청에 기하여 사건을 전환하거나 기각하는 것이 채권자들과 파산재단의 이익에 합치하고 채무자가 스스로 파산신청한 사건에서 파산신청 후 15일 이내 또는 법원이 허가한 연장 기간 내에 §521(a)(1)에서 정한 정보(제20위까지의 무담보채권자의 성명 및 주소, 각 채권액수 등)를 제공하지 아니한 경우에는 제11장 사건을 제 7 장 사건으로 전환하거나 사건을 기각할 수 있다.

§1114-퇴직자에 대한 퇴직급부의 지급[228)]

(a) 채무자가 파산신청 전에 채무자가 고용하였던 퇴직자들과 그들의 배우자 및 자녀들에게 질병, 사고, 사망 등이 발생한 경우에 지급하는 금원을 퇴직급부(retired benefits)라고 한다.

(b) 채무자가 파산신청을 하면 법원은 퇴직자위원회를 임명하며 퇴직자위원회는 §1102 및 §1103에 의하여 임명된 위원회와 동일한 권한과 의무를 갖게 된다.

(d) 이해관계인의 신청 및 통지와 청문을 거친 후 법원은 만일 채무자가 퇴직급부의 지급내용을 변경하거나 지급하지 아니하는 경우 또는 기타 법원이 적절하다고 판단되는 경우에는 퇴직자위원회의 위원을 임명할 것을 명하여야 한다. **연방관리관**이 그러한 위원회의 위원을 임명을 명하여야 한다.

228) 2005년 개정 전에는 법원이 위원회의 위원을 임명하였으나 개정법에 의하면 법원은 위원회의 임명을 명할 것인가 여부만 결정하고 위원의 임명권한은 연방관리관에게 있다.

§1116-소규모 기업 사건에 관한 관리인 및 Debtor In Possession의 의무

(1) 소규모 기업의 관리인과 DIP는 통상의 관리인 등의 의무 외에 별도로 최근의 대차대조표와 사업활동에 관한 진술서, 현금흐름진술서, 연방소득세 신고서 또는 위증죄의 부담하에 그러한 서류가 제출된 바 없거나 준비되지 아니하였다는 진술서를 자발적 파산신청 사건에서는 파산신청서에, 비자발적 파산신청 사건에서는 파산절차개시일로부터 7일 이내에 제출하여야 할 의무를 부담한다.

(7) 그 외 법원이나 **연방관리관**이 지정하는 회의(최초의 채무자 인터뷰, 사건진행 일정, 채권자회의)에 상급관리직원을 통하여 참석하여야 한다. 그 외 추가된 의무로는 **연방관리관** 또는 **연방관리관**이 지정한 대리인으로 하여금 채무자의 사업장소, 상업장부, 기록 등을 상당한 회수로 검사하는 것을 허용할 의무를 부담한다.

§1121-계획안 제출권자

(a) 원칙적으로 채무자가 계획안을 제출할 권한을 갖지만 120일간 채무자가 계획안을 제출하지 아니하는 예외적인 경우에는 채권자, 지분권자, 채권자위원회 등도 계획안 제출권한을 갖는다.

(e)(1) 소규모 기업사건에서는 채무자만이 파산절차개시일로부터 180일 이내에 계획안을 제출권한을 가지며,

(2) 원칙적으로 계획안과 개시설명서는 300일 이내에 제출되어야 한다.

(3) 단, 이러한 제출기간은 채무자가 이해관계인(**연방관리관**을 포함한다)에게 통지 후 상당한 사정을 입증한 경우에만 연장이 가능하다.

§1127-계획안의 변경

(a) 계획안의 제출자는 인가 전까지 계획안을 변경할 수 있다. 그러나 변경내용이 §1122 및 §1123에서 정한 요건을 갖추지 못하게 되는 경우에는 계획안을 변경할 수 없다.

(e) 만일 채무자가 개인이라면, 계획이 실질적으로 이행되었는지(substantially consumated)에 관계없이, 채무자, 관리인, **연방관리관** 기타 시인된 무담보채권자의 요청에 의하여 계획안 인가 후 계획에 따른 변제를 완료하기 이전의 언제라도 계획안을 다음과 같은 내용으로 변경할 수 있다. (1) 특정 조에 속하는 채권에 대한 변제를 증액 또는 감액하거나, (2) 변제기한을 연장 또는 단축하거나, (3) 계획안

외에 다른 방법으로 변제되는 특정 채권자에 대한 배당금액을 변경하는 내용.

§1128-계획안의 심리

(a) 통지 후에 법원은 계획안 인가를 위한 기일을 개최하여야 한다.

(b) 이해관계인은 계획안 인가에 대하여 이의를 제기할 수 있다.

§1163-관리인의 임명[229]

철도기업에 대한 구제명령이 발하여진 후 가능한 한 조속하게 교통부장관은 자격을 갖추고 관리인이 되려고 하는 자의 명단을 제출하여야 한다. **연방관리관**은 그 중 1인을 관리인으로 임명하여야 한다.

§1202-농업종사자 파산사건에서 관재인 임명

만일 **연방관리관**이 28 U.S.C. §586(b)에 따라 개인을 상임관재인으로 이미 임명하였고 그 개인이 §322의 자격을 갖춘 경우에는 그 개인이 제12장 사건의 관재인의 역할을 담당한다. 그러하지 아니하면 **연방관리관**이 이해관계가 없는 사람 중 1인을 관리인으로 임명하여야 한다. 또는 필요한 경우 **연방관리관**이 관리인의 역할을 담당할 수 있다.

§1224-계획안의 심리

신속한 통지를 마친 후, 법원은 계획안 인가를 위한 기일을 개최하여야 한다. 이해관계인, 관리인 또는 **연방관리관**은 계획안 인가에 대하여 이의를 제기할 수 있다.

§1302-관재인의 임명

(a) 만일 **연방관리관**이 28 U.S.C. §586(b)에 의하여 자격을 갖춘 개인을 제13장 사건의 상임관재인으로 임명하였고 그 개인이 연방파산법 §322의 자격요건을 갖추었다면 그 개인이 관재인의 역할을 담당한다. 그러하지 아니하면 **연방관리관**이 이해관계 없는 사람 중 1인을 제13장 사건의 관재인으로 임명하여야 한다. 또는 필요한 경우 **연방관리관**이 스스로 관재인의 역할을 담당할 수 있다.

229) 동조는 철도기업에 관한 특례 중의 하나이다.

§1307-사건의 전환 및 기각

(a) 채무자는 언제든지 제13장 사건을 제7장 사건으로 전환할 수 있다. 이 조항에 따른 전환권의 포기는 집행할 수 없다.

(b) 법원은, 이해관계인 또는 **연방관리관**의 신청이 있으면 통지와 심문을 거친 후, 채권자 및 파산재단의 이익을 위하여 아래와 같은 사유가 있는 경우에는 제13장 사건을 제7장으로 전환하거나, 사건을 기각할 수 있다.

§1328-면책

(g)(1) 채무자가 §111 소정의 개인재무관리에 관한 교육과정을 이수하였다는 신청을 하기 전에는 법원은 채무자에게 면책을 허가하여서는 아니된다.

(2) 전항의 규정은 채무자가 §109(h)(4) 소정의 개인이거나 또는 **연방관리관**이 승인된 교육과정이 채무자 외에 다른 개인에게도 제공하기에 적합하지 않다고 판단되는 관할구역에 거주하는 채무자에게는 적용되지 아니한다.

(3) 전항의 규정에 의한 결정을 하는 **연방관리관**은 결정에 대하여 결정일로부터 1년 이내에 또는 적어도 매년 다시 검토하여야 한다.

§1501-목적 및 신청의 범위

제15장의 목적은 국제도산사건을 다룸에 있어 미합중국법원과, **연방관리관**, 관리인, 검사인, 채무자 및 DIP와 국제도산사건과 관련한 외국법원 기타 유관기관 간의 협력과 효과적인 기제를 목적으로 국제도산에 관한 모델법을 입법하는 데에 있다.

CHAPTER 1. MISSION, ORGANIZATION, AND ADMINISTRATION

U.S. TRUSTEE PROGRAM NATIONWIDE OFFICE LOCATOR

Executive Office for U.S. Trustees
Washington, D.C.

REGIONAL AND FIELD OFFICES (BY STATE)

Alaska
Anchorage

Arizona
Phoenix

Arkansas
Little Rock

California
Fresno
Los Angeles
Oakland
Riverside
Sacramento
San Diego
San Francisco
San Jose
Santa Ana
Woodland Hills

Colorado
Denver

Connecticut
New Haven

Delaware
Wilmington

Florida
Miami
Orlando
Tallahassee
Tampa

Georgia
Atlanta
Macon
Savannah

Hawaii
Honolulu

Idaho
Boise

Illinois
Chicago
Peoria

Indiana
Indianapolis
South Bend

Iowa
Cedar Rapids
Des Moines

Kansas
Wichita

Kentucky
Lexington
Louisville

Louisiana
New Orleans
Shreveport

Maine
Portland

Maryland
Baltimore
Greenbelt

Massachusetts
Boston
Worcester

Michigan
Detroit
Grand Rapids

Minnesota
Minneapolis

Mississippi
Jackson

Missouri
Kansas City
St. Louis

Montana
Great Falls

Nebraska
Omaha

Nevada
Las Vegas
Reno

New Hampshire
Manchester

New Jersey
Newark

New Mexico
Albuquerque

New York
Albany
Brooklyn
Buffalo
Central Islip
New York City
Rochester
Utica

Ohio
Cincinnati
Cleveland
Columbus

Oklahoma
Oklahoma City
Tulsa

Oregon
Eugene
Portland

Pennsylvania
Harrisburg
Philadelphia
Pittsburgh

Puerto Rico
San Juan

Rhode Island
Providence

South Carolina
Columbia

South Dakota
Sioux Falls

Tennessee
Chattanooga
Memphis
Nashville

Texas
Austin
Corpus Christi
Dallas
Houston
San Antonio
Tyler

Utah
Salt Lake City

Virginia
Alexandria
Norfolk
Richmond
Roanoke

Washington
Seattle
Spokane

West Virginia
Charleston

Wisconsin
Madison
Milwaukee

Wyoming
Cheyenne

Please visit our Web site at *www.justice.gov/ust* for office phone numbers and addresses.

ANNUAL REPORT — FISCAL YEAR 2009 9

CHAPTER 1. MISSION, ORGANIZATION, AND ADMINISTRATION

U.S. TRUSTEE PROGRAM MAP OF REGIONS AND OFFICES

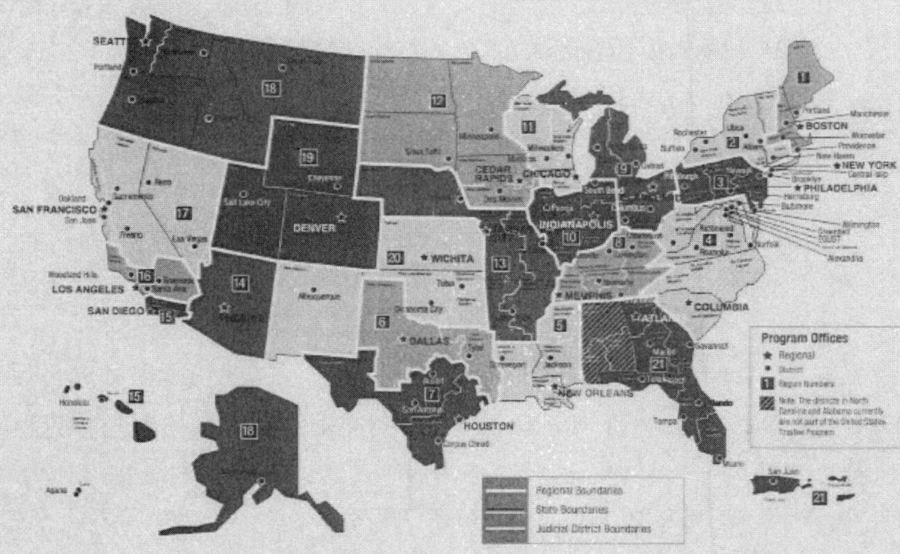

미국 연방파산법 제15장의 국제파산제도 –한국과의 비교를 중심으로

Ⅰ. 서 론

교통 · 통신의 발전에 힘입어 국경을 넘는 상거래 활동이 증가함에 따라 국내기업이 파산하는 경우 기존 파산법 이론으로 해결하기 어려운 복잡한 법률문제가 빈발하고 있다. 모든 산업이 범지구화함에 따라 리만브라더스의 파산이나 유로존 국가의 구제금융신청은 전세계 금융위기를 초래하고 이는 곧 개별 국가의 실물경제에 직접적인 영향을 미쳐 국내기업의 줄도산이라는 도미노 현상을 불러왔다. 이제 특정 국가의 어느 기업에 관한 파산절차의 개시는 전세계에 파급효과를 미치는 단계에 이르렀다. 또한 파산한 기업의 입장에서도 국제파산법상의 쟁점의 해결 여부에 따라 기업의 재건이 좌우되기도 한다. 예컨대, 해운회사의 재건절차에서 선박이 압류되지 아니한 채 종전과 같이 전세계를 운항하거나 외국에 소재하는 해운회사 소유의 부동산에 대하여 채권자들의 집행을 방지하기 위해서는 각국 파산법의 보호를 받는 것이 시급하다. 또한 용선계약을 둘러싼 외국채권자들과의 분쟁을 국제중재와 국내파산절차 중 어떠한 절차에 의하여 해결할 것인가 하는 점도 마찬가지로 중요한 쟁점이다. 이렇듯 국제파산사건이 빈발함에 따라 각국은 국제파산사건을 합리적으로 조정하고 채권자간의 평등과 자산가치의 극대화를 통한 기업의 재건을 목표로 하는 통일적인 국제파산법의 제정에 노력하여 왔다. 유럽국가간에는 EU Regulation on Insolvency Proceedings, 노르웨이 등 북구권은 노르딕조약[1]을 통하여 국제파산사건의 처리를 도모하고 있다. 그러나 전세계적으로 단일한 파산조약을 체결하는 것이 현실적으로 불가능하다는 것을 깨닫고,[2] UN은 1997년 각국이 국제파산법을 입법함에 있어 모범이 되는 UNCITRAL Model Law(이하 모델법이라 한다)[3]를 제정하여 각국에게 입법을 권고하였다.

일본은 2000년 「外國倒産手續の承認援助に關する法律」(“承認援助法”)을 제정함으로써 모델법을 받아들였다고 평가받고 있다. 그러나 과연 일본의 承認援助法이 모델법을 충실히 반영하였다고 평가하기에는 주저하지 않을 수 없다.[4] 이 점은 2006. 4. 1. 한국이 「채무자회생 및 파산에 관한 법률」(“채무자회생법”) 제 5 편에서 일본의 承認援助法과 같은 구조로 된 국제도산법에 관한 규정을 두었음에도 국제사회에서 한국이 모델법을 수용한 것이라는 평가를 한동안 받지 못하고 있었던 점에도 알 수 있다. 선진국 중 모델법을 채택한 국가가 적은 상황에서 일본이 모델법 제정 불과 3년만에 2000년 承認援助法을 제정하자 각국의 입법을 독려한다는 취지에서 일본에 대하여 일찍이 갈채를 보낸 것이다. 그러다가 미국(2005),[5] 영국(2006), 호주(2008) 등이 모델법을 충실하게 반영한 입법을 계속하자[6] UNCITRAL

* 초고를 읽고 수정하여 주신 오수근 교수님과 유익한 의견을 주신 민사판례연구회 회원님들께 감사드린다. 이 글은 이러한 고견을 반영하여 수정한 것이다.

1) Nordic Bankruptcy Convention 1933. 이 협약은 덴마크, 핀란드, 아이스랜드, 노르웨이, 스웨덴 5개국이 가입하고 있다. 이에 대한 일반적인 설명으로는 Philip R Wood, Principles of International Insolvency 293 (1995).

2) 지역적, 문화적, 법체계상 가장 유사한 미국과 캐나다간의 파산조약초안(1979)조차 완성되지 못하였다는 점이 이를 잘 증명한다. Samuel L. Bufford, United States International Insolvency Law 8 (2009).

3) 모델법은 파산법의 실체 부분을 포함하고 있지 않으며 절차적인 특징을 갖는다. 모델법은 각국 파산법의 차이를 인정하고 있으므로 특정 국가의 파산법 체제를 선호하지 않고 있다 (Id. at 4).

4) 일본의 承認援助法이 모델법을 충실히 반영한 것이 아니며 이로 인하여 승인사건이 거의 없는 현상이 초래되었다면서 承認援助法의 개정을 검토한 글로는 高橋壯介, “外國倒産處理手續の承認援助に關する法律の再檢討,” 事業再生と債權管理 No. 134(2011), 93-100면.

5) 미국은 2005년 Bankruptcy Abuse Prevention and Consumer Protection Act(BAPCPA)를 입법하면서 제15장에 국제파산법에 관한 장을 신설하였다. 한국에서는 현행법의 조항을 삭제, 추가, 수정하는 방식으로 개정하고 있음에 반하여 미국 파산법의 개정은 별도의 법률을 입법하면서 그 법률로 기존 파산법을 개정하는 형식을 취하고 있다. 따라서 개정 파산법에 대하여는 별도의 법률 이름이 명명된다. 예컨대, 연방관리관의 도입을 내용으로 하는 1986년 개정 파산법의 명칭은 Bankruptcy Judges, United States Trustees, and Family Farmer Bankruptcy Act of 1986, Pub. L. No. 99 554, 100 Stat. 3008 (Oct. 27, 1986)이다.

6) 2009년 말 기준으로 18개국이 모델법에 기초한 국제파산법제를 입법하였다. 주요 국가로는 캐나다, 영국, 일본, 호주, 미국 등이며, 독일, 프랑스, 이태리, 러시아, 중국 등은 아직 가입하

은 한국을 모델법을 따른 국가로 취급하는 데에 주저하다가 최근 공식사이트에서 이를 인정하였다.[7]

한국은 채무자회생법 시행 이후 현재까지 총 4건의 외국도산절차의 승인신청 사건이 서울중앙지방법원에 접수되었다.[8] 이에 반하여 미국의 BAPCPA 제15장[9]은 2005. 10. 17. 이후 승인신청이 접수된 사건에 대하여 적용이 되는데 2011년 말까지 총 603건이 외국도산절차의 승인 사건으로 접수되었다.[10] 제15장은 총 32개 조문으로 구성되어 있으며 1978년 파산법 개정시에 도입된 보조절차에 관한 구 파산법 §304를 대체한 것이다.

이 글에서는 모델법을 가장 충실하게 입법한 미국 파산법 제15장과 한국의 채무자회생법 제 5 장의 국제파산편 중 실무상 중요한 쟁점을 위주로 비교·검토하

지 아니하였다.

7) 2007년 수정된 Collier International Business Insolvency Guide Vol. 1. (LexisNexis)의 미국편에는 한국을 모델법 채용국가로 소개하고 있지 않았다. 2009년 대법원이 주최한 국제심포지움에서 UN상거래위원회 도산분야 선임담당관 Jenny Clift는 발표문에서 한국이 모델법을 받아들인 국가로 소개하고 있다. Jenny Clift, International Trends in Business Insolvency Procedures, Judicial Symposium in Korea 9 (2009). 저자가 추측하건대는 모델법이 인정하는 외국도산절차의 승인명령에는 주절차 승인시 반드시 법에 의하여 자동적인 중지효과가 부여되어야 하는데 채무자회생법은 이 점이 반영되지 않았기 때문이다. "The Model Law … adopts a neutral middle ground that specifies the effects, in terms of relief, that should automatically apply on recognition," Jenny Clift, The UNCITRAL Model Law on Cross-Border Insolvency 12 Tul J Int'l & Comp L 307, 339-340 (2004).

8) 네덜란드 파산절차에 대하여 2007. 10. 18.자 2007국승1 결정, 미국 제11장 절차에 대하여 2008. 2. 12.자 2007국승2 결정, 홍콩 청산절차(winding up proceeding)에 대하여 2010. 10. 8.자 2009국승1 결정, 일본 회사갱생절차에 대하여 2012. 8. 30.자 2012국승1 결정 등이다. 국제도산절차의 승인사건은 서울중앙지방법원의 전속관할이다.

9) 미국 파산법(11 U.S.C.)은 연방법으로서 홀수의 장으로 편제되어 있다(제12장만 예외). 제 1, 3, 5 장은 총칙에 관한 것이고 제 7 장은 청산절차, 제 9 장은 자치단체의 채무조정, 제11장은 재건절차, 제12장은 농가의 재건절차, 제13장은 정기적인 수입이 있는 개인의 채무조정절차, 제15장은 국제파산절차에 관하여 규정하고 있다. 이하 각장의 파산 사건이라 함은 제 7 장부터 제13장까지의 사건을 말한다. 이 글에서 § 이하로 표시되는 법률은 미국 연방파산법을 가리킨다.

10) Selinda A. Melnik, 'United States' in Look Chan Ho (ed), Cross-Border Insolvency: A Commentary on the UNCITRAL Model Law (3rd ed. Globe Law and Business), 503-544 (2012). 개별적인 사건명, 접수일, 결정일 등이 부록 표에 기재되어 있다. 제15장 사건은 전국의 파산법원에 접수되고 있으나 주로 뉴욕시에 소재하는 뉴욕남부연방지방법원이 다수를 점하고 있다. 2006. 10.~2008. 10. 총 118건의 제15장 사건 중 위 법원에 41건이 접수되었으며, 2008. 9.~2009. 10. 총 151건 중 42건이 위 법원에 접수되었다. 이는 개인파산사건을 제외한 것이다. ロナルド J. シルバーマン 외 1인, "連邦倒産法チャプダ15手續に關する近時の裁判例の概觀," 事業再生と債權管理, No. 127(2010), 111-117면. 2009년을 기준으로 승인신청을 한 총 24개국 중 신청건수를 기준으로 하면 캐나다, 버뮤다 등 카리브해국가, 영국 순이다. ロナルド J. シルバーマン 외 1인, 앞의 글, 112면.

기로 한다. 제2차 세계대전 후 미국 파산법은 기업의 재건과 소비자 파산에 관하여도 전세계의 파산법에 영향을 미치고 있을 뿐 아니라 국제파산에 관하여도 가장 많은 승인신청 사건을 다루었으므로 국제파산의 쟁점[11]에 관한 실무가 축적되었다. 또한 한국의 기업으로서 미국에서 영업소를 갖고 있는 기업에 대하여 국내에서 회생절차가 개시된 경우에 미국에서 제15장 신청을 하여야 하는 등 국내기업의 실무적인 필요에서도 제15장을 검토하는 것이 긴요하다.[12] 이하에서는 제15장의 도입배경, 외국도산절차 승인의 효과, 외국대표자[13]의 국내재산에 대한 관리처분권, 국내도산절차의 참가권한, 병행도산절차의 처리, 외국대표자의 부인권의 행사 등에 관하여 순서대로 논의를 진행하고자 한다.

Ⅱ. 미국 파산법 제15장의 도입배경

1. 제15장의 적용범위

연방의회는 2005년 파산법을 개정하면서 그 일부로서 제15장을 신설하였다. 다른 파산법 조항과 달리 제15장은 모두(冒頭)에 제15장의 목적에 관한 조항과 용어에 관한 정의 규정을 두고 있다. 즉 법원간의 협력 등 5가지 목적을 달성하기 위하여 UNCITRAL 모델법을 입법화한 것임을 분명히 밝히고 있다.[14] 제15장은 근본적으로 절차에 관한 것으로 국제예양을 존중하는 미국법원의 기본적인 접근방법을 변경한 것은 아니다.[15] 구 파산법 §304가 오직 inbound에 관한 효력에 관한 규정이고 outbound에 관하여는 별도의 조항이 없었으므로 예양의 법리에 의하

11) 미국 파산법원은 각국의 수많은 유형의 도산절차 중 어떠한 도산절차가 승인대상이 되는지에 관하여 전세계에서 가장 많은 경험을 축적하고 있다. 주절차와 종절차의 구별기준인 COMI에 관한 쟁점과 구제명령의 내용, 병행파산에 관한 법률관계, 국제중재와 국제파산의 관계 등의 쟁점에 관하여 다른 국가에서도 모델법을 해석함에 있어 미국 판결이 기준이 되고 있다.

12) 실제로 한국 기업 중 삼보컴퓨터, 영창, 주식회사 대우, 비오이 하이디스, 삼선로직스, 대우로지스틱스, 대한해운, 금강밸브 등의 회생 또는 파산절차에 관하여 미국 법원에 승인신청되었다. 특히 삼보컴퓨터의 회사정리절차는 2005. 3. 11. 접수되어 제15장 최초의 사건으로 기록되었다.

13) 이하 '외국대표자'라 함은 외국도산절차의 대표자를 지칭한다.

14) §1501(a)(1)-(5).

15) *In re* Iida, 377 B.R. 243, 256 (BAP 9th Cir. 2007).

여 규율되었다.

이에 반하여 제15장은 승인[16]절차와 미국 파산사건에 관하여 외국채권자 및 이해관계인들이 절차의 개시 또는 참가에 관하여 이해관계를 갖는 경우 등 in-bound에 관한 법률관계 뿐 아니라 미국 내에서 개시된 파산사건에 관하여 관재인이 외국법원으로부터 구제를 받는 경우에 관한 효력과, 미국 외에 소재한 채무자의 재산을 둘러싼 법률관계, 동일한 채무자에 대하여 여러 건의 외국도산절차와 미국 내의 파산절차가 동시에 진행 중인 이른바 병행파산(concurrent bankruptcy)의 경우처럼 outbound에 관하여도 적용된다.[17] 제15장의 규정은 외국도산절차의 승인사건의 경우에만 적용되는 것은 아니다. 아래의 3개 조항은 파산법의 각 장 사건에도 적용된다. §1505는 법원으로 하여금 관재인, 검사인 등에게 §541에 기하여 성립한 파산재단을 위하여 외국에서도 행사할 수 있는 권한을 부여하고 있다. §1513은 외국채권자로 하여금 미국 내의 파산절차에 참가하는 데 있어 미국 국내 채권자와 동등한 권한을 보장하고 있다. §1514는 외국 채권자의 보호를 위하여 외국채권자가 미국 법원에 파산채권을 신고함에 있어 상당한 추가기간을 부여할 것을 규정하고 있다.

2. 구 파산법 §304와 관계

§304가 도입되기 이전에 미국 파산법은 외국관재인이 미국 내에서 외국도산절차를 지원할 수 있는 조항을 두고 있지 아니하였다.[18] 특히 1898년 구 파산법하에서 외국도산절차의 대표자는 미국 내에서 파산절차를 신청할 권한이 없었다.[19] 외국대표자가 §304에 의한 구제를 신청하면 법원은 다음 각호의 구제명령을 발할 수 있었다. ⅰ. 채무자 또는 채무자 소유 재산에 대한 소송의 개시 또는 진행 중인 소송절차의 속행금지, ⅱ. 채무자가 소유하는 미국 소재 재산의 외국대표자에 대한 반환,[20] ⅲ. 기타 적절한 명령.

---

16) §1502(7)의 承認이라 함은 외국주절차 또는 종절차를 승인을 허가하는 명령(order)의 등록(entry)을 의미한다. 이 글에서 외국주절차는 주절차로, 외국종절차는 종절차, 외국도산절차의 대표자는 외국대표자로 줄여서 표현하기로 한다.

17) §1501(b).

18) Goerg v. Parungao (In re Goerg), 844 F.2d 1562, 1567 (11th Cir. 1988). §304는 1898년 구 파산법 하에서 선례가 없는 새로운 조항임을 지적하고 있다.

19) *In re* Axona Int'l Credit & Commerce, Ltd., 88 B.R. 597, 605 (Bankr. S.D.N.Y. 1988).

20) *In re* Culmer 25. B.R. 621 (Bankr. S.D.N.Y. 1982) 사건에서 법원은 바하마 군도의 청산

§304는 전제조건으로 승인절차를 반드시 요구하지 않고 있었다.[21] 동조는 필수적인 것이 아니라 임의적인 것이다. 즉 외국대표자는 파산법원이 아닌 일반법원에 구제명령을 신청하거나 파산법원에 본격적인 파산절차를 신청할 수도 있었다. 州法院 또는 聯邦法院은 §304의 요건을 갖추거나 갖추지 않더라도 예양의 원칙에 기하여 외국도산절차와 관련된 사건의 신청의 기각 또는 중지를 명할 권한을 갖는다. 2005년 개정 전에는 외국대표자는 §303에 기한 비자발적 파산신청, §304에 기한 보조절차의 신청, §305에 기한 절차의 회피신청을 파산법원에 제기하고 예양의 법리에 기하여 구제명령을 신청하거나 또는 직접 州法院에 소송을 제기할 수 있었다.

그러나 입법자는 이러한 점이 바람직하지 않다고 보았다. 왜냐하면 창구를 파산법원으로 단일화하지 않으면 예양의 남용이 있을 수 있기 때문이다.[22] 즉 제15장의 요건과 파산법관의 전문적인 심사망을 피하기 위하여 파산법에 친하지 아니한 다른 법원에 직접 신청할 수 있으며 심지어 제15장의 신청이 기각된 후에도 가능하기 때문이다. 그리하여 파산법원을 통하여 제15장을 거치지 아니하면 미국법원에서 예양을 구할 수 없도록 창구를 단일화한 것이다.

비록 제15장이 §304를 대체한 것이지만 법원은 최대한의 재량권을 유지하고 종전의 판례법을 수정한 것은 아니다. 법원이 §1519에 기한 임시구제명령을 허용하거나 이를 수정할 권한이 있으며 §1521에 기하여 추가적인 구제명령을 발할 수 있다고 규정한 데에서도 법원의 재량권이 넓다는 점을 알 수 있다.

3. 제15장 승인사건과 파산법 각장의 파산사건의 관계

제15장 사건의 승인신청 이전 또는 승인결정 이후라도 외국대표자가 미국 내에서 본격적인 파산법의 각장 사건(full case)을 신청하는 것이 배제되는 것은 아니

절차의 공식청산인(법원이 임명함)이 미국 내에 소재하는 채무자의 재산을 바하마로 이전할 것을 구하는 신청을 허가하였다. 그러나 *In re* Toga Manufacturing Ltd., 28 B.R. 165 (Bankr. E.D.Mich. 1983) 사건에서 법원은 캐나다에서 진행 중인 파산절차의 관리인이 미국 내에 소재하는 채무자의 재산을 캐나다로 이전할 것을 구하는 신청에 대하여 캐나다 법원이 판결우선특권자(judgment lien creditor)를 일반채권자로 취급한다는 이유로 미국 내 판결우선특권자의 우선권이 침해될 수 있다는 이유로 신청을 불허하였다.

21) §304에 기한 구제명령을 얻기 위하여 파산법원이나 기타 법원으로부터 사전에 외국도산절차에 관한 승인에 관한 재판을 별도로 받아야 할 필요가 없다는 취지이다.

22) *In re* Iida, 377 B.R. 243, 257 (BAP 9th Cir. 2007).

다. 즉 승인결정 이후라도 채권자 또는 채무자에 의하여 각장의 사건을 개시하는 것이 가능하다. 이는 마치 한국 법원이 미국의 제11장 사건의 절차를 승인한 이후에 별도로 동일한 채무자가 한국에 재산을 소유하고 있다는 이유로 한국에서 국내파산사건을 개시한 것과 같다.[23] 특히 외국대표자가 승인명령을 받은 이후라면 외국대표자는 미국 파산법의 각장의 본격적인 파산사건을 신청할 권한이 인정된다(§1511). 자세히 설명하면, 외국대표자는 §303에 기하여 비자발적인 파산사건의 신청을 할 수 있으며 만일 승인대상이 외국주절차라면 §301, §302에 기하여 자발적인 파산사건의 신청을 할 수 있다. 이러한 파산신청을 하기 위하여는 미국 법원의 승인명령 인증본이 첨부되어야 하며 외국대표자는 승인법원에 사전에 미국 내에서 파산사건의 신청을 할 의사가 있음을 알려야 한다.[24] 승인신청을 하기 이전에 이미 미국에서 동일한 채무자에 대한 파산사건이 계속 중에 있다면 법원은 제15장의 관련 규정에 따라 공조와 사건의 조정을 하여야 한다. 미국 법원은 외국승인명령을 발한 이후에 미국 내에 파산사건의 신청이 있는 경우 파산신청이 §305의 요건에 해당하면 파산신청을 기각 또는 중지를 명할 수 있다.[25]

Ⅲ. 외국도산절차－주절차와 종절차의 개념

1. 승인대상인 외국도산절차의 개념

어떠한 외국도산절차가 승인대상인지에 관한 법리는 제15장에서 비로소 문제가 된 것은 아니다. 구 파산법 §304의 해석을 둘러싸고 이미 판례법에 의하여 확

23) 서울중앙지방법원 2008. 2. 12.자 2007국승2 결정으로 채무자에 대한 미국의 회생절차(제11장)를 승인한 후 서울중앙지방법원 2008. 7. 9.자 2008하합20 결정으로 동일 채무자에 대하여 국내에 재산이 소재하는 점을 근거로 채권자의 파산신청을 받아들여 파산선고를 하였다. 후자에 대한 상고심 결정은 대법원 2010. 3. 25.자 2009마1600 결정. 이에 대한 해설로 오영준, "채무자 회생 및 파산에 관한 법률하에서 외국도산절차에서 이루어진 외국법원의 면책재판 등의 승인," 대법원판례해설 제83호(2010), 603-655면.

24) §1511(b).

25) §305(a)에 의하여 법원은 다음과 같은 경우 통지와 심문을 거쳐 언제든지 절차의 신청을 기각하거나 절차의 중지를 명할 수 있다 : (1) 기각 또는 중지에 의하여 채권자들과 채무자의 이익이 더 잘 보호되는 경우. 또는 (2) §1515에 의한 외국절차의 승인결정이 있었고 기각 내지 중지에 의하여 제15장의 입법의도가 가장 잘 구현되는 경우. 미국 파산법 §305의 요건에 관하여는 이성용, "국제도산사건에서의 이중절차의 위험성통제 방안 연구," 사법논집 제51집(2011), 197-204면 참조.

립되었다. 이러한 판례 법리는 제15장에서도 그대로 적용되고 있다. 승인대상인 외국도산절차에 해당하기 위해서는 §101(23)에서 정한 요건을 충족하여야 한다.[26)]

2. 각국의 도산절차의 유형

아래에서는 미국 판례에서 나타난 각국의 도산절차에 대하여 一瞥하기로 한다.

제15장이 입법되기 이전에 이미 한국의 회사정리절차는 외국도산절차로서,[27)] 회사정리절차에서의 계획안은 외국 판결로서 이미 승인된 바 있다.[28)] 일본의 회사갱생절차 역시 제15장 소정의 주절차로 승인된 바 있다.[29)]

법원의 감독에 복속하지 아니하는 케이먼 群島의 자발적인 청산절차(winding up)는 외국도산절차에 해당하지 아니한다.[30)] 이에 반하여 법원의 감독에 복속하는 케이먼 群島의 자발적인 청산절차는 외국도산절차에 해당한다.[31)]

이스라엘의 商法典에서 인정되는 receivership은 별도로 존재하는 파산법에 기한 절차가 아니고 파산법상의 liquidator와 상법상의 receiver의 역할에 차이가 있는 점, receiver가 채무자의 재산에 대한 관리처분권을 갖지 못하는 점 등을 고려하면 그 본질에 있어 집합적인 절차가 아니라 특정채권자의 추심을 위한 절차이기 때문에 도산절차가 아니라는 이유로 승인이 배척된 바 있다.[32)]

---

26) §101(23). The term "foreign proceedings" means a collective judicial or administrative proceeding in a foreign country, including an interim proceeding, under a law relating to insolvency or adjustment of debt in which proceeding the assets and affairs of the debtor are subject to control or supervision by a foreign court, for the purpose of reorganization or liquidation.

27) *In re* Kyu-Byung Hwang, 309. B.R. 842 (Bankr. S.D.N.Y. 2004). 이 사건은 수원지방법원에서 개시된 온세통신에 대한 회사정리절차를 미국 파산법원이 승인하여 미국 내에서 다른 미국 채권자들을 상대로 앞으로 온세통신을 상대로 하는 소송의 제기를 영구히 금지하는 명령을 발한 것이다. 이 판결에 대한 평석으로는 林治龍, 파산법연구 2, 박영사(2006), 341-390면 참조.

28) Daewoo Motor America, Inc. v. General Motors Corp., 315 B.R. 148 (M.D.Fla. 2004). 이 판결의 항소심은 Daewoo Motor Am., Inc. v. General Motors Corp. et al., 459 F.3d 1249 (11th Cir. 2006). 이 판결은 연방항소법원의 판결로서 선례적 가치가 크다. 인천지방법원에서 개시된 대우자동차에 대한 회사정리절차에서 미국 채권자의 채권이 정리계획안에 기재되어 있지 않았다면 외국판결절차의 승인에 관한 법리에 의하여 계획안에 대한 법원의 인가결정을 외국 판결로 보아 미국에서 별개의 소송을 제기하는 원고들에게도 정리계획안의 효력이 미치므로 소송을 제기할 수 없다고 판시하였다.

29) *In re* Iida, 377 B.R. 243, 263 (BAP 9th Cir. 2007).

30) *In re* Tam, 170 B.R. 838 (Bankr. S.D.N.Y. 1994).

31) *In re* Gee, 53 B.R. 891 (Bankr. S.D.N.Y. 1985).

32) *In re* Gold & Honey, Ltd., 410 B.R. 357 (Bankr. E.D.NY. 2009).

승인대상이 되는 외국도산절차의 적격을 둘러싸고 문제가 되는 것은 지급불능이 아닌 상태에서 진행되는 회사의 청산절차(solvent schemes of arrangement)에 관한 것이다.[33] 이러한 제도는 영국과 호주에 있다. 영국의 채무조정절차(Scheme of Arrangement) 제도는 영국의 1985년 회사법 §425에 기한 것이다. 이 절차는 High Court의 관할에 속하며 법원의 감독을 받는다. 영국의 채무조정절차가 §101(23)에서 규정한 외국도산절차에 해당하여 이를 승인의 대상으로 삼을 수 있는가에 대하여는 파산법원은 별다른 논의없이 이를 긍정하였다.[34]

호주는 모델법에 따라 국제파산법제를 마련하면서 파산과 회사도산에 관한 법률을 파산법과 회사법 제5장에 규정하고 있다. 따라서 호주의 회사법을 단순히 한국의 회사법과 같이 비파산법으로 이해하여서는 아니 된다. 따라서 호주의 회사법에 기한 청산절차가 외국도산절차의 승인대상이 되는 도산절차에 해당하는가 하는 문제를 한국의 회사청산제도와 같은 차원에서 비교하는 것은 위험하다. 모델법과 호주국내법에 대한 호주의회의 법률해석(Explanatory Memoranda)에 의하면 자발적인 청산절차가 개시된 회사는 파산과 관련된 법의 규제하에 있다고 해석된다.

법원이 아닌 기관으로서 외국법원의 개념에 포함되는 기관으로서는 스위스의 연방은행위원회(Swiss Federal Banking Commission)가 있다. 이 기구는 채무자의 청산절차를 조정 및 감독할 권한을 갖고 있으며 이 기구의 결정에 대하여 법원이 심사할 권한을 갖는다. 이러한 절차도 승인대상이 되는 외국도산절차에 해당한다.[35] 스페인의 1922년 지급정지에 관한 법률(Suspension of Payments Act)에 기한 지급정지에 관한 절차(suspensión de pagos, suspension of payments)가 있다. 이 절차는 구 화의법상의 화의절차와 유사하다. 이 절차는 채무자가 신청하고 법원이 절차의 개시명령을 발함으로써 개시되고, 개시명령의 효과로 채무자를 상대로 한 모든 소송 및 집행절차가 중지되며 관리인(interventores)이 임명된다. 관리인이 채무자의 경

33) 승인대상인 외국도산절차가 "도산 및 채무재조정에 관한 법에 따라"라는 부분의 해석과 관련하여 입법이유서는 반드시 지급초과일 것을 요하지 아니하며 재정상태가 어렵고 재건의 필요성이 있는 경우를 포함한다고 해석하고 있다. H.R. Rep. No. 109-31, 109th Cong., 1st Sess. 118 (2005).

34) *In re* Lloyd, 2005 WL 3764946 (Bkrtcy. S.D.N.Y. 2005) 이 판결은 영국(정확히는 잉글랜드와 웨일즈)의 High Court가 2005. 10. 28. 인가한 지급불능이 아닌 채무재조정절차(solvent scheme of arrangement)에 관하여 간단한 이유로 이를 주절차로 승인하고 여러 가지의 구제명령을 발하였다. 구제명령의 일환으로 증인신문, 증거조사, 채무자의 자산 및 영업 활동 등에 관한 정보의 요청을 허가하고 있다. WL로 표시된 사건은 파산사건의 전용 판례집에 수록되지 아니하여 사건 번호 표시가 B.R.로 표시되지 않은 것이다.

35) *In re* Tradex Swiss AG, 384 B.R. 34, 42 (Bankr. D.Mass. 2008).

영진과 연대하여 채무자의 활동을 감독한다. 개시명령은 상업등기, 부동산등기, 민사등기에 등록된다. 이 절차의 목적은 채무자로 하여금 채권자들과 협상하여 채무재조정에 관한 계획(convenio, repayment plan)을 만드는 것이다. 계획은 채권자의 다수의 찬성과 법원의 인가에 의하여 효력이 발생한다. 인가결정시에 관리인의 임무가 종료되며 회사의 관리처분권은 회사로 복귀된다. 일단 법원이 계획안을 인가하면 개시명령에 의한 중지효과는 소멸되며 채권자들은 계획에 의하지 아니하고는 권리를 행사할 수 없다. 이 절차는 계획이 충분히 이행되었을 때에 종료하며 법원이 종결결정을 한다. 만일 계획대로 채무이행이 이루어지지 않는 경우에는 청산절차로 전환된다. 지급정지에 관한 법률에 의하여 감독위원회는 채권자들의 대표자로서의 권한이 부여된다. 감독위원회는 계획이 이행되는지 여부를 감독하고 관리하는 권한을 갖지만 회사의 영업에 관여하여서는 아니 된다. 미국 법원에서 문제가 된 것은 채무자인 Avánzit 회사에 대한 계획안이 인가된 이후에 감독위원회(5인의 채권자가 구성원임)가 2007년 외국대표자의 자격에서 지급정지에 관한 절차를 승인신청한 사안이다.[36)]

이에 대하여 채권자(페루 은행)는 승인신청의 기각을 구하였다. 은행은 일단 계획안(convenio)이 인가되면 스페인 파산법원은 더 이상 회사의 재건을 목표로 회사의 자산과 영업활동에 관하여 감독권한을 행사하지 않으므로 외국절차는 더 이상 계류 중에 있지 않다는 점을 기각 사유로 삼았다.

미국 파산법 제11장 사건은 흔히 인가결정에 의하여 회사의 관리처분권이 종전 채무자에게 회복된다는 점을 착안하여 인가결정이 있으면 사실상 사건이 종료된다고 이해하고 있다. 그러나 제11장 사건에서 계획안이 인가된 이후에도 파산재단을 상대로 하는 소송이 계속하여 제기되고 있는 것이 현실이고 법적으로도 사건 종결명령이 발하여져야 사건이 종결된다.[37)] 법원은 이러한 제11장의 법리를 적

36) *In re* Oversight and Control Commission, 385. B.R. 525 (Bankr. S.D.N.Y. 2008) 승인신청한 목적은 채무자의 미국 내의 재산(2,500만 불의 예금채권)을 둘러싸고 페루은행이 제기한 추심소송을 중단하고 그 재산을 감독위원회가 반환받기 위한 것이다.

37) 계획안이 인가된 후 요건이 충족되었다고 판단되면 법원은 파산규칙 §3020(구 규칙 §3022)에 의한 최종결정(final decree), 이어서 사건의 종결명령(order closing case)을 내린다. 최종결정을 하기 위해서는 인가결정 후, 채무자를 위한 변호사, 회계사 등의 보수인가결정과, 채무자가 실질적으로 계획안을 완수하였으며 이를 입증하기 위하여 기변제 내역과 잔존 채무에 대한 변제계획을 증거로 첨부하여야 하며, 28 U.S.C. §1930에 의하여 연방관리관에게 납부하여야 하는 분기별 비용을 완납하였음을 입증하여야 한다. 최종결정에 대한 등록신청과 사건종결신청이 있고 법원이 파산재단이 충분히 관리되었다고 판단하면 DIP가 그 의무로부터 면제되었음과 파산재단과 사건의 종결을 명한다.

용하여 스페인의 도산절차에 대하여 승인결정을 내렸다. 이러한 점에서 본다면 서울중앙지방법원이 미국 파산법 제11장 사건에 대하여 계획안 인가 후에도 이를 승인한 것은 타당하다(뒤에 보는 토드오 사건의 서울중앙지방법원 승인결정 참조).

구 화의법상의 화의절차가 승인대상이 되는 외국도산절차에 해당하는지에 대하여 살펴본다. 형식적으로는 화의가 인가되면 화의절차는 종료되지만[38] 구 화의법 제62조의2에 의하여 화의채무자는 화의 인가 이후에도 법원에 대하여 보고의무를 부담한다. 실무상 화의인가 후 재판부가 보고의무의 면제라는 명령을 발하면 법원에 대한 감독에서 벗어나는 것으로 운영되었다.[39] 따라서 화의인가 후에도 법원의 감독을 받아야 한다는 점에서 화의절차가 진행 중이라고 볼 여지가 있다.[40] 그러므로 화의개시가 되고 인가결정 전이라면 승인대상이 되는 데에 대하여 異論이 없으나 화의인가결정이 확정된 후에도 승인대상이 될 수 있는지에 대하여 논의가 있을 수 있다.

위 스페인 절차에 대한 미국 판결의 법리를 적용하면 화의인가결정이 확정된 이후에도 법원에 대한 보고의무가 인정되고 화의인가결정이 확정된 이후에도 화의조건을 불이행하는 경우에 법원이 직권으로 화의취소결정을 할 수 있고(구 화의법 제68조 제2항), 화의취소결정이 확정되면 법원이 직권으로 파산선고를 하여야 하는 등(구 화의법 제9조) 여전히 법원의 감독을 받고 있으므로 승인대상이 되는 외국도산절차에 해당한다.

그러나 민법 및 상법상의 청산절차에 대하여는 판례가 청산절차 중에도 채권자가 개별적인 강제집행을 할 수 있다고 판시하고 있으므로[41] 집단적인 절차라는 요건을 흠결하였다는 이유로 승인대상에서 배척될 가능성이 크다.

3. 승인신청에 대한 심사 기준

외국도산절차를 미국 법원에서 승인받기 위하여 외국대표자가 미국 법원에

38) 대법원 2006. 4. 17.자 2004마960 결정(미공간)은 화의인가결정이 확정되었다고 하여 화의절차가 종결되는 것이 아니므로 화의채권에 기한 강제집행을 할 수 없다고 판시하였다. 이는 잘못된 결정이다. 화의인가결정이 확정되면 화의절차는 목적을 달성하여 당연히 종료되고 새로 화의종결결정을 할 필요가 없다(화의사건실무 개정판, 법원행정처(1998), 156면).

39) 화의사건실무 개정판, 170면.

40) 이영구, "서울중앙지방법원의 도산사건처리실무(2)," 2004년도 도산실무법관연수, 사법연수원(2004), 28면.

41) 대법원 1999. 8. 13.자 99마2198, 2199 결정(공 1999, 2155).

승인신청서를 제출하여야 한다.[42] 승인신청서에는 §1515(b)에 정한 증거서류를 첨부하고 승인신청비용을 납부하여야 한다.[43] 법원은 승인신청에 대한 심사를 하기 위하여 통지와 심문절차를 거친 후, 먼저 외국도산절차가 §101(23)에서 정한 승인대상인지를 검토한다. 다음으로 §1517의 요건을 충족하였는지를 심사한다.

이를 분설하면, 첫째, 외국도산절차가 주절차인지 종절차인지(§1517(a)(1)), 둘째, 외국대표자가 개인인지 또는 단체(법인)인지(§1517(a)(2)), 셋째, 신청방식에 관한 §1515의 형식적인 요건(§1517(a)(3))의 충족 여부에 관한 것이다. §1515(b)는 신청서에 외국도산절차의 개시와 외국대표자를 임명하는 재판의 인증서, 외국도산절차가 계속 중인 사실과 외국대표자의 임명을 확인하는 외국법원의 인증서, 기타 이를 증명할 만한 다른 서류가 첨부될 것을 요구한다. 외국도산절차가 계속 중이고 신청인이 외국대표자라는 점이 객관적인 사실이고 및 신청서에 첨부된 서류가 진정하게 성립되었다는 점에 관하여 미국 법원은 외국법원의 인증서가 진실하다고 추정할 권한이 있다.[44] §1517(a)(3)의 요건은 쉽게 갖출 수 있기 때문에 재판과정에서 실무상 문제가 되는 것은 §1517(a)(1)에 의한 주절차와 종절차에 관한 요건과 §1517(a)(2)에 따라 신청인이 적법한 외국대표자 개인인지 단체인지에 관한 요건의 충족 여부이다. 위 3가지 요건에 대한 입증책임은 외국대표자에게 있다.[45]

그러나 이러한 요건에 관하여(주로 주절차라는 점) 법률이 법원에게 추정권한을 부여하고 있으므로 당사자들의 이의가 없더라도 법원이 주절차인지 여부에 관하여 의문을 갖고 있는 경우에 법원은 이를 심리할 권한을 갖는다.[46] 원래 추정조항(§1516(a))은 COMI(주된 이익의 중심지(center of main interest)의 영문약자이다)[47]의 존재가 비교적 명료한 사건에서 당사자들의 입증 부담을 경감시켜줌으로써 절차를 신속하게 진행하기 위한 것이지, 법원이 COMI의 존재에 관하여 의문을 품는 사건에까지 적용되는 것은 아니다. 모델법에 대한 입법가이드 역시 이러한 추정에 대하여 이해관계인 뿐 아니라 법원에 의한 의문제기를 허용하고 있다. 따라서 뒤

---

42) §1515.

43) 승인신청비용은 2005. 10. 17. 기준으로 1,039불이다. 외국도산절차의 승인신청서에 첨부하는 인지액 1,000원에 비하면 비싼 편이다(민사접수서류에 붙일 인지액 및 그 편철방법 등에 관한 예규(재민9101) 참조).

44) §1516(a)(b).

45) *In re* Basis Yield Alpha Fund, 381 B.R. 37, 52 (Bankr. S.D.N.Y. 2007).

46) Id.

47) COMI의 의미 등에 관하여는 아래 4. 참조.

에서 보는 바와 같이 미국 법원은 당사자의 이의가 없더라도 법원이 직권으로 COMI의 존재에 대하여 증거조사를 할 권한이 있음을 인정하고 있다. 그 근거로 위 추정규정은 그 형식이 "The court is entitled to presume"으로 되어 있을 뿐 "the registered office is presumed to be the COMI"라고 되어 있지 않음에 비추어 입증책임을 전환하는 규정이 아니라 단지 반박 가능한 추정을 창설한 것에 불과하다고 해석하고 있다.[48]

4. COMI에 관한 법리 발전

미국 파산법은 외국절차와 외국대표자에 대하여는 총칙의 정의규정(§101)에서 규정하고 채무자, 영업소, 외국법원, 주절차, 종절차, 관재인,[49] 승인 등에 대한 정의규정은 제15장에서 규정하고 있다.

'외국절차'라 함은 외국의 집단적인 사법 또는 행정절차로서(임시절차를 포함) 청산과 채무조정에 관한 법에 따라 당해 절차 내에서 재건 또는 청산을 위하여 채무자의 자산과 영업활동이 법원에 의하여 지배 또는 감독되는 절차를 말한다.[50] '외국대표자'라 함은 임시로 임명된 경우를 포함하여[51] 외국절차에서 재건 또는 청산을 위하여 채무자의 재산 또는 영업활동을 관리하도록 또는 외국절차의 대표자로서 임무를 행하도록 권한이 부여된 개인 또는 단체(법인)를 말한다. 외국 대표자가 단체가 될 수 있는 경우는 금융기관의 파산시에 예금보험공사가 파산관재인이 되는 경우를 상정하면 된다. 앞에서 본 바와 같이 미국 법원에서 스페인의 도산절차에서 인정되는 채권자 단체인 'Oversight and Control Commission'이 채무자 회사인 Avánzit, S.A.의 채무재조정절차의 감독기관으로 선임되어 승인신청을 한 사례도 좋은 예이다.

미국 파산법에서 주절차와 종절차를 구별하는 기준은 COMI라는 개념이다.

---

48) *In re* Tri-Continental Exchange 349 B.R. 627, 635 (Bankr. E.D.Cal. 2006).

49) §1502(6)는 관재인에는 debtor in possession과 제9장 사건(지방자치단체의 파산사건)의 채무자를 포함하고 있다. 동 조항은 미국 파산법의 DIP 개념에 대하여 외국 법원이 갖고 있는 의심을 해소하기 위하여 제정된 것이다.

50) 이 개념은 EU 규정에서 유래한 것으로 어느 국가에서는 사법부가 아닌 부처에서 도산사건을 처리하고 있는 점을 반영한 것이다.

51) 'interim'이라는 용어는 영미법계와 대륙법계의 의미가 다르다. 영미법계에서는 절차의 개시와 동시에 임시관재인이 임명되었다가 채권자위원회에서 정식의 관재인이 선임되기까지의 기간을 염두에 둔 것이다(§701(a)(1) 참조). 이에 반하여 대륙법계에서는 파산신청부터 법원의 파산선고시까지의 기간을 염두에 둔 것이다.

COMI는 원래 EU도산규정에서 유래한 개념으로서 모델법이 이를 수용하였고 이어 제15장이 이를 입법한 것이다. 이 개념은 미국법에서 널리 인정되는 주된 영업지(principal place of business)와 같다.[52] COMI가 있는 국가에서 개시된 절차를 주절차라 한다.[53]

COMI가 없는 곳에서 개시된 모든 절차가 종절차가 되는 것은 아니다. 즉 승인의 대상이 되는 종절차는 주절차가 아닌 절차로서 적어도 채무자가 영업소(establishment)를 보유한 곳에서 개시된 절차이어야 한다.[54] 영업소라 함은 채무자가 경제활동을 하는 장소로서 일시적이 아니한 곳을 의미한다.[55] 따라서 재산소재지에서 개시된 절차는 승인의 대상인 종절차에도 포함되지 아니한다.[56]

그러나 법원은 어느 절차를 주절차로 정할 것인가는 중요한 법률효과를 가져오므로 비록 양 당사자가 주절차로 승인하는 것에 대하여 다툼이 없다고 하더라도 법원이 주절차인지 종절차인 여부를 결정할 독립적인 의무가 있다는 이유로 외국절차를 종절차로 판단한 바 있다.[57] 특히 Bear Sterns 사건에서 법원은 §1516(c)에 의하여 채무자의 등록지 또는 상거소가 COMI의 소재지로 추정되지만,[58] 법인의 COMI가 어디에 있는가에 대한 입증책임은 관리인에게 있는바, 기록상 채무자 법인이 케이먼 군도에서 어떠한 영업활동을 한 바 없다면 추정이 복멸되었다고 보

52) *In re* Tri-Continent Exchage Ltd., 349 B.R. 627, 633-34면(Bankr. E.D.Cal. 2006). UN 모델법 입법회의에 참가한 미국의 Westbrook 교수는 미국이 주된 영업지라는 친숙한 표현을 포기하고 유럽연합에서 사용하는 COMI라는 개념을 그대로 사용한 이유는 관할에 관한 중요한 기준을 전세계적으로 통일할 필요가 있었으며 미국이 이 개념을 사용함으로써 다른 국가들도 이를 사용하도록 장려하기 위한 것이라고 한다(Jay Lawrence Westbrook, Chapter 15 at Last, 79 AM. BANKR.L.J. 713, 719-20면.

53) §1502(4).

54) §1502(5).

55) §1502(2) "any place of operations where the debtor carries out a nontransitory economic activity."

56) Collier International Business Insolvency Guide Vol. 1. ¶9.01[2]. 이 점은 승인하는 국가의 관점에서 재산소재지를 이유로 한 외국도산절차에 대하여 속지적 효력만 인정하고 역외적 효력을 부정하여 승인을 거절하는 모델법과 EU 규정의 입장을 수용한 것이다. 그러나 미국 파산법은 외국인이라도 미국 내에 재산을 소유하고 있는 경우에는 재산소재지를 이유로 한 본절차(full proceeding)로서 파산절차의 개시와 역외적 효력을 인정하고 있다. §109(a). *In re* McTague, 198 B.R. 428, 431-32 (Bankr. W.D.N.Y. 1996)에 의하면 194불의 예금계좌를 미국은행에 갖고 있는 것이 관할권의 근거가 된다.

57) *In re* Bear Stearns High-Grade Structured Credit Strategies Master Fund, Ltd, 374 BR 122 (Bankr. S.D.N.Y. 2007), aff'd, 389 BR 325 (2008); and *In re* Basis Yield Alpha Fund, 381 BR 37 (Bankr. S.D.N.Y. 2007).

58) §1516(c). "in the absence of evidence to the contrary, the debtor's registered office, … is presumed to be the center of the debtor's main interests."

아 승인에 대한 이의가 없었음에도 불구하고 종절차로 인정되기 위한 요건인 영업소가 없다는 이유로 승인신청 및 구제명령을 기각하였다.

개인[59] 또는 법인에 대하여 COMI가 어느 국가에 있는가, COMI가 이동한 경우 그 판단 시점을 언제로 삼을 것인가, COMI를 이용한 forum shopping을 어떻게 방지할 것인가를 둘러싸고 많은 논의가 있으나 이 글에서는 생략한다.[60]

(1) COMI의 결정 기준

채무자가 어느 곳에 COMI를 갖느냐 하는 것은 주절차와 종절차를 나누는 기준이고, 그에 따라 구제명령의 본질과 범위 및 이에 대한 법원의 재량권한의 범위와 존부를 결정하는 중요한 요소이다. §1516(a)는 반대의 증거가 없는 한, 채무자의 COMI는 등록된 사무소 소재지로 추정하고 있다. 제15장 입법시부터 COMI의 존재, 장소, 판단시점 등을 둘러싸고 격렬한 논의가 있었다. 제15장을 도입한 이후에 다국적 기업들에 관한 외국도산절차를 미국에 승인을 받기 위한 신청사건이 줄을 이으면서 COMI의 소재와 COMI 추정을 복멸하기 위하여 어떠한 요소가 고려될 수 있는지에 관하여 논쟁이 계속되고 있다.

그 논쟁의 요체[61]는 첫째, 제15장의 명문의 규정에 반하여 미국 파산법원이 실무적인 필요성에 기하여 COMI도 없고 영업소도 외국에 소재하지 않는 채무자에 대하여 개시된 당해 외국도산절차를 제15장에 따라 승인하고 구제명령을 발할 수 있느냐 하는 점이다. 둘째, 채무자의 등록된 사무소 또는 설립지 즉 외견상 COMI가 소재한 외국에 도산절차가 계속 중인 경우에 외국대표자가 이를 주절차로 승인신청하여 제15장이 정한 자동중지와 기타 구제명령을 얻으려고 하는 경우에 당사자 및 이해관계인의 반대가 없음에도 불구하고 법원이 독립적인 판단의무를 부담하는가 하는 점이다.

---

59) Lavie v Ran, 384 B.R. 469 (S.D. Tex. 2008). 이스라엘인에 대한 COMI가 텍사스와 이스라엘 어디에 있는가 하는 점이 쟁점이 되었다. 영업을 하지 아니하는 개인에 대한 외국절차는 주절차가 아니면 승인되지 않는다. 왜냐하면 종절차의 구성요소인 영업소의 개념이 사용될 수 없기 때문이다. 위 사건에서도 이스라엘 파산절차가 주절차가 아니라는 이유로 승인이 기각되었다.

60) 유럽에서는 Eurofood 사건을 둘러싸고 논쟁이 있다. 아직까지 개념이 명확하게 정립되지 아니하였다. 자세한 내용에 대하여는 김영석, "외국도산절차의 승인에 관한 해외 판례," BFL 제53호(2012), 77-95면.

61) Melnik, *supra note* 10, at 452-453.

(2) 뉴욕연방남부지방법원 파산법원의 판결을 통하여 본 변천

미국에서 COMI에 관한 중요한 재판은 모두 뉴욕연방남부지방법원의 파산법원에 의하여 이루어졌으며 같은 법원의 판사들이지만 그 의견은 통일되어 있지 아니하였다. 처음 세 사건은 모두 케이먼 군도의 헤지펀드[62]의 도산절차에 관한 것이다. 헤지펀드의 영업에 관한 특징이 재판부로 하여금 COMI의 존재 장소에 대하여 의문을 갖게 하였다. 즉 케이먼 군도에서 영업하는 펀드 회사들은 케이먼 군도의 2007년 개정 전의 회사법 §194에서 정한 면제회사(exempted company)의 형태인데 이 회사는 원칙적으로 케이먼 군도 내에서는 누구와도 거래를 할 수 없으며 예외적으로 역외 영업을 수행하는 데에 필요한 경우에만 케이먼 군도 내에서 거래를 할 수 있다. 따라서 이러한 회사에 대한 청산절차를 승인신청하는 경우에 미국 법원으로서 당연히 COMI가 케이먼 군도에 있을까에 대하여 의문을 품는 것은 당연하다.[63]

가) 첫 번째 사건-SPhinX 사건[64]

이 사건에서 법원은 케이먼 군도에 채무자의 COMI나 영업소가 없으므로 주절차나 종절차에 해당하지 아니함에도 불구하고 §1517(d)에 기하여 후일 승인재판이 취소 또는 변경될 수 있음을 전제로 외국도산절차를 종절차로 승인하는 대신 주절차의 승인신청을 기각하였다. 이 사건에서 법원은 채무자에 대하여 다른 도산절차가 개시된 바 없으며 외국대표자가 주절차로 승인신청하는 것에 대하여 다른 이해관계인들이 이의를 제기한 바 없고, 미국에서 승인을 받아야 할 현실적인 필요가 있다는 점과 제15장 도입 이전의 콜롬비아 항공업체가 자국에서 파산신청을 함이 없이 곧바로 미국에 제11장 신청을 한 것을 허용하고 나아가 예양의

62) 유한책임회사 또는 segregated portfolio company의 형태이다. 그러나 케이먼 군도에는 재산, 종업원 또는 물리적인 영업장소도 존재하지 아니한다. 대부분의 재산은 미국 내에 있으며, 면제회사(exempted company)의 형태라는 점에서 공통점을 갖고 있다.

63) *In re* Basis Yield Alpha Fund, 381 B.R. 37, 49 (Bankr. S.D.N.Y. 2007).

64) *In re* SPhinX, Ltd., 351 B.R. 103 (Bankr. S.D.N.Y. 2006). 이 사건은 파산법관 Robert D. Drain이 담당하였다. 케이먼 군도 법원에서 진행 중인 자발적인 청산절차(winding up)를 주절차 또는 종절차로 승인할 것인지가 문제된 사건이었다. 가장 전형적인 신청 내용은 아래와 같다. 외국대표자는 외국주절차를 승인신청함에 있어 §1515와 §1517(b)(1)을 근거로 삼으며 만일 주절차로 승인되면 법률에 의하여 즉시 자동중지 등의 효과가 발생하며, 추가로 §1521(a)에 기하여 법원의 구제명령을 얻어 증인신문, 증거수집 등 추가적인 구제명령을 신청하며, 필요한 경우에는 §1519(a)에 기하여 승인재판 전의 임시금지명령(Temporary Restraining Order)을 신청한다.

법리에 기하여 콜롬비아의 분쟁해결절차에서 임금채권에 관한 재판을 승인한 사건[65]을 근거로 하고 있다. 법원은 COMI의 추정을 복멸할 수 있는 요소로서 채무자의 영업본부의 소재지, 실제로 채무자인 기업을 관리하는 사람들의 소재지, 채무자의 주된 자산의 소재지, 당해 파산사건의 영향을 받는 대다수 채권자의 소재지 및 대부분의 분쟁에 적용되는 준거법의 국가 등을 거시하고 있다.[66]

이 판결에 대하여는 COMI의 판단에 관하여 무제한의 재량권을 법원에 부여함으로써 예측가능성을 사실상 없애버렸다는 비판이 가해지고 있다.[67]

나) 두 번째 사건－Bear Stearns 사건[68]

케이먼 군도의 임시관재인이 케이먼 군도의 청산절차를 주절차로 승인신청하면서 이해관계인들이 승인신청에 대하여 이의를 제기한 바 없으며 Fund의 등록된 주소지가 케이먼 군도이므로 미국법원은 COMI가 케이먼 군도에 있음을 반드시 받아들여야 하며 따라서 이를 주절차로 승인하고 재량권을 행사없이 법에 따른 자동중지 등의 구제명령을 발하여야 한다고 주장하였다.

그러나 같은 법원의 다른 파산법관은 오히려 주절차로 승인되면 광범하고도 중요한 법적 효과가 발생한다는 점과 제15장의 추정규정은 반대의 증거가 없는 경우에 적용되는데 만일 등록된 국가 외에 다른 곳에 COMI가 존재할지도 모른다는 사정이 있는 경우라면 외국대표자가 반대의 증거가 존재하지 않는다는 입증을 할 의무가 있다고 판시하였다. 나아가 법원이 이해관계인의 이의가 없으며 등록지가 케이먼 군도이고, 다른 국가에 도산절차가 개시된 바 없다는 사실만을 인정하고 다른 사정에 대하여는 심리하지 아니한 채 법원이 고무도장(rubber stamp) 찍듯이 승인결정을 하는 동료법관의 위 SPhinX 결정에 대하여 반대하였다.[69] 법원이

65) *In re* Aerovias Nacionales De Columbia S.A. Avianca & Avianca, Inc., 345 B.R. 120 (S.D.N.Y. 2006).

66) See SPhinX, 351 B.R. at 117. 이 기준은 아래의 Bear Stearns 판결에서도 유지되었다.

67) Jay Lawrence Westbrook, Locating the Eye of the Financial Storm, 32 Brook J. Int'l 1019 (2007), 1024. 특히 Glosband는 외국절차는 주절차와 종절차에 해당하여야 하며 이에 해당하지 아니하는 절차는 제15장하에서 승인될 수 없다고 주장한다(Daniel M. Glosband, SPhinx Chapter 15 Opinion Misses the Mark, 25 AM. BANKR.INST. J. 44, 45 (Dec./Jan. 2007).

68) *In re* Bear Stearns High-Grade Structured Credtit Strategies Master Fund, Ltd., 374 B.R. 122 (Bankr. S.D.N.Y. 2007). 이 사건은 파산법관 Burton R. Lifland이 담당하였다.

69) 리프랜드 판사는 케이먼 군도 도산절차를 주절차로 승인하는 재판을 함에 있어 이해관계인이 이의를 제기하지 않았고 다른 국가에 별도의 도산절차가 개시된 바 없다는 유일한 이유만으로 승인이 가능하다는 스핑크스 판결의 방론에 명시적으로 반대하였다("I part with

직권으로 COMI의 존재 여부를 심리할 의무가 있다는 근거로는 모델법의 입법가이드가 법원에 의하여 추정에 의문이 생긴 경우에 추정이 깨어진다는 점을 들고 있다.70) 결론적으로 케이먼 군도의 청산절차를 주절차로 승인신청한 것에 대하여 제15장은 엄격하게 주절차와 종절차를 구별하고 있으며 승인신청의 대상인 케이먼 군도의 청산절차는 COMI가 그 곳에 존재하지 아니하므로(오히려 미국에 있다고 판단하였다) 주절차도 아니고 또한 영업소도 없으므로 종절차에도 해당하지 아니한다는 이유로 승인신청을 기각하였다.

항소인은 이 판결에 대하여 항소하면서 항소이유로, 파산법원이 외국도산절차를 승인하는 재판을 함에 있어 COMI의 존재나 영업소의 존재에 관한 점보다는 예양과 사법공조의 원칙을 충분히 고려하였어야 한다고 주장하였다. 그러나 항소심은 반대로 예양을 구하기 위하여는 그 전제로 승인재판을 받아야 한다면서 파산법원의 판결을 전적으로 승인하였다.71)

다) 세 번째 사건－Basis Yield Alpha Fund 사건72)

이 사건에서 Basis Yield라고 하는 펀드에 대하여 케이먼 군도에서 개시된 청산절차의 임시청산인들이 뉴욕파산법원에 그 청산절차를 외국주절차 또는 종절차로 승인신청을 구하면서 먼저 채무자의 등록된 사무소가 케이먼 군도이고 이에 대하여 이해관계인들이 이의를 제기하지 않고 있다는 이유로 먼저 주절차로 승인을 신청하는 부분에 대하여는 정식심리가 불필요한 약식판결절차73)를 구하였다.

이에 대하여 법원은 외국채무자가 케이먼 군도에서 등록된 회사이지만 영업은 주로 군도 밖에서 하고 있으므로 채무자의 COMI가 케이먼 군도에 있는지 여부에 관한 중요한 사실인정의 문제가 있으므로 약식판결절차를 이용할 수 없다며 약식판결신청을 기각하였다. 법원은 당사자가 이의를 제기하지 아니하였다는 사실

---

the dicta in the SPhinX …," 374 B.R. at 130). 나아가 법원이 고무도장 찍듯이 쉽게 승인결정을 하여서는 아니된다는 이 판결의 입장은 그 후의 판례에서 지지되고 있다. *In re* Gold & Honey Ltd., 410 B.R. 357, 370 (Bankr. E.D.N.Y. 2009).

70) Guide to Enactment of the UNCITRAL ¶ 122.

71) *In re* Bear Stearns High-Grade Structured Credtit Strategies Master Fund, Ltd., 389 B.R. 325 (S.D.N.Y. 2008).

72) *In re* Basis Yield Alpha Fund 381 B.R. 37 (Bankr S.D.N.Y. 2007). 이 사건은 파산법관 Robert E. Gerber가 담당하였다.

73) 미국 민사소송법상 summary judgment라 함은 사실 인정에 관하여 당사자간에 다툼이 없고 오로지 법률상의 쟁점만이 문제된 사건에서 법원이 재판(trial)에 회부하기 전에 내리는 재판이다.

에 구속되지 아니하며 심리없이 승인을 인정하는 고무도장을 찍을 수는 없다고 이유를 설시하였다. 법원은 신청인에게 COMI의 존재에 관하여 증거제출을 명하였으나 신청인이 불응하여 승인신청을 기각하였다. 그 이유로 첫째, 외국대표자가 미국 법원으로부터 승인결정을 받으면 미국의 다른 법원에 참가, 예양, 공조를 받게 되고, 만일 기각되면 법원은 외국대표자가 미국 법원에서 예양 또는 공조를 받지 못하도록 필요한 명령을 발할 수도 있음에 비추어 승인결정을 받는 것이 매우 중요하다. 둘째, 구 파산법 §304와 비교하면 제15장은 신청 대상인 외국절차의 대상, 대표자의 자격, 신청서에 첨부되는 서류 등을 법정함으로써 법원의 재량권이 축소되고 매우 엄격하다는 점을 들고 있다.[74]

또한 법원은 파산법의 추정규정에 불구하고 외국절차가 회사의 등록지국가에서 개시되었지만 증거에 의하면 COMI가 다른 국가일 수 있다는 증거가 있다면 외국대표자에게 COMI가 등록지국가라는 점에 대한 입증책임이 있다는 선례를 근거로 들고 있다.[75] 이 판결은 같은 법원이 판시한 앞서의 베어스턴스의 판결의 입장을 취하고 스핑크스 판결의 입장을 배척한 것이다. 이 판결 이후 COMI에 관한 법리는 베어스턴스 판결과 알파펀드 판결의 선례에 따라 확립되었다고 평가된다.

(3) COMI의 판단시점

2013. 4. 16. 미국 연방 제2항소지구 법원은 COMI를 결정하는 시점에 관하여 외국도산절차의 개시시점이 아니라 다수의 하급심이 지지한 제15장 승인신청 시점을 채택함으로써 그 동안 하급심에서 나뉘었던 다툼을 해결하는 판결을 선고하였다.[76] 미국 파산법 자체에는 COMI를 정의하는 규정은 없으며 다만 §1516(c)가 반대의 증거가 없는 이상 채무자의 등록된 사무소를 COMI로 추정한다는 조항만이 있을 뿐이다. 이 판결이 선고되기 전까지 미국 파산법원은 COMI를 결정하는 시점을 외국도산절차가 개시된 시점을 기준으로 하는 견해[77]와 미국법원에 외국도산절차의 승인신청을 한 시점을 기준으로 하는 견해[78]로 나뉘었다. 이 문제는

---

74) 381 B.R. 37, at 45-46.

75) *In re* Tri-Continental Exchange Ltd., 349 B.R. 627, 635 (Bankr. E.D.Cal 2006).

76) Morning Mist Holdings Ltd. v. Krys (*In re* Fairfield Sentry Ltd.) 714 F.3d 127. 위 판결에 대한 해설로는 William T. Reid, IV, R. Adam Swick, "Second Circuit Clarifies Chapter 15 COMI Analysis," ABI Journal 54, 55 (July 2013).

77) *In re* Millenium Global Emerging Credit Master Fund Ltd., 458 B.R. 63 (Bankr. S.D.N.Y. 2011).

78) *In re* Ran, 390 B.R. 257 (Bankr. S.D. Tex. 2008), *In re* Betcorp Ltd., 400 B.R. 266

외국도산절차가 개시되어 더 이상 채무자가 영업활동을 하지 않고 있으며 관재인이 소재하는 법원에서 청산절차가 개시되어 채권자들의 지지하에 재산의 환가작업이 이루어지는 경우 종전 등록지와 관재인이 청산영업지 중 어느 곳을 주된 파산절차로 인정하여 승인결정에 따른 구제절차를 부여할 것인가 하는 점에 달려 있으며 그 과정에서 어느 정도 법원의 정책적인 판단이 필요하기 때문이다.

항소법원은 §1502 및 §1517의 각 규정이 외국주절차라 함은 외국채무자가 COMI를 갖고 있는 나라에서 계속중인 절차라고 현재형 또는 현재진행형으로 규정하고 있는 점과 연방의회가 입법을 함에 있어 COMI와 주된 영업이익의 중심지로 동일하게 보고 있지 않음을 지적하고, 나아가 정책적인 고려에서 COMI를 결정함에 있어 제3자에게 계속적이고 확정될 수 있는지 여부에 초점을 맞추어야 한다고 설시하였다. 외국도산절차의 승인결정을 받으려고 외국 대표자가 forum shopping을 하는 것을 방지하기 위하여 미국법원은 외국도산절차의 개시시부터 미국법원에 승인신청시까지의 기간의 장단 등을 판단하여 이를 방지할 수 있다고 보았다. 결론적으로 외국도산절차개시 후 파산관재인의 청산활동이 미국 법원에서 주절차를 승인받는 데 있어 중요한 요소로 고려될 수 있게 되었다.

5. 한국과 일본의 논의

채무자회생법은 승인대상인 외국도산절차를 주절차와 종절차로 구별하지 아니하므로 일본이나 미국과 같이 주절차 및 종절차에 대한 정의규정을 두고 있지도 않다. 단지 "외국도산절차라 함은 외국법원에 신청된 회생절차, 파산절차, 개인회생절차 및 이와 유사한 절차를 말하며, 임시절차를 포함한다"는 정의규정(제628조 제1호)을 두고 있을 뿐이다. 복수의 외국도산절차의 승인신청에 관한 제639조에서 주된 도산절차를 중심으로 복수의 외국도산절차를 조정하는 규정을 두고 있으나 주절차인지 종절차인지에 따라 승인에 따른 효과가 달라지는 것은 아니다. 이러한 입법태도는 주절차와 종절차를 구별하여 승인에 따른 법적 효과를 차별하는 모델법의 기본입장과는 다르다.

일본의 *承認援助法*도 외국도산절차라 함은 "외국에서 신청된 절차로서 파산절차, 재생절차, 갱생절차, 정리절차 또는 특별청산절차에 상당하는 것을 말한다"

(Bankr D. Nev. 2009), *In re* Fairfield Sentry Ltd., 440 B.R. 60 (Bankr. S.D.N.Y. 2010).

고 규정하고 있다(제2조). 나아가 채무자가 영업자인 경우에는 주된 영업소 소재국에서 신청된 절차를, 영업자가 아니거나 영업소가 없는 경우에는 개인이라면 주소지, 법인이라면 주된 사무소에서 신청된 절차를 주절차로 정의한다. 종절차는 주절차가 아닌 외국도산절차라고 정의한다.[79)]

채무자회생법은 임시절차를 포함한다는 점에서 미국 파산법 및 모델법과 같으나 주절차 및 종절차를 구분하지 않았다는 점에서는 양자와 다르다. 한편 承認援助法은 임시절차를 배제한 점과 종절차의 개념을 영업소를 기준으로 하지 않고 주절차 외의 모든 절차로 포섭한 점에서 미국 파산법 및 모델법과 다르다.

6. 외국도산절차의 승인재판을 신청할 채무자 적격

(1) 미국 파산법

미국 파산법은 국내은행이나 국내보험회사 등의 금융기관에 대하여 파산법 중 제7장의 적용을 배제하는 조항을 두고 있다.[80)] 그러나 제15장과 관련하여 외국은행과 외국보험회사에 대하여 다른 취급을 하고 있다. 외국에서 도산절차가 개시된 외국은행 가운데 미국에서 지점이나 대리점을 두고 있는 외국은행은 제15장의 적용대상에서 제외되어 있지만[81)] 외국의 보험회사는 제15장의 적용대상에 속한다.[82)] 단 보험업에 관한 미국의 규제당국은 만일 제15장의 승인절차가 미국 내에서 진행되고 있는 본격적인 청산절차와 이해충돌하게 되는 경우에는 §305에 기하여 승인절차의 기각 또는 중지를 파산법원에 대하여 신청함으로써 미국 내의 청산절차를 우선시킬 수 있는 여지가 있다.

그 외에 미국 시민이거나 영주권이 있는 외국인으로서 파산법 제13장 사건에서 정한 규모 이내의 부채를 지닌 개인 또는 그 배우자는 제15장 사건을 신청할 자격이 없다.[83)] 따라서 외국에 거주하는 외국인으로서 일정 규모의 부채를 지닌

---

79) 承認援助法 제2조 제1항 제2, 3호.

80) §109(b). 그 외에도 鐵道會社도 제7장의 채무자가 될 수 없다.

81) 구 파산법 §109(b)는 파산법의 적용대상 제외자의 하나로 미국에서 영업을 하는 외국은행으로 포괄적으로 규정하였으나 2005년 개정법은 그 범위를 좁혀 미국에서 지점과 대리점을 두고 있는 외국은행으로 한정하였다.

82) §1510(c)(1)의 단서. 미국의 보험업계는 다국적 보험회사의 청산절차의 하나로서 미국 구 파산법의 §304의 보조절차가 널리 사용되고 있었던 관행을 입법화하여 달라고 청원하였고 이것이 받아들여졌다. 초안에는 외국 보험회사도 외국 은행과 마찬가지로 제15장 사건을 신청할 수 없도록 규정되었었다.

83) §1501(c)(2). 무담보채무가 307,675불, 담보채무가 922,975원 이하로서 부채 총액이 약 14

자는 미국 내에서 제15장을 신청하여 자신에 관한 외국도산절차를 미국 내에서도 승인을 받을 수 있다.[84]

(2) 한 국

채무자회생법에는 승인신청을 구할 외국도산절차의 채무자의 적격에 관한 규정을 두고 있지 않다. 금융기관이 파산하는 경우 파산관재인의 선임이나 파산채권 조사절차에 관한 특칙을 채무자회생법이 아닌 「금융산업의 구조개선에 관한 법률」 또는 공적자금관리특별법에 두고 있다. 그러나 미국 파산법과 같이 파산법의 적용을 배제하는 조항을 두고 있지는 아니하다.

외국금융기관에 대하여 외국도산절차가 개시된 경우에도 원칙적으로는 채무자회생법에 따르게 된다. 실무상 외국은행 또는 외국국내투자업자의 국내지점 또는 대리점, 그 밖에 영업소의 청산 또는 파산시에는 상법상의 외국회사의 청산절차에 의하여 규율될 것이고 이 경우 은행법 제62와 「자본시장과 금융투자업에 관한 법률」 제65조에 기하여 국내채권자의 파산채권은 우선적 파산채권으로 취급될 것이다.

7. 승인사건의 관할(jurisdiction) 및 법정지(venue)

(1) 승인사건의 관할법원의 집중

미국 파산법의 관할 규정은 복잡하다. 그 원인에는 파산법의 관할 규정이 파산법관의 지위를 둘러싼 정치적 입장의 타협의 산물이기 때문이다.[85] 현재 파산법과 관련된 사건은 연방지방법원의 관할에 속하며 델라웨어州를 제외한 모든 州는 파산사건을 자동적으로 파산법관에게 이관(refer)하는 일반규정을 두고 있다. 구체적으로 파산법원은 파산법의 각 장의 신청사건(제 7 장, 제11장, 제13장 등)과 파산사건에서 발생하는 핵심절차(core proceedings)를 관할한다. 2005년 개정된 title 28 of the U.S.C.[86]는 외국파산절차의 승인과 제15장과 관련한 사건을 핵심절차로 규정

억 원 이하의 규모이다.

84) H.R. Rep. No. 109-31, 109th Cong., 1st Sess. 107 (2005).

85) Northern Pipeline Constr. Co. v. Marathon Pipe Line Co., 459 U.S. 813(1982). 그에 관한 자세한 내용에 대하여는 Elizabeth Warren, 金賢錫 옮김, BUSINESS BANKRUPTCY 미국기업 파산법, 고시계사(2005), 249면 이하.

86) Judicial Code라고 불리며 법원조직, 연방관리관, 연방집행관 등 법무부를 포함하는 광의의 사법제도에 관한 연방법률이다.

하고 승인사건의 법정지에 관한 규정[87]을 추가하였다.

(2) 승인사건의 법정지(venue)

구 파산법 §304는 inbound에 관한 조항이다. 즉 외국대표자가 미국 내에서 외국도산절차를 활용하기 위하여 미국 법원으로부터 구제명령을 얻기 위한 절차이다. 즉 동조는 조문 표제 그대로 외국절차에 보조적(ancillary)인 성격을 갖는다. 또한 동조는 외국절차의 승인에 관하여 전속적이거나 배타적이지 아니하므로 외국대표자는 §304에 기한 구제절차를 구하거나 일반적인 예양에 따라 연방법원 또는 주법원에 구제절차를 구할 수도 있었다.[88] 구 파산법 §304의 법정지는 보조절차에서 구하는 구제절차의 형태에 따라 소송이 계속 중인 법원 또는 채무자의 재산소재지 법원도 적법한 법정지였다. 제15장 사건의 관할(jurisdiction)은 州법원이 아니라 파산법원(연방법원의 구성부분임)이다. 법정지(venue)는 채무자의 주된 영업지 또는 주된 자산 소재지(1), 주된 영업지나 주된 자산소재지가 없는 경우에는 채무자를 상대로 연방법원이나 주법원에 소가 계속 중인 곳(2). 위 (1) (2)항에 해당하지 않는 경우에는 외국대표자가 구하는 구제내용과 관련하여 공정과 당사자의 편의에 부합하는 곳의 파산법원이 된다.[89]

제15장은 법정지를 전속적으로 규정함으로써 구 파산법에서 인정한 복수의 법정지 제도를 폐지하였다.[90] 승인사건의 관할을 한 곳으로 집중하는 것은 마치 외국대표자들이 여러 가지의 구제명령을 구하기 위하여 다른 법원(미국의 경우 주법원 또는 연방법원)으로 갈 수 있도록 한 곳에서만 입국비자(entry visa)를 발하는 것과 같다. 입법이유서는 전문성을 갖는 법원에 의하여 신속하게 결정이 되고 승인재판에 관한 기준을 통일시키기 위한 것이라고 한다.[91]

(3) 한국과 일본

한국과 일본 승인재판사건은 모두 단일한 지방법원으로 통일하였다(서울중앙

87) 28 U.S.C. §1410.

88) Cunard S.S.Co., Ltd. v. Salen Reefer Serv., A.B., 773 F2d 452 (2d Cir. 1985).

89) 28 U.S.C. §1410.

90) 보조절차의 법정지에 대하여는 林治龍, 파산법연구 2, 박영사(2006), 364면.

91) Melnik, supra note 10, at 484. 하원입법연혁보고서에 의하면 제15장이 외국도산절차에 대한 보조적인 공조절차를 위하여 입구를 단일화한 것이라고 한다. 미국의 사법제도가 연방법원과 주법원으로 나뉘어 있고 관할권을 갖는 법원이 여럿인 점을 고려하여 오직 한 법원만이 승인사건을 제어하기 위한 것이다. H.R. Rep. No. 109-31, 109th Cong., 1st Sess. 110-111 (2005).

지방법원과 東京地方裁判所).[92] 이는 국제도산사건이 갖는 전문성을 고려하여 단일 법원으로 창구를 통일하여 전문성을 키우고 그에 터잡아 신속한 결정을 도모하기 위함이다.

Ⅳ. 승인신청과 승인결정의 효과

1. 승인신청과 인적관할

미국 민사소송법에서 외국당사자가 자발적으로 미국 법원에 소송을 제기하는 것은 법원의 인적관할권에 복속하는 행위이므로 인적관할권의 근거가 된다.[93] 외국 채권자가 파산법원에 채권을 신고하는 것 역시 인적관할권의 근거가 되기도 한다.[94]

그러나 외국대표자가 미국 법원에 승인신청을 하는 행위는 승인재판의 목적 외에 다른 목적으로 미국 내 어떠한 법원의 인적관할권에 복속하는 것은 아니다(§1510). 동조는 외국대표자의 제한적 출석권(limited appearance)을 규정한 모델법 제10조와 같다. 또한 외국대표자가 채무자에 대하여 §303(b)(4)에 기한 비자발적 파산신청을 하거나[95] §305에 기하여 신청의 기각 또는 절차의 중지명령을 신청하는 행위는 그 사유만으로는 미국 법원의 인적관할권에 복속하는 것이 아니다.[96]

2. 승인전 구제명령의 신청

채권자가 신청하는 비자발적인 파산신청의 경우에도 자동중지의 효과가 인정되는 파산법 각장의 파산사건과 달리 승인신청 자체로는 어떠한 법적 효과가 발생

---

92) 채무자회생법 제630조, 承認援助法 제 4 조.

93) Gene R. Shreve & Peter Raven-Hansen, Understanding Civil Procedure (2nd ed. Mathew Bender), 66 (1994).

94) Langenkamp v. Culp, 498 U.S. 42, 44 (1990). 채권자가 파산법원에 채권신고를 함으로써 그는 파산법원의 형평권한에 복속하게 되므로 채권자는 파산관재인이 제기한 부인권 소송의 피고가 될 수 있다. 또한 파산채권의 신고행위는 형평법원의 권한에 속하는 채권확정재판에 관련된 것이고 편파행위를 이유로 한 부인권의 소송 또한 채권확정재판의 일부를 구성하는 것이다. 따라서 채권자는 보통법상의 권리인 배심재판을 파산법원에 청구할 수 없다.

95) §303(b)는 비자발적 파산신청을 신청할 수 있는 자로서 일정 액수 이상의 채권을 보유한 무담보채권자 외에 외국대표자를 규정하고 있다.

96) §306.

하지 아니한다. 즉 승인의 신청과 그에 대한 승인결정이라는 제도를 취하는 이상 승인신청과 승인결정 사이에 시간적 간격(gap period)이 생길 수밖에 없다.[97] 승인 전 구제명령은 그 성질상 긴급하고 임시적일 수밖에 없다. 또한 직권으로 발하는 것이 아니고 외국대표자의 요청이 있어야 하고, 채무자의 재산과 채권자들의 이익을 보호하는 데에 필요한 경우에 인정된다. 구제명령의 내용은 채무자의 재산에 대한 집행행위의 중지, 미국 내 재산멸실 또는 가치하락, 기타 위험에 처한 재산을 보호하기 위하여 재산관리 및 환가하는 권한을 외국대표자 또는 법원으로부터 수권을 받은 자(검사인 포함)에게 부여하는 것, §1521(3),(4),(7)에서 정한 것 등이다.[98] 승인전 구제명령 역시 장차 개시될지 모르는 승인결정에 대비하기 위한 것이므로 포괄적인 성격을 갖는다. 승인명령 전의 구제절차는 법원이 달리 정함이 없는 한 승인재판까지 유효하다.[99]

이에 반하여 승인명령이 있은 후의 환가권한의 이전에 관한 구제명령은 그 대상 재산의 멸실 위험이 있는 것으로 한정하고 있지 않다.

3. 승인결정의 기각

채무자회생법은 승인신청을 기각하는 결정하면 족하지 그 외 외국대표자의 행위를 제한하는 가처분 등의 발령에 관한 규정을 두고 있지 않다. 그러나 미국 파산법에 의하면 파산법원은 승인신청을 기각하는 데 그치는 것이 아니라 필요한 경우 외국대표자가 미국 내의 다른 법원에서 구제명령을 구하는 것을 금지하는 데 필요한 명령을 발할 수 있다.[100]

4. 승인결정의 효력

(1) 승인결정과 구제명령

미국 파산법은 외국절차의 승인명령의 효과를 승인의 대상이 되는 외국도산

---

97) §1517(c)가 가능한 한 빠른 시기에 승인결정을 하여야 한다는 조항을 두었다고 하더라도 시간적 간격이 생길 수밖에 없다.

98) §1521(3)은 채무자의 재산에 대한 양도 및 담보설정의 중지, §1521(4)는 증인신문, 증거수집, 재산에 대한 정보교부 등, §1521(7)은 부인권 등 일부 권한을 제외하고 파산관재인에게 인정되는 추가적인 권리행사에 관한 것이다.

99) §1519(b).

100) §1509(d).

절차가 주절차와 종절차인 경우로 나누어 차이를 두고 부여하고 있다. 승인의 대상인 외국절차가 주절차 또는 종절차에 해당하지 아니하는 경우에는 승인명령을 부여하고 있지 않다.[101] 일단 승인명령이 발하여지면 미국 내의 모든 법원은 외국대표자에게 예양과 협력을 부여하여야 할 의무를 부담하게 된다.[102]

그리하여 파산법원의 승인명령이 발하여지기 이전에는 다른 법원은 계속 중인 소송의 연기나 중단을 권한을 갖지 못한다.[103] §301에 기한 본격적인 파산절차의 신청은 그 자체로 구제명령의 효과를 갖고 신청과 동시에 자동중지의 효과가 발생한다. 그러나 제15장의 승인신청은 구제명령의 효과를 갖지 않으며 별도로 법원의 승인명령이 있어야 효과가 발생한다.

전형적인 승인신청 사건에서 외국대표자가 승인신청을 하면서 구하는 구제명령의 내용과 근거조항, 법원의 승인재판, 승인재판의 수정과 종결에 관한 근거조항은 아래와 같다.

외국대표자는 §1519에 기하여 승인신청과 승인재판 사이의 기간 동안에 임시구제절차를, §1521에 기하여 일단 승인재판이 발령되면 주절차이건 종절차이건 승인 후의 구제절차를, §1507에 기하여 승인후 추가적인 지원(additional assistance)[104]을 구하게 된다.

⑵ 승인결정의 예외

한편 모델법 §20(3)는 "본조 제1항(a)호의 규정은 채무자에 대한 청구권을 보전하기 위하여 필요한 한도내에서 개별소송 또는 개별절차를 개시할 권리를 방해하지 아니 한다"고 규정하였다. 이 조항은 자동중지에 의하여 채무자의 재산에 대한 권리를 행사할 수 없는 사이에 권리의 소멸시효가 완성되는 것을 우려한 회원국들의 지적에 의하여 최종단계에서 삽입된 것이다. 이 조항은 소송의 제기만을 허용하고 집행절차의 개시는 허용하지 아니한다. 청구권의 보전이라 함은 소멸시효의 완성을 저지하기 위한 행위를 말한다. 동조에 의하면 소멸시효 완성을 저지

101) 이스라엘인에 대한 외국도산절차가 종절차에도 해당하지 않는다는 이유로 기각하였다. 주 59 사건 참조.

102) §1509(b)(3).

103) Stephen Raslavich, "Current Trends in United States Insolvency Law," Judicial Symposium in Korea 18 (2009).

104) 동조는 구 파산법 §304가 허용하는 법원에 인정되는 광범한 재량권을 제15장에 반영한 것이다.

하기 위하여 소송을 제기하였더라도 다시 모델법 §20(1)(a)에 의하여 중단된다는 것인데 이러한 유형의 소송절차의 중단제도가 일본과 우리나라에 존재하는 것인지 의문이 된다.105) 그리하여 承認援助法과 채무자회생법에는 이러한 조항이 없다.

미국 파산법은 모델법의 위 조항을 받아들여 외국대표자가 채무자의 재산에 속하는 채권(claim)을 추심 또는 회복(collect or recover)하기 위하여 제소하는 행위에 대하여는 따로 승인결정을 받을 필요가 없다는 규정을 두었다.106) 그러나 일단 채권이 보전되었다면 그 후 소송을 제기하는 것은 자동중지에 의하여 여전히 중단된다.107)

⑶ 승인대상이 외국주절차인 경우

§1520(a)에 기하여 승인과 동시에 3가지의 구제효과가 발생한다. 첫째, 채무자와 채무자의 미국 내 소재 재산에 대한 자동중지효과,108) 둘째, 재산이전 금지의 효과,109) 셋째, 미국의 관재인과 같이 §363, §549 및 §552에 기하여 외국대표자가 미국 내 소재하는 재산에 관하여 채무자의 사업을 계속하는 권한, 개시 후 처분행위에 대한 부인권, 개시 후 담보권 설정의 무효화 권한이 부여되는 효과가 발생한다. 만일 미국 외에 소재하는 채무자의 재산에 대하여도 자동중지의 효과를 얻으려면 외국대표자는 파산법의 각장 파산사건의 신청을 하여야 한다.110) 특히 자동중지는 주절차의 파산법이 중지명령에 대하여 역외적 효력을 인정하는지 여부와

---

105) 일본은 催告에 대하여 6개월간의 소멸시효 중단의 효과를 부여하고 있으므로 이러한 제도가 필요 없다고 지적하였고 UNICTRAL 사무국에서는 일본은 동 조항과 같은 내용의 입법을 할 필요가 없다고 회신하였다. 山本和彦, 國際倒産法制, 商事法務(2002), 280면.

106) §1509(f).

107) Guide to Enactment of the UNCITRAL ¶ 122.

108) §361에 기하여 채권자의 권리를 보호하기 위한 적절한 보호에 관한 조항이 적용되므로 담보채권자는 적절한 보호가 결여되었음을 이유로 §361에 기하여 자동중지의 해제를 구할 권리가 있다.

109) 승인재판 후에 예금, 수표 등과 같은 현금등가물에 대한 담보물의 처분제한, 재산의 매각제한에 관한 §363, 파산신청 후 재산의 이전금지에 관한 §549 및 담보설정의 금지에 관한 §552의 규정이 적용된다.

110) Collier International Business Insolvency Guide Vol. 1. (LexisNexis) ¶9.10[1]. 대법원 2010. 3. 25.자 2009마1600 결정 역시 '외국도산절차의 승인'은 민사소송법 제217조가 규정하는 '외국판결의 승인'과는 달리 외국법원의 '재판'을 승인하는 것이 아니라 당해 '외국도산절차'를 승인하는 것으로서 그 법적 효과는 외국도산절차가 지원결정을 하기 위한 적격을 갖추고 있음을 확인하는 것에 그치는 것이고, 그 승인에 의하여 외국도산절차의 효력이 직접 대한민국 내에서 확장되거나 국내에서 개시된 도산절차와 동일한 효력을 갖게 되는 것은 아니라고 판시하였다.

관계없이 미국 파산법에 의하여 부여되는 것이다. 이러한 점에서 승인결정이라 함은 외국도산절차의 효력을 자국 내에서 그대로 받아들이는 것이라기보다는 자국의 국제파산법제에 의하여 독자의 효력을 부여하는 것이다.[111] 그렇다고 하여 외국 파산법 대신에 승인국가의 파산법을 적용하는 것은 아니다. 자동중지라는 표현을 사용하더라도 제15장에서 자동중지의 효과는 미국 내에 소재하는 재산에 대하여만 미치는 것이고 제 7 장, 제11장에서 자동중지의 효과는 미국 내외에 소재하는 채무자의 재산에 대하여 미친다는 점에서 큰 차이가 있다.

모델법 §20과 비교할 때 모델법이 소송 및 집행의 중지 및 자산 양도 및 담보 제공의 금지에 그치고 있으나 미국 파산법은 더 나아가 외국대표자에게 영업관리권까지 부여하고 있다는 점에서 모델법보다 승인효과의 범위가 넓다.[112]

⑷ 승인대상이 종절차인 경우

종절차에 대하여는 승인과 동시에 어떠한 효과가 발생하는 것은 아니며 법원에 별도의 구제명령을 신청하여야 한다. 법원은 §1522(a)에 근거하여 채권자, 채무자 및 기타 이해관계인의 이익이 충분히 보호된다면 §1519 또는 §1521에서 규정하는 구제명령을 발한다. 미국 내에 소재하는 재산의 관리 및 환가에 대하여는 §1521(a)가, 채권자에 대한 배당에 대하여는 §1521(b)가 적용된다.

⑸ 추가적인 구제명령

파산법원은 제15장이 부과하는 특별한 제한을 위반하지 않는 범위 내에서 제15장에서 규정된 특정 조항의 범위를 넘어 부가적인 공조를 제공할 수 있다.[113] 단, 이 경우 법원은 구 파산법 §304에서 정한 요소를 고려하여야 한다.[114] 이 조항을 통하여 구 파산법에서 발전한 판례법을 여전히 유지·계승하려는 것이다. §1520에 의하여 금지명령이 발하여진 경우 추가적인 금지명령의 내용으로는 증인신문,

---

111) UNCITRAL Guide to Enactment ¶ 143.

112) 주절차 승인의 효과에 관하여 모델법 §20 참조. 제20조 제 1 항에 의하면, (a) 채무자의 자산, 권리, 의무 기타 책임에 관한 개별 소송 또는 개별 절차의 개시 및 진행의 중지, (b) 채무자의 자산에 대한 집행 중지, (c) 채무자의 자산 양도, 담보 제공 기타 처분 권리의 중지의 효과가 발생한다. 더 나아가 외국대표자에게 관리처분권 이전의 효력을 부여하기 위하여는 법원이 별도로 모델법 §21(1)(d)에 기하여 결정하여야 한다. 즉 관리처분권 이전의 효력은 재량적 효과에 그치는 것이다. 山本和彥, 앞의 책(주 105), 277면.

113) §1507.

114) §1507(b).

증거조사, 미국 내 소재한 자산의 관리 또는 환가를 위하여 외국대표자에게 인도를 명하는 것, 미국 채권자의 이익이 충분히 보장된다고 판단되는 경우, 미국 내 소재한 재산의 배당권한을 외국대표자, 검사인 기타 법원이 권한을 부여한 자에게 부여하는 것 등이다.

또한 법원은 이미 발한 구제명령에 대하여 담보의 제공을 명할 수 있으며,[115] 이미 발한 구제명령의 수정 또는 종결을 명할 수 있다.[116] 이상은 구제명령에 관한 설명이고, 법원은 §1517(d)에 기하여 이미 발한 승인명령 자체에 대하여 이를 수정하거나 종결을 명할 수도 있다.

5. 외국대표자의 국내절차의 참가권한

모델법 제9조는 일반론으로 외국대표자는 도산법정지국의 사법제도에 직접적으로 접근할 수 있다고 규정하고 있을 뿐 더 나아가 외국대표자가 별도의 승인재판을 받아야 하는지 아니면 승인재판없이도 자국의 파산절차 등에 참가할 수 있는지에 대하여는 명시적인 규정을 두고 있지 않다. 모델법 제9조의 초안에서는 외국대표자가 직접 승인신청 외에 다른 구제신청을 법원에 직접 신청할 수 있다고 규정하였다. 그러나 구제신청의 내용, 관할법원, 승인결정이 전제되어야 하는지에 대하여 결론을 보지 못하였다. 그리하여 다만 외교상의 경로를 거치지 아니한다는 취지에서 추상적인 조항을 두는 선에서 그쳤다.

미국에서는 제15장의 승인결정을 받아야 비로소 외국대표자가 미국 내에서 원고 또는 피고의 당사자적격이 인정되며(§1509(b)(1)), 미국 법원에 적절한 구제명령의 신청을 구할 자격이 인정된다.[117] 미국 법원은 승인결정을 받은 외국대표자에 대하여 예양이나 사법공조를 지원하여야 한다.[118] 즉 외국대표자가 미국 내 주법원이나 연방법원에 이해관계인으로 또는 당사자로 참여하기 위해서는 먼저 적법한 법정지가 발하는 승인명령을 얻어야 한다. 단 외국대표자가 채무자의 미국 내 재산에 속하는 채권을 추심 또는 회복하기 위하여 제소하는 행위는 승인결정을 받지 않더라도 가능하다.[119] 따라서 외국대표자가 채무자에 대하여 본격적인

115) §1522(b).
116) §1522(c).
117) §1509(b)(2).
118) §1509(b)(3).
119) §1509(f).

파산사건을 신청하기 위해서는 먼저 승인결정을 받는 것이 필요하다.[120] 승인법원이 아닌 다른 법원에 구제명령을 신청하려면 승인결정의 사본이 제출되어야 한다.[121] 만일 승인신청이 기각되면 법원은 외국대표자가 미국 내의 다른 법원에서 구제명령의 신청을 금하는 내용의 적절한 명령을 발할 수도 있다.[122] 외국대표자가 미국 법원의 소송절차 등에 참가하려면 반드시 승인결정을 받아야 하지만 그렇다고 하여 미국 법원 내에 채무자에 대한 파산사건이 계속중일 필요는 없다.[123]

6. 승인사건과 본절차인 파산사건과의 관계

승인사건은 기본적으로 보조적인 성격을 갖는다.[124] 비록 외국 주절차가 개시되어 미국에서 승인결정을 받더라도 미국 내에서 본절차로서의 파산사건(full bankruptcy case)이 개시될 수 있다.[125] 이 경우 승인절차와 미국 내의 파산사건 사이의 조정이 필요하다.[126] 그러나 법원은 §305에 의하여 본절차인(full proceeding 또는 plenary proceeding) 파산사건의 신청을 기각하거나 절차의 진행을 중지할 권한을 갖는다.

120) 2 Collier on Bankruptcy, §303.08[2][a]. 외국절차가 종절차로 승인되었다면 미국 내에서 주절차로서의 파산절차를 신청하는 것이 가능하다. 만일 외국절차가 주절차로 승인되었음에도 채권자가 미국 내에서 주절차를 신청한다면 §305(a)에 기하여 신청의 기각 또는 절차의 중지명령이 발하여질 수 있다.

121) §1509(c).

122) §1509(d).

123) §1509(k)(2).

124) 미국 파산법에서 본절차라 함은 관재인이 선임되고, 파산재단이 성립하는 등 보통의 제7장, 제11장 등의 파산절차를 말한다. 이에 반하여 보조절차는 구 파산법 §304가 규정하는 ancillary proceeding으로서 미국 내에서 개시되는 외국채무자에 관한 제한된 파산절차이다. 그 절차의 목적은 외국에서 개시된 주절차를 원조하기 위한 것으로서 미국 내 재산의 환가, 배당, 소송절차의 중단 등을 인정하는 것이다. 특징은 국내의 본절차(full domestic insolvency)는 아니므로 관리인 선임, 파산재단의 구성, 계획안의 작성 등을 하지 아니하는 점에 있다.

125) §1528.

126) §1529.

7. 승인명령이 외국대표자 지위에 미치는 영향

(1) 채무자에 대한 또는 채무자로서의 파산신청권

외국대표자는 승인명령을 받으면 본격적인 파산사건의 비자발적인 신청을 할 수 있으며 또는 만일 외국절차가 주절차인 경우에는 본격적인 파산사건의 자발적인 신청을 할 수 있다.127) 본격적인 파산사건을 신청하려는 외국대표자는 승인신청을 하기 전에 승인법원에 그러한 의도를 알려야 한다.128)

(2) 채무자에 대한 파산사건에서 이해관계인으로서 절차의 참여권

승인명령을 받으면 외국대표자는 채무자에 대한 본격적인 파산사건에 이해관계인으로서 참여할 수 있다.129) 따라서 승인명령을 받은 외국대표자는 채무자의 재산의 환가 및 배당에 관한 각종 신청과 이의를 제기할 자격이 있다.

(3) 다른 민사소송에서의 당사자적격

승인명령을 받으면 외국대표자는 미국 내에서 소송의 원고 또는 피고가 될 수 있는 자격이 생긴다.130) 승인결정을 받은 외국대표자는 주법원 또는 연방법원에 계속 중인 채무자가 당사자인 소송절차에 참가(intervene)할 수 있다.131) 채무자의 소송상의 지위가 외국대표자에게 승계되는 것은 아니다. 실제로 캐나다의 관재인이 승인명령을 받지 않은 채 미국 내에서 민사상의 구제명령을 신청하는 것은 부적법하다고 기각된 사례가 있다.132) 이런 일이 발생하게 된 이유는 외국대표자의 소송상 지위에 관하여 새로운 내용이 파산법에 삽입되다보니 파산법 전문변호사가 아닌 변호사들에게는 아직 제대로 알려지지 않았기 때문이라고 한다.133)

(4) 한국과 일본

외국도산절차가 승인되었다고 하더라고 국내의 파산절차의 개시를 허용하는

---

127) §1511(a).
128) §1511(b).
129) §1512.
130) §1509(b)(1).
131) §1524.
132) US. v. JA Jones Constr Group, 333 BR 637 (E.D.N.Y. 2005).
133) Melnik, *supra note* 10, at 485.

점은 모델법의 기본입장이기도 하다. 한국과 일본의 입장도 같다. 현실적으로 각국의 파산법의 내용이 다르고 채무자의 면책 또는 채권자의 배당 등 파산법의 목적이 다르기 때문에 한 채무자에 대하여 하나의 파산절차를 인정하는 단일주의는 이상론에 불과하고 외국도산절차와 국내도산절차가 양립하는 것을 허용함으로써 양자의 절차를 조정하려는 현실적인 타협의 결과이다. 채무자회생법과 承認援助法도 병행파산의 조정에 관한 조항을 두고 있다.

8. 부인권과 제15장

외국대표자에게 승인결정 후 구제명령의 하나로 부인권의 행사권한을 부여할 것인가에 대하여 모델법 제정시 미국 대표단은 부인권의 준거법, 관할법원 등 풀리지 않은 난제가 있음을 이유로 반대하였으나,[134] 모델법 §23은 이를 허용하는 규정을 두고 있다.

제15장은 원칙적으로 외국대표자에게 미국 파산법에 기한 부인권을 부여하지 않되 채무자에 대하여 미국 파산법 각장 사건이 개시된 이후에만 부인권을 부여하는 선에서 타협하였다. 주절차이건 종절차이건 일단 승인결정을 받으면 법원은 외국도산절차의 대표자에게 미국 파산사건의 관재인이나 DIP에게 통상 부여되는 구제명령을 추가적으로 부여할 수 있으나 부인권은 부여하고 있지 않다. §1521(a)(7)은 관재인에게 부가적인 구제명령을 부여하되 단 부인권에 관한 파산법의 개별조항에 기한 구제는 제외하고 있다. 즉 동 조항에 의하여 §522(면제재산에 대한 담보권, 우선특권의 설정행위 부인), §544(강력권한-strong arm clause), §545(제정법상의 우선특권), §547(편파행위의 부인), §548(사해양도행위의 부인), §550(부인권에 기한 구제방법) 등의 조항은 승인사건의 외국대표자에게 적용되지 아니한다.[135] 다만 별도로 §1523(a)는 승인재판이 있은 후 외국대표자는 채무자에 대하여 미국 법원에서 미국 파산법상의 제7장, 제11장 등 다른 장의 파산사건이 계속 중인 때에 한하여 부인권에 관한 조항에 기한 구제를 허용하고 있다. 그리하여 만일 외국대표자가 반드시 미국 내에서 이루어진 편파행위 등에 대하여 부인권을 행사하려면 승인결

---

134) Collier International Business Insolvency Guide Vol. 1. ¶10.04. 구 파산법의 보조절차에서 부인권을 주장할 수 있는지 여부에 대하여는 견해가 나뉘었다. 이에 관한 미국 판례의 소개에 대하여는 Samuel L. Bufford ET AL, INTERNATIONAL INSOLVENCY 28 Federal Judicial Center (2001).

135) §1521(a)(7).

정을 받고 §1511에 기한 권한에 따라 연방파산법의 본격적인 각 장의 파산사건에 관하여 자발적 또는 비자발적 파산신청을 하는 수밖에 없다. 이 경우 당해 사건에 대한 관리권한이 외국대표자로부터 파산관재인 또는 DIP로 이전되는 위험을 감수하여야 할 것이다.

이를 종합하면, §1521(a)(7)에 의하면 외국대표자가 제15장 사건에서는 일반적으로 미국 파산법에 기한 부인권을 행사할 수 없으며 부인권은 오로지 파산법하에서 제15장을 제외한 파산법상의 파산사건이 개시된 후에 외국대표자가 행사할 수 있다.[136)]

외국대표자가 미국 법원에 미국 파산법이 아닌 외국 파산법에 기한 부인권에 기한 소송을 구할 수 있는가에 관하여 하급심과 상급심의 견해가 나뉘었다. 파산법원과 제 1 심은 §1521(a)(7)의 예외조항을 넓게 해석하여 외국관재인이 미국 파산법 제15장 절차를 통하여 외국도산절차의 승인결정을 받은 단계에서 미국 법원으로 하여금 외국채권자를 상대로 외국법을 적용하여 부인권을 통하여 사해양도의 취소를 구할 수 없다고 보았다.

이에 반하여 연방항소법원은 법률이 예외조항을 명시적으로 규정하였다면 예외에 해당하지 아니하는 것은 원칙적으로 허용된다고 해석하는 것이 타당한 해석인바 미국 파산법에 기한 부인권의 행사권한을 제15장 절차의 외국대표자에게 부여하지 않았다고 하여 반드시 외국법에 기한 부인권의 행사까지 금지한 것으로 볼 수 없으며 제15장의 입법취지가 외국도산절차간의 사법공조를 촉진한다는 점을 고려하면 외국관재인인 제15장 사건에서도 외국의 파산법을 적용하여 부인권을 행사할 권한이 있다고 판시하였다.[137)]

---

136) §1523(a). 다만 미국 파산법원이 제15장 사건에서 외국의 부인권에 관한 조항을 적용하여 부인권을 행사할 수 있는지 여부에 대하여는 파산법원과 상급심간에 견해가 나뉘는 등 논란이 있다. 제15장이 입법되기 전의 Maxwell 사건에서 미국 법원은 미국에서 제기된 제11장 사건에서 부인권에 관하여는 영국법을 적용한 사례가 있다(Maxwell Communication Corp., v. Barclays Bank, 170 B.R. 800 (Bankr. S.D.N.Y. 1994).

137) *In re* Condur Ins. Ltd., 601 F.3d 319, 324-325 (5th Cir. 2010). 파산법원은 제15장 사건을 담당하는 파산법원은 이러한 권리가 없다는 이유로 세인트키츠네비스의 도산절차의 대표자가 승인결정에 이은 구제명령으로서 세인트키츠네비스의 채권자를 상대로 그 나라의 법률을 적용하여 이득의 반환을 구하는 청구를 기각하였다. *In re* Condur Ins. Ltd., 2008 WL 2858943 (Bkrtcy. S.D.Miss, 2008). 그러나 연방항소심은 파산법원과 이를 지지한 연방지방법원의 판결을 취소하였다.

9. 외국채권자의 지위

제15장 사건의 개시와 참가에 있어서 외국채권자에게 미국의 국내채권자와 같은 권리가 부여된다.[138] 채권자들에 대한 일반적인 통지 뿐 아니라 특정 조의 채권자들에게 하는 통지절차는 외국채권자에게도 이루어져야 하며, 단 상황에 따라 외국채권자에 대한 각종신청의 마감기한 등의 조정을 허가하고 있다.[139] 파산절차에서 배당받을 수 있는 우선권은 채권자가 외국인이라는 이유로 변경되지 아니한다. 단 예외적으로 외국의 조세채권자에 대하여는 채권의 신고가 허용되지 아니하며 그러한 채권의 집행은 조약의 규정에 의한다.[140]

10. 외국 자회사에 대한 주주권의 행사

일본인 株主(개인)가 일본에서 파산하고 그가 대주주로 있는 하와이州 소재 회사(호텔업)의 이사 및 임직원을 파산관재인이 해임함에 있어 별도로 제15장의 승인결정을 받아야 하는가 하는 점이 쟁점이 된 사례가 있었다. 이 점에 대하여 미국 법원은 승인결정이 불필요하다고 판단하였다.[141]

법원은 §1509(f)의 채권보전을 위한 제소행위에 관한 승인재판의 예외 조항이 존재한다는 점과 §1509(d)가 외국대표자가 승인신청이 기각된 이후에 미국 내의 다른 법원으로부터 예양 또는 사법공조를 구하는 행위의 금지를 함에 필요한 적절한 명령을 발할 수 있는 권한을 파산법원에 부여하고 있고 연방파산법이나 하와이 州法에 외국대표자가 관재인으로서 소유권을 행사함에 있어 미국 내에서 별도의 명령을 받아야 한다는 조항을 두고 있지 않음을 근거로, §1509에서 정하는 승인재판을 요하는 행위는 미국 내에서 법원의 도움을 필요로 하는 외국대표자의

---

138) §1513(a).

139) §1514(d).

140) §1513(b)(2)(B). 국제파산사건에서 외국조세채권의 지위에 관하여는 한국이 가입한 2010년 다자간 조세행정공조협약(Convention on Mutual Administrative Assistance in Tax Matters) 및 林治龍, "국제도산사건의 실무상 문제," BFL 제53호(2012. 5), 70-71면.

141) *In re* Iida, 377 B.R. 243(BAP 9th Cir. 2007). 이 판결에 대한 일본 변호사의 글로는 向山純子, "日本破産手續を承認することが連邦倒産法において公序の明らかな違反になるかをめぐる紛爭," NBL No. 982 (2012), 132-137면. 承認援助法이나 채무자회생법은 미국 파산법 제15장과 같이 외국도산절차를 승인하는 것이 '명백히' 공서에 반하는 경우로 제한하고 있지 않다. 그러나 '명백히'라는 용어의 삽입 여부가 해석론을 좌우할 것은 아니라는 것이 일본 학자들의 입장이다. 위 논문 137면.

행위에 대하여만 다루고 있을 뿐 법원의 예양과 공조와 무관한 행위에 대하여는 사법적인 사전 허가를 요구하고 있지 않다. 제15장은 사법공조를 요구하지 않는 외국대표자의 행위에 대하여는 어떠한 제한도 두고 있지 않다.[142] 그러므로 외국대표자가 주주권에 터잡아 회사의 이사와 임원을 개임하는 행위를 함에 있어 그 회사나 임원들이 외국대표자의 권한에 관하여 의문을 제기한 바 없이 묵시적으로 양해한 사정을 고려하면 어떠한 사법공조의 필요성을 강요하지 않는다고 판시하였다.

이 판결의 특수성으로는 첫째, 일본의 파산관재인이 하와이 회사의 임원 등을 해임할 당시에는 아직 미국에서 개정 파산법 제15장이 적용되기 이전이었으며 제15장이 시행된 이후에 비로소 이사 등 이해관계인이 해임의 무효를 주장하는 확인의 소를 제기하였다는 점, 둘째, 파산관재인은 그 후 제15장의 승인결정을 얻은 점, 셋째, 일본인 채무자에 대하여 어떠한 미국 채권자가 존재하지 아니하여 미국채권자의 이익의 보호라는 문제가 발생할 여지가 없었던 점 등의 특수성이 있다. 이 판결을 일반화하여 외국대표자가 미국 내에 소재하는 회사의 주주로서 이사를 개임함에 있어 설령 채무자에 대하여 미국 내 채권자가 존재하더라도 제15장 승인신청을 할 필요가 없다는 일반법리를 도출할 수 있는가에 관하여는 앞으로 판례법의 추이를 주시할 필요가 있다.

이와 달리 채무자회생법에 따르면 외국대표자가 채무자가 한국 내에 있는 재산에 대한 관리처분권을 갖기 위하여는 반드시 국제도산관리인을 선임하여야 한다. 따라서 채무자에 대하여 채무를 부담하고 있는 제3채무자를 상대로 채권을 추심하기 위한 소송이나 변제를 요청하는 행위를 하기 위하여는 먼저 국제도산관리인이 선임되어야 하고 국제도산관리인이 이러한 업무를 할 권한을 갖는 것으로 해석된다. 따라서 미국 판례법리를 그대로 채무자회생법에 적용하기는 어렵다고 할 것이다.

11. 병행파산과 승인신청

(1) 병행파산의 의의

병행파산이라 함은 동일한 채무자에 대하여 2개국 이상의 국가에서 파산사건이 계속 중인 경우를 말하지만 더 나아가 동일한 채무자에 대하여 1개국 내에서

142) Id. at 258.

승인사건과 파산사건이 계속 중인 경우도 포함한다. 각국은 자국의 채권자 보호를 고려하여 원칙적으로 승인결정을 발한 이후에도 동일한 채무자에 대하여 자국 내에서 별도의 본절차로서의 파산절차의 개시를 허용하고 있다. 모델법과 미국 파산법도 같은 입장이다. 제15장은 병행파산에 관하여 §1528-§1532의 5개조를 두고 있다.

(2) 제15장의 규정 내용

일단 외국주절차에 대하여 승인결정이 난 후에는 미국 내에 채무자가 재산을 갖고 있는 경우에만 미국 내에서 파산절차가 개시될 수 있다.[143)] 채무자의 주소지가 미국 내에 있어야 할 요건은 생략되었다.

§1520(a)에 의한 자동중지에 의하여 채무자의 재산에 대한 소송 또는 집행행위가 중지된다고 하더라도 §1520(c)는 외국대표자가 파산신청을 하는 것은 예외로 허용하고 있다. 그러나 이러한 예외조항으로 인하여 파산법원이 이미 발한 승인명령 즉 외국채무자의 주된 이익의 중심지에서 도산절차가 개시되어 이를 미국법원이 승인하였다는 내용을 무시하는 것은 아니다.[144)] 그리하여 파산신청으로 인하여 제15장의 목적이 훼손된다고 판단되면 법원은 §305(a)(2)에 의하여 파산신청을 기각하거나 절차의 중지를 명할 수 있다.

원래 파산절차가 개시되면 미국 법원의 관할권은 국내·외를 묻지 않고 채무자 소유의 모든 재산에 대하여 미친다.[145)] 그러나 외국 주절차에 대하여 승인결정 후에 개시된 파산사건의 관할은 원칙적으로 미국 내에 소재하는 채무자 소유 재산에 대하여만 미친다. 단 예외적으로 제15장에서 협조와 조정을 수행하는 데에 필요한 범위 내에서 미국 외에 소재하는 재산에 대하여 관할권이 미칠 수 있다.

미국 내에서 파산사건이 개시된 이후라도 외국대표자가 승인신청을 하는 것은 파산신청에 부수하는 자동중지의 효력에 반하지 아니한다. 비록 자동중지에 관한 §362에 그에 대한 예외를 규정하고 있지는 않으나 승인신청이라 함은 외국대표자가 채무자의 재산에 대한 집행을 하는 성격보다는 외국절차 및 외국대표자의 법적인 상태와 지위를 구하는 것이기 때문이다. 그러나 미국 내에서 이미 파산절차가 개시되었다면 비록 승인되는 외국절차가 주절차라 하더라도 주절차의 개시

143) §1528.
144) Collier International Business Insolvency Guide Vol. 1. ¶10.03[1].
145) 28 U.S.C. §1334(e). 이 관할권에 관한 조항은 파산법에 있는 것이 아니라 연방 사법법률에 있음에 유의하여야 한다.

에 의하여 자동중지 등의 효력이 법적으로 부여되는 §1520는 적용되지 아니한다.146)

먼저 미국 국내에서 각장 파산사건이 개시된 이후에 제15장의 신청이 있는 경우에는 제15장의 구제명령은 정식의 파산사건에서 이미 발하여진 자동중지 등의 구제명령과 불일치하여서는 아니 되며,147) 반대로 제15장의 구제명령이 발하여진 후에 미국 국내에서 각장 파산사건이 개시되면 제15장에서 이미 발하여진 구제명령(§1519에 기한 승인 전 임시구제명령과 §1521에 기한 승인 후 재량적 구제명령)은 새로이 검토되어 수정될 수 있다.148)

⑶ 회피조항의 역할

미국법에서 병행파산의 조정에 대하여는 제15장의 조항 외에도 파산법 총칙의 회피조항인 §305가 중요한 역할을 한다. §1529(4)는 이 점을 명시하고 있다.149) 동 조항은 미국 법원이 승인명령 이후에 제기된 미국 내 각장 사건에 대하여 채권자들과 채무자의 이익 보호를 위하여 국내에서 제기된 파산신청을 기각 또는 절차의 중지를 명할 권한이 있음을 명백히 하였다.

만일 외국도산절차가 2개 이상 개시되고 각 외국대표자가 승인신청을 한 경우에 관하여 §1530은 외국법원간 또는 외국대표자간의 공조에 관한 조항(§1525, §1526, §1527)이 적용됨을 선언하고 나아가 원칙적으로 외국 주절차를 기준으로 구제명령이 조정되어야 함을 규정하고 있다.

⑷ 한국과 일본

일본의 *承認援助法*은 원칙적으로 일본의 파산절차를 우선하고 외국도산절차의 승인절차를 중지하는 원칙하에 양 절차의 조정에 관하여 자세한 규정을 두고 있다.150) 채무자회생법 제638조는 채무자를 공통으로 하는 외국도산절차와 국내도산절차가 동시에 진행하는 경우 법원은 국내도산절차를 중심으로 지원결정을 하

146) Collier International Business Insolvency Guide Vol. 1. ¶10.03[2].

147) §1519(1).

148) §1519(2).

149) In achieving cooperation and coordination under sections 1528 and 1529, the court may grant any of the relief authorized under section 305.

150) *承認援助法* 제57-제64조. 외국절차가 주절차이고, 원조처분하는 것이 채권자 일반의 이익에 부합하고, 일본 국내 채권자의 이익이 부당하게 침해되지 않는 등 3가지 요건이 구비되어야 국내도산절차보다 승인원조처분이 우선한다(제57조).

고, 제639조 제 3 항은 복수의 외국도산절차의 승인신청이 있는 경우에는 주절차를 위주로 양 절차를 조정한다고 규정하고 있다. 후자는 미국 파산법 §1530과 유사하다.

채무자회생규칙 제104조 제 2 항은 외국도산절차의 승인·지원절차가 계속 중인 법원이 국내도산절차의 중지를 명하고자 하는 경우에는 미리 국내도산절차가 계속 중인 법원의 의견을 들어야 한다고 규정하고 있다. 이 조항은 국내도산절차가 개시된 경우 뿐 아니라 도산절차의 신청을 중지하는 경우에도 적용이 가능하다.[151]

12. 배당의 조정(hotchpot rule)

§1532는 병행파산에 있어 채권자들의 배당에 관한 원칙 이른바 영국법상의 배당의 조정원칙(hotchpot rule)에 관하여 규정하고 있다. 이 규정의 목적은 같은 조에 속하는 어느 채권자가 다른 채권자에 비하여 유리한 대우를 방지하여 채권자간의 평등 원칙을 국제파산사건에서도 관철하기 위한 것이다. 이 조항이 신설되기 이전에도 구 파산법 §508(a)에 같은 내용이 규정되어 있었으나 제15장이 신설되면서 §508(a)가 삭제되고 §1532에서 자세히 규정하였다. 구 파산법 §508(a)가 담보권자에 대하여 적용되는지에 대하여 명확한 규정이 없었으나 §1532는 담보권자 또는 대물권자(rights in rem)는 배당조정의 규정이 적용되지 아니한다고 규정하였다. 이 점은 모델법의 입장과도 같다.

배당조정에 관한 채무자회생법 제642조는 단순히 채권자라고만 규정하여 담보권자에 대하여도 동 원칙이 적용되는 것으로 해석되고 있다.[152] 일본은 承認援助法이 아니라 會社更生法 제124조의3에서 담보권자에게도 동 조항이 적용됨을 명백하게 규정하고 있다.[153]

151) 이성용, 앞의 글(주 25), 40면. 이 글은 토드 오 사건에서 외국대표자가 미국 제11장 사건 절차의 승인재판 외에 지원절차의 근거로서 면책결정의 효력이 국내에도 미친다는 점 및 채무자 재산의 통일적인 처리를 위해 중단이 필요하다는 점을 주장하여 국내파산신청의 중지를 구하는 것도 가능하다고 기술하고 있다. 그러나 위 사건에서 토드 오의 입장은 국내채권자 고합의 채권이 면책되었으므로 더 이상 채권자가 아니므로 파산신청 자체가 부적법하다는 것이므로 파산신청 자체는 적법함을 인정하되 그 절차의 중단을 구하는 것은 채무자가 목적하는 바가 아니었다.

152) 반대설, 한민, "국제금융과 국제도산법에 관한 소고 2," BFL 제28호(2008), 124면은 국내도산절차의 효력이 미치지 아니하는 국외재산상의 담보물로부터 우선적인 만족을 받을 수 있는 지위에 있는 국외재산 담보부채권에 대하여는 제642조의 규정은 적용되지 아니한다고 설명한다.

153) 물론 破産法과 民事再生法에도 일반파산채권자에 대한 배당조정 조항을 두고 있다. 일본 破産法 제23조의2, 제182조 제 6 항, 제265조의2, 제306조의2, 제326조의2, 民事再生法 제89조

Ⅴ. 결　　론

미국의 파산법원에는 제15장이 도입된 직후부터 외국도산절차의 승인사건이 쇄도하고 있다. 세계 주요국의 도산절차는 승인대상이 되는 외국절차인지 여부에 대하여 미국 법원의 심사를 받은 셈이다. 미국은 2005년 파산법을 개정 하면서 종전과 다른 형식으로 제15장 내에 입법목적, 정의 규정을 두는 등 사실상 모델법 전부를 제15장으로 받아들였다. 그렇게 함으로써 다른 외국으로 하여금 가급적 모델법의 체계와 용어를 그대로 수용할 것을 권하는 강한 메시지를 전달하고 있다. 이러한 입법이 가능한 배경에는 모델법의 입법초기부터 미국 파산법관과 교수들이 중요한 역할을 하였기 때문에 모델법 자체가 미국 법률가에게 익숙한 것이었고 1978년 구 파산법 §304를 새로이 도입한 이래 보조절차에 관한 실무를 축적하였기 때문이다.

이에 반하여 한국은 채무자회생법이 시행된 지 6년이 경과한 현재까지 승인신청사건이 4건에, 일본은 12년 동안 승인신청사건이 7건에 불과하다.[154] 이처럼 승인신청사건이 줄어든 이유에 대하여 저자는 다음과 같이 추측해 본다.

첫째, 외국대표자가 한국에서 승인신청을 하는 결정적 이유 중의 하나는 한국에 소재한 재산에 대한 관리처분권을 인정받아 조속히 환가하여 이를 외국도산절차의 배당자원으로 삼으려는 데에 있다. 그런데 외국도산관리인 제도가 모델법에는 없고 한국과 일본에만 있는 독특한 제도인데, 과연 한국의 재판실무에서 누가 외국도산관리인으로 임명되는지에 대한 예측가능성이 낮았다. 즉 외국대표자를 임명하는지 아니면 내국인 중 변호사를 임명하는지에 대한 의문이 있었다. 특히 채무자회생법의 해석하에 국내에 소재하는 외국채무자의 재산에 관하여 소송이 아닌 단지 계약의 체결만을 하기 위하여 별도로 외국도산관리인이 필요하다고 해석하고 나아가 외국대표자가 아닌 한국인을 외국도산관리인으로 선임하여야 한다고 실무를 운영하면 채무자의 재산에 관한 관리처분권이 일단 외국대표자로부터 한국인으로 이전되는 불이익에 대하여 외국대표자가 불안해하였다.[155] 다행히 한국·

참조. 담보권자의 배당조정절차에 대하여는 深山卓也, 新しい國際倒産法制, 金融財政事情研究會(2001), 435-439면.

154) 2010년까지 총 7건이 접수되었다고 하는데(山本和彦, “國際倒産,” 國際私法判例百選(第2版), 有斐閣(2012), 242면. 승인결정 후의 원조신청 사건까지 포함된 것인지 승인신청만 포함된 것인지 불분명하다.

155) 이 점을 지적한 글로는 제강호·이제한, “외국회사의 파산관련 제문제,” BFL 제42호, 서

일본 모두 외국도산관리인을 외국대표자로 임명하는 실무를 형성하면서 이 문제에 대한 우려는 해소되었다.156)

둘째, 승인결정을 받는다고 하더라도 과연 법원으로부터 어떠한 지원명령을 받는지에 대하여도 예측이 어렵고 법원의 재량에 맡겨져 있었다. 모델법과 달리 주절차로 승인되는 경우와 종절차로 승인되는 경우의 법률효과의 차이가 채무자회생법에 규정되어 있지 않기 때문이다. 승인결정 자체에 어떠한 법률효과가 부여되어 있지 않으므로 주절차를 승인받더라도 자동중지와 같은 효력이 인정되지 않기 때문이다.

셋째, 승인결정 뿐 아니라 지원결정을 받기까지 다른 국가에 비하여 시간이 오래 걸린다는 점이다.157)

채무자회생법의 국제도산편을 입법할 당시 승인결정에 따른 법적 효과를 인정하는 모델법을 따르지 않고 승인결정에 아무런 법적 효과를 부여하지 않고 별도의 지원명령 제도를 둔 일본의 *承認援助法*을 따른 것에 대하여 비판이 있었다.158)

울대학교 금융법센터(2010. 7), 44-45면. 이 견해는 이러한 불편함을 해소하기 위하여 외국도산절차의 대표자가 한국 내의 재산에 대하여 관리처분권을 행사하기 위하여 굳이 외국도산절차의 승인과 국제도산관리인의 선임을 받을 필요가 없이 국제사법의 일반이론에 의하여 관리처분권을 한국 내에서 주장할 수 있다고 설명한다. 과거 대법원의 파울로구찌 판결(대법원 2003. 4. 25. 선고 2000다64359 판결)이 여전히 유효하다는 입장이다. 저자는 국제도산관리인 제도의 신설로 파울로구찌 판결이 폐기되었다는 입장이지만(同旨, 石光現, "채무자회생 및 파산에 관한 법률에 따른 국제도산법," 國際私法과 國際訴訟(5), 박영사(2012), 541면), 반대의 견해도 존재한다. 한편 일본의 *承認援助法* 제정 전에는 외국관재인의 권한이 승인과 무관하게 인정되었으나 승인원조법 제정 후에는 관리명령의 발령 전에는 외국관재인에게 관리처분권이 인정되지 아니하고 채무자가 국내재산의 관리처분권을 갖는 것으로 해석하는 데에 학설의 다툼이 없다(山本和彦, 앞의 글(주 154), 243면).

156) 東京地方裁判所 平成 15. 11. 11. 平成 15년(承) 제1호 決定 및 서울중앙지방법원 2010. 12. 6.자 2010국지2 결정. 양 절차 모두 홍콩의 청산절차(winding up)의 대표자를 승인사건의 국제도산관리인으로 선임하였다.

157) 서울중앙지방법원은 2007. 11. 12. 미국의 제11장 승인신청이 접수된 사건에 관하여 2008. 2. 12. 승인결정을 하였으나 상대방이 항고하여 2009. 8. 31. 서울고등법원에서 항고가 기각되었다. 이에 반하여 미국 파산법원은 영국의 채무조정절차(Scheme of Arrangement)에 관하여 2007. 7. 26. 승인신청을 접수받고 그 해 8. 21. 승인결정과 지원명령을 발부하였다(2005 WL 3764946 (Bkrtcy. S.D.N.Y.). 삼보컴퓨터에 관한 승인신청사건과 같이 다툼도 없고 판결집에 등재되지 아니한 간단한 사건은 2005. 11. 3. 접수되어 2005. 12. 7. 심문기일을 연 후 그 다음 날인 12. 8. 승인재판과 구제명령이 발하여졌다(*In re* TriGem Computer, Inc., Case No. LA 05-50052-TD).

158) 石光現, "국제도산법에 관한 연구," 國際私法과 國際訴訟 제3권, 박영사(2004), 299면("모델법처럼 外國主節次의 승인에 의해 統合倒産法이 정한 도산절차개시의 기본적 효력을 자동적으로 부여함이 바람직하고 승인의 본질에 부합한다"). 한충수, "UNCITRAL의 국제도

그러나 채무자회생법은 2006. 4. 1.부터 시행되었지만 법률안의 기초작업은 2002년 초에 시작되었고 공청회는 2002. 11. 6.에 이루어지는 등 사실상 입법 작업이 2004년 이전에 마무리 된 것이고 국회에 법안이 제출된 후 국회 심의가 늦어 뒤늦게 통과되었다. 국제도산법에 대한 입법 작업 당시에는 아직 미국, 영국, 호주 등 주요 국가가 모델법을 입법화하지 아니하였다. 그리하여 일단 구 파산법의 속지주의를 폐지하는 것에 중점을 두고 외국도산절차의 승인에 대하여는 추후 사건의 추이를 보아 문제점이 발생하면 개정할 수도 있다는 입장에서 우선 承認援助法에 유사한 입법을 하게 된 것이다. 그리고 입법 당시에는 어떠한 외국절차를 주절차 또는 종절차로 승인할 것인지에 대하여 아직 외국의 선례가 없으므로 법원의 부담을 덜어주자는 취지에서 일단 승인결정을 한 후 당사자의 신청을 기다려 구제명령을 발하는 이원적 구조를 따랐던 것이다.

그러나 EU 도산규정이 2002. 5. 31.부터 시행되면서 그 부록에 승인대상이 되는 각국의 도산절차의 명칭이 적시되어 있고, 미국 파산법 제15장이 2005. 10. 17.부터 시행되면서 주요 국가의 도산절차에 대하여 승인대상인지 여부에 관한 선례가 등장하면서 승인대상인 외국절차에 대한 심사 부담은 대부분 사라진 셈이다.

채무자회생법을 일본의 承認援助法과 비교하면, 일본과 달리 임시절차도 승인대상에 포함하고,[159] 법원 대 법원간의 사법공조에 관한 조항을 둠으로써 Protocol을 이용한 사법공조의 초석을 마련하고 병행파산에 관하여 유연한 조정 조항을 둔 것은 진일보하였다고 평가할 수 있다.

그러나 채무자회생법 시행 후 모델법을 원형에 가까운 형식으로 받아들여 입법하고 있는 국가들이 늘어나고 있으며 이미 미국과 유럽연합의 판례를 통하여 어떠한 외국도산절차를 승인대상으로 삼을지, COMI의 결정 기준에 대하여 기준

산절차 Model Law 연구-외국도산절차의 승인 및 집행을 중심으로," 민사소송 제7권 제2호, 한국사법행정학회(2003), 568면도 같은 견해이다.

159) 일본 최초 국제도산 승인사건은 眞露그룹의 홍콩 자회사에 대한 청산절차에 관한 것이다. 당시 청산절차는 임시절차였으며 외국대표자는 임시청산인(provisional liquidators)이었다. 일본은 承認援助法이 임시도산절차에 적용되지 아니하므로 위 절차를 일본에서 승인하는 것에 대하여 적지 않은 어려움을 겪었다고 한다. 일본의 변호사들이 사전에 법원을 방문하여 2003년 당시 홍콩에는 일본의 회사갱생절차와 같은 法定의 재건형 절차가 부존재하지만 강제청산신청 후 개시명령 전까지 기간 동안 법원이 선임하는 임시청산인이 회사의 보전적 관리절차를 진행하고 법원이 관여하는 재건형 절차의 역할을 하고 있다는 점과 임시청산절차가 법형식과 달리 실제로 재건절차로 운영되고 있다는 점을 설명하고 설득한 끝에 승인신청을 하였다고 한다. 자세한 내용에 대하여는 田代祐子 외 2인, "酒造メーカーにみる外國倒產手續と承認援助手續," 事業再生と債權管理 No. 127 (2011. 1. 5), 103-110면.

이 어느 정도 확립된 현실에 비추어 보면 이제 채무자회생법도 주절차와 종절차를 구별하고 주절차에 대하여 승인에 따른 법적 효과를 부여하는 방식으로 개정할 때가 왔다.

먼저 국제도산관리인 제도를 없애고 주절차에 대하여 승인결정에 대하여 법률에 의하여 자동적으로 외국대표자에게 관리처분권이 부여되고 포괄적 중지명령에 상응하는 자동중지의 효력이 인정되는 방향으로 개정이 될 필요가 있다. 채무자회생법에 자동중지제도가 인정되지 아니하므로 주절차에 대하여 자동중지의 효력을 인정하는 것이 법체계상 어긋난다는 지적이 있다. 그러나 자동중지제도는 당사자의 신청행위에 의하여 법적 효과를 부여하는 것임에 반하여 주절차 승인의 효과로서 인정되는 자동중지는 법원의 승인결정에 부수하여 인정된다는 점에서 다르고 이는 마치 포괄적 금지명령 등이 승인결정에 내재된 것으로 해석하면 가능하므로 법체계상의 모순이 있다는 비판은 타당하지 않다. 앞으로 모델법과 같은 내용을 받아들이는 입법 작업이 마쳐지고 실무상의 경험이 축적되어 승인사건에 관하여 신속한 결정이 이루어진다면 지금보다 많은 승인사건이 접수될 것이라고 예상한다.

다음으로 승인결정의 취소 제도를 도입할 필요가 있다. 일단 채무자회생법에 따라 외국도산절차를 승인하였으나 그 후 외국도산절차가 개시되지 않았거나(임시절차를 승인한 경우) 외국도산절차가 종료된 이후에 기존의 승인결정의 운명이 어떻게 되느냐에 관하여 채무자회생법은 규정을 두고 있지 않다.

이에 반하여 *承認援助法*은 필요적 취소(제56조 제1항 각호)와 재량적 취소(제2항 각호)제도를 두고 있다.[160] 전자의 경우 이해관계인의 신청 또는 직권으로 승인신청이 그 요건을 결한 것이 명백한 경우에 법원이 승인의 취소결정을 하여야 한다(제1항). 후자의 경우 이해관계인의 신청 또는 직권으로 채무자가 법원의 허가 없이 일본 국내에 있는 재산을 처분하거나 국외로 반출하는 등의 행위를 한 경우에 법원이 승인취소의 결정을 할 수 있다(제2항).

미국 파산법 §1517(d)[161]도 승인결정의 근거가 소멸하게 된 경우에는 승인결

160) 주 159의 위 사건은 승인관재인의 국내에서의 업무 및 재산관리가 종료된 후 원조처분의 필요성이 없다고 보아 2006. 8.경 승인결정이 취소되었다고 한다. 田代祐子 외 2인, 앞의 글, 109면.

161) (d) The provisions of this subchapter do not prevent modification or termination of recognition if it is shown that the grounds for granting it were fully or partially lacking or have ceased to exist, but in considering such action the court shall give due weight to

정의 변경 또는 종료를 허용하고 있다.

이상을 종합하면 각국의 입법례나 실무상의 필요성을 고려하면 이미 승인결정을 계속하여 유지할 필요가 없게 된 사정이 발생하면 이를 취소할 수 있는 근거 조항을 두는 것이 필요하다.

그 외 병행파산시 배당에 관한 조정에 있어서 모델법과 달리 담보채권자까지 포함시킨 것과 외국대표자에게 부인권에 관한 지원을 할 것인지 여부 등에 대하여는 개정 작업시 다시 입장을 정할 필요가 있다.

민사판례연구 제35호, 박영사(2013), 839-891면 소재

possible prejudice to parties that have relied upon the order granting recognition.

保證人의 事後求償權과 後順位整理債權에 의한 相計

[사건의 표시]

대법원 2006. 8. 25. 선고 2005다16959 판결(공 2006, 1610)

[사안의 개요]

원고(정리회사 주식회사 서한)는 공동수급업체의 구성원으로서 이 사건 아파트 공사의 시공사이고, 발주처는 대한주택공사이고, 피고(화성산업)는 도급계약의 보증인이다. 원고는 1999. 4. 30. 발주처로부터 이 사건 아파트 공사를 피고의 연대보증 아래 도급을 받았다. 2000. 11. 29. 원고에 대하여 회사정리절차가 개시되어 원고는 2000. 12.경 이 사건 아파트 공사의 시공을 포기하고 대신 연대보증한 피고가 나머지 공사를 시공하기로 하였다. 피고는 원고가 이 사건 공사에 참여하지 아니하였다거나, 원고의 이 사건 공사대금채권이 나머지 공동수급업체에게 양도되었다는 주장을 하였으나 배척되었다. 끝으로 피고는 다음과 같이 상계를 주장하였다. 피고는 보증인으로서 주채무자인 원고를 위하여 아파트 공사의 잔여부분을 완공하면서 지출한 금원과 원고가 시공한 부분에 발생한 하자보수비용 및 장래 발생할 하자보수비용에 관하여 갖는 구상금채권 또는 손해배상채권을 갖게 되었는데 이러한 채권은 회사정리절차개시 이후에 관리인이 회사정리법 제103조 제1항에 의하여 이 사건 아파트 공사도급계약을 해지함에 따라 비로소 발생한 채권으로서 공익채권에 해당하므로, 위 채권으로 원고의 이 사건 공사대금채권과 대등액 범위내에서 상계한다.

[원심판결[1] 이유의 요지]

만일 피고가 위 주장과 같은 추가 공사대금 및 하자보수비용을 지출하였다면 연대보증인인 피고는 주채무자인 원고에 대하여 그 금액 상당의 구상금채권을 취득할 여지가 있기는 하다. 그렇지만 위와 같은 구상금채권은, 원고가 1999. 4. 30. 이 사건 아파트 공사를 도급받을 때 피고가 그 이행을 연대보증함으로써 이 때 이미 그 채권 발생의 기초적 법률관계가 성립된 것으로서, 채권 발생 원인이 정리절차개시 전의 원인에 기하여 생긴 재산상의 청구권으로서 구 회사정리법 제102조의 정리채권에 해당한다(원고가 이 사건 아파트 공사도급계약을 구 회사정리법 제103조 제1항에 의하여 해지하였다고 볼 증거는 없고, 단지 앞서 인정한 바와 같이 그 시공을 포기한 것 뿐이다). 그러므로 위 채권이 공익채권에 해당함을 전제로 하는 피고의 위 주장은 이유 없다.[2]

[대법원판결의 요지]

(1) 구 회사정리법 제102조(정리채권)의 '회사에 대하여 정리절차개시 전의 원인에 기하여 생긴 재산상의 청구권'에 해당되려면 의사표시 등 채권발생의 기본적 구성요건 해당사실이 정리절차개시결정 전에 존재하여야 한다. 그러므로 비록 원고가 1999. 4. 30. 이 사건 아파트 공사를 도급받을 때 피고가 그 이행을 연대보증함으로써 이 때 이미 피고가 주장하는 그 사후구상금 채권 발생의 기초적 법률관계가 성립되었다고 하더라도 피고가 원고에 대한 위 회사정리절차개시결정이 있은 뒤 이 사건 아파트 공사의 잔여 부분을 완공하기 전까지는 아직 그 시공보증채무를 이행한 데 따른 사후구상금 채권이 발생하지 않았다고 할 것이다. 이는 구 회사정리법 제110조(장래의 구상권)가 이러한 사후구상권과 별도로 (연대)보증인의 장래의 구상권(사전구상권)을 일반 정리채권으로 신고할 수 있음을 규정하고 있다고 하여 달리 볼 수 없다.

따라서 원심이 피고가 주장하는 그 사후구상금 채권이 정리절차개시 전의 원인에 기하여 생긴 재산상의 청구권으로서 구 회사정리법 제102조의 정리채권에 해당한다고 판단한 것은 수긍하기 어렵다.

---

1) 대구고등법원 2005. 1. 27. 선고 2003나7174 판결.

2) 피고가 사후구상권을 공익채권으로 주장한 이유는 피고가 주장하는 위 채권을 원고에 대한 회사정리절차에서 정리채권으로 신고하지 아니한 상태에서 정리계획인가결정이 있음으로써 면책되어 상계를 주장할 수 없기 때문이다(원심판결문 제8면).

(2) 한편 피고가 주장하는 위 사후구상금 채권은 정리절차개시 후의 원인에 기하여 생긴 재산상의 청구권 중 구 회사정리법 제208조(공익채권)에 열거된 '6. 사무관리 또는 부당이득으로 정리절차개시 후 회사에 대하여 생긴 청구권' 등이나 그 밖에 구 회사정리법이 별도로 공익채권으로 규정하고 있는 것들에 해당된다고 볼 수도 없다. 그러므로 결국 제121조(후순위정리채권) 제1항 제4호에 규정된 '전호에 게기한 것 외에 정리절차개시 후의 원인에 기하여 생긴 재산상의 청구권으로서 공익채권이 아닌 것'으로서 후순위정리채권에 해당된다고 할 것이다.

(3) 구 회사정리법 제162조(상계권) 제1항은 "정리채권자 또는 정리담보권자가 정리절차개시 당시 회사에 대하여 채무를 부담하는 경우에 채권과 채무의 쌍방이 정리채권과 정리담보권의 신고기간 만료 전에 상계할 수 있게 되었을 때에는 정리채권자 또는 정리담보권자는 그 기간 내에 한하여 정리절차에 의하지 아니하고 상계할 수 있다. 채무가 기한부인 때에도 같다"고 규정하고 있다. 따라서 위 후순위정리채권자도 정리채권으로 신고 또는 추완신고를 하여 정리계획에 따라 변제를 받는 외에 일정한 요건 하에 상계권을 행사할 수 있다.

그렇지만 위 '채권과 채무의 쌍방이 정리채권과 정리담보권의 신고기간 만료 전에 상계할 수 있게 되었을 때에는'과 '그 기간 내에 한하여'라는 요건의 문제는 차치하고라도 우선, 위 '정리절차개시 당시 회사에 대하여 채무를 부담하는 경우에'라는 요건과 관련하여{또 구 회사정리법 제163조(상계의 금지) 제1호는 '정리채권자 또는 정리담보권자가 정리절차개시 후에 회사에 대하여 채무를 부담한 때'에는 상계하지 못한다고 규정하고 있다}, 피고가 2001. 3. 23.~7. 18. 4차례에 걸쳐 수령한 공사대금 중 원고의 지분비율에 해당하는 돈의 분배를 구하는 것이 원고의 채권이므로 정리절차개시일인 2000. 11. 29. 당시에는 아직 피고가 원고에 대하여 위 공사대금 분배채무를 부담하지 않고 있었다고 할 것이다(위 공사기성금지분청구권은 이익분배청구권의 한 형태로서 피고가 도급인인 주식회사 대구종합무역센터로부터 그 공사기성금을 각 지급받은 때에 발생한다고 보아야 한다). 따라서 피고가 이를 수동채무로 하여서 상계권을 행사할 수 없다(상고기각).

1. 문제의 제기

대법원 판결(이하 대상판결이라 한다)은 구 회사정리법과 관련한 중요한 3가지 쟁점에 관하여 판시하고 있으나 유감스럽게도 첫 번째 판시를 잘못하는 바람에 순차적으로 나머지 2가지 쟁점에 대하여도 법리를 잘못 전개하는 과오를 범하고 말았다. 그 중 첫 번째와 두 번째 쟁점은 기존의 통설 및 파산부 실무와도 명백하게 어긋나는 것이고, 세 번째 쟁점은 반대설도 있으나 저자는 대법원 판결이유에 반대한다. 대상판결의 이유는 크게 3가지로 요약할 수 있다.

첫째, 보증인이 주채무자에 대하여 갖는 사후구상금채권은 정리절차개시 전에 발생한 정리채권이 아니다. 구 회사정리법 제110조는 보증인의 장래의 구상권(사전구상권)을 일반 정리채권으로 신고할 수 있음을 규정하고 있고 사후구상권에 관한 규정이 아니다.

둘째, 사후구상금채권은 구 회사정리법 제121조 제1항 제4호에 규정된 '전호에 게기한 것 외에 정리절차개시 후의 원인에 기하여 생긴 재산상의 청구권으로서 공익채권이 아닌 것'으로서 후순위정리채권에 해당된다.

셋째, 후순위정리채권을 자동채권으로 하는 상계가 허용된다.

대상판결이 판시한 내용은 구 회사정리법에 관한 것이지만 그 중 첫 번째와 두 번째 판시는 채무자회생 및 파산에 관한 법률("채무자회생법") 아래에서도 여전히 유효하므로 대상판결을 평석하는 것은 여전히 의미가 있다. 이하 각 판시 부분이 타당한지 여부를 순서에 따라 판단하기로 한다.

2. 事後求償權과 整理債權

가. 사후구상권과 사전구상권

(1) 사후구상권과 사전구상권의 법적 성질

민법 제441조 제1항은 "主債務者의 付託으로 保證人이 된 자가 過失없이 辨濟 기타의 出財로 主債務를 소멸하게 한 때에는 主債務者에 대하여 求償權이 있다"고 규정하고 있다. 민법에서는 공동채무에 있어서 채무자 상호간에 구상권의 행사는 전부의무를 부담하는 자의 1인이 먼저 자신의 출연을 통하여 채무를 변제함으로써 공동의 면책을 얻어야 하므로 사후구상이 원칙이다. 민법 제441조 제1항은 이러한 법리를 선언한 것이다.

그런데 예외적으로 민법 제442조 제1항 제2호는 주채무자에 대하여 파산선고가 있고, 파산절차에 채권자가 참가하지 않은 경우에 부탁을 받은 보증인에 한하여 예외적으로 미리 구상권의 행사를 허가하고 있으며 이를 사전구상권이라고 한다. 사전구상권은 현재의 권리이지 장래의 권리가 아니다.[3] 즉 보증인이 미리 채권자에게 채무를 변제하지 않더라도 즉시 주채무자에게 구상권을 행사할 수 있다는 의미이다.[4] 통설은 채무자의 부탁으로 보증인이 된 경우에는, 둘 사이의 관계는 위임관계이므로 위임사무처리 비용의 상환(민법 제687조, 제688조)에 준하여 규율하고, 채무자의 부탁없이 보증인이 된 경우에는 사무관리비용의 상환(민법 제739조)에 준하여 구상관계를 규정한 것이라고 기술하고 있다.[5] 주채무자가 파산하면 주채무자에게 최고를 하여도 채무 이행이 어려울 것이 명백하므로 보증인에게 최고의 항변권이 인정되지 않는다. 또한 파산선고로 인하여 주채무자에게 더 이상 변제자력이 없음이 명백하여졌으므로 보증인에게 검색의 항변권도 인정되지 않는다.

사전구상권과 사후구상권의 관계에 대하여는 학설이 대립한다.[6] 1개권리설은 수탁보증인의 구상권은 사전구상권이든 사후구상권이든 궁극의 목적과 사회적 효용이 동일하고, 위탁에 기하여 보증하였다는 하나의 사실로부터 발생하는 하나의 권리라고 설명한다. 별개권리설은 사전구상권과 사후구상권은 그 권리의 발생요건이 다르고 사전구상권에 대하여는 민법 제443조가 그에 고유한 항변권 및 권리소멸원인을 규정하고 있는 점에 비추어 양자는 별개의 권리라고 설명한다. 판례는 별개권리설의 입장이다.[7] 즉 수탁보증인의 사전구상권과 사후구상권은 그 종국적 목적과 사회적 효용을 같이하는 공통성을 가지고 있으나, 사후구상권은 보증인이 채무자에 갈음하여 변제 등 자신의 출연으로 채무를 소멸시켰다고 하는 사실에

---

3) 김정만, "도산절차상 현존액주의," 사법논집, 제52집, 법원도서관(2011), 164면.

4) 대법원 1981. 10. 6. 선고 80다2699 판결(공 1981, 14432)의 사안에 의하면, 보증인이 사전구상권에 기하여 주채무자의 재산에 대하여 경매를 신청하여 매각대금을 보증인이 수령하였다가 추가로 변제한 후 별도로 사후구상권을 행사하였다.

5) 곽윤직, 채권총칙, 박영사(2002), 200면; 我妻榮, 債權總論, 有斐閣(1964), 488면.

6) 일본의 학설의 현황에 대하여는 民法注解(X), 박영사(1992), 327면(박병대 집필부분).

7) 전게 대법원 80다2699 판결은 보증보험회사가 사전구상권을 행사하여 주채무자 소유의 담보물을 경매하여 경매배당금을 수령한 때로부터 사후구상권의 시효기간이 진행한다는 당사자의 주장을 배척하고, 보증인이 주채무자에 대하여 보험금을 지급하는 등 면책행위를 한 때로부터 새로이 사후구상권이 발생하여 이를 행사할 수 있는 때로부터 사후구상권의 소멸시효가 진행한다고 판시하였다. 대법원 1992. 9. 25. 선고 91다37553 판결 등(공 1992, 2984) 참조. 日本 最高裁判所 昭和 60. 2. 12. 판결도 면책행위로부터 기산한다고 판시하였다.

의하여 발생하는 것이고, 이에 대하여 사전구상권은 민법 제442조 제1항 소정의 사유나 약정으로 정한 일정한 사실에 의하여 발생하는 등 그 발생원인과 그 법적 성질을 달리하는 별개의 독립된 권리이고 따라서 그 소멸시효는 각각 별도로 진행된다고 판시하였다.

또한 사전구상채권에는 민법 제443조 소정의 면책청구의 항변권이 부착되어 있으므로 사전구상권을 자동채권으로 삼아 상계를 할 수 없으며 주채무자가 파산선고를 받더라도 마찬가지이다.[8] 수탁보증인이 주채무자의 파산선고 후에 채권자에게 변제를 함으로써 행사할 수 있게 된 사후구상권을 자동채권으로 상계를 하는 것은 파산절차에서도 가능하다.[9] 다만 비수탁보증인이 사후구상권을 자동채권으로 파산재단에 대하여 상계할 수 있는지에 관하여 일본의 최고재판소는 상계금지를 규정한 파산법 제72조 제1호(채무자회생법 제422조 제3호와 같다)[10]를 유추적용하여 이를 부정하였다.[11]

(2) 사전구상권과 사후구상권의 구상범위

수탁보증인이 민법 제442조에 의하여 사전구상권을 행사하는 경우 그 사전구상권의 범위에는 채무의 원본과 사전구상에 응할 때까지 이미 발생한 이자 및 기한 후의 지연손해금, 피할 수 없는 비용 기타의 손해액이 이에 포함된다.[12] 주채무인 원금에 대한 완제일까지의 지연손해금이나 수탁보증인이 아직 지출하지 아니한 금원 또는 면책비용에 대한 법정이자 및 그에 대한 지연손해금은 사전구상권의 범위에 포함될 수 없다.[13] 즉 주채무인 원금에 대하여 사전구상에 응할 때까지

---

8) 대법원 2001. 11. 13. 선고 2001다55222, 55239 판결(공 2002, 49).

9) 전병서, 도산법 제2판, 법문사(2007), 339면, 趙炳顯, "상계권의 행사," 破産法의 諸問題(下), 법원도서관(1999), 353면. 伊藤眞, 破産法・民事再生法(第2版) 有斐閣(2009), 377면. 中野貞一郎・道下徹 編, 基本法コンメンタール破産法 第二版(日本評論社, 1997), 163면은 보증인이 일부 변제한 경우 비율에 따라 구상권을 행사한다는 제26조 제2항에 기하여 파산채권을 대위행사하는 경우에는 상계가 금지된다고 하지만 보증인의 구상권을 고려하지 않고 파산채권만의 대위행사를 강조하는 것은 의문이다. 아래 주11의 일본 최고재판소 판결 참조.

10) 파산선고를 받은 채무자의 채무자가 파산선고 후에 타인의 파산채권을 취득한 때.

11) 日本 最高裁判所 平成 24. 5. 28. 판결. 그 이유로 만일 상계를 인정하게 되면 파산자의 의사나 법정원인과 무관계한 파산절차에서 우선적으로 취급되는 채권이 작출되어 비수탁보증인을 수탁보증인과 같이 해석하는 것이 곤란하다는 점을 들고 있다. 이 판결에 대한 해설로 岡正晶, "無委託保證人の事後求償權による相殺を破産法72條1項1호の類推適用により相殺不可," 金融法務事情 No. 1954, 65-72면 참조.

12) 대법원 2005. 11. 25. 선고 2004다66834, 66841 판결(공 2006, 25); 대법원 2002. 6. 11. 선고 2001다25504 판결; 대법원 1989. 9. 29. 선고 88다카10524 판결(공 1989, 1572).

13) 대법원 2004. 7. 9. 선고 2003다46758 판결(공 2004, 2315).

발생한 지연손해금은 사전구상권의 범위에 속하지만 사전구상금채권에 대한 지연손해금은 속하지 아니한다.

이에 반하여 수탁보증인의 사후구상권은 위에서 본 제한이 없으므로 면책된 날 이후의 법정이자 및 피할 수 없는 비용 기타 손해배상을 포함한다(민법 제441조 제2항, 제425조 제2항).

(3) 민법 제442조 제1항 제2호의 입법취지

입법취지는 만일 보증인에게 사전구상권의 행사를 불허하게 되면 배당이 완료되거나 파산절차 종료 후에 보증인이 변제를 하고 주채무자를 상대로 사후구상권을 행사하더라도 파산자가 면책을 주장하면 구상할 여지가 없기 때문에 보증인을 보호하기 위한 것이다. 그런데 이러한 입장에 있는 전부의무자는 보증인 뿐 아니라 연대채무자, 불가분채무자, 합동채무자도 포함되므로 파산법은 민법의 취지를 확대하여 수탁보증인 이외의 다른 전부의무자를 보호하기 위하여 그들이 갖는 장래의 구상권을 파산절차에서 행사할 수 있도록 허용하고 있다. 그리고 채무자회생법도 같은 취지의 규정을 두고 있다.[14]

민법 제442조 제1항 제2호는 주채무자에 대하여 파산선고가 된 경우에 관한 규정이고 주채무자에 대하여 회사정리절차가 개시된 경우에 관한 규정이 아니며 이에 관하여 별도의 규정은 민법에 없다. 다만 당사자 사이에 회사정리절차의 개시를 사전구상권을 행사요건으로 합의를 하는 것은 유효하다.[15] 민법 제442조 소정의 사전구상권은 물상보증인에 대하여는 인정되지 아니한다.[16]

나. 회사정리절차에 있어서 사후구상권의 취급

(1) 장래의 구상권의 의의

구 회사정리법 제110조 제1항은 "수인이 각각 전부의 이행을 할 의무를 지는 경우 그 전원 또는 그 중 수인이나 1인에 관하여 정리절차가 개시된 때에는 그

14) 채무자회생법 제126조 ① 여럿이 각각 전부의 이행을 하여야 하는 의무를 지는 경우 그 전원 또는 일부에 관하여 회생절차가 개시된 때에는 채권자는 회생절차개시 당시 가진 채권의 전액에 관하여 각 회생절차에서 회생채권자로서 그 권리를 행사할 수 있다. ③ 제1항의 경우에 채무자에 대하여 장래에 행사할 가능성이 있는 구상권을 가진 자는 그 전액에 관하여 회생절차에 참가할 수 있다. 다만, 채권자가 회생절차개시시에 가지는 채권 전액에 관하여 회생절차에 참가한 때에는 그러하지 아니하다.

15) 대법원 2005. 11. 25. 선고 2004다66834, 66841 판결(공 2006, 25)은 회사정리절차개시에 따라 보증인의 사전구상권을 취득하였다고 본 원심의 판단을 肯認하였다.

16) 日本 最高裁判所 平成 2. 12. 18. 판결.

자에 대하여 장래 행사하는 경우가 있을 구상권을 가진 자는 그 전액에 관하여 정리채권자로서 그 권리를 행사할 수 있다. 그러나 채권자가 그 채권의 전액에 관하여 정리채권자로서 그 권리를 행사한 때에는 그러하지 아니하다."라고 규정하였다. 동조에서 말하는 "장래의 구상권"이라 함은 수탁보증인의 사전구상권을 제외하고 비수탁보증인, 연대채무자 등과 같이 사전구상권을 갖고 있지 않는 전부의무를 부담하는 공동채무자[17]가 장차 갖게 되는 사후구상권을 장래의 구상권으로 인정하여 미리 회사정리절차에서 권리를 행사할 수 있도록 배려한 것이다. 물상보증인에 대하여는 별도로 같은 조 제3항을 두고 제1, 2항을 준용함으로써 장래의 구상권을 신고할 수 있음을 인정하고 있다.

파산실무는 연대채무자, 수탁보증인, 비수탁보증인 등이 장래의 청구권으로서 사후구상권을 신고하는 것이 보통이고, 수탁보증인이 사전구상권이라고 특정하여 신고하는 경우는 거의 없다. 사전구상권의 구상범위가 사후구상권보다 협소하므로 사전구상권을 행사하는 것이 불리할 뿐 아니라 별도로 사후구상권을 장래의 청구권으로서 신고할 수 있기 때문이다.[18]

(2) 수탁보증인의 사전구상권과 구 회사정리법 제110조

지금까지 민법상의 수탁보증인의 사전구상권에 관한 규정과 회사정리법상의 장래의 구상권의 관계에 대하여 세밀하게 구분하여 설명하고 있는 글은 많지 않다.[19] 대부분 학설은 파산법이 민법의 사전구상권의 조항(제442조 제1항 제2호)을 받아들여 비수탁보증인 등에게도 구상권 전액에 대하여 파산절차(또는 회사정리절차)에서 파산채권(또는 정리채권)으로 신고할 수 있다고 설명하고 있다.

종래 파산법학자들 사이에 민법 제442조 제1항 제2호의 사전구상권이 구 파산법 제18조(구 회사정리법 제110조 제1항)의 장래 구상권에 포함되는지 여부를 둘러싸고 논의가 있었다.[20]

먼저 일본에서는 민법상 수탁보증인에게 인정되는 사전구상권의 취지를 전부

---

17) 연대채무에 있어서는 연대채무자 상호간에 사전구상권은 인정되지 않는다. 양형우, "破產節次上의 連帶債務와 保證債務," 법조(2003. 11), 116면.

18) 그리하여 실무가들의 파산법상의 현존액주의에 관한 법리를 설명함에 있어서도 사후구상권을 전제로 하고 있다. 박재완, "현존액주의에 관하여," 회생과 파산 Vol. 1, 사법발전재단(2012), 41-87면.

19) 이 점을 명시적으로 언급한 글로는 金正晩, 앞의 글, 163-164면 참조.

20) 이 부분 논의는 회사갱생법에 관한 논의와 파산법에 관한 논의가 동일하며 파산법이 회사갱생법보다 먼저 입법되었으므로 편의상 파산법에 관한 논의에 한정한다.

의무자에게 확장한 것이라는 견해가 있다. 이 견해는 구 파산법 제18조의 장래구상권에는 사전구상권이 포함된 것으로 이해하고 있다.[21] 이에 반하여 수탁보증인 이외의 전부의무자가 갖는 사후구상권은 구 파산법 제18조(채무자회생법 제427조)의 장래의 청구권에 해당하므로 장래의 청구권은 파산절차에 참가할 수 있으므로 파산법 제18조는 당연한 규정이라는 견해가 대립하고 있다.[22]

우리나라에서도 구 파산법 제18조의 장래구상권에는 사전구상권과 사후구상권이 포함된 것으로 해석하는 견해가 있다.[23] 이에 반하여 민법상 사전구상권은 현재의 채권이고 사후구상권은 정지조건부채권으로서 서로 성질이 다른 점을 근거로 사후구상권만을 규율한다는 견해가 있다.[24]

생각하건대, 사전구상권은 그 권리가 보증인에게 보증계약과 동시에 현재의 권리로서 인정되는 것이고, 사후구상권은 보증계약체결시에는 보증채무를 현실로 변제하는 것을 조건으로 한 장래의 권리라는 점에서 차이가 있는 등 권리의 성립요건, 성립시기 및 소멸시효의 기산점을 달리하는 등 별개의 권리라는 점[25] 또한

21) 齊藤秀夫・麻上正信・林屋礼二 編, 注解破産法 第三版(上), 青林書院(1999), 155면; 中野貞一郎・道下徹 編, 基本法コンメンタール破産法 第二版(日本評論社, 1997), 59면; 加藤哲夫, 破産法(第五版), 弘文堂(2009), 278면 등. 이 학설은 민법의 사전구상권을 구 파산법 제26조에까지 확대하여 장래의 구상권을 파산채권으로 행사할 수 있도록 규정한 것으로 이해하고 있다.

22) 伊藤眞, 條解破產法, 弘文堂(2009), 723면은 구상권이 그것이 사후구상권이라도 파산채권에 해당하는 것을 명확하게 하여 그 행사를 쉽게 하기 위한 규정이라고 설명하고 있다.

23) 대법원 2002. 5. 10. 선고 2001다65519 판결은 회사정리법 제110조 제1항 본문의 규정은 다수당사자의 정리채권 중 특히 장래의 구상권에 관한 것으로서 이 사건과 같은 사안에서 전형적으로 적용되는 규정이고, 원고의 사전구상권의 근거가 원고 주장과 같은 민법 또는 개별약정에 따른 것이라고 하여 그 적용이 배제되는 것은 아니할 것이라고 판시하고 있다. 학설로는 임채웅, "倒產法상 將來의 請求權 및 求償權에 관한 硏究," 民事訴訟 Vol. 7-2, 한국사법행정학회(2003), 478면. "사견으로는, 파산법 등에서 말하는 장래의 구상권에는 사전구상권 및 사후구상권이 모두 포함된다고 생각한다. 그렇게 보지 않으면, 사전구상권을 취득한 경우, 채권자가 원래의 채권을 정리채권으로 신고하여 행사한 경우에도 사전구상권자가 그 구상권을 정리채권으로 신고하여 행사할 수 있다는 것이 되는데, 이러한 결과는 받아들이기 어려운 것이다." 전병서, 도산법 제2판, 법문사(2007), 184면은 채무자회생법 제430조 제1항 본문은 민법 제442조 제1항 제2호의 취지를 수탁보증인 이외에 전부의무자에 대하여도 확장한 것이라고 한다.

24) 박재완, 앞의 글, 303면. 김정만, 앞의 글, 163-164면. 이 견해에 의하면 법문상 장래 행사할 가능성이 있는 구상권이란 전부의무자가 도산절차개시 후에 변제할 것을 정지조건으로 하여 발생하는 사후구상권을 의미한다.

25) 일본 학설은 사전구상권은 독립하여 존재하지만 사후구상권을 보전하기 위한 목적에서만 성립한다고 한다. 森田修, 債權回收法講義, 有斐閣(2006), 263면. 국내 학설은 사전구상권은 사후구상권이 발생하더라도 소멸하지 아니하고 다만 양자는 보증이라는 목적을 갖는 것이므로 목적 달성으로 일방이 소멸하면 타방도 소멸하는 관계에 있을 뿐이고, 그 때까지는 서로 병존한다고 설명한다(郭潤直 編, 民法注解(X), 박영사(1992), 328면(박병대 집필부분)).

보증인의 사전구상권은 주채무자가 파산선고를 받은 경우에 수탁보증인에게만 예외적으로 인정되고, 비수탁보증인이나 다른 전부의무자(연대채무자), 물상보증인에게 인정되지 않는 점 및 당사자간에 별도의 약정이 없는 한 주채무자에 대하여 회사정리절차가 개시된 경우에는 적용되지 않는 점 등을 종합하면, 구 파산법 제21조의 장래구상권은 사후구상권만 한정하여 해석하는 견해에 찬동한다. 즉 구 파산법 제21조는 사후구상권이 파산채권에 해당한다는 것에 대하여 대상판결과 같이 오해할 것에 대비하여 당연한 내용을 확인한 것에 불과하다. 대법원 2002. 6. 11. 선고 2001다25504 판결은 채무의 원본에 대한 장래 도래할 이행기까지의 이자는 사전구상권의 범위에 포함될 수 없다고 할 것이나, 이 또한 파산법 제21조 제1항에 의한 장래의 구상권으로서 파산채권신고의 대상이 될 수 있다고 판시한 바 있다.

그러나 어느 학설에 의하더라도 비수탁보증인, 연대채무자와 같이 사전구상권이 인정되지 아니하는 전부의무자가 장차 파산선고 후에 채권자에게 변제하게 되면 행사할 수 있는 사후구상권을 미리 파산절차에서 신고할 수 있도록 한 것이 구 파산법 제21조이고, 구상권과 원채권은 법적으로는 별개의 권리라고 하더라도 경제적 실질은 동일하므로 파산절차에서 이중으로 행사되는 것을 막기 위한 장치로서 채권자가 파산선고시에 갖는 채권을 갖고 파산절차에 참가하는 경우에는 구상권자는 구상권을 파산채권으로 행사하지 못하도록 조정하여야 한다는 점에서 양 학설 모두 일치하고 있다. 그런데 대상판결은 이러한 학설들과 달리 새로운 입장을 취하여 구 회사정리법 제110조 제1항이 오직 사전구상권에 관한 규정이라고 판시한 것이다.

다. 소 결

대법원이 사후구상권이 아직 발생하지 아니하였으므로 정리채권이 아니라고 판시한 것은 잘못이다.[26] 더구나 구 회사정리법 제110조 제1항이 오직 사전구상권에 관한 규정이라고 판시한 것은 기존의 학설 및 전게 대법원 2001다25504 판결과도 어긋난다. 기존의 통설과 실무에 의하면 보증인이 회사정리절차개시 전의 시공보증계약 또는 하자보수보증계약에 기하여 회사정리절차개시 후에 그 보증채무를 이행함으로써 취득하게 되는 사후구상권은 "회사정리절차개시 전의 원인으

---

26) 同旨, 오민석, "建設會社의 回生節次에 관한 小考," 편집대표 고영한 · 강영호, 도산관계소송, 한국사법행정학회(2009); 서울중앙지방법원 파산부 실무연구회, 回生事件實務(上) 第3版, 博英社(2011), 429면.

로 생긴 재산상의 청구권"으로서 정리채권으로 취급하였다.[27] 참고로 대상판결과 유사하게 보증계약은 파산선고 전에 이루어지고, 변제는 파산선고 후에 이루어진 비수탁보증인의 구상권에 관하여 日本의 最高裁判所는 "비수탁보증인이라도 변제를 하면 법률의 규정에 따라 구상권이 발생하는 이상 보증인의 변제가 파산선고 후라도 보증계약이 주채무자의 파산선고 전에 체결되었다면 당해 청구권의 발생 기초가 되는 보증관계는 파산선고 전에 발생한 것이라 할 수 있으므로 당해 구상권은 파산채권으로 해석함이 상당하다"고 판시하였다.[28]

만일 대상판결의 법리를 채무자회생법 제 2 편의 회생절차에 적용한다고 가정하면 회생절차에서는 후순위회생채권의 개념이 없으므로 이 사건 사후구상권 채권은 개시후기타채권으로 취급될 것이다. 그러나 사후구상권은 성질상 회생채권임에도 이를 개시후기타채권으로 취급하는 것이 되어 이 역시 부당하다.[29]

3. 後順位整理債權의 意義

가. 후순위정리채권

구 회사정리법 제121조 소정의 후순위정리채권 중 개시 후의 이자 등에 관한 규정은 구 파산법 제37조 제 2 호[30]와 같은 취지에서 규정된 것이다. 그런데 대상판결이 언급한 구 회사정리법 제121조(후순위정리채권) 제 1 항 제 4 호[31]는 원래 구 파산법에 상응하는 규정이 없는 독자적인 규정이다. 개인인 파산자는 파산선고 후에도 불법행위나 신분상의 법률행위를 할 수 있으므로 이로 인하여 생긴 채권은 파산채권이 아니어서 면책의 대상도 아니고 따라서 파산절차 외에서 책임을 묻거나 앞으로의 신득재산에 대하여 강제집행할 수 있으므로 굳이 이러한 채권을 파산절차 내로 편입하여 규율할 필요가 없다. 그러나 회사는 비록 관리인이 선임되었다 하더라도 회사의 대표이사가 회사의 조직법상의 행위를 할 수 있고, 대표이사가 회사정리절차개시 후에 불법행위를 범할 수 있으므로 이러한 행위로 인하여 발생한 손해에 대한 상대방의 채권도 회사정리절차에서 취급을 할 필요가 있다.

---

27) 회생절차에 관한 설명으로 오민석, 앞의 글, 110면.
28) 日本 最高裁判所 平成 24. 5. 28. 판결.
29) 서울중앙지방법원 파산부 실무연구회, 앞의 책, 429면.
30) 파산선고 후의 불이행으로 인한 손해배상액 및 위약금.
31) '전호에 게기한 것 외에 정리절차개시 후의 원인에 기하여 생긴 재산상의 청구권으로서 공익채권이 아닌 것.'

그리하여 구 회사정리법 제121조 제1항 제4호의 예로서 들고 있는 사례는 ① 환어음의 발행인 또는 배서인인 정리회사에 대하여 회사정리절차가 개시된 경우에 지급인 또는 예비지급인이 회사정리절차개시 사실을 알면서 인수 또는 지불을 한 경우에 발생하는 지급인 또는 예비지급인의 청구권,[32] ② 회사정리절차개시 후에 발생한 정리회사의 조직법적 사단적 활동을 위하여 생긴 비용의 청구권 가운데 정리회사를 위하여 부득이 지출하지 않을 수 없는 비용의 청구권, ③ 회사정리절차 후에 정리회사(관리인이 아님)가 고의 또는 과실로 구 회사정리법 제56조에 위배하여 회사의 재산에 관하여 법률행위를 함으로써 손해를 입힌 경우에 상대방이 갖는 손해배상청구권 등을 그 예로 들고 있다.[33]

이러한 행위는 모두 회사정리절차개시 후에 발생한 권리이므로 정리채권이 아니다. 공익채권은 회사정리법에 특별히 정하여진 경우에만 해당하므로 이러한 채권은 공익채권에 관한 규정에서 열거한 채권에도 해당하지 아니하므로 공익채권도 아니다. 그러나 위에서 본 바와 같은 행위는 모두 회사에 관한 법률관계에 관한 것이므로 회사정리절차에서 다룰 필요가 있다. 그리하여 구 회사정리법은 이러한 채권을 후순위정리채권으로 취급하여 정리계획에서 의결권도 부여하지 않고, 회생계획안에서도 다른 정리채권자보다 불리하게 취급을 하였던 것이다.

나. 개시후기타채권

채무자회생법은 일본의 개정된 회사갱생법을 본받아 종전 후순위정리채권에 대한 개념을 없애고 후순위정리채권으로 규정되어 있던 권리들을 권리의 성질에 좇아 채무자회생법에 개별적으로 규정하였다. 즉 회생절차개시 후에 발생한 이자 등의 채권은 회생채권으로 취급하되 계획안에서 불리하게 취급할 수 있도록 하였

---

32) 이 경우 지급인 또는 예비지급인이 정리절차가 개시된 사실을 알지 못하고 또는 회사와의 자금관계상 아직 자금을 수령하기 전에 그 어음에 관하여 인수 또는 지급을 하였을 경우 인수인 또는 예비지급인의 회사에 대한 자금관계상의 청구권은 원래 절차개시 후의 원인에 기한 채권이므로 후순위정리채권이 될 것이다(宮脇幸彦 외, 注解會社更生法, 青林書院(1986), 372면). 그러나 회사정리법은 그와 같이 취급하면 지급인 또는 예비지급인 등이 인수, 지급 등을 할 때 신중한 조사를 하여야 되고, 수표의 유통을 해할 우려가 있어 지급인 또는 예비지급인이 취득한 채권을 정리채권으로 규정하였다(구 회사정리법 제105조 제1항). 만일 지급인 등이 악의로 지급하여 취득한 권리가 후순위정리채권이 된다는 것이 그 회사정리법 제121조 제1항 제4호의 법리이다.

33) 林采洪 · 白昌勳, 會社整理法(上), 司法行政學會(2002), 528면(강선명 집필부분); 韓國產業銀行, 會社整理法解說, 韓國產業銀行調査部(1982), 255면; 會社整理實務, 법원행정처(1985), 203면; 會社整理實務(改訂版), 서울地方法院(2002), 167면. 일본의 회사갱생법에 관한 해설도 같다. 兼子一-三ヶ月章 條解會社更生法(中), 弘文堂(1998), 473-475면.

다. 그리고 대상판결이 거론한 '회생절차개시 후의 원인에 기하여 생긴 재산상의 청구권으로서 공익채권이 아닌 것'에 대하여는 새로이 개시후기타채권이라는 개념을 인정하였다.[34] 개시후기타채권은 회생절차개시 후 회생계획으로 정하여진 변제기간이 만료하는 때까지 변제 등을 받을 수 없으며(채무자회생법 제181조 제1항), 회생절차 기간 중에는 가압류 등 강제집행도 금지된다(채무자회생법 제181조 제2항).

4. 後順位整理債權과 相計

앞에서 설명한 바와 같이 이 사건 사후구상권은 정리채권이지 후순위정리채권이 아니다. 그럼에도 대상판결이 이를 후순위정리채권으로 판시한 것은 잘못이다. 더 나아가 대상판결은 후순위정리채권을 자동채권으로 삼아 상계가 가능하다고 판시하였으므로 이 부분 판시가 타당한지 검토하기로 한다.

가. 후순위파산채권과 상계

파산절차에서 후순위파산채권을 자동채권으로 하는 것은 구 파산법에 의하여 금지되어 있다. 즉 상계에 공할 자동채권의 평가액은 파산선고시를 기준으로 한 금액이지만(구 파산법 제93조 제2항), 그 후순위파산채권 부분(구 파산법 제37조 제1항 제5호 내지 제7호)은 자동채권의 액수에서 공제된다(구 파산법 제93조 제1항). 따라서 기한부 이자부채권에 있어서 파산선고 후의 이자는 상계에 제공할 수 없다.[35] 따라서 상계에 제공할 수 있는 파산채권의 액은 파산채권 가운데 후순위 취급을 받는 부분을 제외한 금액으로 한정된다.[36] 파산선고 후의 이자는 후순위채권으로서 일반파산채권보다 열후적인 취급을 받아야 함에도 불구하고 상계를 통하여 우선적인 변제를 받는 것을 막기 위한 것이다.[37]

---

34) 채무자회생법 제181조 참조. 개시후기타채권에 대한 예로서는 구 회사정리법 제121조 제1항 제4호에서 설명한 내용과 같다.

35) 이상의 설명은 채무자회생법에서도 같다. 채무자회생법 제420조 제2항, 제446조 제1항 제5호 내지 제7호 참조.

36) 伊藤眞, 破産法·民事再生法(第2版) 有斐閣(2009), 362면; 永石一郎 編, Q&A 倒産實務における相殺の實務, 新日本法規(2005), 221면.

37) 伊藤眞, 앞의 책, 362-363면은 그 외에 이론상으로 상계권이 행사되면 자동채권 소멸의 효과가 파산선고시로 소급하기 때문에 파산선고 후에 이자가 발생할 여지가 없다는 점을 추가로 들고 있다. 이 견해는 파산선고 후의 이자가 별제권의 우선변제권에 포함되는 경우에도 별제권과 상계권은 별개라는 관점에서 상계를 부정하고 있다.

나. 후순위정리채권과 상계

회사정리절차에서 후순위정리채권을 자동채권으로 하는 상계는 가능한가? 대상판결은 근거를 자세히 설명하지 아니한 채 구 회사정리법 제162조(상계권) 제1항을 근거로 후순위정리채권자도 정리채권으로 신고 또는 추완신고를 하여 정리계획에 따라 변제를 받는 외에 일정한 요건 하에 상계권을 행사할 수 있다고 판시하고 있다.

서울중앙지방법원이 발간한 실무책자에 의하면 회생절차에서의 상계의 효과를 설명함에 있어 파산절차의 경우 일정한 범위의 후순위파산채권은 자동채권액에서 공제되지만(채무자회생법 제420조), 회생절차에서는 그러한 규정이 없으므로 공제되지 아니한다고 기술되어 있다.[38] 이는 마치 회생절차에서는 회생절차개시후에 발생한 이자채권을 자동채권으로 상계를 할 수 있다는 견해로 읽힌다.

생각하건대, 저자는 아래와 같은 이유로 개시결정 후의 이자 등 후순위정리채권에 기한 상계에 대하여 부정적이다.[39] ① 구 회사정리법이 명문으로 정리절차개시 후의 채권을 후순위정리채권으로 규정한 취지는 다른 정리채권보다 늦게 변제받도록 하려는 취지인바 그럼에도 불구하고 상계를 허용하게 되면 후순위정리채권에 대하여 완전한 변제를 받게 되어 다른 정리채권자와 형평에 어긋나게 되어 후순위로 정한 입법취지가 몰각된다. ② 파산절차나 회사정리절차 모두 채권자가 상계할 수 있는 요건을 엄격하게 제한하고 있는 등 원칙적으로 자동채권 및 수동채권의 요건이 제한되어 있다. ③ 파산채권자는 파산채권을 자동채권으로 상계함에 있어 파산절차 내에서 시기적 제한이 없음에도 불구하고 파산선고 후에 발생한 이자, 지연손해금 청구권에 대하여 상계를 금지하고 있음에 반하여, 회사정리절차에서는 상계를 행사하기 위하여는 채권신고기한까지 상계적상에 있어야 하고, 상계의 의사표시를 위 기한으로 제한하고 있어 설령 상계가 인정된다고 하더라도 회사정리절차개시 후 발생하는 후순위정리채권으로 자동채권이 될 수 있는 시적 범위는 개시 후 인가시까지로 한정되어 있다. ④ 상계의 담보적 기능이라 함은 상계권자가 수동채권(자신이 부담하는 채무)를 담보로 삼아 거래를 하는 경우에 발휘되는 것인데 개시 후 채권자는 수동채권과 무관하게 우연히 회생절차개시 후에 채권을 취득한 것으로 담보적 기능을 통한 상계의 기대권을 인정하기 어려우므로

---

38) 서울중앙지방법원 파산부 실무연구회, 앞의 책(주 26), 344-345면.

39) 同旨, 永石一郞 編, 앞의 책, 222면.

개시 후에 취득한 채권을 자동채권으로 삼아 상계하는 것은 전게 日本 最高裁判所 平成 24. 5. 28.과 같은 이유로 채권자간의 공평이라는 파산법의 원칙을 훼손하는 것이 된다.[40)]

이러한 입장은 후순위정리채권의 개념이 없어진 채무자회생법하의 회생절차에서도 마찬가지이다. 왜냐하면 채무자회생법은 회생절차에서도 개시 후의 이자에 대하여는 의결권을 부여하지 않고 있으며(제191조 제3호), 회생계획에서 다른 회생채권자보다 다르게 정하거나 차등을 둘 수 있으므로(제218조 제1항 제2호) 실무상으로도 회생채권자에 대한 회생절차개시 후 이자채권에 대하여는 이를 감면하거나 변제조건을 불리하게 정하고 있다.[41)]

5. 결 론

구 회사정리법 제110조는 보증인이 갖는 장래의 구상권(사후구상권)을 일반정리채권으로 신고할 수 있음을 규정하고 있음에도 대상판결이 동조항을 사전구상권에 관한 규정으로 한정하고 나아가 사후구상권에 관한 규정이 아니라고 단언한 것은 잘못이다. 그리고 보증인의 사후구상권은 구 회사정리법 제110조 소정의 장래의 구상권으로서 정리채권임에도 대상판결이 이를 후순위정리채권이라고 판시한 것은 더 큰 잘못이다. 확립된 실무, 통설 및 유사 선례에 의하면, 사후구상권이 보증계약과 동시에 성립한 조건부 채권으로서 장래의 청구권임에도 마치 회사정리절차 후에 발생하는 권리로 오해한 나머지 회사정리절차개시 후에 발생한 다른 권리를 회사정리법내에서 검색하여 본 후 마땅한 것을 발견하지 못하자 마지못해 제121조 제1항 제4호에 해당하는 후순위정리채권으로 판시한 오류를 범하였다. 그리고 후순위정리채권에 대하여 이유 설시없이 이를 자동채권으로 삼아 상

40) 영국 도산절차에서는 청산절차의 상계(liquidation setoff)와 재건절차의 상계(administration setoff)가 도산법에 별도의 권리로서 규정되어 있다. 후순위 약정은 첫째, 선순위채권이 완제되어야 비로소 후순위채권이 성립하는 경우(contingent debt subordination)와 후순위채권으로 성립하지만 선순위채권이 완제되어야 지불이 가능한 경우(payment subordination)로 분류되며 전자는 청산절차에서 상계가 금지되며 후자는 가능하다. 그러나 실무상으로 후자의 경우 후순위약정과 함께 채무자의 도산절차에 채권을 신고하지 않기로 하는 약정이 붙어 있으므로 상계가 되는 경우는 없다고 한다. 재건절차에서 후순위채권의 상계에 대하여는 아직 판례가 없으며 청산절차의 상계에 관한 원칙이 유추적용된다고 한다. 이상은 Look Chan Ho, SET-OFF, Insolvency R.60 August 2008. H10-08, H10-13 참조.

41) 서울중앙지방법원 2011회합34 LIG건설에 대한 회생계획안은 회생채권자의 개시 후 이자를 면제하고 있다.

계할 수 있다고 판시한 부분 역시 부당하다. 앞으로 3가지 쟁점에 대한 대법원의 판시 부분 모두에 관하여 조속히 폐기되기를 기대한다.

변호사 제43집, 서울지방변호사회(2013. 1), 82-100면 소재

한국의 워크아웃제도－회생절차와의 비교

1. 머 리 말

기업이 재무적 위기에 처했을 때에 기업을 정상화시킬 수 있는 방법으로는 첫째, 경영권을 유지하면서 신주를 발행하여 자본을 증가시키거나 금융기관으로부터 차입을 하여 유동성을 늘리는 방법, 둘째, 비수익 사업부문의 매각을 통해 자금을 확보하는 방법, 셋째, M&A를 통하여 경영권을 제3자에게 양도하는 방법 등이 있다.

그런데 위와 같은 방법이 신용불량 등으로 현실적으로 불가능하거나 시간적인 여유가 부족하여 실행할 수 없다면, 기업은 재무적 위기의 심화로 인해 기한이 도래하는 채무를 변제할 수 없게 된다. 이처럼 자금부족으로 인하여 채무를 제때에 변제하지 못하게 되면 모든 채권자들이 한꺼번에 기업의 전 재산에 대하여 담보권을 실행하거나 강제집행을 하게 되어 기업이 해체될 수밖에 없다.

하지만 일부 기업의 경우 급작스러운 외부 환경의 변화(공장의 화재, 외국환율의 급등 등)로 일시적으로 유동성이 부족한 상태에 빠진 것이라면 일정기간 채무의 감액을 받거나 또는 상환을 유예받고 인력감축, 유휴자산의 매각 등의 방법으로 채무상환 능력을 회복할 수 있다. 그렇게 함으로써 당해 기업의 존속 뿐 아니라 노동자의 실업, 하청업체의 도산, 金融梗塞을 방지하게 되어 사회, 경제적으로 도움이 된다.

이에 따라 세계 각국은 기업의 재건을 위한 법정절차와 사적인 워크아웃 절차로서 여러 가지 제도를 마련하고 있다. 미국은 연방파산법 제11장과 법정외의

워크아웃[1] 제도를 운영하고 있으며, 일본은 會社更生法과 民事再生法 외에 2001년 私的整理に關するカイトラインを 制定하였으며, 2008년 한시법으로 「産業活力の再生及び産業活動の革新に關する特別措置法」(略稱 "産活法")을 제정하여 동법에 근거하여 事業再生ADR절차 등이 사용되고 있다.[2]

한국은 「채무자 회생 및 파산에 관한 법률」(이하 "채무자회생법")에 따른 회생절차[3]와 「기업구조조정촉진법」(이하 "기촉법")에 따른 워크아웃(관리절차)[4]의 두 가지를 마련하고 있다. 기촉법은 1997년 경제위기 이후에 대기업에 대한 워크아웃에 사용되었던 구 기업구조조정협약[5]을 법제화한 것이다. 기촉법은 3번에 걸쳐 한시법의 모습으로 등장하였다. 제1차 기촉법은 2001. 8. 14.~2005. 12. 31. 시행되었고, 제2차 기촉법은 2007. 11. 4.~2010. 12. 31. 시행되었으며[6] 현재 시행되는 기촉법은 2011. 5. 19.~2013. 12. 31. 시행될 예정이다.[7] 2013년 정부는 기촉법의

1) 미국에서는 한국, 일본과 달리 주거래은행이라는 개념이 없으며 기업에 대한 워크아웃은 주로 신디케이트론에 참가한 은행들(대주)와 기업(차주)간에 협상을 통하여 이루어지며 다만 간사은행(leading bank)을 정하여 간사은행이 차주와 재무조건의 개선에 관하여 합의를 한다. 워크아웃이 개시되는 계기는 차주가 돈을 빌리면서 약속한 조건을 정한 재무제한조항을 위배하게 되는 경우에 대주에게 그 조항의 완화를 요청하는 데서 비롯된다. 워크아웃을 할 것인지를 결정하는 가장 중요한 요소는 채무자가 Ch 11 절차로 가는 경우에 채권자가 얻을 수 있는 이익과 워크아웃을 통하여 얻을 수 있는 이익의 비교라고 한다. 워크아웃이 중도에 실패하여 Ch 11 절차로 가는 경우에 대비하여 종전에 양보하였던 권리내용을 다시 워크아웃 이전의 상태로 돌려놓는 이른바 claw back 조항이 중요한 기능을 한다. 이상 미국의 워크아웃 개요에 대하여 堀內秀晃·森 倫洋·宮崎信太郞·柳田一宏, アメリカ事業再生の實務, 金融財政事情硏究會(2010), 262-284면 참조.

2) 日本의 法廷外 債務整理에 관하여는 福岡眞之介, "日本のおける法廷外債務整理," 동아시아 재건심포지엄(2010), 125-134면 참조.

3) 과거 개인의 재건제도는 오직 화의법에 의하여, 주식회사는 회사정리법에 의하여 규율되었는데 화의절차에서는 담보권자의 권리를 제한할 수 없었기 때문에 화의절차를 통한 재건이 제대로 이루어지 아니하였다. 채무자회생법은 주식회사 뿐 아니라 개인, 법인, 회사 등 모든 법인격체에 대하여 미국 연방 파산법 제11장과 같이 담보권자의 권리도 제한할 수 있는 재건절차를 도입하였다.

4) 기촉법에는 관리절차라는 용어가 사용되고 있으나 판례는 기촉법에 근거하는 절차를 총칭하여 기업개선작업 또는 워크아웃이라는 표현을 사용하고 있다. 이 글에서도 위 세 단어를 같은 의미로 사용한다.

5) 1997년 금융위기 당시 기업구조조정위원회가 제정한 협약(일명 Work-out 협약)으로 위 협약하에서 제정된 각종 구조조정내용들이 기촉법에 반영되고 현재 각종 워크아웃의 토대가 되었다. 2001년 기촉법 제정 당시를 기준으로 약 140개의 기업에 대하여 이 협약에 의하여 워크아웃이 진행되었다.

6) 제2차 기촉법에 대한 주요 쟁점에 대한 설명 및 평가에 관한 글로는 정규상, "기업구조조정촉진법의 실무상 중 쟁점," BFL 제34호(2009), 31-45면.

7) 2011년 기준으로 기촉법 시행 후 총 161개 업체가 기촉법의 적용을 받았으며 그 중 64개 업체가 워크아웃을 종결(졸업)하고, 21개 업체가 중단, 76개 업체가 진행중이라고 한다. 업종으로는 건설업이 37개, 조선·해운업이 11개, 금속·전기전자업이 42개, 기타 업종이 71개

만료시한을 연장하려고 논의 중이다.

기촉법이 한시법으로 여러 번 입법되는 이유는 1997년 아시아 금융위기 및 2007년 리만브라더스의 파산 이후 장기적인 불황이 계속되는 바람에, 법률에 근거하지 않고서는 채권단간의 협의 부족과 이해상충으로 법적인 근거 없는 단순한 사적 워크아웃만으로는 기업구조조정이 제대로 이루어지지 않기 때문에 어느 정도 정부의 간섭을 허용하더라도 법제화하려는 현실적인 필요성이 컸기 때문이다. 한편으로 기촉법이 영구법이 되지 못하는 이유는 기촉법의 일부 조항이 헌법에 위배된다는 법조계의 계속된 비판 때문이다.[8)]

한국에서는 부채규모를 기준으로 금융기관의 신용공여액이 500억 원 이상인 기업[9)]에 대하여는 기촉법에 의하여, 500억 원 미만인 기업에 대하여는 채권은행협의회운영협약(약칭 "채권은행협약")[10)]에 의하여, 건설회사 및 시행사에 대하여는 대주단협의회운영협약(약칭 대주단협약)[11)]을, 신용위험평가 B 등급의 중소기업에 대하여는 중소기업 Fast-Track 프로그램 공동운영지침,[12)] 자율협약[13)] 등 다양한 워

이다. 李尙珍, "한국의 채무자 구제제도-법정외 절차를 중심으로," 도산법연구 제 2 권 제 1 호 (2011), 189-190면.

8) 서울고등법원 2005. 4. 26.자 2004나68399 위헌제청결정. 사안은 현대건설(주)의 주채권은행이 제 1 차 기촉법에 기하여 채권금융기관협의회를 소집한 후 현대건설이 발행한 사채를 매입한 피고들에 대하여 사채액수의 96%에 해당하는 금원을 출자전환하도록 결의하였다. 피고가 이에 반대하자 원고가 피고를 상대로 출자전환 이행의 소를 제기하였다. 당시 법원은 채권재조정에 관한 제17조와, 협의회의 의결방법 및 의결사항에 대하여 이행의무를 규정한 제27조가 헌법에 위배된다는 취지로 위헌제청신청을 하였다. 그러나 아쉽게도 원고가 소를 취하함으로써 헌법재판소의 판단을 받아보지 못하고 말았다. 구체적인 위헌 이유로서 좌담회, 기업구조조정촉진법의 문제점과 개선방향, 선진상사법률연구 통권 제51호(2010), 김정만 부장판사 발언 7-10면은 자본주의시장경제질서 및 사유재산제도와 사적자치원칙의 위배, 평등의 원칙, 적법절차 보장원칙, 사법적 구제수단 보장원칙의 위배를 들고 있다.

9) 한국에 금융기관 부채 500억 원이 넘는 규모의 기업은 약 1,800개 정도이고 그 중 신용등급 C, D 등급을 받는 기업은 약 40개 정도라고 한다(2013. 7. 8.자 조선일보 제 1 면). 기촉법 대상 기업에 대하여는 주거래은행이 신용평가를 기본평가와 세부평가로 나누어 연 2회 실시한다. 금융감독원은 각 은행의 평가 결과를 집계하여 발표한다.

10) 2001. 6. 최초 체결된 중소기업을 위한 협약이다. 은행 외에 신용보증기금, 기술신용보증기금, 무역보험공사, 중소기업진흥공단이 참여하고 있으나 외국은행의 국내지점, 서울보증보험, 저축은행, 보험사 등은 제외된다.

11) 일시적으로 유동성이 부족한 정상적인 건설업을 대상으로 하는 것으로 2011. 12. 현재 은행, 주택금융공사 등 171개 기관이 가입하였다. 주채권은행이 지원대상기업을 선정하고 채권행사 유예를 요청하면 가입금융기관은 채권행사를 유예하여야 한다.

12) 주로 KIKO 문제를 해결하기 위하여 제정된 것으로 KIKO 손실이 있는 대기업에 적용됨. KIKO라 함은 Knock-in, Knock-out의 준말로서 환위험 회피를 위한 통화option 계약이다. 2008년 하반기에 미국 달러화의 환율이 급격하게 상승하는 바람에 위 계약을 체결한 기업이 대규모 손실을 입어 도산하게 되었다.

13) 기촉법을 적용하기에는 규모가 적은 업체별로 특정기업(조선, 해운회사)의 채권금융기관

크아웃 프로그램이 있다.14)

이 글에서는 워크아웃을 법제화한 기촉법이 제정된 경위(2) 및 기촉법과 채무자회생법과의 관계(3), 기촉법의 내용을 회생절차와 비교하여 설명한다(4).15) 끝으로 기촉법의 功過에 대하여 평가하기로 한다(5).

2. 기촉법의 제정 경위 및 배경

1997년 아시아 금융위기가 발발하자 한국은 유례없는 기업구조조정을 할 수밖에 없게 되었다. 대기업 뿐 아니라 금융기관까지 도산하였다. 정부는 IMF, World Bank 등으로부터 구제금융을 받으면서 금융위기를 모면하였고, 그 과정에서 기존의 파산법 체계만으로는 기업의 퇴출 및 구조조정을 효율적으로 수행할 수 없다고 판단하여 구 회사정리법 등을 통합하는 단일한 도산법을 제정하고, 회사의 지배구조를 바꾸는 상법 등 법령 정비 작업과 병행하여 워크아웃을 통한 기업구조조정을 입법화하는 작업을 추진하였다.16)

정부가 밝힌 2001년 기촉법의 제정 이유는 다음과 같다. 즉 기업구조조정은 가장 큰 이해관계자인 채권금융기관이 중심이 되어 시장원리에 의해 자율적 합의를 바탕으로 이루어져야 하는데, 합리적으로 이해조정을 하는 시장관행이 부족하여 채권금융기관간에 자율적인 합의를 이루기 어렵고, 구조조정과정에 참여하여 손실을 함께 부담하기보다는 無賃乘車(free-riding)를 하려는 기관이기주의가 사라지지 않고 있으며 부실위험을 조기에 인지하고 정상화의 가능성이 없는 기업을 신속히 정리하는 사전 사후 관리체제가 미흡하다. 한국의 경우 시장경험도 충분하지 아니할 뿐 아니라 신속히 기업구조개혁을 추진할 상황이므로 법률을 제정함으로써 채권금융기관을 중심으로 한 투명한 추진체계와 명확한 규율을 定立함으로써 상시적 구조조정 시스템을 정착시키기 위함이다.17)

등이 자율적으로 개별협약을 제정하는 해당기업에 적용한다.

14) 이상의 각종 협약에 대한 설명으로는 조규홍, "현행 기업구조조정촉진법에 따른 워크아웃 실무," BFL 제53호(2012), 45면 참조.

15) 기촉법에 관한 판례를 소개한 글로는 盧泰嶽, "기업구조조정 관련 최근 판례의 동향," BFL 제38호(2009), 76-80면.

16) 기촉법의 입법과정과 기업퇴출에 대한 정부의 인식을 비판하고 기촉법의 문제점을 비판한 글로 吳守根, "기업구조조정촉진법 비판," 법학논집(2001), 283-308면.

17) 기업구조조정촉진법관련 질의 응답 자료, 2001. 6.(미공간). 이 자료는 정부가 입법을 추진하면서 국회 등에 참고자료로 제공한 것으로 공간되지는 아니하였으나 당시의 입법 이유를 소상히 설명하고 있다. 이하 "질의 응답 자료"로 표기한다.

기촉법 제정 전에 사용하던 기업구조조정협약[18]에 의하면 협약가입기관이 금융기관에 한정되었으나 가입이 강제되지 아니하여 비가입 금융기관의 채권액이 다액인 경우 무임승차 등의 문제점이 발생하였다. 제1차 기촉법은 원칙적으로 모든 채권금융기관이 반드시 채권단협의회의 구성원으로 의무적으로 참여하도록 함으로써 무임승차를 防止하였다. 나아가 상호저축은행 및 증권회사를 포함한 국내 모든 금융기관 외에 외국은행의 국내지점, 예금보험공사, 자산관리공사(KAMCO), 유동화회사, 보험회사 등을 대상으로 삼음으로써 적용대상기관을 확대하였다.[19]

기촉법은 구조조정대상 기업에 대한 신규자금에 대하여 우선변제권 제도를 신설하였다. 구조조정대상 기업의 경영상황에 대한 사후관리제도를 도입하였다. 기업구조조정협약에 의하면 반대채권자가 협의회를 탈퇴하거나 의결사항의 불이행이 가능하였으나 기촉법은 반대채권자에 대하여는 채권매수청구권을 부여함으로써 반대채권자가 협의회로부터 탈퇴가 가능하도록(제20조)[20] 하는 대신에 의결사항의 불이행에 대하여 법률상 손해배상 책임을 규정하였다(제21조). 설령 금융기관이 결의안에 반대하더라도 협의회의 결의 및 채무자 회사와의 약정의 구속력이 반대한 금융기관에도 미치도록 한 것이다.[21] 기촉법의 구성원이 채무자 회사에 대하여 갖는 채권이나 출자전환된 주식을 기촉법의 비구성원으로부터 기촉법의 규정에 따른다는 확약서를 받고 비구성원에게 매각하는 것은 기촉법이 허용하고 있다(제15조 제4항). 만일 확약서를 받지 않고 매각하는 경우를 대비하여 운영위원회 결의 등에서 위약금을 미리 정하는 것이 보통이다. 실제 매각대금이 아니라 출자전환된 금액을 기준으로 50%를 손해배상액의 예정으로 정한 사례에서 법원은 위약금의 감액 주장을 배척하였다.[22]

---

18) 1998. 6. 25. 국내 210개 금유기관들이 사적합의에 의한 임의적 구조조정을 하기로 하는 계약을 말한다.

19) 그러나 자산유동화에 관한 법률에 의한 감독을 받지 않는 상법상의 유동화 회사, 새마을금고, 지역단위 농협, 각종 공제회(군인공제회 등)는 구성원이 아니다.

20) 반대채권자의 채권매수청구권의 행사기한으로 의결일로부터 7일 이내로 정한 규정(현행 기촉법 제20조)은 강행규정으로 보고 있다(기업구조조정관련 질의응답 모음, 채권금융기관조정위원회 사무국(2010), 18면). 실무상 탈퇴하는 경우는 많지 않으며 주로 대출채권의 비율이 낮은 금융기관들이 반대채권을 행사한다. 주거래은행 등 채권보유 비율이 높은 은행이 채권매수청구권을 행사하는 경우는 없다. 일단 채권매수청구권을 행사하면 매입대상 채권의 청산가치를 기준으로 매수가액을 정하게 되므로 반대채권을 행사하는 채권자에게 불리한 것이 보통이다. 그럼에도 불구하고 채권매수청구권을 강행하는 이유는 신규자금의 결정과 그로 인하여 자신에게 배당된 금원을 갹출하는 것에 반대하기 때문이다.

21) 장상균, "기업개선작업 중단의 효과," 대법원판례해설 제67호(2008), 111면.

22) 서울고등법원 2006. 10. 26. 선고 2006나8360 판결.

판례에 의하면 기촉법이 시행되기 이전에 기촉법의 구성원이 아니였던 상호저축은행이 개별적으로 채무자 기업과 개별약정을 체결하였다가 기촉법이 시행된 후 상호저축은행이 새로이 채권금융기관협의회의 구성원이 되고 그 구성원이 참여한 협의회에서 상호저축은행의 채권에 대하여도 기촉법 시행 이전에 이미 협의회에서 의결한 대로 변제기를 유예하기로 의결하였다면 상호저축은행이 반대하였더라도 반대채권자로서 매수청구권을 행사하지 아니한 이상 개별적인 채권재조정계약에 따라 변형되었던 상호저축은행의 채권은 나머지 채권액에 관하여 그 의결내용에 따라 다시 변형된다고 보아야 한다.[23]

3. 기촉법과 채무자회생법과의 관계

(1) 기촉법 제3조의 규정

현행 기촉법 제3조는 "이 법은 기업구조조정 등에 관하여 규정하고 있는 다른 법률(채무자 회생 및 파산에 관한 법률은 제외한다)에 우선하여 적용한다"고 규정하고 있다. ( ) 부분은 1, 2차 구 기촉법에는 없던 것으로 새로이 추가된 내용이다. 기촉법 제정 당시부터 파산법, 회사정리법, 화의법과 상충되는 것이 아닌가 하는 점에 대한 논의가 있었다.

이에 대하여 정부는 기촉법에 의한 워크아웃은 채권금융기관의 주도로 이루어지는 것이고 회사정리절차는 법원의 주도로 이루어지는 것으로 구분될 뿐 아니라 워크아웃은 법정도산절차보다 앞선 단계에서 구조조정을 규율하는 것으로 기촉법이 법정도산절차를 보완하는 측면이 있다고 설명하였다.[24]

그런데 제1차 기촉법이 마치 기촉법이 채무자회생법보다 우선하는 듯한 표현을 사용함으로써 오해를 초래하였다. 기촉법에 기한 관리절차가 종료되거나 중

---

23) 대법원 2007. 4. 26. 선고 2004다27600 판결(공 2007, 751). 이 사건의 사실관계 및 주장의 요지는, 원심은 원고(남양상호저축은행)이 피고(대우통신)과 사이에 기촉법이 시행되기 전에 개별약정을 통하여 변제기를 2002. 7. 31.로 유예하였는데 기촉법 시행(2001. 9. 15) 후 그 변제기가 도래하였으므로 대출잔여금의 지급을 구한 사안에서 피고가 기촉법 시행 후 채권금융기관협의회의 결의에 따라 원고에 대한 채권의 변제기가 2004. 12. 31.로 연장되었다고 다투었다. 원심은 분할상환약정이 경영관리단에 의하여 이루어졌는바 경영관리단의 행위는 기촉법 부칙 제3조에 따라 기촉법에 의한 채권금융기관협의회의 행위로서 유효하다고 보아 피고의 항변을 배척하였다. 그러나 대법원은 이 사건 개별약정은 협의회가 주채권은행을 중심으로 추진한 기업구조조정개선작업의 틀 밖에서 피고와 사이에 체결된 개별적인 약정에 불과하다고 보아 부칙 제3조에 해당하지 아니한다고 보았다.

24) 질의 응답 자료(주 17), 10면.

도에 실패로 중단되어 파산 또는 회생절차로 진행되는 경우에 관리절차 중에 이루어진 편파적인 변제행위라도 채무자회생법에서도 그 효력이 인정되는지가 문제가 될 수 있다. 실제로 제1차 기촉법에서 이루어진 변제행위를 기업에 대한 파산선고 후 파산관재인이 부인할 수 있는지가 다루어진 사건이 있었다. 아래에서 보듯이 채권금융기관은 기촉법이 우선하므로 부인권에 관한 채무자회생법을 적용할 수 없다고 다투었다.

⑵ 워크아웃 기간 중의 편파적인 변제행위와 파산관재인의 부인권행사

(a) 사안의 내용

기업(D)에 대하여 파산선고(2008. 2. 26)가 되자 D의 파산관재인이 워크아웃 기간 동안 특정 채권자에 대한 변제행위(2007. 12. 14)에 대하여 부인권을 행사하였다.[25] 위 사건에서 변제를 받은 피고 은행은 첫째, 구 기촉법 제3조를 근거로 기촉법의 적용을 받는 D의 기업구조개선작업의 일환으로 이루어진 변제에 대하여 채무자회생법상 부인권 행사는 배제된다. 둘째, D가 발행한 회사채를 K(종합금융회사)가 보증하였다가 나중에 파산하였는데 채권금융기관협의회가 피고로 하여금 회사채의 변제기를 유예하는 대신에 K에 대한 파산채권의 申告를 하지 않고 K에 대한 파산절차에서 최후배당이 이루어지면 그 때를 기준으로 산정한 배당금을 D로부터 받기로 합의하였는데,[26] D에 대한 파산신청일까지 K의 파산절차가 종결되지 아니하므로 채권금융기관 운영위원회가 2007. 10.말을 기준으로 산정한 배당금에 상당하는 금액을 D로부터 상환받기로 적법한 결의에 이루어진 것으로 행위의 유해성이 없으며 오히려 상당성이 있는 행위이므로 부인권의 대상이 될 수 없다고 다투었다.

---

25) 변제행위가 파산신청일(2008. 1. 10)로부터 역산하여 60일 이내에 이루어진 것으로서 채무자회생법 제391조 제3호의 부인사유(이른바 非本旨行爲에 대한 危機否認)에 해당 여부가 쟁점이 되었다.

26) 기촉법 시행 전에 종금사는 채권금융기관협의회의 구성원이 아니었다. 부실징후기업이 발행한 회사채를 종금사의 보증하에 은행이 인수하였다가 종금사가 파산한 경우 워크아웃의 실무는 일단 파산한 종금사에 대하여 파산채권신고를 하지 않는다. 만일 신고를 하여 배당을 받게 되면 보증인이 주채무자인 부실징후기업에 대하여 구상권을 행사하게 되어 기업개선작업의 수행에 지장을 초래하기 때문이다. 대신에 부실징후기업이 종금사에 대한 파산절차에서 배당이 실시되는 시점에서 부실징후기업이 회사채 소지인인 은행에 대하여 우선상환하도록 하고 있다. 이성규, 워크아웃해설(기업구조조정위원회), 736면 참조. 해태제과에 대한 워크아웃에서도 이러한 방법이 사용되었다. 서울고등법원 2006. 7. 13. 선고 2005나69221 판결(대법원 2006. 11. 24. 선고 2006다50123 판결, 심리불속행) 참조.

(b) 법원의 판단

대법원은 기촉법에 근거하는 기업개선작업은 재무적 곤경에 처했으나 경제적으로는 회생가능성이 있는 기업을 대상으로 채권단과 당해 기업이 협력하여 재무구조와 사업구조를 조정함으로써 기업회생과 채권회수 증대를 꾀하는 일련의 과정으로서 민법상 화해계약에 유사한 성질을 갖는 사적 정리절차인바, 원칙적으로 채권금융기관협의회의 구성원에게만 그 약정에 따른 채권재조정 등 권리변경의 효력이 미치는 점에서 기촉법 제3조가 채권금융기관 뿐만 아니라 상거래채권자 등 모든 파산채권을 법원이 관여하는 법정 정리절차에서 집단적으로 취급하는 채무자회생법에 관한 법률상 파산절차 중 채권자평등을 주된 목적으로 하는 부인권 규정을 배제한다고 볼 수 없다고 판시하였다.[27]

다음으로 비본지 행위에 대한 위기부인의 주장에 대하여 피고로서는 K에 대한 파산절차의 최후배당 시점에서야 조기상환청구권을 행사할 수 있으므로 D는 그 이전에는 조기상환청구권의 행사에 따른 상환금을 지급할 법률상 의무가 없고, 조기상환청구권의 변제기가 도래하지 않은 이상 D회사가 그 변제기 이전에 이 사건 변제를 한 행위는 시기적으로 D회사의 의무에 속하지 아니하는 행위에 해당하므로 이 사건 변제는 비본지 행위로서 부인의 대상이 된다고 판시하였다.

(c) 평　　가

기촉법이 채무자회생법과 다른 점은 기촉법의 적용을 받는 채무자와 채권자의 범위가 다르고 법원의 관여없이 채권자들간의 협약에 의하여 기업의 구조조정이 이루어진다는 것이다. 그렇다고 하여 기촉법이 적용된 기업에 대하여 그 후 파산절차 등이 개시된 경우에 채무자회생법의 적용을 배제할 이유는 없는 것이므로 판례의 입장은 타당하다.[28]

위 사건에서 만일 피고에 대한 변제일로부터 60일이 지난 후에 D에 대하여 파산신청을 하였더라면 부인권의 대상이 되기 어려울 수 있었으나 운영위원회가

---

27) 대법원 2010. 6. 10. 선고 2010다6024 판결(미공간). 이 점에 관하여는 제1,2심도 견해를 같이 하였다.

28) 박용석·최복기·김영근, "기업구조조정 실무에서의 부인 관련 문제점," BFL 제53호(2012), 21-41면은 기업구조조정에서 부인권이 문제되는 구체적 사례로 적정가격에 의한 부동산 매각, 구제금융을 받기 위한 담보 제공, 會社分割 등에 관하여 검토하고 있는바 기업구조조정 과정에서 이루어졌다는 이유만으로 유해성이 부정되거나 상당성이 인정된다는 입장을 취하고 있지 않고 채무자회생법의 부인요건을 검토하여 결론을 내리고 있다.

파산신청에 앞서 운영위원회 소속 금융기관만 먼저 변제받기 위해서 금융기관채권자협의회를 거치지 않고 운영위원회의 결의만 거치고 60일의 기간을 고려하지 않은 채 파산신청을 하였던 것이 잘못이었다.

판례[29]는 부실징후를 보이는 기업에 대해 채권금융기관 사이에 당해 기업의 자회사와 주요 부동산을 매각하고 그 매각이 완료되는 즉시 청산절차에 착수하는 내용의 기업개선약정이 체결되었다고 하여 그 기업이 바로 지급불능 또는 지급정지 상태에 빠졌다고 보기 어렵다는 입장이므로 기업개선약정 직전에 이루어진 변제행위는 위기부인의 대상이 될 수 없다.

4. 기촉법상의 워크아웃 절차 개관

(1) 회생절차와 워크아웃의 의의

회생절차는 채무자회생법 제 2 편에 규정되어 있으며 회생절차의 개시를 통하여 담보권자를 포함한 모든 채권자들의 채권행사를 중지시킨 후 채권의 감면, 변제기의 유예, 출자전환 등을 내용으로 하는 구조조정 계획을 수립하고 이에 대하여 회생담보권자, 회생채권자, 주주조의 법정동의율에 따른 동의를 받고 법원이 공정형평 및 수행가능성을 심사하여 인가결정이라는 재판을 함으로써 기업의 채무재조정 및 구조조정을 꾀하는 제도로서, 법원에 의하여 관장되는 법정 재건절차이다. 기본적인 구조는 日本의 會社更生法, 미국의 연방파산법 제11장과 유사하다. 즉 이해관계인들의 동의와 법원의 재판이라는 이중구조를 통하여 구조조정을 수행하는 것이다.

이에 반하여 워크아웃 절차 또는 기업구조조정 절차라 함은 금융기관들 사이에 사적정리에 관한 사전합의인 기업구조조정 협약과 주채권은행과 개별 기업과의 합의인 기업개선작업약정에 터잡아 이루어지는 절차이다. 즉 먼저 채권금융기간들 사이에 장차 부실기업이 발생하면 채권금융기관들로 구성된 협의회[30]를 소

29) 대법원 2009. 12. 10. 선고 2009다53802 판결, 2001. 6. 29. 선고 2000다63554 판결(공 2001, 1727) 등 다수.

30) 채권금융기관협의회가 독립된 법인격체인지 단순한 회의체에 불과한지에 관하여 살펴보면 실무는 회생절차의 채권자협의회에 대하여 독립한 법인격을 부여하지 않고 있다. 이에 반하여 기촉법에 의하여 구성된 하이닉스반도체의 채권금융기관협의회를 비법인 사단으로 주채권은행을 그 대표자로 본 하급심 판결(서울중앙지방법원 2005. 12. 1. 선고 2004가합108443 판결)이 있으나 협의회는 특정 채무자를 위한 구조조정을 위하여 임시적으로 성립한 것으로 기촉법은 협의회를 의결기관으로 규정하고 있을 뿐 협의회의 권한과 의무를 규정하고 있지

집하여 채권액 기준 3/4 이상의 채권을 보유한 채권금융기관의 찬성으로 기업개선작업안을 의결한 후, 다음으로 의결내용의 이행을 위하여 주채권은행(전담은행)이 협의회 소속 다른 채권금융기관들의 대리인 겸 본인으로서 채무자인 특정기업과 개별적으로 기업개선약정을 체결하여 그 약정에 따른 구조조정을 수행하기로 하는 기업구조조정협약을 체결한다. 실제로 부실기업이 발생하면 부실기업과 기업개선약정을 체결한다. 판례는 이 중 주거래은행과 채무자 기업간에 체결되는 기업개선약정의 법적 성질을 일종의 사적 정리에 관한 사전합의로서 민법상 화해계약에 유사한 성질을 갖는 것으로 보고 있다.[31] 기촉법은 이러한 워크아웃을 법제화한 것이다.

전담은행은 기업개선작업 관련 업무에 대하여 채권금융기관을 위한 선량한 관리자로서의 주의의무를 부담한다. 판례에 의하면, 전담은행은 채권금융기관으로부터 채권을 신고받아 적절한 평가를 통해 담보 채권액과 무담보 채권액을 구분하며, 변제나 상계 등으로 변동된 내역을 반영하여 채권금융기관별 채권액과 그에 따른 의결권을 결정한다. 그 과정에서 대상 기업이 채권금융기관이 신고한 채권에 대하여 상계 의사표시를 통지하였고 전담은행이 상계가 정당한 것으로 인정하고 채권금융기관이 신고한 채권액을 상계에 따라 감축된 것으로 보아 기업개선작업을 진행한 것이라면 설령 상계가 부당하다고 이의가 제기되거나 나중에 상계가 요건을 갖추지 못한 것으로 밝혀졌다고 하더라도 그러한 사정만으로는 선관주의의무에 위배된 것이라고 볼 수 없다.[32]

(2) 대상기업

(a) 워크아웃

법은 "거래기업에 대한 신용위험평가를 통하여 주채권은행 또는 채권금융기관협의회가 외부로부터의 자금지원 또는 별도의 차입(정상적인 금융거래에서 발생하

않으며 더구나 구성원의 자격이나 권리의무 등을 정한 정관도 없음에도 당사자능력을 인정한 것은 부당하다. 미국에서도 연방파산법 §1103(b)가 정한 채권자위원회의 권한으로 정한 경우와 §1109(b)에서 정한 심문에 참석할 권리를 수행하는 목적으로 판례법이 정한 요건을 갖춘 경우에 예외적으로 당사자능력을 인정하고 있다. 예컨대 DIP가 부인권 행사를 거부하는 경우 법원이 채권자위원회 명의로 부인권 소송을 허락하는 결정을 한 경우 등이다. 그러한 근거 규정이 없는 한 채권자위원회는 자신의 명의로 소송을 제기할 수 없다. John T. Hansen, "Pushing the Envelope of Creditors' Committee's Power," 80 Am. Bankr. L.J. 89, 94 (2006).

31) 대법원 2007. 4. 27. 선고 2004다41996 판결(공 2007, 775).

32) 대법원 2009. 11. 26. 선고 2007다736 판결(미공간).

는 차입은 제외한다)이 없이는 금융기관으로부터의 차입금의 상환이 어렵다고 인정한 기업"을 부실징후기업으로 정의한다(기촉법 제2조 제5호, 이하 조항만 표시한 것은 현행 기촉법이다). 부실징후기업으로 판정된 기업에 대하여 워크아웃이 이루어진다. 기촉법에 기한 워크아웃이 개시되기 위해서는 금융기관의 차입금이 500억 원 이상(단 상거래채권이나 사채권의 액수는 포함되지 아니함)이어야 하므로(제2조 제4호) 개인이나 중소기업은 해당되지 않는다.

(b) 회생절차

회생절차는 기업의 규모나 주식회사에 한하지 아니하고 모든 법인격체를 규율한다. 단 개인으로서 부채가 15억 원 이하(담보채무 10억 원 및 무담보채무 5억 원 이하)인 급여소득자 또는 영업소득자를 위하여 별도로 미국의 연방파산법 제13장과 유사한 개인회생절차가 채무자회생법 제4편에 마련되어 있다.

(3) 신청권자

(a) 워크아웃

제1차 및 제2차 기촉법이 시행되는 시기에는 기업구조조정 절차를 개시하는 권한은 주채권은행(채권금융기관)에게만 있었고 채무자에게는 신청권한이 없었다. 즉 구 기촉법은 주채권은행이 기업에 대한 신용평가를 한 후 대상기업이 C등급을 받으면 대상기업을 부실징후기업으로 지정하고 협의회를 소집하여 공동관리절차의 개시를 의결함으로써 관리절차가 개시되었다. 주채권은행이 아닌 금융기관은 주채권은행에게 조치의 요구를 할 권한이 있다(제1차 기촉법 제10조, 제2차 기촉법 제5조).

그런데 법률에 의한 워크아웃의 개시권한을 채권자에게만 부여하는 것이 불공평하고 가혹하다는 비판이 있었다. 그리하여 현행 기촉법은 거래기업에 대한 신용평가 후 주채권은행이 기업에 대하여 관리절차의 개시를 신청할 수 있음을 통보하고 이러한 통보를 받은 채무자 기업이 관리절차의 개시를 신청할 수 있는 것으로 변경하였다(제4조 제1, 3항). 법조문상으로는 채권자에게 신청권한이 박탈된 것이지만 사실상 주채권은행의 통보를 거절하기가 어려우므로 채무자 기업이 워크아웃을 신청하는 경우가 많다. 과거에도 형식적으로는 대상기업이 주채권은행으로 하여금 워크아웃의 개시를 신청하도록 하는 과정을 거쳤으므로 법조문이 개정되었다고 하여 실무가 크게 달라지지 않을 것이다. 그러나 제3차 기촉법 시행 후에는 기업의 대주주가 기업에 대한 신용평가에 대하여 불만이 있거나 충분한 담보를 갖고 있다고 판단하는 경우에는 워크아웃의 신청을 꺼리는 경우도 있다고 한다.

그러나 간혹 채무자 기업 스스로 판단하여 회생절차를 신청하는 경우도 적지 않다. 상거래 채권액과 사채가 발행되었는바, 다수의 사채권자가 개인들로서 그 액수가 상당한 경우에는 기촉법에 의한 워크아웃이 제대로 이루어지지 않을 가능성이 많으므로 회생절차를 신청할 수밖에 없다.

(b) 회생절차

회생절차는 채무자 뿐 아니라 자본의 1/10 이상의 채권액을 가진 채권자 및 지분권자(주식회사의 경우 주주)도 회생신청을 할 수 있다. 다만 공익채권자인 임금채권자가 회생신청을 할 수 있는지 여부에 대하여는 다툼이 있다. 대법원 2014. 4. 29.자 2014마244 결정은 이를 허용하였다.

⑷ 보전처분 및 절차의 개시

(a) 워크아웃

제 1 차 기촉법 제14조 제 1 항에 의하면 주채권은행이 채권금융기관 공동관리절차를 개시하기 위한 협의회를 소집하는 경우 그 사실을 금융감독원장 및 채권금융기관에게 통보하여야 한다.[33] 통보를 받은 금융감독원장은 통보된 날로부터 제 1 차 협의회가 소집되는 날까지 해당 기업에 대한 담보권 행사를 포함한 채권행사를 유예하도록 요청할 수 있다. 단 이 경우에도 시효중단을 위한 어음교환 회부는 예외적으로 가능하다(제 6 조).

그러나 판례는 금융감독원장의 채권행사 유예 요청에 대하여 법적 구속력을 인정하고 있지 아니하므로 채권행사 유예 요청이 있더라도 채권금융기관은 부실징후기업에 대한 채권에 대하여 상계할 수 있다.[34] 위 사건의 원심은 그 이유로 다음의 네 가지를 들고 있다.[35]

① 기촉법 제정당시 입법안은 '채권금융기관은 … 채권행사를 유예하여야 한다'고 규정하였으나, 국회심의과정에서 사기업에 불과한 주채권은행이 협의회 소집을 통보하였다는 이유로 모든 채권금융기관의 채권행사를 제한하는 것이 위헌

33) 현행 기촉법 제 6 조는 채권금융기관에 대한 통지를 삭제하였다.
34) 대법원 2005. 9. 15. 선고 2005다15550 판결(공 2005, 1604).
35) 서울고등법원 2005. 1. 13. 선고 2004나39445 판결.

가능성이 있다는 이유로 삭제되었다. 법조문의 문리해석상 금융감독원장이 요청할 수 있다고 규정되어 있어 문리해석상 법적구속력을 인정하고 있지 않은 점, ② 입법심의과정에서 1차 채권금융기관협의회에서 채권행사 유예의 결의가 있기 전까지는 시장기능에 의한 효율적인 기업구조조정의 촉진보다는 채권금융기관의 재산권 보장에 중점을 두고 금융감독원장에게 유예요청의 권한을 부여하는 것으로 수정하여 통과된 점, ③ 만일 유예요청을 받은 금융기관들이 이에 구속된다면 가장 채권이 많은 주채권은행의 일방적인 의사에 의하여 채권행사 여부가 좌우되는 점, ④ 채권금융기관이 채권행사 유예요청에 반하는 채권행사를 하였다고 하더라도 아무런 제재조치를 규정하고 있지 않은 점.

결론적으로 채권행사가 유예되는 시점은 협의회가 제17조 제1항 제3호에 따라 정한 유예기간을 정한 때부터이고 종기는 협의회가 연장결정을 하지 않는 이상 유예기간의 말일까지이다.

더 나아가 금지되는 채권행사라 함은 부실징후 기업의 자금상황을 더욱 악화시킬 우려가 있는 채권의 추심행위 등을 지칭하고 담보권의 취득은 금지되는 채권행사에 포함되지 아니한다.[36]

(b) 회생절차

회생절차는 회생신청 후 개시결정 전까지 법원은 채무자에 대하여는 변제금지의 가처분을 발할 수 있고, 모든 담보권자를 포함한 채권자들을 상대로 이미 발한 담보권자의 권리행사 및 강제경매의 중지명령을 발할 수 있고, 장래에 향하여 담보권의 권리행사 및 강제경매의 금지를 명할 수 있다. 조세채권자에 대하여도 체납처분의 중지를 명할 수 있다. 법원의 명령에 어긋나는 강제집행의 개시 및 속행 등은 원칙적으로 무효이다.

회생절차가 개시되면 모든 강제집행, 담보권 행사 및 체납처분은 중지되었다가(채무자회생법 제58조) 계획안이 인가되면 강제집행 등은 효력을 잃는다(채무자회생법 제256조 제1항). 만일 인가 전에 회생절차가 폐지되면 폐지된 때로부터 중지된 집행행위는 다시 효력을 발한다. 회생절차가 개시되더라도 관리인과 새로운 거래를 하면서 담보를 취득하는 것은 가능하며 이러한 담보는 공익담보권으로 취급된다.

36) 대법원 2006. 11. 10. 선고 2004다21312 판결(미공간). 이 판결은 기촉법 시행 이전의 기업구조조정협약에 관한 것이지만 기촉법하에서도 유효하다.

⑸ 부실징후기업에 대한 평가

(a) 워크아웃

은행들은 「채권은행의 기업신용위험 상시평가 운영협약」을 체결(2007. 11. 4)하고 있는바, 위 협약에 따른 기업신용위험 상시평가 결과 C등급을 받은 기업에 대하여 통상 기촉법상 공동관리 절차가 진행되고, D 등급을 받은 기업에 대하여는 퇴출을 당하게 된다.[37] 그리하여 보통 C 또는 D 등급을 받은 회사들이 회생절차를 신청하게 된다.[38] 부실징후기업에 대하여 관리절차가 개시된 경우에도, 어느 채권금융기관이든지 회생절차의 개시신청을 할 수 있다(제 4 조 제 5 항).[39]

주채권은행 또는 협의회는 부실징후기업에 대하여 그 기업과 협의하여 선임한 회계법인 등 외부 전문기관으로부터 자산부채 실사 및 계속 기업으로서의 존속능력 평가를 받을 수 있다(제 7 조 제 1 항). 법적으로는 이러한 실사와 평가가 의무적으로 이루어져야 하는 것은 아니지만, 실무상으로는 이러한 외부기관 실사 및 평가가 채권재조정을 비롯한 경영정상화계획을 수립하기 위한 필수적인 과정으로 인식되고 있다. 이러한 실사 결과에 따라 최종적인 경영정상화 가능성에 대한 판단이 가능하며, 채권재조정, 출자전환 비율 등 경영정상화계획을 마련하는데 가장 중요한 기초자료가 된다.

(b) 회생절차

변제기에 있는 채무를 변제하게 되면 사업의 계속에 현저한 지장을 초래할 염려가 있거나 또는 파산의 원인인 사실이 생길 염려가 있는 기업 및 개인은 회생절차를 신청할 수 있다(채무자회생법 제34조 제 1 항). 파산의 원인인 사실이라 함은 채무를 일반적·계속적으로 지급할 수 없는 이른바 지급불능의 상태에 있거나 법

37) 상시평가 결과에 대한 분류는 상시평가 운영협약 제11조의 각호에 규정되어 있으며, 제 1 호부터 제 4 호에 해당하는 경우를 각각 실무상 A, B, C, D 등급이라고 지칭한다. A는 정상, B는 부실징후 가능성이 큰 경우, C는 부실징후기업에 해당되고 경영정상화 가능성이 있는 경우, D는 부실징후기업에 해당되고 경영정상화 가능성이 없는 기업이다.

38) 제 1, 2 차 구 기촉법에서는 부실징후기업에 해당되면 주채권은행이 관리절차 외에 채무자회생법에 따른 회생절차를 신청할 수 있다는 조항이 있었으나(제 1 차 기촉법 제 7 조 제 1 항 제 4 호, 제 2 차 기촉법 제12조 제 1 항 제 4 호) 현행 기촉법에서는 삭제되었다.

39) 제 1, 2 차 구 기촉법에서는 기업에 대하여 해산 · 청산의 요구나 파산신청이 있는 경우에도 채권금융기관이 회생절차를 신청할 수 있다는 조항을 두었으나 파산신청까지 하여 사실상 재건이 어려운 기업에 대하여 회생절차를 신청하는 것이 의미가 없으므로 삭제한 것으로 보인다.

인인 경우에는 부채가 자산을 초과한 경우를 말한다(채무자회생법 제305조 및 제306조). 법원이 회생절차개시결정을 하면서 기업의 재산가액의 평가, 업무 및 재산에 관한 상황, 회생절차에 이르게 된 사정을 조사하기 위하여 회계법인 등을 조사위원으로 선임할 수 있다(채무자회생법 제87조). 법에는 의무적으로 조사위원을 선임하도록 되어 있지 않으나 회사의 존속가치와 청산가치의 산정 등이 필요하므로 실무상 대부분의 회생사건에서는 조사위원이 선임되고 있다.

⑹ 절차개시의 결정권한

(a) 워크아웃

채무자가 기촉법상의 관리절차의 개시를 신청하면 주채권은행이 채권은행협의회의 소집을 통보하고 협의회 또는 채권은행협의회가 의결을 거쳐 공동관리절차가 개시된다. 그러나 구 기촉법에 기하여 채권금융기관에 의하여 대상기업으로 결정되더라도 채무자 회사에게는 이에 대하여 불복방법이 없었다. 현행 기촉법은 대상기업으로 통보하더라도 부실징후기업이 이에 반대하면 스스로 관리절차의 개시를 신청하지 않는 것으로 해결하였다.

(b) 회생절차

법원은 회생절차기각결정의 요건에 해당하지 아니하는 이상 회생절차개시결정을 한다. 구 회사정리법의 개시요건은 갱생의 가망성이라는 추상적인 요건이 있었으나 채무자회생법은 이를 삭제하고 기각요건을 간소화함으로써(채무자회생법 제42조), 실무는 회생절차를 개시하였으나 인가 전에 폐지된 기업이 다시 신청하는 경우를 제외하고 절차비용만 납부하면 대부분 개시결정을 하고 있다. 법원의 회생절차개시결정에 대하여 채무자, 채권자 등 모든 이해관계인은 불복할 수 있되 다만 집행정지의 효력이 발생하지 아니하므로 절차는 속행하게 된다.

⑺ 회사의 경영권

(a) 워크아웃

워크아웃이 개시되더라도 기존 경영자의 경영권이 즉시 교체되는 것은 아니고 원칙적으로 종전 경영자가 계속하여 경영하게 된다. 다만 채권금융기관협의회의 의결을 통해 선임되는 자금관리인이 회사의 자금 집행을 엄격히 통제한다(제2차 구 기촉법 제8조 제3항, 제1차 구 기촉법 제13조 제3항). 현행 기촉법 제5조는 자금관리인에 관한 규정을 삭제하였으나 저자가 확인한 바로는 법령의 근거는 없으나 채무자 회사와 개별적인 기업개선약정을 통하여 여전히 자금관리인이 파견되고 있다고 한다. 만일 상장회사인 대기업에 관하여 워크아웃이 개시되면 협의회가 파견하는 사외이사를 통해 경영에 관여하기도 한다. 그리고 경영정상화계획의 이행을 위한 약정에 따라 중요 경영 사항(특정 이사의 사임 요청 등)에 대하여는 협의회의 사전 동의를 얻도록 하는 것이 보통이다.

(b) 회생절차

구 회사정리법 하에서(2006. 4. 1. 이전) 법원은 원칙적으로 제 3 자를 관리인으로 임명하고 종전 대주주는 회사의 경영에서 배제하였다. 나아가 부실경영의 책임을 물어 계획안에 대주주가 보유하고 있던 주식을 모두 소각하는 조항을 두고 인가시킴으로써 구 사주는 경영권이 박탈되는 것이 보통이었다.

그런데 채무자회생법은 미국의 연방파산법 제11장의 Debtor in Possession 제도를 반영하여 관리인 제도 자체는 폐지하지 않고 존속시키되 종전 경영진이 회사 파탄에 책임이 있다는 사실이 인정되는 예외적인 경우를 제외하고 원칙적으로 종전 대표자 또는 종전 임원을 관리인으로 임명하거나 관리인으로 간주하는 제도를 도입하였다(채무자회생법 제74조 제 2 항).

회생절차가 개시되면 채무자의 재산에 관한 관리 · 처분권한은 관리인에게 전속되며(채무자회생법 제56조), 상법상 주주총회나 이사회의 결의가 요구되는 사항이라고 하더라도 회생계획을 수행함에 있어서는 이러한 결의가 필요 없고(채무자회생법 제260조), 자본의 증가 또는 감소, 신주 또는 사채의 발행, 정관의 변경 등 중요한 행위 역시 주주총회의 결의 대신 회생절차를 통하여 또는 법원의 허가를 받아야 한다(채무자회생법 제55조). 따라서 회생절차가 개시되면 주주와 임원은 중요한 권한을 잃게 된다. 다만 관리인 불선임 결정이 된 회생회사의 경우에는 주주총회에서 이사를 선임하고 이사회에서 대표이사를 선임함으로써 회사의 경영권을 어느 정도 자율적으로 행사할 수 있다.[40]

그리하여 현재에는 워크아웃이나 회생절차 모두 종전 경영진이 절차 초기에 채무자 회사의 경영권을 인정받을 수 있고, 다만 회생절차의 계획안이나 경영정상화 이행 약정(MOU)에서 출자전환, 주식소각 등을 통하여 회사의 지배구조가 변경되면 경영권이 종전 주주에서 새로이 출자자가 된 채권자 측으로 넘겨질 수 있다

40) 실무상으로는 사전에 법원으로부터 주주총회 개최의 허가를 받아 소집하고 있다.

는 점에서 양자의 차이는 없게 되었다. 또한 회생절차의 경우에도 2011년 이후 서울중앙지방법원은 이른바 Fast Track[41]이라는 제도를 도입하여 자금관리인과 CRO(Chief Restructuring Officer)를 채권자협의회의 추천을 받아 회사에 파견하고 있으므로 이 점에 있어서도 워크아웃과 회생절차는 유사하게 되었다.[42]

⑻ 채권신고 제도

(a) 워크아웃

일단 제1차 협의회 소집 통보가 되면 채권금융기관들은 5일 이내에 소집통보일 전일을 기준으로 대상기업에 대한 신용공여액을 신고하여야 한다(제19조 제1항). 종합신용정보집중기관으로부터 통보받은 채권금융기관 신용공여액에 비례하여 협의회가 의결권을 부여하고 의안에 대한 의결에서 의결권을 행사한다(제19조 제2항). 신고한 신용공여액의 존재 여부에 대하여 다툼이 있을 경우에는 그 존재 여부 등이 확정될 때까지 의결권 행사를 제한할 수 있다(제19조 제4항). 의결권에 대한 다툼은 시행령 제6조 제1호에 의하여 조정위원회의 업무에 속한다.[43] 이 경우 신용공여액의 존재가 확정되어 의결권을 행사할 수 있게 되더라도 이전의 협의회 의결에 대항할 수 없다(제19조 제4항, 제5항). 이는 신고기간이 경과한 후에 신용공여액을 신고하여 동 금액이 확정된 날부터 의결권을 행사할 수 있게 된 경우에도 마찬가지이다(제19조 제6항). 그러나 신용공여액의 존부나 액수에 관하여 다툼이 있더라도 절차 내에서 불복할 수 있는 제도는 마련되어 있지 않다.

(b) 회생절차

법원이 정한 신고기간 내에 모든 채권자와 지분권자들이 채권 및 지분권의 액수를 신고하여야 한다. 이와 아울러 관리인은 채권자목록에 채권을 기재하여야 한다. 만일 채권신고를 하지 아니하면 회생절차에 참가할 수 없으며 계획안에 권리가 기재되지 아니하면 실권한다. 신고한 채권의 존부 및 액수에 관하여 다툼이

---

41) 새로운 방식에 대한 설명으로는 정준영, "기업회생절차의 신속처리 방식: 패스트트랙 기업회생절차," 도산법연구 제3권 제2호(2012), 143-163면.

42) 서울중앙지방법원의 CRO 제도의 도입과 그 역할에 대하여는 박사랑, "CRO제도의 현황과 과제," 도산법연구 제3권 제2호(2012), 283-309면.

43) 실무가에 확인한바, 만일 채권 자체의 존재 여부에 대한 이견이 있는 경우(예컨대 협의회 결의에 의한 채권재조정 이전에 변제나 상계, 채권양도 등으로 채권이 이전 또는 소멸되었는지 여부에 대해 대상 회사와 채권금융기관 간, 또는 채권금융기관 간에 이견이 있는 경우)는 어차피 법원의 판결에 의해 결론이 나야할 성격의 것이 많기 때문에 조정위원회가 조정하지 않는 경우도 있다고 한다.

있으면 채권조사확정재판 또는 계속 중인 소송의 수계를 통하여 법원이 최종적으로 결정한다.

⑼ 공동관리 절차의 유형

(a) 워크아웃

공동관리절차는 (i) 기촉법에 정의된 채권금융기관 모두가 구성원이 되는 협의회에 의한 채권금융기관 공동관리(제5조), (ii) 채권은행만으로 구성되는 채권은행협의회에 의한 채권은행 공동관리(제13조), (iii) 주채권은행에 의한 단독관리(제14조) 등 세 가지로 나누어진다. 채권금융기관 공동관리에 적용되는 조항 중 일부는 채권은행 공동관리 및 주채권은행 관리에 준용된다(제13조 및 제14조). 대부분의 기업에 대하여는 채권금융기관협의회에 의한 채권금융기관 공동관리절차를 진행한다. 금융기관간 손실 위험을 최대한 분산할 수 있고, 워크아웃 대상 채권의 비중이 커짐으로써 효과적인 경영정상화가 가능하기 때문이다.[44] 다만 일반 은행 외에 한국자산관리공사, 특별법에 의하여 설립된 수출입은행, 여신전문금융회사도 채권금융기관협의회에 참여하게 되면 출자전환 등에 관한 법률적 제약이 있게 되어 효율적인 워크아웃이 이루어지지 않을 수도 있다. 이상적으로는 은행의 채무가 대부분을 차지하는 기업에 대하여는 채권은행 공동관리가 이상적이지만 현실적으로 은행만이 채권자로 참여하는 기업은 없으므로 모든 채권금융기관이 참석하는 방식이 사용되고 있다. 참여하는 기관의 차이가 있을 뿐 실제로 이루어지는 공동절차의 구조는 동일하다.

(b) 회생절차

회생절차가 개시되면 법원의 감독하에 관리인이 회사를 경영한다. 다만 채권자협의회가 추천하는 CRO 또는 자금관리인이 회사의 경영사항 중 일부에 대하여 감독할 수 있다. 법원은 회생계획안 인가 전에 또는 인가시에 감사를 선임한다(채무자회생법 제203조 제4항).

---

44) 대우통신(주)은 기촉법이 제정되기 이전인 2000. 1. 15. 기업개선작업을 위한 약정을 체결하였는바, 이때에도 모든 금융기관이 참가하는 채권금융기관협의회에 의한 공동관리절차를 받았다.

(10) 협의회의 경영정상화계획의 결의

(a) 워크아웃

협의회는 채권금융기관 총신용공여액(경영정상화계획에 따라 출자전환한 채권 포함)의 4분의 3 이상의 신용공여액을 보유한 채권금융기관의 찬성으로 의결한다. 다만 사안별로 의결방법을 다르게 정할 수도 있다(제18조 제1항). 협의회는 관리절차가 개시된 후 유예기간 내에 경영정상화계획의 이행을 위한 약정(보통 MOU라고 한다)을 대상 기업과 체결하여야 한다. 실무상 대상 기업의 대주주겸 경영진이 당사자로 참여하기도 한다. 약정에는 매출액 등 기업의 목표수준, 인력 및 재무구조 개선계획, 채권재조정 및 신용공여계획 등을 포함하여야 한다. 협의회는 기업과 이러한 약정을 체결할 것인지 등을 심의·의결한다(제17조). 단, 채권재조정에 관한 결의에는 일반적인 협의회 결의 요건에 더하여 담보채권액의 3/4이상 찬성이라는 요건을 함께 충족시켜야 한다(제10조). 기업의 주주는 의결에 참석하지 못한다.

그리고 신규신용공여에 대하여는 법정담보권 다음으로 다른 채권금융기관의 채권에 우선하여 변제받을 권리가 인정되며(제11조), 기촉법상 공동관리에서 회생절차로 이행된 경우, 이러한 신규신용공여의 우선변제권을 인정하는 내용의 회생계획을 수립한다(채무자회생법 제193조 제3항).[45]

관리절차는 대상기업과 협의회간에 약정을 체결하고 협의회가 이행약정의 체결과 이행실적에 대한 점검 등에 관한 사항을 심의 의결하는 것이다. 이후 주채권은행은 약정의 이행실적을 분기별로 점검하고 점검결과를 기초로 경영정상화 가능성을 정기적으로 평가 점검하여 협의회에 보고한다. 주채권은행은 점검하기 위하여 해당 기업에 대한 업무 또는 재산에 관한 보고, 자료의 제출, 관계자의 진술 등을 요구할 수 있다(제9조).

(b) 회생절차

계획안은 관리인외에 채권자 또는 주주도 제출할 수 있으며 제출된 계획안에

---

45) 동 조항은 2001. 4. 7. 개정된 구 회사정리법 제228조 제3항에 추가되었으며 그 취지는 워크아웃에서 이루어진 우선변제 합의를 회생절차에 반영하기 위한 데에 있다. 그러나 다른 채권자를 해하지 아니하는 범위 내에서만 그 효력이 인정되도록 채무자회생법에 규정되어 있으므로 모든 무담보의 회생채권자에게 우선하는 회생채권을 주장할 수는 없고 약정 당사자간에서만 우선권을 주장할 수밖에 없다는 약점이 있다.

대하여 회생담보권자, 회생채권자, 주주도 의결권을 행사할 수 있다. 통상은 관리인이 계획안을 제출한다. 회생계획안에 대한 결의는 제3회 관계인집회에서 권리자의 종류에 따라 조(組)별로 이루어지는바, 회생담보권자조, 회생채권자조, 주주조로 구분되며, 의결권을 가진 모든 조에서 가결되어야 회생계획안에 대한 가결이 이루어진 것으로 본다. 회생담보권자조에서는 3/4의 동의로 가결되고(채권액 기준 이하 같음), 회생채권자조에서는 2/3의 동의로 가결되며, 주주조에서는 1/2의 동의로 가결된다. 다만, 주주조는 자산의 총액이 부채의 총액을 초과하는 경우에만 의결권을 행사할 수 있다(채무자회생법 제146조 제2항, 제3항). 따라서 대부분의 기업은 부채가 자산을 초과하는 경우이므로 실제로 주주조가 의결권을 행사하는 경우는 임광토건 사건 외에 거의 없다. 회생계획을 변경하는 경우 변경시를 기준으로 자산이 부채를 초과하는 경우에는 주주조에 대하여도 의결권이 부여된다.46)

워크아웃과 가장 큰 차이는 회생계획안이 관계인집회에서 일부 조가 반대하여 부결된 경우에도 소위 강제인가(cram-down)라고 불리는 "권리보호조항을 정하는 인가"를 하여 회생계획안을 인가할 수 있는 권한이 법원에게 부여되어 있다는 점이다.

(11) 공동관리절차의 중단 또는 완료

(a) 워크아웃

기촉법상 공동관리절차가 개시된 후 중단되는 경우는 ① 회사에 대하여 회생절차개시결정이 있는 경우(제4조 제5항), ② 협의회가 1차 협의회에서 채권행사유예기간을 정하지 못하거나 유예기간 종료일까지 경영정상화계획을 확정하지 못한 경우(제8조 제3항), ③ 경영정상화이행 약정의 점검 결과 기업이 경영정상화계획의 중요한 사항을 이행하지 아니하거나 이행되기 어렵다고 판단된 경우(제12조 제1호), ④ 평가결과 공동관리를 지속하는 것이 적절하지 아니하거나 경영정상화 가능성이 없다고 판단되는 경우(제12조 제2호), ⑤ 해당기업이 공동관리절차의 중단을 요청하는 경우(제12조 제3호)이다. 그 중 ⑤ 사유는 현행 기촉법에서 추가된 것으로서 기업에게 신청권한을 부여한 이상 절차의 중지권한도 부여하는 것이 법체계에 부합하기 때문이다.

---

46) 대법원 2005. 6. 15.자 2004그84 결정(공 2005, 1299). 국제상사 사건에서는 정리회사의 주주에게도 의결권이 부여되었으며 기존 주주들에게 신주를 배정하지 않고 M&A를 목적으로 오직 제3자에게만 신주배정을 한 계획안의 적법 여부가 다투어졌다.

구 기촉법에서는 워크아웃의 중단할 것인지 여부에 대한 결정권을 협의회만 갖고 있었으나 현행 기촉법은 대상 기업에게 요청권한을 부여하였다. 그러나 최종적으로 중단할 것인지의 권한은 여전히 협의회가 보유한다는 점에서는 차이가 없다.

구 기촉법 제15조는 대상기업이나 채권금융기관이 회생절차를 신청하는 때에는 주채권은행은 경영정상화계획을 법원에 제출해야 하며, 이는 채무자회생법 제223조에 따른 사전회생계획안으로 간주된다고 규정하였다.

그러나 회생절차에서 사전계획안이 제출되더라도 관리인은 계획안을 제출할 수 있고(채무자회생법 제223조 제5항), 이미 실패한 내용의 사전계획안을 회생절차에 강요한다고 한들 성공할 가능성이 없음이 명백하므로 실무상 법원은 사전계획안을 우선하여 취급하지 않아서 거의 활용된 바가 없었다. 게다가 기촉법이 채무자회생법에 우선하지 아니한다는 취지의 조항(제3조)이 추가됨으로써 동 조항은 삭제되었다.

판례에 의하면 기업개선작업이 중단되어 회생절차 또는 파산절차로 이행된 경우 다른 약정이 없는 한 채권재조정 결의의 효력은 여전히 유효하므로 기업개선작업약정에 의하여 소멸하였던 보증채권이 다시 회복되지 아니한다.[47] 만일 기업개선작업(공동관리절차)가 중단되는 경우에 그 이전 상태로 채권금융기관의 권리를 회복시키고자 하려면 그러한 특별한 합의를 경영정상화계획안 결의시 협의회 의안에 명확히 규정하여야 한다.[48]

(b) 회생절차

회생절차는 실패하는 경우와 성공하는 경우를 전자는 폐지, 후자는 종결이라는 용어로 구분한다. 개시결정 후라도 인가되기 전에 폐지되는 경우(청산가치가 존속가치보다 크거나, 계획안이 제출되더라도 부결되거나 제때에 가결되지 못하는 경우 등)는 인가 전 폐지라 하고, 회생계획안 인가 후 폐지되는 경우(계획을 수행할 수 없는 것

47) 대법원 2007. 4. 27. 선고 2004다41996 판결(공 2007, 775). 이 판결에 대한 해설로는 장상균, "기업개선작업 중단의 효과," 대법원판례해설 제67호(2008), 103면 이하. 판례는 양보한 권리가 되살아나지 아니하여 채권금융기관들이 그만큼 손해를 보게 되어 채권금융기관협의회의 구성원이 아닌 다른 채권자들과의 사이에 불균형이 발생한다고 하더라도 이는 법원이 관여하는 법정 정리절차 대신 사적 정리절차를 선택할 때에 이미 감수하기로 한 위험이 현실화된 것에 불과하다고 지적한다.

48) 대동주택에 관한 화의 사건에서 판례는, 구 화의법 하에서 채무를 감면하는 내용의 화의조건이 확정되었으나 화의조건에 따른 변제가 완료되기 이전에 채무자회생법에 기한 회생신청을 하는 경우에는 종전 화의 조건을 무효로 하는 약정해지권의 효력을 인정하였다[대법원 2011. 2. 10. 선고 2009다68941 판결(공 2011, 554)].

이 명백하게 된 때)를 인가 후 폐지라고 한다. 회생계획안에 따라 변제가 시작되면 회생절차가 종결된다.

인가 전에 회생절차가 폐지되면 법원이 재량에 따라 파산선고를 하지만 인가 후 폐지가 되면 반드시 직권으로 파산선고를 하여야 한다(채무자회생법 제6조).

(12) 부실징후기업의 보증인에 대한 효력

(a) 워크아웃

기업개선약정이나 기촉법은 채무자회생법 제250조 제2항 제1호처럼 보증채무의 부종성에 관한 예외 규정을 두고 있지 아니하므로 민법상의 보증채무에 관한 법리에 의하여 결정된다. 따라서 주채무자에 대하여 기업개선약정에 따라 채무자 회사가 발행한 회사채의 상환채무에 대하여 출자전환을 하면서 금융기관이 부담하는 주식인수대금 납입채무와 회사채 상환채무를 같은 금액만큼 소멸시키기로 하는 상계계약 방식에 의하여 소멸되었다면 보증인이 부담하는 회사채 상환채무 역시 보증채무의 부종성에 따라 같은 금액만큼 소멸된다.[49]

또한 기업개선작업에서 이루어지는 출자전환은 채권자와 채무자간의 상계계약에 터잡아 채무자가 채권자에게 주식을 발행하여 주고 채권자가 부담하는 신주인수대금채무와 채무자에 대한 대출채권을 서로 대등액에서 소멸시키기로 하는 것으로서 소멸되는 채권액은 신주의 발행가액에 대한 인수대금 상당액이지 신주의 시가를 평가하는 것이 아니다.[50] 이러한 점에서 회생절차에서의 출자전환의 경우에는 신주발행의 효력발생일 당시를 기준으로 신주의 시가를 평가하여 그 금액만큼 채무액이 변제된 것으로 본다는 점에서 서로 다르다.[51]

더 나아가 부실기업의 대표자가 분식회계를 지시하고 분식회계 결과 작성된 재무제표를 믿고 대출보증, CP매입 등 여신을 제공한 금융기관이 대표자를 상대로 공동불법행위를 원인으로 한 손해배상청구소송에서 부실기업에 대한 기업개선작업절차에서 대출금 등 채권과 신주인수대금채무와 상계하기로 합의하여 대출금 등의 채권이 출자전환되어 소멸하였다면 상계로 인한 채무소멸의 효력은 부진정연대채무자인 대표이사에게도 미친다.[52] 이러한 점을 고려하면 워크아웃에서는 원

49) 대법원 2010. 9. 16. 선고 2008다97218 전원합의체 판결(공 2010, 1903), 2007. 9. 21. 선고 2005다41801 판결(미공간), 2004. 12. 23. 선고 2004다46601 판결(공 2005, 184) 등.

50) 전게 대법원 2008다97218 전원합의체 판결.

51) 회생절차에 관한 확립된 판례이다. 대법원 2010. 3. 25. 선고 2009다85830 판결(공 2010, 801), 2009. 11. 12. 선고 2009다47739 판결 등 다수.

52) 전게 대법원 2008다97218 전원합의체 판결.

칙적으로 워크아웃 기간 중에는 보증인에 대한 권리행사를 유예하고 있고,[53] 보증인에 대한 부종성이 인정되고, 부진정 연대채무자인 대표자에게도 채무소멸의 효과가 인정된다는 점에서 회생절차보다 사주에게 유리하다.

(b) 회생절차

회생계획에서 주채무의 감면 또는 변제기한 연장 조항을 두더라도 회생 채무자의 채무를 보증한 보증인 또는 연대채무자 등과 같이 채무자와 함께 채무를 부담하는 자에 대하여는 효력이 미치지 아니한다(채무자회생법 제250조 제2항 제1호).

출자전환과 관련하여 보증인이 변제의 효과를 주장할 수 있는 액수에 관하여 대법원의 확립된 판례에 의하면 회생절차에서의 보증인은 신주발행의 효력발생일 당시를 기준으로 하여 채권자가 인수한 신주의 시가를 평가하여 그 평가액에 상당하는 채권액에 대하여만 변제의 효과를 주장할 수 있을 뿐, 출자전환 당시의 발행가액을 기준으로 변제의 효과를 주장을 할 수 없다.[54] 이러한 판례의 법리는 출자전환으로 인하여 손해를 보는 채권자를 보호하기 위하여 보증인의 책임을 무겁게 하고 있다.[55]

(13) 절차개시 후의 자금운용(DIP Financing)

(a) 워크아웃

워크아웃은 당해 기업과 채권금융기관 사이의 관계만을 변화시킬 뿐 기업의 법적 지위나 기타 권리의무에는 영향을 미치지 아니하므로, 워크아웃 개시 후의 자금 운용 역시 워크아웃 개시 전과 전혀 차이가 없다. 다만 현실적으로 자금관리인의 감독하에 자금집행이 이루어진다는 점에서 차이가 있다.

채권금융기관들의 채권에 대해서는 변제가 유예되지만 다른 상거래 채무 및 사채권자의 사채지급채무에 대해서는 원래의 약정대로 이행하여야 한다. 일단 워크아웃 개시 이후에는 소위 부도가 나지 않도록 채권금융기관들이 관리해 주기 때문에 자금 운용에 있어서 문제가 생길 소지는 많지 않다. 그러나 예컨대, 사채권의 액수가 다액으로서 채권금융기관들이 지원해 주어야 하는 신규자금의 규모

53) 실무는 보증인 외에 배서인에 대하여도 소구권 행사를 자제하고 있다. 기업구조조정관련 질의응답 모음, 11면.

54) 대법원 2010. 3. 25. 선고 2009다85830 판결(공 2010, 801), 2009. 11. 12. 선고 2009다47739 판결(공 2009, 2084), 2008. 7. 24. 선고 2008다18376 판결(공 2008, 1232) 등.

55) 판례에 대한 비판으로 林治龍, 파산법연구 2, 박영사(2006), 435면 이하.

가 늘어날 것으로 예상되는 경우 결국 채권금융기관들은 워크아웃의 개시 자체를 꺼리면서 회생절차로 유도한다. 근자에 대규모 건설기업 또는 조선회사에 대하여는 신규공여자금의 규모가 크다보니 채권금융기관 간에 그 부담액수를 조정하느라 신속한 워크아웃이 이루어지지 못하여 부득이 정부가 개입한 경우도 있다.

(b) 회생절차

회생절차가 개시되면 당해 채무자에 대한 채권자들의 채권회수가 일반적으로 금지되므로(채무자회생법 제58조, 제131조), 채무자로서는 대출원리금 상환 및 상거래채무 변제에 대한 부담을 덜고 보유자금을 영업을 위해서만 사용할 수 있다. 그러나 회생절차개시라는 사유로 신용이 하락되어 원자재 등을 신용으로 구매하기는 어렵고 현금거래만 가능하고, 금융기관 등 제 3 자로부터의 차입도 현실적으로 어렵다. 따라서 회생절차를 신청하려면 신청 이후 영업의 계속에 필요한 자금을 미리 준비하는 것이 긴요하다.

채무자회생법은 2009년 개정을 통하여 개시결정 후 관리인이 채무자의 사업을 계속하기 위하여 법원의 허가를 받아 차입한 자금에 관한 채권을 다른 공익채권보다 우선권이 있는 최우선 공익채권으로 취급함으로써 이른바 DIP Financing을 활성화하기 위한 조항을 삽입하였다(채무자회생법 제180조 제 7 호). 그러나 아직까지 미국과 같이 DIP Financing이 활성화되어 있지 못하다.[56]

(14) 기촉법상 워크아웃의 장단점 비교

(a) 장 점

과거에는 워크아웃의 장점으로서는 다음과 같은 점을 들고 있었다.

첫째, 건설회사의 경우 신규공사의 受注 및 영업이 용이하다. 즉 기촉법에 의한 워크아웃의 개시는 어음부도나 도산상태가 아니므로 신규공사 受注 및 각종 보증기관으로부터 보증서의 발급이 회생회사와 비교하면 용이하다. 그러나 워크아웃의 경우에도 관급공사 수주가 제한된다는 점에서는 회생절차의 경우와 동일하지만, 워크아웃 개시 후 채무재조정 등을 통하여 신용이 높아지는 경우에는 관급

56) 동 조항 신설 후 이용된 사례로는 회생회사 대우로지스틱스 사건에서 투자자들이 Private Equity Fund를 설립하여 PEF가 1,200억 원을 투자한 사례와 회생회사 진양테크가 기존 공장을 담보로 대출을 받아 회생담보권을 변제한 사례가 있다. 정준영, "기업회생절차의 신속처리 방식: 패스트트랙 기업회생절차," 도산법, 2013년 전문분야 특별연수, 대한변호사협회(2013), 32면.

공사 수주가 가능하다.

회생회사에 대하여는 부도로 보아 '현재 채무불이행 상태에 있음'을 의미하는 D등급을 부여하고 있다. 따라서 회생회사는 회생계획인가결정이 있기 전까지는 官給工事 受注가 사실상 불가능하다.57) 건설공제조합이나 대한주택보증은 회생회사에 대한 회생계획인가결정이 있은 후 자체 심사를 거쳐서 보증서를 발급하여 준다.58)

둘째, 신규자금 지원이 용이하므로 부족한 운영자금을 금융기관으로부터 제공받을 수 있다.

셋째, 회사의 재무상태가 나쁘지 않다면 자본감소 없이 채무유예와 이자율 조정만으로 채무재조정이 완료될 수 있고, 이 경우 장기적으로 경영권 보장에 유리하다.

넷째, 주채권은행의 적극적 협력에 따라서는 절차 진행이 신속하고 다소간의 융통성이 발휘될 수 있고, 회사의 경영과 영업에 있어서 시장 상황의 변화에 따른 유연한 대처가 비교적 쉽다.

다섯째, 보증채무의 부종성이 인정되므로 회사의 채무에 대하여 보증한 구 사주의 보증책임 역시 감면되므로 구 사주의 개인채무가 감액되는 효과를 누릴 수 있다.59)

(b) 단　　점

첫째, 경영권 보장이 불투명하다. 자본감소 및 출자전환으로 경영권을 상실하는지 여부는 채권금융기관들의 결정에 좌우되어 경영권 보장 여부가 안정적이지

57) 대법원 1999. 6. 25. 선고 99다5767 판결(공 1999, 1491)은 회사정리절차개시신청을 한 주식회사에 대하여 법원이 보전처분을 결정하였다고 하더라도 회사가 파산의 우려가 있는 상태에서 회복되었다고 할 수 없으며 채무초과의 상태가 해소되지 아니하는 한 여전히 파산의 우려가 있는 상태에 있으므로 그 회사를 관급공사의 낙찰적격심사에서 제외한 것이 적법하다고 판시하였다.

58) 관급공사의 신규 수주에 따라 회사의 재건 여부가 결정되는 건설회사의 경우에는 신용등급을 높게 유지하기 위해서 워크아웃을 선호하는 경향이 있다.

59) 한때 회사정리법하에서 사주인 보증인의 보증채무도 감면하는 내용의 계획안을 작성하여 가결하게 되면 보증채무도 감면되는 것으로 취급한 사례가 있었다. 그러나 대법원 2005. 11. 10. 선고 2005다48482 판결(공 2005, 1967)은 설령 원고가 관계인집회에서 보증면제조항이 포함된 정리계획안에 대하여 동의하였다는 사정만으로는 보증인에 대하여 보증채무를 면제한다는 개별적인 의사표시를 한 것으로 볼 수 없다고 보았다. 이 판결 이후 보증인은 회생절차와 별도로 채권자와 개별적인 약정을 통하여 보증책임을 감면받을 수 있게 되었다. 이 점에서 구 사주의 보증책임의 감면 여부를 고려함에 있어서 워크아웃과 회생절차의 차이는 天壤之差이다.

아니하다.[60)]

둘째, 절차의 개시부터 성공적인 종결에 이르기까지 채권금융기관들의 영향력이 크게 발휘되어 채권금융기관들의 결정에 따라서는 불합리한 결과가 생기더라도 이를 바로잡기 어려울 수 있다.

셋째, 당해 회사에 맞는 case by case 식으로 절차가 운영되다보니 절차의 투명성과 예측가능성이 떨어진다. 확립된 선례나 방침이 정해져 있지 않는 부분이 많고, 장기적으로 어떻게 절차가 진행될지에 대한 예측이 어렵다.[61)] 대기업의 경우에는 경제적인 기준이 아니라 정치, 사회적인 주변 상황에 채권금융기관들이 민감하게 반응함에 따라 회사의 운명이 달라질 수 있다는 우려가 있다. 특히 협의회에서 합의가 이루어지지 아니하는 경우 대상기업이나 채권은행이 조정위원회에 채권재조정이나 신규자금지원에 관하여 조정신청을 할 수 있다. 그러나 이해관계인이 아닌 제3자라 할 수 있는 조정위원회가 신규자금 등을 결정할 수 있도록 하는 것이 과연 타당한지[62)] 그리고 조정위원회의 결정에 반대하는 채권자가 반대매수청구권을 행사함에 있어 그 행사의 기산일 및 종기 등에 관하여 명확하지 아니하다.[63)]

넷째, 채무재조정의 정도가 약하다. 절차를 주도하는 채권자들의 입장에서는 자신들의 채권을 감면하게 되면 대손충당금을 쌓아야 하므로 채무의 감면 비율이 낮을 수밖에 없다. 단순한 상환유예와 같은 피상적인 채무재조정에 그칠 우려가 있다. 한편, 근본적인 채무재조정이 요구되어 채무의 감면이 불가피한 경우에는 기존 대주주의 경영권도 동시에 박탈될 가능성이 높다.

다섯째, 기촉법의 대상이 되지 아니하는 채권자(외국금융기관, 사채권자 등)들의 권리행사를 막는 것이 법률상 불가능하므로 이를 인위적으로 제한하는 것을 시도

60) 2013년 STX 그룹은 채권단과 협의하여 워크아웃을 신청하였는바, 채권단은 STX 그룹의 강덕수 회장에 대하여 부실경영의 책임을 물어 STX 조선해양의 대표이사직 사임을 요구하였고 이에 대하여 회장이 자율협약 취지에 어긋나는 월권행위라며 반발하다가 결국 자진사퇴함으로써 사주의 경영권을 잃게 되었다(조선일보 2013. 9. 4. 제1면).

61) 저자가 파산관재인으로 선임된 대우통신의 경우 1999. 8. 25. 워크아웃이 개시되어 기업개선약정시 출자전환 및 전환사채 인수를 결의하였는바, 채권금융기관 중에 한국수출입은행 등 법령에 의하여 출자전환이 금지된 금융기관에 대하여도 출자전환을 시도하였다가 2008. 2. 26. 파산선고 후 출자전환의 효력을 둘러싸고 여러 건의 파산채권조사확정재판이 벌어지기도 하였다(서울고등법원 2012. 5. 3. 선고 2011나72662 판결은 이러한 출자전환은 법령에 위배되어 효력이 없다고 판시하였다).

62) 吳守根, "구조조정 제대로 하려면," 매일경제신문 2008. 12. 8.자.

63) 즉 조정위원회의 결정 후에 반대매수청구권의 행사가 가능한지 법원의 결정 후에 새로이 반대채무매수청구권 행사가 가능한지 등이 불분명하다.

함으로써 오히려 법률관계를 복잡하게 할 우려가 있다.[64]

위에서 본 장단점의 반대가 회생절차의 장단점으로 설명될 수 있을 것이다.

(c) 2013년 현재의 평가

1997년 이후 워크아웃과 회사정리절차를 비교한 바에 의하면 절차개시부터 終結에 이르기까지 회사정리는 약 4.94년이 걸리고 워크아웃은 4.77년이 걸리므로 큰 차이가 없었다.[65] 특히 2011년 이후 법원이 회생절차에 대하여 Fast Track 제도를 실시하면서 보전처분은 신청당일에, 개시결정은 1주일 이내에 발하여지고, 회생계획안의 인가는 개시 후 4개월만에 이루어지고, 종결은 개시 후 6개월만에 이루어지는 등 오히려 회생절차에 소요되는 기간이 워크아웃보다 훨씬 단축되었다.[66]

채무자회생법은 미국의 DIP 제도를 본받아 기존 경영자를 관리인으로 선임하거나 기존 경영자를 관리인으로 간주하고 별도의 관리인을 선임하지 않음으로써 기존 경영진의 경영권을 절차 초기에 보장하고 있다. 그리고 절차개시 후 DIP Financing을 유도하기 위한 최우선 공익채권조항을 신설하기도 하였다(채무자회생법 제180조 제7항). 또한 자금관리인 제도나 CRO 제도를 도입하여 채권자협의회의 권한을 강화하는 방향으로 실무가 운영되고 있다.[67]

이러한 점을 고려하면 회생절차와 워크아웃이 서로 유사한 점이 많아지게 되어 一刀兩斷식으로 어느 절차가 기업의 재건에 더 유리하다고 단언하기 어렵게 되었다.

근본적으로 회생절차는 법정도산절차로서 모든 채권자와 주주를 대상으로 그들의 권리에 영향을 미치는 强力한 제도로서 법에서 인정된 부인권, 미이행 쌍무계약의 해제 및 이행의 선택, 상계권의 제한, 보증책임의 부종성의 예외, 회사부실에 책임이 있는 이사 등에 대한 책임을 간이하게 물을 수 있는 손해배상책임 조사

64) 비협약채권자가 보증인인 경우에 보증인에 대한 권리를 행사하게 되면 보증인이 구상권을 갖고 주채무자인 부실기업에 대하여 행사할 가능성이 높으므로 보증인에 대한 권리행사를 유예하는 조항을 두게 되는바(대법원 2010. 6. 10. 선고 2010다6024 판결의 대우통신 사안), 결의내용이나 개별약정에서 이를 확정적으로 정하지 아니하면 은행이 보증인에 대한 권리를 포기한 것인지, 언제까지 유예하는 것인지를 둘러싸고 분쟁이 발생하게 된다. 해태제과에 관한 서울고등법원 2005나69221 판결(앞의 주 26) 참조.

65) 吳守根, "韓國新倒産法制の概要," 國際商事法務 Vol. 35 (2008), 738면.

66) 임광토건의 경우 2011. 11. 24. 개시결정, 2012. 3. 22. 인가결정, 2012. 5. 24. 종결결정이 내려졌다.

67) 다만 현행 기촉법이 채무자의 불만을 반영하여 자금관리인 제도를 폐지하였음에도 법원이 실무를 통하여 회생절차에서 자금관리인 제도를 신설하는 것은 적절하지 않으며 그 대신에 CRO 제도를 두는 것이 세계적인 기준에 맞다.

확정재판제도 등을 통하여 회사재산의 극대화와 광범위한 권리변경을 가능하게 한다.

이에 반하여 워크아웃은 기본적으로 당사자간의 화해계약에 터잡은 것이고 대기업을 대상으로 하고, 결의에 반대하는 구성원은 채권의 매수청구권을 행사하여 언제라도 脫退할 수 있으며 금융기관의 채권만을 대상으로 하는 점에서 한계가 있다.

5. 기촉법에 의한 워크아웃에 대한 평가

회생절차는 매년 법원의 통계자료에 의하여 접수, 기각, 개시, 인가, 폐지, 종결 등의 자료가 공개되고, 모든 이해관계인이 법원에 제출된 서류를 열람복사할 수 있으므로 국민들이 쉽게 그 절차의 내용을 쉽게 알 수 있다.

이에 반하여 워크아웃은 총 신청건수, 종결건수, 성공률, 개시로부터 종결까지의 시기 등에 관한 자료를 구하기 어려워 예측가능성과 투명성이 부족하다.[68] 파탄에 직면한 회사로서는 어떠한 절차를 취하는 것이 자신에게 유리한 것인지를 비교하고 자신의 처지에 맞는 절차를 선택하여야 하는데 회생절차나 워크아웃을 이용하려는 사용자 입장에서는 합리적인 판단을 하기 어렵다. 실제로 워크아웃을 거친 후 회생절차를 개시한 월드건설, 남광토건, 삼능건설, 대우자동차판매, 풍림산업, 우림건설, 벽산건설, 풍림건설 등은 모두 워크아웃이 실패하여 회생절차를 신청하였다. 이처럼 워크아웃의 성공률이 떨어지게 되면 당초의 입법목적인 신속한 구조조정이 이루어지지 아니하고 법정재건절차의 전치절차로 전락하게 되어 구조조정이 지연될 뿐 아니라 법정재건절차에서도 실패할 가능성이 크다.

이에 반하여 현대건설, 하이닉스반도체, 대우인터내셔날, 팬택큐리텔, 경남기업, 이수건설 등은 워크아웃을 통하여 경영정상화가 된 좋은 사례이다.

기촉법에 의한 워크아웃은 채권자인 금융기관이 거래기업에 대한 신용위험을 정기적으로 평가하고 부실위험이 있는 기업에 대하여 상시적으로 또한 선제적인 구조조정을 할 수 있다는 점에서 장점이 있다. 기업의 규모가 비교적 작고 국내은행의 채무가 회사 채무의 대부분을 차지하던 2001년대 초반에는 기촉법에 의한

---

68) 2003년 이전 기촉법 시행 이전의 워크아웃과 제1차 기촉법의 성과에 대한 소개로 공간된 자료로는 워크아웃 5년, 금융감독원(2003)이 자세하다. 그 외 미공간의 자료로 2010. 9. 기업재무개선지원단의 발표자료가 있다.

워크아웃이 어느 정도 효과적인 구조조정의 역할을 할 수 있었다.

또한 기촉법의 존재로 인하여 법원이 워크아웃을 의식하게 되고 워크아웃의 장점을 회생절차에 반영하여 신속한 개시결정 및 회생절차의 조기종결을 실무에 정착시킨 점 등은 워크아웃의 공로라고 평가할 수 있다.69) 만일 채무자 기업이 자발적인 선택에 의하여 워크아웃과 법정재건절차를 선택할 수 있다면 양 제도가 서로 보완하는 순기능을 발휘할 수 있을 것이다.70)

그러나 제1, 2차 기촉법의 규정과 실무에서 알 수 있듯이 채권자 은행이 결정으로 워크아웃 절차의 개시와 종결이 주도되는 것이므로 채무자가 자발적으로 선택하는 절차가 아닌 것이다. 한국 사회가 정치 뿐 아니라 경제에 이르기까지 민주화되면서 관치금융에 대한 폐해에 대한 지적이 높아지고,71) 기업의 규모도 커지고, 자금조달의 방법이 다양화하고 세계화함에 따라 기업의 구조조정도 global standard에 부합하는 방향으로 발전하여야 한다.72)

채권자들은 채무의 감면에 가장 민감한 이해관계를 가진 일방당사자인데 단지 다액의 채권자라는 이유로 채권자가 절차를 주도하게 되면 채무의 삭감에 주저하게 되고73) 채권자들간에 이해관계의 상충이 발생할 수밖에 없다.74) 세계적인

69) 은행실무가의 입장에서 기촉법의 장점을 근거로 위헌론을 반박하는 글로서는 李尙珍, 앞의 글(주 7), 198-202면.

70) 조규홍, 앞의 글(주 14), 54면도 기업의 입장에서도 선택할 수 있는 구조조정절차가 다양한 것이 결코 나쁜 일이 아니라고 본다고 기술하나 현실적으로 기업에게 선택권이 없다는 점을 간과하여서는 아니된다.

71) 吳守根, "'구조조정촉진법' 과욕이다," 매일경제신문 2001. 6. 25.자. 우리금융의 민영화나 쌍용건설의 워크아웃에서 알 수 있듯이 일단 정부가 대기업의 기업구조조정에 개입하게 되면 경제성 판단 외에 여러 가지 정무적인 판단이 개재되어 신속한 민영화와 신규자금 투입 등의 의사결정이 늦어질 수밖에 없다.

72) 최근 워크아웃이 어려워지는 이유로는 다양한 파이낸싱 기법의 발달로 금융기관 이외의 채무 비율이 높아지고(사채권자 등), 주요 리스크 관리를 통한 BIS 기준을 유지하려는 등 주요 은행간에 이해관계가 충돌되는 경우가 잦으며, 범지구적인 불경기의 확산으로 인하여 경기회복을 전제로 하는 경영정상화가 어렵게 된 것이 지적되고 있다(정준영, "패스트트랙 회생절차," 2013년도 도산실무 법관연수(사법연수원), 발표문 3면). 1997년 이후 채권의 강제 pooling을 대체할 자금결집주체들이 등장하였으므로 정부주도가 아닌 PEF 주도의 시장 메커니즘에 의한 구조조정의 필요성을 강조하는 견해로는 좌담회(주 8), 최두열 교수 발언 22-23면.

73) 吳守根, 앞의 글(주 65), 738면에 의하면 회생절차는 과감한 채무감면과 출자전환으로 인하여 회생계획인가 후에 영업이익이 증가한 반면, 워크아웃의 경우에는 종결 후 영업이익이 감소한 것으로 밝혀졌다는 점을 지적하면서 법원이 주도하는 채무조정이 보다 철저한 것이라고 한다.

74) 대우통신에 관한 대법원 판례의 사안을 보면 다른 채권금융기관의 반대에도 불구하고 운영위원회에 속한 금융기관들만 먼저 변제받았다가 나중에 부인되는 등 일부 금융기관의 모

기준에 맞지 않는 제도를 외국채권자(외국은행의 국내지점 등)에게 강요하는 것은 장기적으로 보아 외자유치에 불리할 뿐 아니라 역외지점을 통한 교묘한 금융기법의 발전으로 외국금융기관만 법망을 빠져나가고 국내 금융기관만 불리한 대접을 받도록 하게 된다.[75] 결국 기업의 구조조정은 법과 시장에 맡기고 가급적 정부가 간섭하지 않는 방향으로 이루어져야 한다.[76] 기촉법에 의한 관리절차는 외견상으로는 금융감독원장의 채권행사유예 요청 외에는 주채권은행이 주도하는 절차로 보이지만 정부가 지분을 과반수 넘게 갖고 있는 은행도 있고, 주요 은행장의 인사에 정부가 여전히 관여하고 있는 현실에 비추어 관치금융이라는 비판을 벗어나기 어렵다.[77]

당초 기촉법을 한시법으로 제정한 취지가 2001년만 하더라도 경제여건상 시간적 여유가 없고 채권금융기관간에 자율적인 합의를 통해 합리적으로 이해조정을 해나가는 시장관행이 부존재하여 기촉법에 의한 구조조정체제가 시장관행으로

럴 해저드가 드러났음을 알 수 있다.

75) 2001. 10. 체이스맨해튼은 국내 지점의 하이닉스 반도에 대한 대출채권을 해외지점 또는 본점으로 이관하는 편법을 써서 채권행사 유예대상에서 빠져나갔다(한국경제신문 2001. 10. 5.자). 2003년도 SK글로벌의 경우에도 금감원장의 채권유예행사일 이전에 채권을 본사로 양도하여 기촉법의 적용을 회피하고 이로 인해 해외채권단과의 협상과정이 구조조정을 늦춘 사례가 있다. 좌담회(주 8), 최두열 교수 발언 11면. 금융기관이 자금관리인을 선임하여 회사의 자금 흐름에 통제를 가하고, 사외이사를 선임하는 등 금융기관이 부실징후기업의 관리에 깊숙이 관여하게 되었다가 결국 회사가 파산하고 미국에서 Ch 11 사건을 申請하게 되면 국내금융기관이 이른바 lender's liability 법리에 의하여 책임을 지는 사태가 발생할 수 있다. 실례로 日本의 Maruko 회사가 미국에서 Ch 11 사건 신청을 하였는바, 미국 채권자들은 일본 은행이 은행관리를 통하여 회사의 실패에 일조하였다며 lender's liability 이론을 주장하자, 일본 은행이 받는 배당액의 일부를 미국 채권자에게 양도한 사례가 있다. 中島健仁, "マルコ事件," 山本克己＝山本和彦＝坂井秀行編, 國際倒産法制の新展開, 金融商事判例 増刊號 1121호(2001), 39면. 미국 법에 의하지 않더라도 상법상 채권금융기관협의회가 "회사에 대한 자신의 영향력을 이용하여 이사에게 업무집행을 지시한 자"로 인정되어(상법 제401조의2 제1항 제1호) 손해배상 책임을 질 우려는 여전히 상존한다.

76) 박휜일, "채권은행을 통한 기업구조조정의 법적 문제," 상사법연구 제22권 제5호(2002), 268면은 기촉법이 한시법이므로 폐지 이후에 대한 대비를 강조하고 있다. 그러나 기촉법이 시행된 지 12년이 되었지만 은행의 기업에 대한 신용관리의 적정성이나 기업구조조정의 제도화에 관하여 여전히 부정적으로 평가된다.

77) 정부 측의 입장을 대변하는 금융학자들은 관치금융의 필요성을 전제로 하고 있다. 즉 금융기관 사이에 조정의 실패는 금융당국으로 하여금 기업구조조정 시장에 개입할 수 있는 근거가 된다고 설명한다. 김동환, "기업구조조종촉진법 개정의 필요성과 과제,"(미공간), 13면. 이에 대하여 이를 비판하는 법학교수는 정부가 부실 기업 문제에 관여하게 되면 그 자체로 부정과 부실의 소지를 안게 된다고 비판한다. 吳守根, 앞의 글(주 65), 참조. 양자의 시각차가 좁혀지기 전에는 기촉법은 계속하여 등장할 것으로 예상한다. 관치 금융을 포함한 관치경제의 폐해를 지적한 경제학자의 글로는 유정호, 관치 청산 - 시장경제만이 살 길이다, 책세상(2004).

정착될 때까지만 기촉법을 적용하려 하였던 것이다.[78] 그리하여 학계에서도 비록 법률의 체제나 내용에 문제점이 없지 않으나 한시적인 법률이고 당장의 경제위기를 극복한다는 목적을 고려하여 강하게 반대하지 아니하였던 것이다. 그럼에도 불구하고 13년이 지난 현재까지 시장관행이 정착하지 아니하고 있기 때문에 제 3 차 기촉법을 다시 제정하였다는 점은 이해관계인 중의 하나인 채권자(금융기관)가 주도하는 자율적인 이해조정이 원래부터 쉽지 않음을 증명하는 것이다. 금융기법이 바뀌고, 사회 모든 분야가 범지구화 되었음에도 불구하고 여전히 권위주의 시대에 통용되던 관치금융의 장점만을 호소함은 시대를 따라가지 못하는 愚를 범하는 것이다. 워크아웃의 핵심은 참여자들간의 자율성이고 자율성에 터잡아 워크아웃의 장점이 구현되는 것이다. 그런데 워크아웃을 기촉법으로 법제화하는 순간 당초 워크아웃이 갖는 자율성은 사라지고 다른 나라에 없는 독특한 새로운 파산법이 생기고 워크아웃에 없던 도산비용(bankruptcy cost)이 법제화된 워크아웃으로부터 발생하게 된다.

도산법연구 제 4 권 제 2 호(2014), 1-31면 소재

78) 질의 응답 자료(주 17), 27면.

외부에서 본 법원도산실무

1. 과거 회사정리제도에 대한 비판	5. 파산법에 관한 전문성의 확보
2. 파산현상에 대한 이해	6. 새로운 금융기법과 국제화에 대한 인식
3. 파산제도의 기능과 역사에 대한 이해	7. 워크아웃 및 신용회복제도에 대한 이해
4. 신속한 사건처리의 중요성	8. 대국민홍보와 개정작업 준비

1. 과거 회사정리제도에 대한 비판

1997년 경제위기 이전만하더라도 파산법은 도서관의 법전으로 존재하였을 뿐 사회에서 살아 움직이는 법으로서의 역할을 하지 못하였다. 1997년 재벌 기업의 도산이 잇따르자 기업의 퇴출기능으로서 파산법이 기업의 퇴출기능을 제대로 수행할 것을 기대하였다. 그러나 1997년 정부와 경제계는 당시의 기존의 파산법제와 사법부의 인력으로는 기업퇴출작업이 효과적으로 수행되지 못하고 있다는 평가를 하였다.[1] 비판은 3가지로 모아졌다. 파산법제의 후진성, 법원의 전문성 부족과 절차의 지연이었다. 회사정리법은 대기업의 구조조정을, 화의법은 중소기업의 구조조정을 위한 제도로 당초에 설계되었으나 실제로는 대기업 사주가 경영권이 보장되는 화의법을 선호함으로써 대기업의 구조조정이 제대로 이루어지지 못하였다.[2]

---

1) IMF 구제금융을 받기 이전부터 정부는 기업의 퇴출제도 개선을 염두에 두고 KDI에 용역을 준 상태였으며 이러한 용역 내용이 법무부를 통하여 회사정리법의 개정작업에 반영되었다. KDI의 입장은 회사정리와 화의절차의 대상기업 선정기준이 불명확하다는 점과 절차가 오래 걸리고 채권 변제기간이 너무 장기간이라고 비판하였다(기업퇴출관련 제도개선방안, 한국개발연구원(1997), 37면, 58면, 具本天, "도산법 개정의 의의와 과제," 기업정리관련법률 개정 공청회, 법무부(1999), 59면). 연구용역보고서에 의하면 늦은 사건을 기준으로 보전처분발령까지 6주, 정리계획인가시까지 6년 걸렸다고 한다. 이를 반영한 것이 대상기업 선정기준을 갱생의 가망에서 갱생의 가치로의 변경한 것이다. 입법자들은 갱생의 가망이 예측가능성이 없는 개념으로서 기업의 퇴출작업을 더디게 하는 중요한 요인으로 평가하였다. 결국 계속기업가치와 청산가치의 비교라는 제도가 이때 탄생한 것이다.

2) 금융감독원, 워크아웃 5년-추진실적과 성과를 중심으로(2003), 15면. 경제위기 이전의 신청건수표 참조.

1998년, 1999년, 2001년 3회에 걸친 회사정리법의 개정으로 절차의 개시기준의 투명화(갱생의 가능성에서 경제성으로) 채권자위원회, 관리위원회의 상설기관화, 변제기간의 단축(20년에서 10년으로), 개시요건의 완화 등이 이루어졌으며 이러한 개정만으로도 부실대기업의 재무구조 및 사업성과가 개선된 것으로 경제학자들이 평가하였다.[3)]

경제위기 당시에는 서울지방법원에 파산부가 존재하지 않았으며 서울민사지방법원 제50부가 도산사건 중 주로 회사정리사건을 처리하였다. 법과대학에서도 파산법의 강좌가 설치되지 아니하여 학문적인 뒷받침도 없었거니와 파산사건을 전문으로 하는 변호사의 숫자가 매우 적었으므로 외부의 비판은 근거가 있었다. 그러다가 서울중앙지방법원 파산부가 설치되고 법관들의 끊임 없는 노력 덕택에 실무의 수준이 높아졌으며 제도가 개선되어 법원의 전문성 부족이라는 비판은 이제 근거를 잃게 되었다.[4)] 법학전문대학원제도가 도입되면서 학계에서도 주요 로스쿨마다 파산법 강좌가 설치되고 이를 담당하는 교수의 숫자도 증가하게 되었으며 학자와 실무가를 구성원으로 하는 파산법 학회가 조직되어 학회활동을 통하여 실무와 이론이 공히 발전하게 되었다.

또한 회생사건의 경우 보전처분이 당일 발령되고 개시결정도 1개월 이전에 발령될 뿐 아니라 계획안 인가결정에 걸리는 소요시간이 대폭 단축되어 절차의 지연이라는 비판도 더 이상 타당하지 않게 되었다.

이러한 제도 개선과 외부의 긍정적인 평가를 받기까지에는 법관들이 채무자 회생 및 파산법 관한 법률(이하 "채무자회생법" 2004년 제정, 2006. 4. 1. 시행) 제정과정에 적극적으로 참가하고, 해설 책자를 발간하는 등의 실무 개선 노력과 과거 파산제도에 대한 반성적인 고려하에 도산법 전문가들이 노력하여 입법한 채무자회생법에 관한 법률의 제정에 힘입은 바가 크다.

서울중앙지방법원은 2012년 원칙적으로 모든 개인파산사건에 대하여 파산관재인을 선임하는 새로운 개인파산절차라는 제도를 운영하고, 기업회생사건에서는 Fast Track 제도를 도입하여 회생회사를 신속하게 시장에 복귀시키는 제도를 운

3) 김동수 · 김준경 · 최용석, 국내 기업구조조정 성과에 대한 실증적 분석, 한국개발연구원(2004), 56면.

4) 南逸聰, 도산제도의 경제적 분석, 한국개발연구원(2001), 169-170면. 파산부가 설치된 이후에는 전문성을 구비하지 못하였다는 의구는 객관적인 사실에 부합한다고 보기 어렵다고 한다. 그러면서도 전문성을 강화하기 위해서는 파산법원의 설치를 적극적으로 검토할 필요가 있다고 주장한다.

영하고 있다. 법원은 이러한 제도를 운영함에 있어서 사전에 공청회를 거침으로써 국민과 소통하는 열린 법원을 구현한다는 이미지를 얻고 있다.5)

기업환경이 변화함으로써 기업의 파산원인과 재건의 방법도 다양화되므로 법원으로서는 새로운 관점에서 파산제도를 운영하여야 하고 이러한 관점에서 본다면 위 두 제도의 실험은 긍정적으로 평가할 수 있다.

일본의 파산사건을 담당하였던 어느 재판관 역시 협의의 파산사건에서도 파산절차는 곧 청산이라는 구태의연한 관념에 사로잡혀 파산관재인이 시간을 두고 적법절차에 따라 고정자산을 경매 등을 통하여 환가하는 관행에서 벗어나 회생사건에서 중시하는 "시장을 통한 자원의 적절한 배분"이라는 효율성을 파산사건에서도 도입할 것을 주장하고 있다. 예로써 파산사건에서도 우량사업부문을 잘라내어 종업원과 함께 영업양도한 사례라든가 시장에서 브랜드 가치가 있는 여성의류에 대하여 계절성과 브랜드가치의 급락을 막기 위하여 관리인으로 하여금 신속하게 시장의 메카니즘을 통하여 매각하는 사례 등을 소개하고 있다.6) 위 사례를 통하여 파산절차에서도 회생사건 못지 않게 신속성이 중요한 것이고 당해 업종에 맞는 시장상황을 파악하여 파산재산의 가치가 떨어지지 않도록 법원과 파산관재인이 노력이 필요함을 일깨워주고 있다.

2. 파산현상에 대한 이해

파산은 법적으로는 채무자의 총재산을 가지고서는 총채권자에 대한 채무를 완제할 수 없게 된 상태를 말한다. 파산이라는 현상은 경제적으로 곤궁한 상태에 빠지는 것을 의미하므로 기본적으로 경제적인 요소가 그 원인이다. 따라서 파산에 관한 재판을 통하여 개인 및 기업의 재건을 도모하기 위해서는 먼저 왜 기업과 개인이 파산상태에 빠지게 되었는지에 대한 원인 분석을 하여야 한다.7)

1997년 경제위기 당시 IMF에게 정부는 파산, 화의, 회사정리법으로 나뉘어진 파산법제를 단일한 도산법을 제정하기로 약속한 바 있고8) 결국 채무자 회생 및

5) 서울중앙지방법원 파산부, 새로운 개인파산절차를 위한 공청회(2012. 1. 9).

6) 中島 肇, "倒産現象," 園尾隆司 외 4인 編, 新 裁判實務大系 新版 破産法, 青林書院(2007), 16-31면.

7) 공병호, 대한민국 기업흥망사, 해냄(2011). 이 책은 진로, 쌍방울, 대우, 뉴코아, 대농 등 회사정리절차를 신청한 주요 대기업의 실패원인은 무리한 사업다각화 등 7가지로 분류하여 분석하고 있다.

8) 1998. 7. IBRD 제2차 구조조정차관(SAL Ⅱ)협상에서 법 개정을 합의함.

파산에 관한 법률이 제정된 것이다. 그런데 당시 입법에 관여한 사람들은 기업재건절차인 회사정리법과 화의법에 중점을 두고 개정작업을 벌였으며 개인파산제도에 대하여는 눈을 돌릴 틈도 없었고 그 필요성도 심각하게 느끼지 아니하였다. 왜냐하면 1997년 이전만 하더라도 파산, 화의, 회사정리 중 대부분의 도산사건은 회사정리사건이었기 때문이었다. 그러나 미국과 일본의 파산현상에 눈을 돌리면 파산사건의 대부분을 개인파산사건이 점하고 기업의 재건절차인 Chapter 11 사건이나 회사갱생사건은 소수에 불과하다는 것을 알 수 있다.

미국 파산법의 역사를 공부하면 기업의 실패는 실업을 낳고 실업은 이혼을 낳고, 이혼은 질병과 파산으로 결말이 난다는 것을 금세 알 수 있다.[9] 따라서 회사재건 제도와 함께 개인파산에 관하여도 제도 정비가 있었어야 하는데 아직 개인파산사건의 급증을 경험하지 못한 당시로서는 어쩔 수 없는 상황이었다.

파산사건을 담당하는 법관으로서는 기업의 흥망성쇠와 개인의 파산원인에 대하여 경제학적 또는 사회학적인 안목을 갖추어야 한다. 더욱이 근자에 청년 실업이 급증하고 맞벌이 부부가 보편화되었으므로 맞벌이 부부의 파산현상에 대하여 고민하고,[10] 급속한 고령화에 따른 황혼이혼과 노인파산 현상에 대하여도 관심을 가져야 한다. 카드 돌려막기라는 묘기를 펼치다가 더 이상 버틸 힘이 없어 최후의 수단으로 법원에 파산신청이라는 구원을 요청하기까지의 힘겨운 상황을 알아야 하고 면책을 받음으로써 새로운 삶은 시작할 수 있다는 것이 마치 세례를 받고 새사람이 된 것과 같다는 면책자의 심정을 이해할 수 있어야 한다.[11]

결국 파산제도가 단순히 실패한 기업과 개인의 채권채무관계의 조정이라는 인식에서 벗어나 퇴출할 기업을 조속히 퇴출시킴으로써 남아 있는 선량한 기업의 생존에 방해가 되지 않도록 시장질서를 유지함[12]과 아울러 불운하여 실패한 사람들이 새출발할 수 있도록 기업가 정신을 북돋우고 사회적 안전망(social safety net)

---

9) 미국 개인파산의 현상과 원인 등을 실증적 통계적으로 분석한 책으로는 Sullivan, Warren & Westbrook, AS WE FORGIVE OUR DEBTORS: BANKRUPTCY AND CONSUMER CREDIT IN AMERICA (1989).

10) 엘리자베스 워렌, 아멜리아 워렌 티야기 저, 주익종 역, 맞벌이의 함정(2004)은 미국의 평범한 중산층 가정이 맞벌이를 할 수밖에 없는 상태가 됨으로써 얼마나 쉽게 파산 위험에 노출되었는가를 보여주고 있으며 그 현상은 2008년 금융위기 이후 한국에도 발생하고 있다.

11) 개인파산의 원인과 법원에 파산신청을 하기까지의 경위 및 면책을 받은 후의 사정에 대한 설명으로는 김관기, 개인파산의 이해, 해오름(2004).

12) 손동원, 기업 생로병사의 비밀, 삼성경제연구소(2007), 118면은 퇴출제도의 미비로 인하여 중소기업들간의 과당경쟁을 초래하였으며 이 때문에 영업이익률이 감소되었으므로 적절한 퇴출통로의 조성을 강조하고 있다.

의 역할을 한다는 인식의 전환이 필요하다.13)

3. 파산제도의 기능과 역사에 대한 이해

파산법의 역사를 공부하면 파산법이 다음과 같은 방향으로 발전하여 왔음을 알 수 있다. 첫째, 상인에 관한 특별법에서 일반인을 포함하는 일반법으로 발전하였다. bankruptcy라는 단어는 이탈리아어 banca rotta "부서진 좌판대"라는 뜻에서 유래하였다.14) 즉 중세 이탈리아의 환전상이 채무를 제대로 변제하지 못하면 衆人環視하에 좌판대(bank)를 부수어 버리는 행위에서 비롯된 것이다. 公示를 통하여 채무자가 더 이상 환전업을 할 수 없음을 알림과 동시에 파산자라는 사회적 낙인(stigma)을 찍음으로써 이를 두려워하는 채무자로 하여금 제때에 채권을 변제하도록 심리적으로 강제하기 위한 제도이다.

다음으로 파산법은 채권추심에서 개인의 면책으로 발전하였다. 인류는 성경시대부터 빚을 갚지 못하는 채무자들을 어떻게 처우하여야 할지에 대하여 고민하여 각 사회마다 나름대로의 제도를 갖고 있었다.

바빌로니아 시대에도 채무자와 처, 자녀들은 채권자에게 끌려가 노예가 되었다. 함무라비 법전 법조문 제117조에도 빚문제에 관하여 "만약 빚을 진 사람이 그의 부인, 아들 혹은 딸을 팔거나 빚부역(debt service)을 시키면 그들을 사거나 빚부역을 시킬 사람 집에서 3년간 섬길 것이며 제 4 년째는 면제가 이루어질 것이다"라고 규정하였다.15) 구약시대에도 상황은 동일하였다.16) 이러한 가혹한 현실에

---

13) 사회적 안전망이라 함은 국민연금, 노령연금 등 국가가 재정적인 부조를 적극적으로 하는 것만을 지칭하는 것은 아니다. 국가가 파산면책이라는 일종의 보험제도를 운영함으로써 파산이라는 보험사고가 발생한 경우에 채무자가 빚을 갚지 않아도 된다는 법적인 권리를 국민에게 부여하는 것으로서 이 역시 사회적 안전망의 역할을 한다. 미국의 경우에도 파산면책제도가 사회적 안전망의 역할을 수행하고 있다. 즉 "파산제도 때문에 왕년에 확실하게 중산층이었던 사람들이 모든 것을 잃고 하층계급으로 떨어지지 않았다. … 파산신청이 채무자에게 직장이나 건강을 보장하여 주지 못하지만 파산신청이 채무자에게 제공한 것은 중산층의 지위를 그대로 유지할 수 있는 기회였던 것이다."(Sullivan, Warren and Westbrook, The Fragile Middle Class: Americans in Debt 5 (2000). 김관기, 앞의 책, 6면에서 재인용). 김관기, "파산은 법이 아니고 경제 규제(중)," 대한변협신문 제117호(2004), 제 5 면은 파산제도는 실질적으로 보험이라고 기술하고 있다.

14) Douglas G. Baird, ELEMENTS OF BANKRUPTCY 4 (2006). 미국 파산법도 1861년 개정에 의하여 비로소 비상인에 대하여도 파산신청자격을 인정하였다. Tabb, THE HISTORY OF THE BANKRUPTCY LAWS IN UNITED STATES, 3-1 Am Bankr. Inst. L. Rev. 5. at 18.

15) 바빌론의 강제노역 기간이 3년으로 가나안 지방보다 짧은 것은 가나안 땅의 척박한 환경

대하여 구약성서 신명기에는 이스라엘 백성으로 하여금 7년에 한 번씩 빚을 탕감해주고 7번째 돌아오는 안식년의 다음해인 50주년인 禧年(jubilee)에는 빚 탕감 외에 노예를 고향으로 보내고 가난으로 토지를 팔았던 원주인에게 토지를 되돌려주도록 명하고 있다.[17] 로마시대에는 채무자는 살해당하고 그의 시체는 잘라져 채권자들이 나누어 가져갈 수도 있었다.[18]

조선조 經國大典 戶典에는 채무의 징수(徵債)라 하여 관청과 개인의 묵은 빚(宿債)을 진 자에 대하여는 설사 본인이 사망하였다고 하더라도 아내나 자식에게 재산이 있는 경우에는 받아내는 것을 허락하였다.[19]

면책에 관하여 가장 우호적인 미국에서도 초창기 미국 파산법에서도 면책을 받으려면 채권액의 70% 이상을 갚도록 정하였다가(1880년), 1898년 파산법이 비로소 면책의 요건을 법률로 정하게 되었다.

그리하여 현대의 파산법은 채권자를 위한 공평한 배당과 채무자를 위한 면책이라는 일견 상반되는 목적을 갖게 되었다. 파산법은 경제변동과 그에 따른 정치상황에 민감하게 반응하여야 하므로 개정작업도 미리 준비되어야 할 뿐 아니라 법원 실무 역시 당시의 시대 상황에 맞도록 운영되어야 한다.[20] 개인의 부채처리 문제는 정치적으로도 중요하기 때문에 과거 박정희 정부 시절에는 농가부채 탕감을 공약으로 삼았을 만큼 정치적인 차원에서 해결하려고 하였다. 김대중 정부 시절에는 대기업의 구조조정 문제를 재벌간의 빅딜로 해결하였다. 그러나 부채의 규모가 커지고 채권자 및 채무자의 인원수가 급증하게 되자 정치적인 해결로 불가능함을 깨닫고 노무현, 이명박 정부하에서는 신용회복위원회와 미소금융을 통한 개인의 신용대출과 채무탕감이라는 자율적인 협약을 통하여 문제를 해결하려고 하였다.

때문이라고 한다. 이종근, 메소포타미아 법의 도덕성과 종교, 삼육대학교 출판부(2011), 141면.

16) 레위기 25:8~12. 및 신명기 15:1. "칠 년에 한 번씩 남의 빚을 삭쳐주어라." 이 명령은 2천 년 후 미국 파산법 § 727(a)(9)을 거쳐 한국 땅으로 건너와 채무자 회생 및 파산에 관한 법률 제564조 제1항 제4호(7년 내 재면책 금지)의 모습으로 등장하였다. 구 파산법에서는 재면책신청 금지기간이 10년이었다(제346조 제4호).

17) 열왕기(하) 4:1.

18) 로마의 12표법.

19) 윤국일 옮김, 新編 經國大典, 신서원(2005), 180면.

20) 미국에서는 민주당이 집권하면 채무자에 우호적으로 파산법이 개정되고 공화당이 집권하면 금융기관에게 우호적으로 개정된다. 채무자에 우호적인 1978년 파산법은 민주당의 카터 대통령이, 파산신청을 제약하는 내용의 2005년 개정 파산법(BAPCPA)은 공화당의 부시 대통령이 법안에 서명하였다.

앞으로도 청년실업의 증가와 하우스푸어 문제 등이 심각하게 됨에 따라 개인파산사건은 계속하여 증가할 것이고 주택담보문제가 해결되지 아니하면 개인의 주거권보장이 심각한 사회문제가 될 것이다. 따라서 법원의 입장에서도 파산면책사건을 운용함에 있어서 국가정책이나 시대적인 흐름에 맞도록 제도를 운용하는 것이 중요하다.

4. 신속한 사건처리의 중요성

파산한 기업은 마치 녹고 있는 얼음(melting ice)과 같다. 이를 방치하면 결국 녹아 없어지게 된다. 기업의 가치도 파산신청시를 기점으로 급격히 감소하는 상태에 놓이게 되므로 기업회생사건을 담당하는 재판부로서는 조속한 시일 내에 기업의 가치와 경쟁력을 유지하고 기회가 닿으면 인수합병을 통하여 기업의 가치를 높이도록 힘써야 한다. 임광토건의 사건에서 보듯이 서울중앙지방법원 파산부는 접수 당일 보전처분을 발령하고 있으며 신청후 16일만에 개시결정이 발하여지는 등 신속하게 처리되고 있으나 서울 이외의 법원은 개시결정 등이 다소 늦다.

일반 민사사건의 경우에도 소장이 접수되면 변론기일을 잡고 변론절차를 진행하듯이 회생신청사건이 접수되면 법원은 보전처분을 발하고 심문기일, 개시결정을 함과 아울러 적어도 개시결정일 이후에 지정되는 제 2, 3 회 관계인집회 기일을 언제 지정할 것인지를 알려줌으로써 관리인, 채권자협의회 등 이해관계인들로 하여금 예측가능한 재판절차가 된다는 인식을 심어주어야 한다. 법원이 일정을 알려주면 기업과 거래하는 거래처 등도 그에 맞추어 거래시기, 거래량 등을 조절할 수 있고 회생계획안의 협상을 어느 정도 신속하게 강제할 수 있다. 한편 일본 동경지방재판소는 표준적인 일정표로 관리인이 계획안을 제출하여야 하는 기간을 개시결정일 후 9개월로 정하고 있다(東京地裁會社更生實務硏究會, 會社更生, 金融財政事情硏究會(2011), 102면 참조).

채무자회생법을 입법할 당시 채권조사확정재판제도를 새로이 신설하여 파산재판부로 하여금 먼저 심사하도록 한 것은 심급을 종전 3심제에서 4심제로 바꾸더라도 파산부 법관이 당해 사건의 내용을 숙지하고 있으므로 신속하게 결정하여 줄 것을 기대한 것이다. 그럼에도 불구하고 일부 사건에서는 파산부의 조사확정재판이 너무 늦는 경우가 있는 바,[21] 이는 당초 입법한 제도의 취지에 어긋나는 실무운영이다.

21) 2008년 파산선고가 났음에도 파산채권조사확정재판의 결정이 2012년에 발령된 사례가 있다.

5. 파산법에 관한 전문성의 확보

파산법은 역사적으로 오랜 전통을 갖는 독자적인 영역을 갖고 있는 분야이다. 역사가들에 의하면 파산법의 기원을 기원전 118년의 로마법에서 찾고 있다.[22] 파산에 관한 로마법은 그 후 14세기 이태리의 중소 도시국가로 전수되었다. 영국의 파산법은 이러한 중세 이태리 도시국가의 법과 다른 대륙법 국가의 법을 계수한 것이라고 한다.[23] 파산법의 내용을 살펴보면 다른 법역(특히 세법, 민법, 상법, 민사소송법, 비송사건절차법)과 합류하기도 하고 때로는 충돌하면서 소용돌이 속에서 다른 법역의 내용을 받아들이기도 하고 다른 법역과 다른 독특한 법리를 창조하기도 한다.[24] 예컨대, 부인권제도는 채권자취소권과 유래를 같이 하면서도 편파변제의 허용여부, 부인권의 행사방법 등에 있어서 독자적인 법리를 발전시키고 있다. 미이행 쌍무계약에 관한 법리는 기존 계약법의 기본원칙을 변경하는 것으로서 여전히 그 근거, 동시이행 항변권의 소멸 여부 등을 둘러싸고 학자들간에 논쟁이 계속되고 있다. 이처럼 파산사건을 다루는 법관으로서는 파산현상에서 파생되는 인접법률에 대하여도 충분한 이해를 하여야 한다.[25]

채무자회생법이 채권자협의회의 비용을 공익채권으로 취급함으로써 채권자협의회가 전문가를 고용하는 등 기능을 활성화하여 채권자와 채무자가 대등하게 협상할 수 있도록 배려하는 근거규정을 두고 있지만 회생사건에서 회생계획안을 마련하는 과정에서 양자간에 협상이 되지 않거나 협상이 되더라도 문구를 갖고 다투는 경우가 적지 않다. 계획안이 과연 공정·형평·수행가능성이 있는지 여부는 궁

22) Epstein, Nickles & White, BANKRUPTCY 1 (1993).

23) Robert L. Jordan & William D. Warren, BANKRUPTCY 19 (4th ed, 1995).

24) 松田二郎, "會社更生法と私," 會社更生法－實務と理論の問題點, 金融商事判例增刊号(1978년, 554호), 7면. 따라서 회사갱생사건을 담당하는 재판관은 八宗兼學的 素養을 갖추어야 한다고 기술하고 있다. 八宗이란 八家라고도 하며 일본에 전래된 불교의 8개 종파로서 八宗兼學이란 八宗의 교의를 모두 겸하여 수행하는 것을 지칭한다.

25) 회사정리사건에서 청산가치 보장의 원칙을 배척한 대법원 2000. 1. 5.자 99그35 결정은 비록 청산가치 보장의 원칙이 채무자회생법 제243조 제1항 제4호로 입법화되기 전의 판례이지만 학자들은 청산가치보장의 원칙은 헌법상 재산권보장의 원리에서 구 회사정리법에서도 당연히 도출되는 법리라고 비판하였다. 그 외 화의인가결정 확정 이후에는 강제집행을 할 수 없다고 한 대법원 2004. 11. 25. 선고 2004다48300 판결, 고객이 파산한 증권회사를 상대로 예탁금반환청구권 외에 손해배상청구권을 인정하여 중복배당을 허용한 대법원 2005. 11. 25. 선고 2004다6085 판결, 보증인의 사후구상권을 정리채권으로 인정하지 아니하고 후순위정리채권으로 인정한 2006. 8. 25. 선고 2005다16959 판결 등은 이론상의 문제가 있으므로 앞으로 판례 변경을 기대한다.

극적으로 법원이 심사할 의무가 있으므로 법원이 이를 결정하여 주어야 한다.

그런데 실무에 종사하다보면 채권자와 채무자 모두 무관심하여 담보권의 존속조항을 누락하는 사태가 발생하기도 하고, 채권자가 우월한 지위를 남용하여 법에 어긋나는 조항의 존속을 강요하는 경우도 있다. 대표적으로 회생계획에서 권리변경이 이루어졌음에도 불구하고 매각한 재산의 가액이 예상매각액을 초과하는 경우 회생계획에서 정한 금액을 넘는 금액을 변제하도록 하는 내용 등이다.[26] 회생회사는 파산절차와 달리 파산재단이 고정되지 않고 회생절차 이후에도 영업을 계속함으로써 새로운 거래관계를 통한 채권채무관계가 발생하므로 회사의 수익금은 거래관계에서 발생하는 공익채권을 회생채권보다 먼저 수시로 변제하여야 하므로 이러한 계획안을 둔다고 하더라도 회사로서는 공익채권의 변제에 사용되는 것이 보통일 뿐 아니라 공익채권이 수시로 증감하므로 초과매각가격 중에서 공익채권을 제외한 얼마의 금액을 회생채권의 추가변제에 사용할 수 있는지 현실적으로 집행이 어렵다.

회생절차개시 후 신규자금을 대여하면서 담보물을 제공받으면서 종전 회생채권의 일부를 담보채권으로 변경하거나 기존 회생담보권의 담보목적물에 새로운 담보물을 추가하는 등 편법을 저지르기도 한다. 법원이 회생계획안을 심사함에 있어 신속하고 정확한 판단을 하려면 법관이 회생사건에 관한 법리에 통달하여야 한다.

그러나 회사의 인수합병과 같이 복잡한 법률문제를 포함하는 거래를 심사하거나 상장회사의 상장요건, 공정거래법의 쟁점 유무 등과 같이 전문가의 도움이 필요한 부분에 대해서는 법률전문가의 도움을 받음으로써 후일 불필요한 법적 분쟁을 사전에 방지할 필요가 있다.

6. 새로운 금융기법과 국제화에 대한 인식

1997년 경제위기 이전에 기업이 은행으로부터 돈을 빌리는 전형적인 방식은

---

26) 2012회합185 웅진홀딩스 계획안은 채권자가 작성한 것인데 회생채권의 조사확정재판의 확정금액이 미확정채권의 현실화예상금액 미만으로 확정되는 경우 그 차액으로 발생되는 잉여변제자금을 예상수익금 등의 부족으로 인한 미변제된 회생채권액에 우선적으로 충당하되 그래도 남는 금원이 있는 경우에 관하여 추가로 회생채권에 대하여 변제한다는 취지의 규정을 두고 있다. 이는 회생계획안에 의하여 권리변경이 확정되었음에도 인가 후의 사정변경을 이유로 다시 변경 전의 채권액에 맞추어 변제를 받으려는 시도로서 의문이 있다.

기업 소유 부동산에 저당권을 설정하고 차용하는 것이었다. 경제위기 이후 대기업이 줄도산을 하면서 저당권자도 회사정리절차에 복속하여 권리행사에 제한이 되는 불이익을 입게 되자 은행은 대출방식을 변경하였다. 차주가 법적 도산절차에 들어가더라도 자신의 담보권을 자유롭게 행사할 수 있는 방법을 강구한 것이다. 이를 도산격리(bankruptcy remoteness)라고 한다.

대표적인 것이 신탁방식이다. 먼저 시행사가 토지를 매입하고 금융기관으로부터 돈을 빌리려고 하면 은행은 토지를 신탁회사에게 신탁하도록 하고 은행은 수익권자가 된다. 만일 위탁자인 시행사가 대출금을 연체하면 수탁자인 신탁회사로 하여금 신탁재산을 공매처분하여 그 매매대금 중에서 신탁비용을 제외하고 수익권자가 변제받게 된다. 시행사에 대하여 회사정리절차가 개시되더라도 수익권자의 수익권은 정리담보권에 속하지 아니한다는 대법원의 판례가 이를 제도적으로 뒷받침하고 있다.[27]

또한 자산유동화 방식을 이용하여 시행사가 우량자산을 유동화전문회사인 SPC에게 양도하고 SPC가 유가증권 등 채권을 발행하여 다수의 투자자들이 채권을 매수함으로써 자금을 조달하고 있다. 자산보유자가 파산하더라도 SPC에게 양도된 재산은 이른바 진정매매(true sale)의 요건을 갖추었기 때문에 시행사의 파산재단에 속하는 재산이 되지 않는다. 자산보유자에 대하여 회생절차가 개시되더라도 SPC는 담보권자로 인정되지 않고 매수인으로 취급되는 이점이 있다. 자산유동화법에 의한 자산유동화가 활성화되기 위해서는 장래 발생하는 채권(차임채권 또는 정수기 렌탈료채권 등)의 양도와 대항요건 구비가 필요하다. 이 점을 보완한 동산·채권 등의 담보에 관한 법률이 2012. 6. 1.부터 시행되고 있으므로 앞으로 채권을 담보로 활용하는 금융기법이 활발할 것으로 기대된다.[28]

---

27) 대법원 2004. 7. 22. 선고 2002다46058 판결, 2003. 5. 30. 선고 2003다18685 판결 등 다수.

28) 2001. 12. 31. 회사갱생절차개시결정이 내려진 일본의 마이칼 사건의 사안은 다음과 같다. 갱생회사가 자산보유자가 되어 소유 부동산(쇼핑센터)을 신탁회사에 신탁양도하고 신탁회사로부터 신탁수익권을 취득하여 다시 신탁수익권을 유동화자산으로 SPC에게 매각하여 매각대금을 얻었다. SPC(A)는 별개의 SPC(B), SPC(C)와 은행으로부터 구입자금을 조달받았다. 별개의 SPC는 사채를 발행하여 자금을 조달받았다. 한편 갱생회사는 신탁회사로부터 부동산을 다시 임차하여 장래 발생하는 차임을 신탁회사에 지급하고 신탁회사가 차임을 신탁수익자인 SPC에게 지급함으로써 경제적인 관점에서는 갱생회사가 지급하는 차임에서 나오는 현금흐름을 갖고 유동화증권을 상환하는 구조이다. 신탁회사가 갱생회사에 대하여 갖는 차임채권이 갱생담보권인지 아니면 미이행 쌍무계약인 임대차계약의 이행선택으로 인한 공익채권인지 여부를 두고 견해가 나뉘었다. 자세한 내용에 대하여는 小林秀之, "マイカル證券化と倒産隔離," NBL No. 768(2003. 9. 1), 38-39면.

한편 기업이 외국 투자 및 외국으로 공장이전을 가속화함에 따라 평시에도 국제사법적인 쟁점이 발생하지만 기업이 파산하게 되면 국제파산이라는 복잡한 법률문제가 발생한다. 반대로 한국에 투자하거나 한국 내에서 영업활동을 하는 외국기업이 증가함에 따라 외국기업이 파산하는 경우도 적지 않다. 전자의 문제는 outbound의 문제이고 후자는 inbound의 문제이다. 과거 구 파산법이 속지주의를 채택하였던 시절에는 파산관재인이 과연 채무자의 외국소재 재산에 대하여도 관리처분권을 행사할 수 있는가 하는 점이 문제가 되었다.[29] 반대로 미국에서 파산한 기업이 소유하는 한국 내의 재산에 관하여 외국관재인과 파산자 중 누가 관리처분권을 갖느냐 하는 점 등이 문제가 되었다.[30] 채무자회생법이 속지주의를 폐지하였지만 여전히 동일한 문제가 발생할 수 있다.

도산한 기업의 최대 채권자는 금융기관이므로 금융기관이 활용하는 새로운 금융기법을 이해하는 것이 필요하고, 국제파산사건의 경우 그 결정 내용이 전세계의 전문가들에게 동시에 전파되고 있음을 인식하여 재판 내용 뿐 아니라 처리 시한 등을 세계적인 기준에 맞도록 실무를 운용할 필요가 있다.[31]

7. 워크아웃 및 신용회복제도에 대한 이해

과거 대기업의 구조조정은 행정부의 정책에 의하여 이루어졌다가 김영삼 정부 시절 OECD 가입, 은행의 민영화, 외국계 은행의 출현 등으로 법률에 의한 구조조정으로 변환하였다. 행정부와 국회는 대규모 도산사건의 급증과 그에 따른 금융기관의 파산에 대처하기 위하여 통상의 파산법과 법원인력으로는 부족하다고 판단하여 한시법의 형태로 기업구조조정촉진법(이하 "기촉법")을 제정하였고 2회에

---

29) *In re Kyu-Byung Hwang*, 309. B.R. 842 (Bankr. S.D.N.Y. 2004). 이 사건의 쟁점은 정리회사 온세통신의 관리인(황규병)이 미국 법원에 구 파산법 제304조에 기한 보조절차를 통하여 미국채권자가 미국법원에 온세통신을 상대로 제기한 민사소송의 중지를 구할 수 있는지에 관한 사건이다. 이에 대한 해설로는 林治龍, 파산법연구 2, 박영사(2006), 341-390면 참조.

30) 이른바 파올로구찌 사건으로서 대법원 2003. 4. 25. 선고 2000다64359 판결. 이 판결에 대한 평석으로는 石光現, "국제도산법의 몇 가지 문제점," 國際私法과 國際訴訟 제1권, 박영사(2001), 450-455면 참조.

31) Look Chan Ho, Smoothing cross-border insolvency by synchronising the UNCITRAL Model Law: *in re* Samsun Logix Corporation, Butterworths Journal of International Banking and Financial Law, July/August 395-396 (2009)에 의하면, 영국 변호사는 2009년에 글을 발표하면서 한국의 삼선로직스, 대우로지스틱스의 관리인이 같은 해 영국, 호주, 미국 법원에 국제도산승인신청을 하여 언제 결정이 났는지에 대하여 자세히 소개하고 있다.

걸쳐 연장하여 왔다.[32] 또한 금융기관의 파산업무는 개인인 변호사가 파산관재인을 담당하기에는 전문성이 부족하다고 보아 파산관재인을 예금보험공사 또는 예금보험공사의 임직원으로 정하도록 공적자금관리특별법 제20조에 명문으로 규정하였다. 공적자금관리특별법과 후에 이를 반영한 예금자보호법 제35조의8은 파산관재인의 선임 해임권한 외에도 소의 제기, 중요 재산의 환가처분에 관한 권한을 원칙적으로 예보가 갖되 법원은 파산재단의 현금 출납에 대한 허가권만 갖도록 함으로써 사실상 법원으로 하여금 금융기관(은행, 상호저축은행)의 파산업무에 손을 떼도록 규정하고 있다.

이러한 움직임에 대하여 법원은 변호사가 아닌 예보와 예보 임직원만이 파산관재인 될 수 있도록 하는 공적자금관리특별법이 위헌이라고 제청하였으나 같은 사법기관인 헌법재판소도 합헌이라고 판단하였다.[33] 법원은 기촉법에 대하여 위헌심판제청을 하였으나[34] 헌법재판소에 계류 중에 있는 동안 원고 은행이 2006. 12. 5. 소를 취하함으로써 위헌 판단을 받아보지 못하였다.

결국 대규모 기업회생사건은 기촉법이 규율하는 워크아웃이라는 제도가 담당하고 금융기관의 파산사건은 예금보험공사가 담당하며, 법원은 중소기업이나 개인의 재건사건을 담당하는 처지가 된 셈이다. 그리하여 채무자회생법이 시행되기 전 서울중앙지방법원 파산부는 2005년 겨우 3건의 회사정리사건만을 처리하는 등 개점 휴업 상태에 있었던 적이 있다.

법원으로서는 기업회생에 대하여는 기업구조조정촉진법의 운영실태를 파악함으로써 그 중 채무자 기업이 선호하는 요소가 있다면 사법절차에서도 반영할 수 있는지 검토할 필요가 있다. 개인파산제도에 대하여도 신용회복위원회의 제도 운용에 대하여도 관심을 가짐으로써 국민들로 하여금 사법절차의 장점을 충분히 이용할 수 있도록 제도개선에 노력하여야 한다.

궁극적으로는 금융기관의 파산사건에 대하여도 법원이 관장할 수 있도록 신

32) 기촉법은 2001. 8. 14. 5년 한시법으로 출발하여 2005. 12. 31. 폐지되었으나 2007. 8. 3. 역시 5년 한시법으로 재출발하여 2010. 12. 31. 실효되었다. 2011. 5. 19. 다시 부활되어 2013. 12. 31.까지 연장되었다.

33) 헌법재판소 2001. 3. 15. 선고 2001헌가1,2,3 결정. 헌법재판소는 예보가 파산관재인인 경우 공적자금을 법원이 임명하는 파산관재인보다 효율적으로 신속하게 회수할 것이라는 행정부의 주장을 받아들였다. 동 조항은 당초 5년간 한시적으로 적용하기로 하였으나 그 후 개정과정에서 부칙조항이 삭제되었으며 그 후 제20조와 동일한 내용이 예금자보호법 제35조의8에 신설되었다.

34) 서울고등법원 2005. 4. 26.자 2004나68388 결정.

용협동조합의 파산사건을 통하여 실무경험을 축적하고 금융기관의 파산에 관하여도 전문적인 지식을 갖춘 관재인을 양성함으로써 장차 예금자보호법의 개정에 준비하여야 한다.

8. 대국민홍보와 개정작업 준비

구 회사정리법하에서는 원칙적으로 제3자를 관리인으로 선임하고 관리인이 조속히 인수합병을 통하여 회사정리절차를 종결시키는 것을 이상적인 모델로 삼았다. 그러나 그 와중에 법원이 관리인을 선임하는 과정에서 물의를 빚은 바가 있었고 대한통운의 관리인이 거액의 비자금을 유용하여 구속되는 사태가 발생하여 채권자들이 손해를 보기도 하였다.[35]

비록 채무자회생법이 DIP형 관리인제도를 도입함으로써 채무자가 관리인이 되는 경우가 많기는 하지만 아직도 일부 사건에서는 제3자를 관리인으로 선임하는 경우가 적지 않다. 생산성본부나 경영자총연합회의 관리인양성과정을 수료한 후보자들 가운데에서 관리인을 선발하는 등 법원 나름대로의 기준에 의하여 관리인을 선발하고 있으나 아직 외부에서는 어떠한 기준에 의하여 관리인이 선임되는지를 알 수 없다며 투명성이 부족하다고 비판한다. 파산관재인의 경우에는 법원이 공모 후 심사절차를 거쳐 파산관재인단을 구성하여 그 중에서 파산관재인을 임명하고 있는바 이점과 비교하면 관리인 선발의 경우에도 각 법원별 기준을 마련하고 이를 국민에게 알릴 필요가 있다.

일본의 법원은 서울중앙지방법원과 같이 넓은 관할권을 갖는 전문적인 파산부를 두고 있지 않으나 매년 중요 지방재판소별로 도산사건의 처리현황에 대하여 발표하고 있다.[36] 적어도 서울중앙지방 파산부로서는 적절한 지면을 이용하여 사건처리현황과 기준을 발표함으로써 파산사건의 운용에 관한 예측가능성을 높이는 것이 바람직하다.

법무부는 앞으로 도산감독기구를 설립하여 법원이 하는 관재업무 중 재판업무가 아닌 부분을 떼어내어 법무부 또는 제3의 독립기관이 관장하는 방안을 장

35) 1997년 경제위기 이후 관리인의 선임 과정의 문제점과 관리인의 비리를 고발하고 그 개선안을 제안한 책으로 법정관리 비리실태, 경제정의연구소(2001) 참조.

36) 特輯＝平成23年の破産事件の概況をみる．金融法務事情 No. 1941(2012)에 의하면 8개 일본 지방재판소가 사건동향, 처리동향, 변호사회와의 협조태세 등에 대하여 정기적으로 발표하고 있다.

기적인 개정작업으로 삼고 있다.[37] 현재에도 국회에 자동중지제도의 도입, 필요적 강제인가제도의 도입과 주택담보에 관한 특례조항에 관하여 개정 법률이 심사 중에 있다.

이러한 입법 움직임에 대하여 법원도 채무자회생법 개정안에 적극적으로 대응하여 수정의견을 제출할 필요가 있으므로 파산부 내에 개정작업반을 상시 체제로 갖추어 국민에 도움이 되는 입법이 될 수 있도록 노력하여야 한다.

1997년 금융위기 이전에 재판에 실제 쟁점이 된 사건은 주로 회사정리사건이었으므로 사건 수도 적었으므로 파산부에 배속되면서 회사정리법을 공부하였다. 그러나 개인파산 및 개인회생사건이 15만 건에 이른 현재에는 일반 민사사건에서도 기업회생 뿐 아니라 개인파산의 쟁점이 자주 문제가 되어 이제는 파산부 법관뿐 아니라 모든 법관이 파산법에 관하여 숙지하여야 하는 시대가 도래하였다.

앞으로도 파산재판이 국민의 신뢰를 얻으려면 과거 파산제도에 대한 국민의 비판이 무엇인가를 잊지 않음은 물론 현재 제도에 대하여 끊임없이 제도를 개선함으로써 1997년 경제위기 때와 같은 비판이 재발하지 않도록 법원이 노력을 경주하여야 한다.

2013년도 도산실무 법관연수, 사법연수원(2013) 소재

---

37) 사단법인 한국행정학회, 도산관리기관 조직 및 예산 분석(2012).

중소기업에 대한 회생절차의 개선점

Ⅰ. 머 리 말

2008년 금융위기의 여파로 범세계적으로 불경기가 계속되면서 국내에서도 많은 기업들이 도산하고 있다. 건설업, 조선업 및 해운업을 경영하는 대형회사 뿐 아니라 중소기업 역시 회생신청을 하는 숫자가 급증하고 있다. 신문에 오르내리는 기업들의 회생신청은 주로 대기업으로서 부채가 1조 원 이상에 해당하는 사건이지만 그 숫자는 적다. 이에 비하여 중소기업은 언론에 등장하지 않을 뿐 실제로 제2편 회생신청의 다수를 점하고 있다. 이 점은 미국의 경우에도 마찬가지이다. 즉 전체 제11장 사건 중 소기업채무자가 차지하는 비율은 80%에 달한다.[1] 채무자회생법은 회사정리법을 모태로 하여 그 대상인 채무자를 확대하였을 뿐 기본적인 구조는 주식회사를 대상으로 한 회사정리법과 거의 유사하다. 회사정리법의 모법인 일본의 회사갱생법은 여전히 주식회사만을 그 대상으로 삼고 있으며 주식회사 이외 다른 법인격이나 개인 사업자들을 위한 재건절차로 민사재생법을 따로 마련하고 있다. 회사갱생법의 모법인 미국 파산법 제11장 역시 대형 기업을 겨냥하여 제정된 법이다.[2] 그리하여 1978년 파산법을 개정한 이후 소규모 영업자로서 정기적인 수입이 있는 채무자에 대한 재건절차로 제13장을, 農家인 채무자를 위한 재

---

1) Nathalie Martin, The Glannon Guide to Bankruptcy 394 (2007).

2) 1978년 파산법 개정 전에는 원칙적으로 관리인이 선임되는 제X장이 회사재건에 관한 것이고 중소기업을 위한 절차로는 경영권이 보장되는 제XI장이 별도로 마련되었다가 1978년 개정에 의하여 양자가 현재의 제11장으로 통합된 것이다.

건절차로 제12장을 마련하였으며 그 후 漁民을 위한 재건절차를 제12장에 추가하는 등 사업규모에 맞는 재건절차를 마련하고 있다.

그러나 채무자회생법 제2편의 회생절차, 일본의 회사갱생법, 미국 파산법 제11장은 모두 대기업을 염두에 둔 제도이다 보니 그 내용이 복잡하고 시간이 오래 걸리는 단점이 있다. 그리하여 각국은 중소기업자를 위한 재건절차를 마련하고 있는바, 회생절차에도 중소기업에 관한 특례가 있으며 미국 파산법 제11장에도 중소기업에 대한 특례를 규정하고 있다. 이 글에서는 회생절차에서 중소기업자를 위한 바람직한 절차를 수립하기 위해서 입법으로 개정할 사항과 실무상 개선할 사항을 제기하려고 한다. 이를 위하여 먼저 한국 회생절차의 중소기업의 특례 조항의 내용을 본 후, 미국의 중소기업자에 대한 특례를 살펴보기 위하여 관련 범위 내에서 제11장 사건에서 계획안 제출과 인가 과정을 일별하고, 다음으로 미국 파산법상 중소기업의 특례의 내용을 살펴본다. 끝으로 입법적인 개선점과 실무상의 개선점을 제안하고자 한다.

Ⅱ. 중소기업에 대한 회생절차의 특칙

채무자회생법에는 중소기업이 채무자가 된 경우에 특례를 규정하고 있으나 조문 숫자도 적을 뿐만 아니라 그 내용도 중소기업의 특성에 맞게 절차를 신속하고 효율적으로 수행함에 있어서 크게 효력을 발휘할 수 있는 것이 아니다. 그리하여 중소기업자를 위한 별도의 절차를 수립할 것인지에 대한 논의가 법원과 법무부를 통하여 이루어지고 있다.[3]

가. 중소기업자의 정의

개인 또는 법인인 채무자가 중소기업인 경우를 중소기업자로 정의하고 그 자격은 중소기업기본법 제2조 제1항[4]에 따르도록 하고 있다. 구체적으로는 제조

3) 서울중앙지방법원은 2013. 4. 18. 중소기업 회생절차 개선을 위한 심포지엄을 개최하였다. 한편 법무부는 2013년 도산법개정위원회를 발족하여 중소기업을 위한 회생절차에 관한 개정안을 논의하고 있다.

4) 제2조(중소기업자의 범위) ① 중소기업을 육성하기 위한 시책(이하 "중소기업시책"이라 한다)의 대상이 되는 중소기업자는 다음 각 호의 어느 하나에 해당하는 기업(이하 "중소기업"이라 한다)을 영위하는 자로 한다. 〈개정 2011. 7. 25〉

업·광업 등 업종에 따라 근로자수와 자본금의 규모가 일정 기준 이하로 정해져 있고, 업종에 관계없이 상시근로자수가 1,000명 이상, 자산총액이 5,000억 원 이상, 자기자본이 1,000억 원 이상 또는 직전 3개 사업연도의 평균 매출액이 1,500억 원 이상 중 어느 하나에 해당하면 중소기업에 해당하지 아니한다.[5]

나. 채권자협의회의 임의구성

중소기업이 채무자인 경우에는 채권자협의회를 구성하지 아니할 수 있다(채무자회생법 제20조 제1항). 그러나 서울중앙지방법원의 실무는 원칙적으로 개인인 채무자의 경우에는 채권자협의회를 구성하지 않고 법인인 채무자의 경우에는 사업의 규모나 채권자 수 등에 상관없이 모두 채권자협의회를 구성하는 것으로 실무를 운영하고 있다.[6]

다. 관리인 불선임

채무자회생법은 원칙적으로 채무자의 기존 경영자를 관리인으로 선임하고 예외적으로 기존 경영자에게 부실책임이 있는 경우에만 제3자를 관리인으로 선임하고, 채무자가 중소기업인 경우에는 관리인을 선임하지 아니할 수 있다는 입장을 취하고 있다(제74조). 2011년 이후 서울중앙지방법원은 대규모 기업의 경우에도 관리인을 선임하지 아니하는 이른바 관리인 불선임 제도를 활용하고 있다(웅진홀딩스, 극동건설, 임광토건 등). 따라서 중소기업이나 대규모 기업 모두 관리인 선임 제도에 관한 한 실무상으로는 큰 차이가 없게 되었다.

라. 회생계획안 제출 기간 연장

법원은 제1회 관계인 집회 기일 또는 그 후 관리인에게 4개월의 기간 내에 회생계획안의 제출을 명할 수 있다. 채무자가 개인인 경우에는 2개월의 기간 내에

---

1. 다음 각 목의 요건을 모두 갖추고 영리를 목적으로 사업을 하는 기업
   가. 업종별로 상시 근로자 수, 자본금, 매출액 또는 자산총액 등이 대통령령으로 정하는 기준에 맞을 것
   나. 지분 소유나 출자 관계 등 소유와 경영의 실질적인 독립성이 대통령령으로 정하는 기준에 맞을 것
2. 「사회적기업 육성법」 제2조 제1호에 따른 사회적기업 중에서 대통령령으로 정하는 사회적기업

5) 중소기업청, 중소기업 범위해설(2012), 15-30면.

6) 서울中央地方法院 破産部 實務硏究會, 回生事件實務(上), 제3판, 박영사(2011), 244면.

회생계획안을 제출하여야 하는 특례 규정이 있으나 중소기업자의 경우에는 4개월의 적용을 받는다. 다만 채무자가 대기업인 경우에는 계획안의 제출기한을 2개월 동안 연장할 수 있으나 중소기업자의 경우에는 연장기한이 1개월이다(제220조).

Ⅲ. 미국 파산법상 중소기업에 관한 특례

1. 소기업채무자(small business debtor)의 특례 규정의 취지

전체 제11장 파산사건 중 약 15% 정도만이 채권자위원회가 설치되어 있으며[7] 설치된 경우에도 채권자위원회의 역할의 적극적이지 않음은 한국의 사정과 유사하다. 그리하여 연방의회는 채권자위원회에 감시·감독을 맡기는 방법 대신에 중소기업채무자의 요건을 법정함과 아울러 상세한 보고 및 출석 의무를 부담지우고 이를 해태하는 경우에는 법원이 직권으로 사건을 제 7 장으로 전환하거나 신청을 기각할 의무를 부담하는 방식으로 중소기업채무자에 대한 사건 처리방식을 변경하였다. 이러한 개정의 목적은 첫째로는 중소기업채무자에게 자신의 사업에 대한 재정적인 정보를 수집하고 보고하게 함으로써 재건을 스스로 할 수 있도록 돕는 점과 둘째로는 재건의 가능성이 없는 기업을 조속히 솎아 내기 위한 것이다.[8]

2. 소기업채무자의 의의

미국 파산법상 소기업채무자(small business debtor)에 대하여는 법전에 의미가 정의되어 있다. 1978년 연방 파산법 11 U.S.C. §101(51C)는 소기업채무자에 대하여 청산인지 재건인지 구분하지 아니하고 파산신청일 현재 총채무(우발채무를 제외하고 금전화된 담보 및 무담보채무)가 200만 불 이하로서 상업 또는 기업 활동을 하는 채무자(단 주된 영업활동이 부동산을 소유하거나 부동산을 운용하거나 그에 부수되는 채무자는 제외한다)로 정의하였다. 이 기준은 정기적으로 증액되는바 2010. 4. 1. 개정 기준 총 채무액이 2,343,300불 이하이다.

또한 소기업채무자에 해당한다고 하여 파산법의 특별한 규정이 강제로 적용

---

7) Nathalie Martin, The Glannon Guide to Bankruptcy 394 (2007).

8) Id. at 394.

되는 것은 아니고 소기업채무자가 스스로 자신에 대하여 소기업채무자에 대한 특례를 적용받기 위하여 선택하는 제도를 두고 있었다(§1121(e)). 그 내용은 ① 채무자의 파산신청일 또는 채권자의 파산신청에 대한 파산선고일(이하 구제명령일이라 한다)로부터 100일 동안은 채무자만이 계획안 제출권한을 갖고, ② 모든 계획안은 구제명령일로부터 160일 이내에 제출되어야 하고, ③ 법원은 이해관계인의 신청에 따라 통지와 신문절차를 거친 후 이유가 있다고 판단하면 위 100일 또는 160일의 기간을 단축하거나, 채무자가 귀책 사유 없는 사정 때문에 100일의 기간을 연장할 필요가 있다는 점을 입증한 경우에는 위 기간을 연장할 수 있다.

그러나 실무상 채무자가 이러한 절차를 선택하게 되면 절차가 신속하게 이루어지는 대신에 그에 부수하여 채무자에게도 부담이 있기 때문에 파산법을 전문 변호사들은 소기업채무자로서의 선택을 거의 하지 아니하여 사용되는 예가 적었다고 한다.[9]

3. 2005년 개정 파산법의 규정

2005년 개정 파산법은 주로 소비자 파산의 남용을 억제하는 것이 주된 내용이지만 소기업채무자에 관한 조항도 개정하였다. 즉 소기업채무자에 관한 정의 규정 §101(51C)을 개정하였다. 즉 파산신청일 현재 총채무(우발채무를 제외하고 금전화된 담보 및 무담보채무)가 200만 불 이하로서 상업 또는 기업활동을 하는 채무자[10]로서 제11장 사건의 경우에는 §1102(a)(1)[11]에 따라 연방관리관이 채권자위원회를 임명하지 않아 채권자위원회가 설치되지 않거나, 설령 채권자위원회가 설치되더라도 법원이 판단하기에 채권자위원회가 채무자를 감독함에 있어 충분히 활동하지 않거나 제대로 채권자들을 대표하고 있지 못하다고 판단한 사건의 채무자를 지칭한다. 단 200만 불을 초과하는 금액(우발채무를 제외하고 금전화된 담보 및 무담보채무)의 부채를 진 채무자의 계열회사의 구성원은 부채액이 200만 불 이하라

9) Id.

10) 단 주된 영업활동이 부동산을 소유하거나 부동산을 운용하거나 그에 부수되는 채무자는 제외한다.

11) 11 U.S.C. §1102(a)(1)(이하 조문만 표시한다)은 연방관리관에게 상설기관인 무담보채권자 위원회의 임명의무와 비상설기관인 기타 채권자 또는 주주를 위한 위원회의 임명권한을 규정하고 있다. 동조 (3)에 의하면 소기업채무자에 대하여는 이해관계인의 요청이 있고 이유가 있다고 판단되면 법원은 채권자위원회를 임명하지 않도록 명할 수 있다.

고 하더라도 소기업채무자에서 제외한다.[12)]

Ⅳ. 미국 파산법상 제11장 사건의 계획안 인가절차

1. 계획안의 제출

원칙적으로 채무자는 절차개시일로부터 120일 동안 독점적인 계획안 제출권한을 갖는다.[13)] 다만 예외적으로 다음의 어느 하나에 해당하는 경우에는 채무자, 관리인, 채권자위원회, 채권자, 주주 등 이해관계인도 계획안을 제출할 수 있다.[14)] ① 관리인이 임명된 경우나, ② 채무자가 120일 동안 계획안을 불제출하거나, ③ 채무자가 채권자 또는 주주조의 권리가 불리하게 변경되는 계획안을 제출하였으나 절차개시일로부터 180일 이내에 채권자들이 동의하지 아니한 경우.

즉 관리인이 선임되면 채무자의 독점적인 제출권한이 소멸하고, 제출한 계획안에 대하여 180일 이내에 채권자조 및 주주조의 동의를 얻지 못하면 이해관계인들도 계획안을 제출할 권한을 갖는다.[15)] 다만 법원은 이해관계인의 신청에 의하여 통지와 심문을 거친 후 120일 또는 180일의 기간을 연장 또는 감축할 수 있다. 그러나 120일의 기간은 절차개시일로부터 1년 6개월을 초과할 수 없으며, 180일의 기간도 절차개시일로부터 1년 8개월을 초과할 수 없다.[16)]

2. 개시설명서(disclosure statement)[17)]에 의한 정보 제공

계획안 제출자는 법원에 개시설명서를 제출여야 한다. 그 내용 중에는 채무자

12) §101(51D).
13) §1121(a).
14) §1121(b).
15) 채무자회생법은 회생절차개시일로부터 1년 6개월 이내에 회생계획안이 가결되지 아니하면 반드시 회생절차를 폐지하여야 한다고 규정하고 있음에 반하여 미국 파산법은 언제까지 계획안이 가결되어야 한다는 규정을 두고 있지 않으나 채무자의 독점적 제출기한을 정하고 그 기간이 도과하면 제3자에게도 계획안 제출권한을 주는 방식을 통하여 사실상의 제출기한의 마감을 정하고 있고(§1121(c)(2)(3)) 적어도 개시일로부터 1년 6개월 이내에 계획안이 제출되지 않으면 절차를 종료하는 방식을 취하고 있다.
16) §1121(d)(2).
17) 공시보고서라고도 번역된다.

회생법에 의하여 관리인이 제 1 회 관계인 집회에서 보고하는 사항과 유사한 내용(예컨대 파산신청에 이르게 된 사정, 자산 및 그 가치에 대한 설명, 재건 후 채무자의 장래의 전망, 채무자의 현재의 상황 등)과 제 2, 3 회 관계인 집회에서 계획안의 요지에 기재된 내용과 유사한 내용(채권일람표, 청산배당예상액, 재무제표에 관한 회계기준, 채무자의 장래 경영진, 재건계획 또는 그 요지, 예상되는 우선권 있는 채권의 금액 등)이 함께 포함되어 있다.

3. 계획안에 대한 협상

계획안 제출자는 궁극적으로 계획안이 가결되고 법원의 인가결정을 받는 것을 목표로 한다. 계획안을 가결하기 위해서는 채권자들에 대하여 계획안에 대하여 설명하고 찬성하도록 권유하여야 한다. 채권자들이 계획안에 대한 정확한 정보를 갖지 않고서는 제대로 의견을 제시하기 어려우므로 미국 파산법은 계획안 제출 후 채권자들에 대한 권유(solicitation)를 하기 전에 적절한 정보가 포함된 개시설명서를 법원에 제출할 것을 계획안 제출자에게 명하고 있다. 즉 또한 계획안 제출자는 사전에 ① 계획안의 요지 또는 계획안의 사본과 ② 개시설명서를 배포한 후가 아니면 계획안에 대한 투표 이전에 계획안의 승인 또는 기각의 권유를 할 수 없다.[18] 채권자 또는 채권자협의회와 계획안을 작성하는 과정에서의 교섭은 권유행위에 해당하지 아니한다. 단 계획안 제출 전에도 권유행위를 할 수 있지만 이것은 채권자들이 절차개시 전에 계획안을 제출하는 이른바 prepackaged plan의 경우에만 가능하다.

4. 개시설명서의 제출 및 내용

계획안 제출자가 제출하는 계획안은 파산법의 각 규정에 위반하지 않아야 한다.[19] 계획안의 내용은 필요적 기재사항[20]과 임의적 기재사항[21]으로 구분된다. 법원이 개시설명서를 승인하기 위해서는 채권자들에게 계획안에 찬성할지 반대할지

18) §1125(b).
19) §1129(a)(2).
20) §1123(a)
21) §1123(b).

를 결정하기에 충분한 정보(adequate information)를 포함하여야 한다.[22] 개시설명서의 내용은 가능한 한 자세하여야 하며 채무자의 성질과 연혁, 상업장부나 기록에 관한 조건을 포함하여야 한다.[23] 개시설명서에 기재되는 전형적인 사례로는, 파산신청에 이르게 된 사정, 자산 및 그 가치에 대한 설명, 재건 후 채무자의 전망, 개시설명서에 기재된 정보의 근거, 채무자의 현재의 상황, 채권일람표, 청산배당예상액, 재무제표에 관한 회계기준, 채무자의 장래 경영진, 재건계획 또는 그 요지, 예상되는 우선권 있는 채권의 금액, 외상대금의 회수율, 계획의 승인 또는 거절을 판단함에 필요한 재무정보, 계획에 대한 채권자의 위험, 부인권 행사에 의하여 회복하였거나 회복할 재산의 가액, 파산절차 외의 소송, 채무자에 대한 과세액, 관련회사와의 관계, 계획이 채무자, 채무자의 승계인, 미래의 투자자에 대하여 미치는 연방세법상의 효과에 대한 검토결과 등이다.[24]

연방관리관은 계획안에 채무의 면책 또는 자신의 책임을 채무자에게 변상할 수 있는 조항을 두고 있는지 여부와 이 조항으로 인하여 이익을 얻는 자가 누구인지, 채무자의 재건에 이러한 조항이 반드시 필요한 것인지를 검토한다. 아울러 계획안에 §330 또는 §503(b)의 규정을 잠탈하기 위한 전문가에 대한 보수규정이 있는지를 검토한다.[25]

5. 개시설명서에 대한 법원의 허가

계획안과 개시설명서가 법원에 제출되면 법원은 적절한 정보를 포함하고 있는지 여부를 심사하기 위해서 통지와 심문절차를 필요적으로 거쳐야 한다.[26] 법원은 적어도 25일 전에 채권자들에게 통지를 한 후 심문기일을 열어야 한다.[27] 개시설명서는 동일한 조에 속하는 채권자 등에게 같은 내용의 개시설명서가 전달되어야 하고 만일 조마다 다른 정보가 있는 경우에는 다른 내용의 개시설명서가 전달될 수 있다.[28]

---

22) §1125(a).
23) Jeff Ferriel · Edward J. Janger, UNDERSTANDING BANKRUPTCY 753 (2007).
24) 이상은 福岡眞之介, アメリカ連邦倒産法概論, 商事法務(2008), 275면.
25) Joseph A. Guzinski, "OVERVIEW OF UNITED STATES TRUSTEE POLICIES AND PROCEDURES," 26th Annual Current Developments in Bankruptcy & Reorganization Vol. 2, Practising Law Institute 463 (2004).
26) §1125(b).
27) Rule §3017(a).
28) §1125(c).

6. 계획안에 대한 인가절차

계획안에 대한 가결을 하기 위해서 별도로 채권자집회를 열지 않으며 서면에 의하여 결의가 이루어진다. 사전에 채권자들에게 투별용지를 보내어 찬반표시가 된 용지를 우편 등을 통하여 회수하여 집계한다. 투표용지에 대하여는 공식적인 서식표가 마련되어 있다(Official Form 14). 계획안에 대한 찬부 결의는 금액 외에 인원수에 의하여 결정된다. 즉 투표에 참석한 채권자들의 채권 총액의 2/3 이상 및 투표한 채권자수의 과반수 이상의 찬성을 얻어야 그 조는 계획안에 대하여 찬성한 결의가 이루어진 것이 된다.

7. 제11장 사건의 폐지절차

법은 채무자에게 제11장 사건을 제 7 장 사건으로 전환할 권한을 부여하는 외에[29] 사유가 있다고 인정되면 법원이 반드시 사건을 7장 사건으로 전환하거나 신청을 기각하도록 규정하고 있다.[30] 2005년 개정 전의 전환 또는 기각사유로는 파산재단에 손실이 계속하여 발생하고 재건의 가능성이 없는 경우, 계획안을 제출하지 않는 경우, 채권자들에게 불리하게 채무자가 절차 진행을 이유없이 연장하는 경우, 법원이 정한 기간 내에 계획안을 불제출 하는 경우, 계획안의 불인가, 계획안 인가명령의 취소, 인가된 계획안의 상당 부분을 수행할 능력이 없는 경우, 인가된 계획안의 상당 부분이 불이행된 경우, 법원이 명한 절차 비용을 지불하지 못하는 경우 등 총 10개 사유였다.

그런데 2005년 개정법은 사건의 전환 또는 기각 사유를 16개로 넓혔으며 개정 전의 내용외에 추가로 보험계약의 해지, 허가없이 현금등가 담보물을 사용하는 경우, 법원 명령의 불이행, 파산법이 정한 각종 보고를 해태한 때, 채권자위원회에 불출석하거나 면담에 불응한 경우, 연방관리관이 요청한 자료의 제공불응 또는 기일에 불출석한 경우, 절차개시 후 부담하는 조세를 체납하거나 세금신고를 제때에 하지 아니한 경우, 개시설명서를 불제출한 경우, 절차개시 후 부양료 등을 미지급한 경우 등을 추가하였다.

개정의 목적은 제11장 사건의 신속한 처리와 재건의 가능성이 없다고 판단되

29) §1112(a).
30) §1112(b).

는 기업에 대하여 조속히 퇴출하려는 데에 있다.

8. 중소사업자에 대한 특칙

가. 보고의무의 부담

2005년 개정에 의하여 새로이 신설된 §1116에 의하면 제11장 사건의 중소사업자인 DIP 또는 관리인은 채무자가 부담하는 의무 외에 다음과 같은 부가적인 보고의무를 부담한다.

① 파산신청일로부터 7일 이내에 최근 대차대조표, 영업설명서, 현금흐름에 관한 설명서 및 연방소득신고서 서면을 추가로 제출하여야 한다. 또는 만일 이러한 서류가 없다면 위증죄의 선서하에 대차대조표 등의 서류가 없다는 진술서를 제출하여야 한다. ② 채무자는 법원이나 연방관리관이 정한 각종 기일(최초 채무자 면담일, 사건진행에 관한 기일) 및 §341에서 정한 채권자회의에 출석할 의무를 부담한다. ③ 재무상태에 관한 진술서 및 채권자 목록 등 각종 목록을 제때에 제출하여야 하고(법원이 제출기한을 연장할 수 있으나 구제명령일로부터 30일을 초과할 수 없다) ④ 파산신청 후 파산규칙, 기타 각 법원 규칙이 제출을 요구하는 바에 따라 파산신청 후의 모든 재정 및 기타 보고 서류를 제출하여야 한다. ⑤ 사업에 적합한 보험계약을 유지하여야 하며, ⑥ 세금신고서 및 기타 정부에 대한 보고 서류를 제때에 제출하여야 하고 조세채권 중 우선권이 있는 세금을 납부하여야 하고, ⑦ 연방관리관이 채무자의 사업장, 장부, 기록 등을 열람하도록 허용하여야 한다.

이러한 개정 내용에 대하여 일부 학자들은 지나치게 과도한 신고 및 출석의무의 부과는 기업을 재건하는 것이 아니라 오히려 망하게 하는 것이라고 비판한다.[31]

나. 절차의 간이화 및 신속화

위에서 본 바와 같이 통상의 제11장 사건에서는 계획안 제출자는 계획안 또는 그 요지 및 개시설명서라는 2가지 문서를 법원에 제출하고 법원의 허가를 받아야 한다.

그러나 중소기업에 대하여는 다음과 같은 특칙을 두고 있다.[32] 즉 법원은 계획안 자체에 적절한 정보를 포함하도록 하고 별도의 개시설명서를 제출하지 않도

31) Martin, supra note 1, at 395.
32) §1125(f).

록 결정할 수 있다. 개시설명서에 대하여 별도의 간이한 서식을 마련하여 간이서식에 의한 개시설명서를 승인할 수 있다. 나중에 통지와 심문절차에서 승인될 것을 조건부로 법원이 먼저 개시설명서에 대하여 승인을 할 수 있다. 특히 마지막의 경우 원칙적으로는 통지와 청문절차를 거치고 법원의 승인이 나기 전에는 계획안 제출자가 채권자들에 대한 계획안의 권유를 할 수 없지만 중소기업의 경우에는 일단 법원이 통지와 청문절차를 거치기 전이라도 만일 채무자가 채권자 등에게 적절한 정보를 제공하고 있고, 또한 개시설명서가 계획안 인가일로부터 소급하여 25일 전에 우편으로 발송되면 계획안에 대한 권유가 가능하다. 이 경우에는 개시설명서에 대한 심문기일과 계획안에 대한 인가에 관한 기일은 병합하여 진행할 수 있다.

다. 소기업채무자에 대한 연방관리관의 권한

연방관리관의 권한과 의무는 파산법전이 아니라 연방사법법전인 28 U.S.C.에 규정되어 있다. 그중 소기업채무자에 관한 권한은 §585(7)에 자세히 규정되어 있다. 이에 의하면 연방관리관은 채무자에 대한 면담을 통하여 채무자에게 제11장에서 채무자가 매달 또는 수시로 보고하여야 하는 서류제출의무 등 준수하여야 할 의무를 알려주고, 동시에 채무자의 재건가능성을 검사하게 된다. 재건계획에 관하여 질문하고, 사업장을 방문하여 상업장부의 상태 및 세금납부 상황을 확인하고, 채무자가 계획안을 인가받을 능력이 있는지를 검토·감시한다.

Ⅴ. 회생실무에 대한 시사점

1. 미국 파산법과 비교

채무자회생법은 채권자들에게 도움이 되는 정보를 2회에 걸쳐 제공하는 방식을 취하고 있다. 즉 먼저 관리인이 제1회 관계인집회에서 ① 채무자가 회생절차의 개시에 이르게 된 사정, ② 채무자의 업무 및 재산에 관한 사항, ③ 종전 임원의 책임 유무에 관한 사정의 유무, ④ 그 밖에 채무자의 회생에 관하여 필요한 사항에 관하여 출석한 채권자 등에게 보고하도록 한다(제98조).

제1회 관계인 집회가 종료된 후 계획안이 법원에 제출되면 제출된 계획안의 사본 또는 요지를 신고한 채권자 등에게 송달하고(제232조), 이를 토대로 채권자 등이 제2, 3회 관계인집회에 참석하여 토론을 거쳐 계획안의 찬성 여부에 대하여 표결하는 방식을 취하고 있다.

그러나 실무에서는 계획안의 사본을 송달하는 방식보다는 요지를 송달하고 계획안이 제출된 후 제2, 3회 관계인 집회 직전까지 수정되는 경우에는 관계인집회 전일 또는 당일에 수정안이 교부되는 경우도 있으므로 채권자들이 충분하게 계획안의 내용이 어떤 것인지를 충분히 이해하기 어려운 것이 현실이다. 동양건설에 대한 회생절차에서는 제2, 3회 관계인 집회 당일에 관리인이 수정된 계획안을 제출하는 바람에 집회 장소에서 변경계획안의 요지를 출석한 채권자들에게 교부하기도 하였다.[33] 그리하여 계획안이 수회에 걸쳐 변경되는 경우에는 제2, 3회 관계인집회 전날 또는 당일에 제출되는 경우가 흔하게 되었다. 채무자회생법이나 일본의 회사갱생법에는 미국 파산법과 같이 개시설명서를 사전에 법원에 제출하는 규정을 두고 있지 않다. 또한 채무자회생법에서는 공적관리기관인 연방관리관에 의한 계획안의 검토 기능이 누락되어 있다. 결국 계획안의 공정·형평 및 수행가능성에 대한 심사의 부담이 한국 법원이 미국보다 무겁다고 평가된다.

2. 중소기업에 관한 특례

중소기업에 관한 회생절차에서도 사전에 미국과 같이 계획안에 대하여 그 내용이 어떤 것인지를 알기 쉽게 설명하는 내용의 설명서를 제출하되 사전에 법원의 검토를 받아 계획안의 요지와 그 설명서를 채권자들에게 송달하는 방식을 채택할 필요가 있다. 이러한 방식을 취하게 되면 굳이 제1, 2, 3회 관계인집회를 별도로 개최할 필요는 없다. 장기적으로 중소기업에 대하여 별도로 법원이 집회를 개최하지 않고 서면으로 결의를 할 수 있도록 하는 조항을 삽입할 필요가 있다. 이러한 방식으로 전환하려면 앞에서 본 동양건설 사건에서 보듯이 수정된 계획안을 임박하게 제출하는 실무관행을 개선하는 것이 전제되어야 한다.

미국의 경우에는 먼저 법원이 개시설명서의 내용을 검토하여 심문기일을 열고 이를 인가하는 결정을 하는 등 법원이 계획안에 대한 심사 외에 별도로 개시설명서에 대한 사법심사를 거치고 있다. 더 나아가 연방관리관에게 계획안에 대하여

33) 서울고등법원 2012. 2. 21.자 2012라436 결정. 항고인들은 회생계획안에 대한 검토기회를 박탈당하여 회생계획안 인가결정에 적법절차 위반이 있다고 다투었다.

심사권한이 부여되어 있다. 이에 비하여 한국은 위 두 가지 제도가 마련되어 있지 않다.

법원이 부담하는 계획안에 대한 공정·형평 및 수행가능성에 대한 심사 부담을 경감하기 위해서는 별도의 절차참가기관이 필요한바 금번 법원의 실무개선안은 이를 회생컨설팅 소속 전문가에게 맡기고 있다. 기본적인 방향은 미국의 경우와 유사하고 이를 토대로 절차의 신속을 도모한다는 점에서 긍정적이다.

서울중앙지방법원, 중소기업 회생절차 개선을 위한 심포지엄(2013), 43-49면 소재

INSOLVENCY REVIEW OF KOREA

Chi Yong Rim[1)]

Ⅰ. INSOLVENCY LAW, POLICY AND PROCEDURE

i. Statutory framework and substantive law

When the Asian economic crisis began in 1997, an unprecedented volume of companies in Korea fell into financial difficulties and the three pieces of insolvency legislation effective at the time were structurally insufficient to cope with the widespread repercussions of the rapid increase in the number of bankruptcies. According to the Korean Supreme Court's official figures, the number of corporate reorganisation cases in 1996 was 52, but in 1997, the volume of filings nearly trebled to 132 and in the following year rose even further, to 148. Reform of the bankruptcy system was therefore necessary, not only to adequately address the rapidly changing landscape, but also because the Korean

1) Chi Yong Rim is a partner at KIM & CHANG The author would like to express special thanks to Woochul Hwang, for his assistance in this chapter.

government, as part of the IMF and World Bank's bailout package, had promised to unify its bankruptcy laws.

Prior to the reform, Korean insolvency legislation was codified in three statutes: the Bankruptcy Act, the Composition Act, and the Corporation Reorganisation Act. The Bankruptcy Act served a similar function to Chapter 7 of the US Bankruptcy Code, the Composition Act was similar to Chapter XI of the old US Bankruptcy Act and the Corporation Reorganisation Act was very similar to Chapter 11 of the US Bankruptcy Code.

One primary distinction between the Corporation Reorganisation Act and the Composition Act was that under the former, only stock corporations were capable of filing for reorganisation proceedings. Individuals, therefore, and all legal entities other than corporations, were excluded from the scope of the Corporation Reorganisation Act and had to seek recourse under the Composition Act; however, under the Composition Act, the interests of secured claimants (such as real estate mortgage holders and bond pledgers) fell outside the ambit of the Act, and hence, individuals, partnerships or limited liability corporations were precluded from efficiently and lawfully reducing debts owed to secured claimants.

On 1 April 2006, the Debtor Rehabilitation and Bankruptcy Act(DRBA) entered into force. The DRBA abolished the Composition Act and consolidated the Corporation Reorganisation Act and Bankruptcy Act into a unified statute. The DRBA provided, *inter alia*, individual debtors access to restructuring proceedings analogous to proceedings under Chapter 13 of the US Bankruptcy Code, and allowed all legal entities to seek recourse through the rehabilitation proceedings newly devised under the DRBA. The DRBA also provided for the recognition of cross-border insolvency proceedings, and abandoned the territoriality rule of international insolvency. Last, the DRBA introduced special rules for forward, future or swap transactions that excluded certain bankruptcy rules such as avoidance power, as well as rules applicable to executory contracts and to offsetting close-out netting.

After the DRBA took effect, the number of filings for rehabilitation proceedings increased rapidly. The DRBA, however, was not without its faults. Criticised for not being fully synthesised, as discussed below, many large and complex reorganisation cases were not handled pursuant to rehabilitation proceedings provided for under the DRBA but rather according to out-of-court workout proceedings governed by the Corporate Restructuring Promotion Act (CRPA).

This chapter focuses on rehabilitation proceedings for debtor companies under the DRBA.

ii. Policy

Policy-wise, Korea has traditionally favoured rehabilitation over liquidation and such tradition still applies today under the framework of the DRBA. Whether rehabilitation is led by creditors or by debtors is, however, a different story. Prior to the economic crisis of 1997, the role of trustee was, in principle, entrusted to third parties, thereby adopting a creditor-friendly policy like those of England and Germany. Following 1997 and the wave of insolvencies that the economic crisis brought about, the legislature and the judiciary both began to favour a debtor-friendly approach much like that found in the United States. The advent of the DRBA on 1 April 2006 made that tendency official guidance, as the DRBA provided that the court must, in principle, appoint the incumbent director as a trustee, thereby adopting a policy of rehabilitation led by the debtor rather than creditors. That principle has been upheld in practice in the ensuing years and is still the case today.

iii. Insolvency procedures

Chapter 3 of the DRBA regulates straight bankruptcy proceedings for individuals and corporations. Secured creditors can exert their rights outside of straight bankruptcy proceedings. The DRBA does not regulate any time limit for closing straight bankruptcy cases; rather, the court considers the size of the debt and the assets of debtor when deciding when to close the case. Chapter 2 of the DRBA, which subjects secured claimants as well as stockholders to the proceedings, offers rehabilitation proceedings for all legal entities who seek to rescue their businesses. The plan must be confirmed within one year of the commencement of the case, and that deadline may be extended for six months.[2)] If the plan is not confirmed within such period, the case will be dismissed. As discussed in further detail in Section III, *infra*, the Korean courts have been keen to expedite rehabilitation proceedings. In connection with this, Chapter 5 of the DRBA also allows for ancillary (non-main) insolvency proceedings where main proceedings are pending in another country.

iv. Starting proceedings

Under Article 34 of the DRBA, debtors, whether they be individuals or legal entities, as well as creditors holding claims amounting to 10 per cent or more of the debtor company's paid-in capital, or shareholders holding 10 per cent or more of the debtor company's total issued and outstanding shares, are entitled to file a petition for commencement of rehabilitation proceedings with respect to the debtor if (1) the debtor is unable to duly repay its debts without significantly burdening its business operations or (2) it is likely that an event that may cause the debtor to become insolvent may occur. Upon commencement of rehabilitation proceedings, attachments by creditors over the properties of a debtor are prohibited, and all attachments by creditors on the debtor's properties are suspended.[3)]

v. Control of insolvency proceedings

Upon commencement of rehabilitation proceedings, a trustee must be appointed by the court.[4)] In general, the court usually appoints an existing director

2) Article 239 of the DRBA.

3) Article 58 of the DRBA.

4) The term 'receiver' is used interchangeably with 'trustee'. In this chapter, the term trustee

or officer of the debtor company, for example, the chief executive officer, to act as the trustee in the rehabilitation proceedings. Having said that, a third-party trustee must be appointed in the following circumstances: (1) the debtor company's directors or managers, through concealment misappropriation, embezzlement of the debtor's property or gross negligence in mismanaging the debtor company, caused the debtor company's insolvency, (2) the creditors' committee asserts reasonable grounds to appoint a third-party trustee, or (3) the appointment of a third-party trustee is otherwise necessary to rehabilitate the debtor company.[5)]

Although the DRBA does not introduce the concept of debtor-in-possession found under the US Bankruptcy Code, the debtor's incumbent directors or officers are capable of performing duties and executing the rights of the debtor as a trustee, taking on a role closely akin to the function of a debtor-in-possession. In practice, the CEO or an incumbent director of the debtor is the most likely candidate for the courts to appoint as a trustee. Upon being appointed, the trustee is required to occupy, obtain and manage the properties belonging to the debtor company. In most cases, the trustee is conferred with discretion on the best way to revitalise the value of debtor's asset, but at the same time, a trustee is subject to a fiduciary duty to all interested parties.

Upon the commencement of rehabilitation proceedings, the trustee is required to prepare a list of creditors within a prescribed deadline. If all claims are listed correctly, there is no need for creditors to file proof of the claims; however, if claims are not specified, or are but are specified incorrectly, the relevant creditors must file proof of claims by a date prescribed by the court.[6)] Failure to do so will deprive such creditors of the right to participate in the rehabilitation proceedings or will deem the relevant claim to be as specified in the list.

If the trustee or other creditors object to the filing of a claim, creditors seeking to include their claims onto the list or modify their claim as specified on

---

is used synonymously with a court-appointed receiver; see Article 50 of the DRBA.

5) Article 74 of the DRBA.

6) Articles 147 and 148 of the DRBA.

it must file a claim allowance suit with the court within one month of the last day of the claims inspection period fixed by the court.[7] Once a claim allowance suit is filed, the court reviews its merits and issues a final claim inspection judgment, which determines the existence, the scope and amount of the claim, as well as whether the claim is secured or unsecured. In practice, the court presiding over the claim allowance suit opens one or two hearings where the parties put forward oral arguments based on their written briefs and documentary evidence, without questioning witnesses in order to expedite the proceedings.

Any party that objects to the court's judgment may file an objection within one month of the day that party received the judgment, and in the event that an objection is filed, the case converts into an ordinary civil litigation and is reviewed *de novo* as well as being subjected to a fully fledged civil procedure.[8] If a civil case between creditor and debtor is already pending in another court, a creditor whose claim was rejected by the trustee must file a petition for succession of the civil proceedings or otherwise that creditor's case will be dismissed.[9]

The first interested parties' meeting is held within four months of the commencement of the proceedings. At such meeting, the trustee explains and provides information about the financial condition of the debtor, its prospects for recovery and the amount of secured and unsecured claims.[10] Following the first meeting, the court orders the trustee or any interested party, including listed creditors and equity holders, to file a rehabilitation plan.[11] This is in contrast to Section 1121(b) of the US Bankruptcy Code, pursuant to which the trustee is conferred with the exclusive right to file a plan. In practice, however, it is usually only the trustee that files a plan.

After a plan is prepared and filed with the court, the interested parties convene at a second meeting to review and discuss the plan. Last, at a third meeting, the interested parties meet to vote on whether to adopt the re-

7) Article 170 of the DRBA.
8) Article 171 of the DRBA.
9) Article 172 of the DRBA.
10) Articles 92 and 98 of the DRBA.
11) Articles 220 and 221 of the DRBA.

habilitation plan. The court usually consolidates the second and third meetings and convenes them on the same day, and they are presided over by a judge and not the trustee or a public officer such as a US trustee acting under the US Bankruptcy Code.

A plan may include the rescheduling of debts over a period no longer than, in principle, 10 years, except when corporate debentures are issued pursuant to the plan.[12] Following the court's confirmation of the plan, any claim, whether secured or unsecured, that is not listed in the plan is irrevocably extinguished even if the rehabilitation proceedings are subsequently terminated due to failure of implementation of the plan.

If payment under the court-confirmed rehabilitation plan has commenced, the court must, upon petition by an interested party or *sua sponte*, close the case even though the entire debt may be not be repaid, unless there is an impediment to the implementation of the rehabilitation plan.[13] While under Section 1141(b) of the US Bankruptcy Code, the confirmation of the plan vests all of the property of the estate in the debtor, under the DRBA, once a case is closed the debtor is no longer subject to the proceeding and recovers rights over property. When not all the classes consent to the plan, the court is authorised to incorporate adequate protection clauses into the plan and confirm the plan as such.[14] Such clauses are referred to as 'cram-down' clauses and, in recent practice, cram-down clauses have been often applied.

If, however, the rehabilitation proceedings are discontinued due to the debtor's failure to implement the plan and grounds for bankruptcy exist, the court must, upon receiving an interested party's request or *sua sponte*, declare the debtor bankrupt and appoint a liquidating trustee, following which bankruptcy proceedings against the debtor are initiated.[15]

Changes to a plan that has been confirmed will be permitted only if (1) a

12) Article 195 of the DRBA.
13) Article 283 of the DRBA.
14) Article 244 of the DRBA.
15) Article 6 of the DRBA.

debtor is in a situation that impedes the debtor from honoring its obligations pursuant to the terms of the plan, (2) the default by the debtor in performing the terms of the plan is due to reasons unforeseen at the time the plan was confirmed, and (3) the proposed change to the plan can cure the default in question.[16] The process for changing the plan as it concerns the classification of claims and voting is the same as the process for confirming the plan.

If new investors wish to purchase stocks in a debtor company subject to rehabilitation proceedings, a change of plan is often the means by which new stock to be purchased by new investors is issued or it is also possible to reduce the amount of the claims specified in the plan.

vi. Special regimes

In 1998, to cope with the 1997 Asian economic crisis, the Korean government urged financial institutions such as banks to enter into private multilateral agreements. The purpose of such agreements was to expedite debt adjustment and revitalise financially distressed companies by extending new lines of credit.

However, the implementation of such workout agreements was a delicate affair due to 'free-riders' who would not participate in the workout. To resolve hold-out and free-riding issues, the government took proactive steps in 2001 to codify the 1998 workout agreements into law. That law became the CRPA, which was promulgated in 2001 and subject to expiration on 31 December 2005. The second CRPA was enacted in 2007 and expired in 2010; the current third CRPA was enacted in 2011 and will expire at the end of 2013. The reason why the CRPAs were promulgated as sunset laws with prescribed time limits of enforceability was that they were aimed at relieving financially distressed companies efficiently and rapidly, and legal scholars and the judiciary criticised them as being unconstitutional.

Under the framework of the CRPA, workout proceedings are available to

16) Article 234 of the DRBA.

debtor companies that receive more than 50 billion KRW in credit from financial institutions. Foreign financial institutions operating branches in Korea are subject to the CRPA but their head office and offshore branches are not. The CRPA is not applicable to trade claimants and individuals who purchased bonds issued by the debtor. Consequently, the CRPA is not suitable for a debtor company with complex capital structures. The current text of the CRPA nonetheless gives debtors the right to file a petition for workout proceedings while the CRPA's two predecessor legislations (i.e., the first and second CRPAs of 2001 and 2007, respectively) conferred upon creditors only the right to commence workout proceedings.

The main advantages of workout proceedings under the DRBA are that, during workout proceedings, the creditor is able to extend new loans and guarantors of the debtor company are protected. Meanwhile, during rehabilitation proceedings, a creditor may at any time exert its right against guarantors who are usually also the majority stockholder of the debtor company.

vii. Cross-border proceedings

Chapter 5 of the DRBA, entitled 'Cross-Border Insolvency' and spanning 15 articles,[17] governs Korea's cross-border insolvency regime and it adopts the UNCITRAL Model Law on Cross-Border Insolvency (the Model Law) with very few changes to the original. In order to expedite the judicial process concerning recognition of foreign insolvency proceedings and to maximise the experience of competent judges, the DRBA designates the Central District Court of Seoul as the exclusive venue in which to seek recognition of foreign insolvency proceedings.[18]

Chapter 5 changed Korea's approach on cross-border insolvency from strict territorialism to moderate universalism by abolishing the territoriality rules found under the Bankruptcy Act and the Corporate Reorganisation Act—predecessors of

17) Articles 628 to 642.

18) Article 630 of the DRBA.

the DRBA—and by establishing new rules based on the principle of universality. Under the old territoriality rule, a debtor's property located outside of Korea was not considered as belonging to the estate. Hence, difficult legal issues, such as whether the local trustee appointed by a Korean court is entitled to file suit before the foreign courts with respect to property located abroad, arose and posed hurdles for bankruptcy practitioners to overcome. Under the current DRBA, the authority of local trustees extends to the debtor's property located in foreign countries, and the trustee is vested with the right to sell and manage all properties of the debtor, regardless of where they are located.

As previously noted, certain provisions of the Model Law were not adopted by Korean legislators for reasons domestic in nature. For instance, Article 14 of the Model Law was not adopted because certain differences exist with regard to the service of documents between the civil law-based DRBA and common law systems. Article 23 of the Model Law was not adopted because the complex law on transaction avoidance remains unsettled in Korea. And although not expressly adopted, Articles 3, 7 and 8 of the Model Law are recognised by Korean court rulings generally, as well as by local statutes and public international law doctrines.

As referred to in this chapter, the term 'foreign proceeding' refers to both foreign main proceedings and foreign non-main proceedings. The term 'foreign representative' refers to representatives of both foreign main bankruptcy proceedings and foreign nonmain bankruptcy proceedings. And 'insolvency proceeding' under the Chapter 5 of the DRBA encompasses both liquidation proceedings and rehabilitation proceedings.

While Chapter 15 of the US Bankruptcy Code distinguishes the effects of recognising foreign main proceedings from foreign non-main proceedings, the DRBA makes no such distinction. Simultaneously with US bankruptcy courts' recognition of foreign insolvency proceedings, Chapter 15 of the US Bankruptcy Code provides automatic legal effects such as automatic stay, prohibition of transfer of interests in property of the debtor, and the vesting of rights in management together with the foreign representative with respect to the debtor's local assets. If necessary, the court may give additional assistance to a foreign representative.

By way of contrast, under the DRBA, an order for recognition of foreign insolvency has no legal effect *ipso facto*. Rather, the recognition order permits the court to give proper relief such as stay of a provisional attachment, a court auction, foreclosure sales, revocation of those proceedings and the appointment of a foreign insolvency trustee.[19] Such relief may be ordered by the court *sua sponte* or at the request of an interested party after a recognition order is issued. That being said, it is also possible to obtain provisional relief such as the stay of a provisional attachment, court auction proceedings or foreclosure proceedings even prior to the issuance of a recognition order.[20]

Prior to the DRBA's entry into force in 2006, the Korean Supreme Court, had held in 2003 that under the Bankruptcy Act, a US trustee had standing to file a civil suit before the Korean courts to prevent a tortfeasor located in Korea from violating the patent rights of the debtor, Paolo Gucci, who had filed a petition under Chapter 7 of the US Bankruptcy Code in the United States.[21]

While some commentators have argued that the Supreme Court's decision in Mr Gucci's case, although handed down prior to the DRBA entering into force in 2006, could be useful precedent, others argue that considering the case as such is inappropriate since the DRBA introduced the international insolvency trustee system. According to proponents of the latter view, under the DRBA, if a foreign trustee seeks to manage assets located in Korea, a foreign trustee must obtain a recognition order as well as a court order appointing the international insolvency trustee to serve in such capacity.

The DRBA also embraces the hotchpot rule for the purposes of coordinating local proceedings with foreign proceedings,[22] and permits Korean courts to communicate directly with foreign courts with respect to concurrent bankruptcy

---

19) Article 636 of the DRBA.

20) With the exception of appointing a foreign insolvency trustee and revocation of a provisional attachment, court auction or foreclosure sale; Article 635 of the DRBA.

21) Supreme Court judgment 2000da64359 of 25 April 2003.

22) DRBA article 638.

proceedings implicating the same debtor.[23)]

Since the DRBA entered into force, three foreign insolvency proceedings have been recognised by Korean courts: one case concerned a Dutch bankruptcy proceeding, another a US Chapter 11 case, and the third was a winding-up case in Hong Kong.

In order to enhance the predictability of the international insolvency system as devised under the DRBA, many commentators take the view that the DRBA must be amended to incorporate the framework of the Model Law with appropriate changes.

Ⅱ. INSOLVENCY METRICS

Korea has not been unaffected by the prevailing global recession. As a country with an economy heavily dependent on cross-border trade, Korea has been unable to escape the inevitable repercussions following on from the distress being experienced by its major trading counterparts such as the United States, members of the European Union, China and Japan.

Although signs of recovery have appeared from time to time, the figures derived from the Bank of Korea speak otherwise. In terms of growth, Korea's GDP increased by 2 per cent in 2012, a 46 per cent fall from the 3.7 per cent GDP growth achieved in 2011 and a 68 per cent fall from the 6.3 per cent GDP growth achieved in 2010. With the fragile status of the European economy affecting economies elsewhere in the world—especially China, the growth rate of which has been continually falling and now stands at approximately 7 per cent—Korean exports have noticeably slowed down, decreasing by 0.9 per cent in 2012. Notably, growth in the manufacturing sector decreased by 62 per cent in 2012 to 3.8 per cent compared to 2011's growth rate of 9.9 per cent.

In particular, investment in the construction sector fell by 3.7 per cent in

23) DRBA article 641.

2010, 4.7 per cent in 2011, and 2.2 per cent in 2012. A large number of Korean construction companies have suffered from severe liquidity shortages since 2012, spurring the number of insolvency-related proceedings. A similar trend is also apparent in the shipbuilding and shipping industries, industries in which Korean companies play a significant role globally.

In an effort to stimulate spending, the Bank of Korea, in a series of adjustments, lowered the standard interest rate from 3.25 per cent in the second quarter of 2012 to 3 per cent in the third quarter, to 2.75 per cent in the fourth quarter, and even further to 2.5 per cent in the second quarter of 2013. Despite these efforts, however, as long as its trading partners continue to experience distress, Korea and its economy is not expected to gain momentum any time soon. Insolvency-related proceedings, involving companies as well as individuals, consequently continue to stack the court dockets, highlighting the need for some particular attention on insolvency practice, the legal framework governing insolvency in Korea, and the effective and efficient coordination of cross-border insolvency matters in an increasingly globalised world economy.

Ⅲ. PLENARY INSOLVENCY PROCEEDINGS

The aftermath of Lehman Brothers Holdings' filing for Chapter 11 bankruptcy in 2008 led to the 'credit crunch' that affected the Korean economy, especially the construction industry, severely.

Since 2012, a large number of Korean construction companies, except for those affiliated with Korea's major conglomerate groups, have suffered from severe liquidity shortages. Construction companies had to guarantee via project financing the debts of the principal companies when constructing apartment buildings and complexes, but due to the prevailing recession, many companies in charge of those projects ran out of funds and defaulted on outstanding debts. Construction companies have thus been exposed as guarantors and have had to deal with acute pressures originating from the financial institutions, especially mutual savings banks. Consequently, the credit crunch has led to rehabilitation proceedings filed by Korean construction companies.

One noteworthy case was that of Limkwang Construction Co, which possessed assets worth approximately US $ 1.2 billion but, on the other side of its balance sheet, held liabilities amounting to approximately US $ 1.3 billion in debt, including US $ 1 billion as guarantee debt. The Seoul Central District Court applied a new fast-track rule in order to maximise the value of the debtor company and to prevent construction workers from abandoning the construction site.

Pursuant to the fast-track rule, the court issued a provisional injunction prohibiting all creditors, including secured creditors, from exercising their rights to attach Limkwang's property or to initiate foreclosure sales of relevant collateral on the same day as a petition for rehabilitation was filed by Limkwang. The court closed the case six months after the filing of the petition having ordered the commencement of rehabilitation proceedings only seven days after the petition was filed, confirmed the plan four months later, and finally closed the case two months after the plan was confirmed.

In the *Limkwang* case, the court permitted the formation of a creditors' council, which served a similar purpose as a creditors' committee formed pursuant to the US Bankruptcy Code, and allowed the council to retain its own professionals, such as accountants and lawyers, and by operation of Article 21 of the DRBA, it was Limkwang(i.e., the debtor) that was obligated to pay for the fees and costs of those professionals. This was a rare instance where Article 21 was invoked—in fact, it was with *Limkwang* that Article 21 was used by the court for the first time.

Another case of note is that of Woongjin Holdings Co, a company listed on the Korean Stock Exchange, and its subsidiary Kukdong Engineering & Construction, which both filed for rehabilitation proceedings on the same day in 2012. With Woongjin and Kukdong, the court applied the prepackage plan clause provided for under Article 223 of the DRBA for the first time, which allows creditors to file a plan prior to convening the interested parties' meeting. The prepackage clause aims to expedite proceedings and was originally introduced in 2001 under the Corporate Reorganisation Act, which was later consolidated into the DRBA. By operation of Article 223, the courts are able to shorten the amount of time for preparing the plan and soliciting votes thereon. In the cases of Woongjin and Kukdong, the court suggested that the debtor retain a turnaround specialist as a 'chief restructuring officer' and the proposal was accepted.

Other major construction companies whose debt exceeded US $1 billion are Byuksan, Poonglim, Samwhan and Woolim, all of which filed for rehabilitation proceedings in 2012.

Ⅳ. ANCILLARY INSOLVENCY PROCEEDINGS

There have been no ancillary insolvency proceedings in Korea since the DRBA entered into force on 1 April 2006.

Ⅴ. TRENDS

Having experienced two economic crises in 1997 and 2008, the Korean government has taken affirmative steps to be able to grapple with future credit crunches. Concerning the insolvency regime, since the DRBA entered into force in 2006 the Korean Ministry of Justice has commissioned insolvency law revision committees on several occasions.

As a result, a new bill on debtor-in-possession financing was passed in 2009. Subject to court approval, the bill treats creditors who lend credit to debtors after rehabilitation proceedings have commenced with superpriority among common benefit creditors who enjoy senior status compared with unsecured claimants. This is akin to what is prescribed under Section 364 of the US Bankruptcy Code.

In 2009, the Ministry of Justice published a revised draft providing for special clauses with respect to house mortgages. The draft sought to protect debtors whose house was put up as collateral for financial institutions by depriving secured creditors of the right to subject houses to foreclosure sales for a period of five years during which the debtor would be obligated to pay its debt on an annual basis. The proposal garnered severe opposition from the banking industry and consequently, the revision draft was not adopted by the Executive and was not submitted to the National Assembly. However, in light of the recent recession, which has particularly affected the housing market, pushing down the price of housing real estate and exposing debtors to pressures instigated by secured creditors, the draft was revived as a bill proposed by members of the National Assembly and underwent discussion.

In 2010, the Ministry of Justice also presented a bill before the National Assembly that dealt with the introduction of automatic stays and mandatory cram-down of rehabilitation proceedings.

In 2011, with the aim of enhancing judicial integrity, the revision committee submitted a revised draft of the DRBA that distinguishes, in the context of insolvency cases, administrative matters from judicial matters and transfers the former from the courts to another authority similar to the US trustee system. The draft, however, does not determine whether the judiciary or the Executive will take charge of such administrative matters.

In order to improve the efficiency and transparency of the DRBA and proceedings conducted under the auspices of the DRBA, the Ministry of Justice organises an annual revision committee. In addition, a judicial reform committee organised by the Supreme Court began discussions about the establishment of a bankruptcy court as a special court.

With these efforts, among others, the quality and practice of insolvency in Korea under the DRBA framework is expected to further improve in the future.

The International Insolvency Review, Law Business Research(2013), 244-254면 소재

판례색인

[대법원 판례]

[고등법원 판례]

[지방법원 판례]

[헌법재판소 판례]

저자약력

성균관대학교 법과대학 졸업
사법연수원 수료(제14기)
Duke Law School(LL.M. 96)
서울중앙지방법원 파산부 부장판사
現 金·張 法律事務所 변호사
채무자 회생 및 파산에 관한 법률 개정위원장(법무부)
대한변호사협회 기획이사
공적자금관리위원(금융위원회)

저서 및 주요논문

파산법연구(2004), 파산법연구 2(2006), 파산법연구 3(2010), 파산판례해설(2007)
제 4 회 법학논문상(2000), 수상논문: 헤이그송달조약에 관한 연구

파산법연구 4

초판발행 2015년 1월 10일
중판발행 2020년 4월 30일

지은이 임치용
펴낸이 안종만 · 안상준

편 집 김선민 · 배우리
기획/마케팅 조성호
표지디자인 최은정
제 작 우인도 · 고철민

펴낸곳 (주) 박영사
서울특별시 종로구 새문안로3길 36, 1601
등록 1959. 3. 11. 제300-1959-1호(倫)
전 화 02)733-6771
f a x 02)736-4818
e-mail pys@pybook.co.kr
homepage www.pybook.co.kr
ISBN 979-11-303-2608-5 94360
978-89-6454-581-2(세트)

정 가 33,000원